四柱學의 秘傳

正統 適天髓 實際와 常用

편역 정태종

▶ 역술인의 필수서
  원본에 가깝게 번역
  쉽게 정리한 해석의 정수

지식의ఠ중심
법문 북스

序　言

運命學에서 가장 難解한 중의 하나가 四柱다。 그리고 四柱를 研究하는데 가장 어려운 部分

이 用神을 찾는 法이다。

그래서 이 用神을 배우다가 中途에서 탈락하던지 아니면 그 오묘한 理致를 깨우치지 못한채

業을 삼아 感世誣民하는 사람들이 많은것이 오늘의 現實이다。 다만 어느정도 五行을 알고있

는 사람만이 理解할수 있는 短點은 있으나 四柱를 研究하는데 이 摘天髓는 반드시 거쳐야할

易書다。

그간에 번역판이 나왔으나 미흡한 점이 있어 다시 번역을 하게된 動機이며, 不足한 점이 있

더라도 凉解하여 주시길 바라오며, 앞으로 後學들이 더욱 研究하여 諸書중에서의 白眉인 滴天

髓를 發展시켜 주시길 바란다。

이 책은 첫째 原文에 가깝게 번역하였으며,

둘째 五〇三個造를 全部 記載하였고,

셋째 어려운 漢字나 熟語는 풀이를 하였으며,

넷째 類似하거나 혼동하기 쉬운 造는 연계를 하였다。

鄭　泰　宗　序

目錄

※基礎知識

※ 本 文

一部 通神論

-8-

基礎 知識

① 陰 陽

萬物은 主觀하는 太極에서 陰陽이 갈라졌으니 이를 兩儀라고 한다。 이 世上의 모든 物體를 相對的으로 구분한 것이다。

天地、日月、男女、大小、高下、始終 等等으로 대개 陽은 露出、行動的 積極의 뜻이 있고、陰은 隱藏、靜順、消極的을 뜻하고 있다。

② 五 行

森羅萬象의 構成要素를 쇠(金) 나무(木) 물(水) 불(火) 흙(土)의 原理를 哲學的으로 풀이하여 五行哲學이란 것이다。

③ 五行의 相生과 相剋과 通關

(相生) 水生木 木生火 火生土 土生金 金生水。

水는 木을 生하고、木은 火를 生하고、土는 金을 生하고、金은 水를 生한다。

(相剋) 水克火、火克金、金克木、木克土、土克水。

水는 火를 克하고、火는 金을 克하고、金은 木을 克하고、木은 土를 克하고、土는 水를 克한다。

（通關）서로 克하는 사이를 通하게 해주는 것。

金克木이면 水가 通關이요、土克水하면 金이 通關이요、水克火하면 木이 通關이요、火克金

하면 土가 通關이요、木克土하면 火가 通關이다。

④ 天干과 十二支
（天干） 甲乙丙丁戊己庚辛壬癸

天干	陰陽	五行	燥濕
甲	剛양	木	燥
乙	柔음	木	〃
丙	剛양	火	〃
丁	柔음	火	〃
戊	剛양	土	〃
己	柔음	土	濕
庚	剛양	金	〃
辛	柔음	金	〃
壬	剛양	水	〃
癸	柔음	水	〃

（十二支） 子丑寅卯辰巳午未戌亥

十二支	띠別	陰陽別	五行別
子	쥐	양	水
丑	소	음	土
寅	범	양	木
卯	토끼	음	木
辰	용	양	土
巳	뱀	음	火
午	말	양	火
未	양	음	土
申	원숭이	양	金
酉	닭	음	金
戌	개	양	土
亥	돼지	음	水

月別	四時(季節)	燥濕
十一	冬	濕
十二	冬	〃
一	春	燥
二	春	〃
三	春	濕
四	夏	燥
五	夏	〃
六	夏	〃
七	秋	濕
八	秋	〃
九	秋	燥
十	冬	濕

⑤ 六十甲子

天干과 十二地支를 合하면 六十甲子를 얻는다。天干의 첫字인 子를 合하여 甲子가 되고 다음은 乙과 地支의 다음인 丑과 合하여 乙丑이 된다。天干은 열개이고 地支는 열두개이므로 支地의 열한번째 字인 戌을 다시 天干의 첫字인 甲과 合하여 甲戌이 된다。이렇게 天干과 地支가 合하면 天干의 끝字인 癸와 支地의 끝字인 亥가 맞아 떨어져 모두 六十개가 되므로 六十甲子라 한다。六十一번째에 다시 甲子가 돌아오므로、還甲이라 하고 六十一歲를 말하는 것이다。이 六十甲子는 누구나 暗誦해야하며 易理와 命理를 研究하는 사람은 縱橫으로 自由自在로 외워야 한다。

甲子	乙丑	丙寅	丁卯
甲戌	乙亥	丙子	丁丑
甲申	乙酉	丙戌	丁亥
甲午	乙未	丙申	丁酉
甲辰	乙巳	丙午	丁未
甲寅	乙卯	丙辰	丁巳

戊辰	己巳	庚午	辛未	壬申	癸酉
戊寅	己卯	庚辰	辛巳	壬午	癸未
戊子	己丑	庚寅	辛卯	壬辰	癸巳
戊戌	己亥	庚子	辛丑	壬寅	癸卯
戊申	己酉	庚戌	辛亥	壬子	癸丑
戊午	己未	庚申	辛酉	壬戌	癸亥

⑥ 天干合

甲己合化土。乙庚合化金。丙辛合化金。丁壬合化木。戊癸合化火。

天干合이라함은 陽干이 여섯번째의 陰干과 合하는 것을 말한다.

⑦ 支 合

子丑合化土。寅亥合化木。卯戌合化火。辰酉合化金。巳申合化水。午未合不變。

六合이라고도 부르며 支地의 두글자가 合이 되어 他五行으로 變한다。 午未合은 변하는 五行이 없다.

⑧ 地支三合局

寅午戌火局。申子辰水局。巳酉丑金局。亥卯未木局。

—15—

⑨ 地支冲

子午冲。 丑未冲。 寅申冲。 卯酉冲。 辰戌冲。 巳亥冲。

地支의 十二字가 일곱번째를 만나면 正面冲突하게 된다。 가장 凶한 것인데、 喜神이 冲되면 나쁘고 忌神을 冲하면 좋다。

⑩ 三刑

冲보다는 낮은 凶神인데 충돌、 전투、 시비、 질병등의 凶事가 일어난다。

※寅巳申（無思之刑）寅巳、 巳申、 寅申을 만나면 刑이 된다。

※丑戌未（恃勢之刑）丑戌、 戌未、 丑未을 보면 刑이란 한다。

※子卯（無禮之刑）子가 卯를 보거나 卯가 子를 보는 것이다。

※辰辰、 午午、 酉酉、 亥亥、（自刑）辰이 辰을 보거나 午가 午의 同類를 보는 것이다。

⑪ 祿

日主의 生旺地로서 爵祿을 뜻하며 富하고 亨通한 吉神으로 본다。

天干	甲	乙	丙	丁	戊	己	庚	辛	壬	癸
祿	寅	卯	巳	午	巳	午	申	酉	亥	子

서로 同合되는 性格을 가진 地支三字가 모이면 三分이 되어 強力한 勢力이 된다。一名會合이라고도 한다。 이중 二字만 만나도 半合會局이 된다。

○ 羊 刃

羊刃은 凶神이나 權力을 뜻하고 있으므로 格局이 좋을때는 威權를 나타내고 나쁠때는 殺伐을 나타낸다.

陽干	甲	丙	戊	庚	壬
羊刃	卯	午	午	酉	子

○ 空 亡

十干을 十二支와 配合할때는 처음에는 戌亥가 남고 두번째는 申酉、 세번째는 午未、 네번째는 辰巳、 다섯째는 寅卯 맨 마지막에는 子丑이 남게 되는데 一名 天中殺이라 부른다。 吉神이나 凶神의 氣力이 無氣하여진다。

旬中						
旬中	甲子	甲戌	甲申	甲午	甲辰	甲寅
日	甲子	甲戌	甲申	甲午	甲辰	甲寅
	乙丑	乙亥	乙酉	乙未	乙巳	乙卯
	丙寅	丙子	丙戌	丙申	丙午	丙辰
	丁卯	丁丑	丁亥	丁酉	丁未	丁巳
	戊辰	戊寅	戊子	戊戌	戊申	戊午
	己巳	己卯	己丑	己亥	己酉	己未
	庚午	庚辰	庚寅	庚子	庚戌	庚申
	辛未	辛巳	辛卯	辛丑	辛亥	辛酉
	壬申	壬午	壬辰	壬寅	壬子	壬戌
	癸酉	癸未	癸巳	癸卯	癸丑	癸亥
柱	戌亥	申酉	午未	辰巳	寅卯	子丑

十二運＼天干	甲	乙	丙	丁	戊	己
絶	申	酉	亥	子	亥	子
胎	酉	申	子	亥	子	亥
養	戌	未	丑	戌	丑	戌
生	亥	午	寅	酉	寅	酉
浴浴（沐浴）	子	巳	卯	申	卯	申
冠帶	丑	辰	辰	未	辰	未
臨官	寅	卯	巳	午	巳	午
帝旺	卯	寅	午	巳	午	巳
衰	辰	丑	未	辰	未	辰
病	巳	子	申	卯	申	卯
死	午	亥	酉	寅	酉	寅
墓	未	戌	戌	丑	戌	丑

○ 天乙貴人

甲戊庚─丑未　乙己─子申　丙丁─亥酉　壬癸─巳卯　辛─午寅

甲戊庚이 地支에 丑未를 만나면 天乙貴人이 되는 것이다.

智慧總明하고 發達한다. 坤(女) 命에 貴人이 많으면 오히려 賤하다.

貴人이 있으면 命主가 氣를 얻고 어느 地를 만났을때 衰弱한가를 알수 있는 것이다.

○ 十二運養生法

胞胎法이라고도 하며 天干의 十字가 地支의 十二字中 어느 地支를 만났을때 生旺의

-18-

庚	辛	壬	癸
寅	卯	巳	午
卯	寅	午	巳
辰	丑	未	辰
巳	子	申	卯
午	亥	酉	寅
未	戌	戌	丑
申	酉	亥	子
酉	申	子	亥
戌	未	丑	戌
亥	午	寅	酉
子	巳	卯	申
丑	辰	辰	未

※ 臨官은 祿이라고 하며 陰干의 十二運星은 陽干에 따른다하는 主張이 많다.

○ 節氣法

四柱의 月은 節을 위주로 한다. 가령 正月은 節氣는 立春이므로 立春의 節에 들어야 寅(正)月이 된다. 四柱는 氣象節候의 法則에 따라야 하는 것이 原則이다.

節＼月	正	二	三	四	五	六	七	八	九	十	十一	十二
節	立春	驚蟄	清明	立夏	芒種	小暑	立秋	白露	寒露	立冬	大雪	小寒
氣												

○ 支地藏干

十二支안에 天干이 숨어있는 것을 말하고 이것은 陰陽이 각기 陰中에 陽이 陽中에는 陰이 內包되어 있으므로 이것을 알아야하고 이 原理는 氣象學的의 解釋에 依한 것이다. 가령 寅月 生이면 처음에는 前月의 丑土의 氣가 넘어오므로 初期는 戊土가 7일 次期는 丙火가 7일 머지는 寅中의 正氣인 甲木이 16일을 管掌하는 것으로 된다.

	專間의 氣				旺勢의 氣				雜氣의 氣			
支	子	午	卯	酉	寅	申	巳	亥	辰	戌	丑	未
初氣	壬十3	丙十3	甲十3	庚十3	戊七2	戊七2	戊七2	戊七2	乙九3	辛九3	癸九3	丁九3
中氣		己十1			丙七2	壬七2	庚七2	甲七2	癸三1	丁三1	辛三1	乙三1
正氣	癸二十6	丁十一6	乙二十6	辛二十6	甲十六5	庚十六5	丙十六5	壬十六5	戊十八6	戊十八6	己十八6	己十八6
※	子에 癸壬이 있으며	午에 丁己丙이 있으며	卯에 乙甲이 있으며	酉에 辛庚이 있으며	寅에 甲丙戊가 있으며	申에 庚壬戊가 있고	巳에 丙庚戊가 있고	亥에 壬甲戊가 있고	辰에 戊癸乙이 있으며	戌에 戊丁辛이 있고	丑에 己辛癸가 있고	未에 己乙丁이 있다.

○ 通根論

通根이라함은 地支에 通한다는 말이다. 天干이 地支에 同類가 있거나 生하는 것이 있으면 根에 通한다 하는 것이다.

甲木─寅亥、 다음으로는 卯未辰

乙木─卯未辰、 다음으로는 寅亥

丙火─寅巳、 다음으로는 未午戌

丁火─午未戌、 다음으로 寅巳

戊土─寅巳辰戌에 다음으로 丑未午

己土─丑未午 다음은 辰巳戌

庚金─申巳에 다음은 酉戌丑

辛金─酉戌丑에 다음은 申巳

壬水─亥申에 通根 다음은 子丑辰

癸水─子丑辰 다음은 亥申이다.

○ 四柱기둥 세우는 法

四柱八字라 함은 年、 月、 日、 時의 네기둥의 여덟글자를 말한다.

※年柱 세우는 法。 그 출생한 년도 즉 太歲를 그대로 기록하면 된다. 丁亥年에 출생하였으면 丁亥、 戊子年에 出生하였으면 戊子年을 기록하는 것이다. 그리고 四柱에는 節氣를 準하는바

立春節이 들기까지는 그 前년도 太歲로 定하는 것이다.

例、甲申年度를 보면 甲申年 立春은 正月初三日의 午時에 들었기 때문에 甲申年 正月 初三日 午時前까지에 출생한 사람은 新年度에 출생하였어도 甲申生이 되는것이 아니고 그 前年度 癸未 태세로 定하는 것이다. 이것을 요약하면 立春을 기준으로 하여 太歲를 定하는것이니 易臣不換君說은 믿을바 못된다.

※月柱를 세우는 法

出生한 달을 月柱 또는 月建이라고 하며 生月의 干支는 만세력에 이사는 各月의 월건에 依한다.

生月의 干支을 정함에 있어 특히 주의할것은 年의 干支을 정할때 立春을 기준으로 하듯이 각 月의 干支를 정함에 있어서도 節入 시기를 표준으로 한다. 正月生이라 하더라도 아직 立春절이 들기전이면 前年度 丑월로 한다.

例、(乾) 一九六六 (丙午) 年 正月 五日 寅時生。

乙巳年 己丑月이 된다. 正月 五日은 立春이 들기 前에 出生하였기 때문에 丙午生이 아니고 前年度 乙巳年 己丑日이 된다.

例、(坤) 一九六七 (丁未) 年 正月 三十日 寅時生。

丁未年 癸卯月이 된다. 왜냐하면 正月 三十日은 경첩절이고 立春後 出生하였기 때문에 丁未年 癸卯月이 된다.

太歲＼月別	正	二	三	四	五	六	七	八	九	十	十一	十二
甲이나 己年	丙寅	丁卯	戊辰	己巳	庚午	辛未	壬申	癸酉	甲戌	乙亥	丙子	丁丑
乙이나 庚年	戊寅	己卯	庚辰	辛巳	壬午	癸未	甲申	乙酉	丙戌	丁亥	戊子	己丑
辰이나 辛年	庚寅	辛卯	壬辰	癸巳	甲午	乙未	丙申	丁酉	戊戌	己亥	庚子	辛丑
丁이나 壬年	壬寅	癸卯	甲辰	乙巳	丙午	丁未	戊申	己酉	庚戌	辛亥	壬子	癸丑
戊이나 癸年	甲寅	乙卯	丙辰	丁巳	戊午	己未	庚申	辛酉	壬戌	癸亥	甲子	乙丑

※甲己合化土를 生하는 丙火부터 시작하고 乙庚合化金을 生하는 戊土부터 시작한다는 것을 생각하라.

※日柱 세우는 法
만세력을 보고 그 출생한 日辰을 적으면 된다.

※時柱 세우는 法
子時는 午後 十一時 三十分부터 午前 一時 三十分까지 말한다.
丑時는 午前 一時 三十分부터 午前 三時 三十分까지 말한다.
寅時는 午前 三時 三十分부터 午前 五時 三十分 前까지 말한다.
卯時는 午前 五時 三十分부터 午前 七時 三十分 前까지 말한다.

시	甲己	乙庚	丙辛	丁壬	戊癸
子	甲子	丙子	戊子	庚子	壬子
丑	乙丑	丁丑	己丑	辛丑	癸丑
寅	丙寅	戊寅	庚寅	壬寅	甲寅
卯	丁卯	己卯	辛卯	癸卯	乙卯
辰	戊辰	庚辰	壬辰	甲辰	丙辰
巳	己巳	辛巳	癸巳	乙巳	丁巳
午	庚午	壬午	甲午	丙午	戊午
未	辛未	癸未	乙未	丁未	己未
申	壬申	甲申	丙申	戊申	庚申
酉	癸酉	乙酉	丁酉	己酉	辛酉
戌	甲戌	丙戌	戊戌	庚戌	壬戌
亥	乙亥	丁亥	己亥	辛亥	癸亥

辰時는 午前 七時 三十分부터 午前 九時 三十分 前까지 말한다。

巳時는 午前 九時 三十分부터 午前 十一時 三十分 前까지 말한다。

午時는 午前 十一時 三十分부터 午後 一時 三十分 前까지 말한다。

未時는 午後 一時 三十分부터 午後 三時 三十分 前까지 말한다。

申時는 午後 三時 三十分부터 午後 五時 三十分 前까지 말한다。

酉時는 午後 五時 三十分부터 午後 七時 三十分 前까지 말한다。

戌時는 午後 七時 三十分부터 午後 九時 三十分 前까지 말한다。

亥時는 午後 九時 三十分부터 午後 十一時 三十分 前까지 말한다。

생일 일진이 酉時生이면 時의 난을 찾아서 보면 己酉라고 적혀 있다。 壬午일 酉時는 己酉

時가 된다.

※ 坤命 一九五二年 正月 十九日 寅時生
　　年壬辰、月壬寅、日庚寅、時戊寅

※ 坤命 一九五九年 五月 二十三日 亥時生
　　年己亥、月庚午、日辛巳、時己亥

※ 乾命 一九五七年 三月 二日 寅時生
　　年丁酉、月癸卯、日癸卯、時甲寅

※ 乾命 一九四二年 正月 二五日 寅時生
　　年壬午、月癸卯、日癸亥、時甲寅

※ 乾命 一九二八年 正月 十一日 子時生
　　年丁卯、月癸丑、日壬申、時庚子

※ 乾命 一九三六年 十二月 二八日 丑時生
　　年丁丑、月壬寅、日丁卯、時辛丑

四柱기둥의 이름과 原理

年	太歲	根	祖父祖母	元	初年
月	捉綱	墓	父母兄弟	亨	中年
日	命主	花	自身夫婦	利	장년
時	帝坐	實	子女	貞	末年

○ 大運 定하는 法

大運은 月令으로부터 算出하는 것으로 十年마다 變하는 것이다. 天干五年, 地支五年, 씩 구분하여 보기도 하나 大運은 地支가 重要하므로 上下는 같이 보는 것이 원칙이다.

陽男陰女는 未來 月建으로 進行되고, 陰男陽女는 過去 月建을 사용한다.

陽男陰女는 月建前 一位로 順行하고, 陰男陽女는 月建後 一位로 逆行하는 것이나 陽干은 甲、丙、戊、庚、壬이고 陰干은 乙、丁、己、辛、癸를 말한다.

甲子年 三月生 男子면 三月은 戊辰月運이며 陽男이므로 己巳가 初運이요, 庚午가 十運이 요, 辛未가 十運이요, 壬申癸酉의 次順으로 順行한다.

反對로 女子라면 過去 月建을 사용하라 하였으니 丁卯 丙寅 乙丑 甲子 順으로 기록하는 것이다. 陰干이면 이와 반대인 것이다.

그리고 東方運이라함은 寅卯辰을 南方運은 巳午未를 西方運은 申酉戌을 北方運은 亥子丑을 말한다.

○ 大運의 數

大運이 몇살때부터 어느 大運으로 들어가는가, 소위 大運의 數는 어떻게 決定하는가, 이 것은 重要하며 運命을 판별하는 핵심적인 要件가운데 하나가 된다.

生日로부터 節日까지 計算한 日數를 三으로 나누어 얻은 數字로 大運의 數를 定한다.

陽男陰女는 未來의 節까지 수를 세어서 三으로 나눈수가 大運數가 된다. 이때 남은수가 二이면 반올림하고 남은 數가 一이면 버린다.

陰男陽女는 過去節로 수를 세어서 三으로 나눈다.

※ **例**、 陽男 一九四四年 五月 一日 戌時生

年　甲申　　（大運）

月　庚午　　辛未　五才—十五才

日　丙辰　　壬申　十五才—二五才　　西方地

時　戊戌　　**癸酉**　二五才—三五才

　　　　　　甲戌　三五才—四五才

　　　　　　乙亥　四五才—五五才　　北方地

　　　　　　丙子　五五才—六五才

　　　　　　丁丑　六五才—七五才

年上甲木은 陽이고 남자가 되여 陽男에 해당되고, 월건이 庚午월이기 때문에 順行이므로 辛未 壬甲 癸酉等으로 順行한다. 未來節인 小署가 五月十七日에 入節하였고, 生日이 一日이기 때문에 十六日이 된다. 이 것을 三으로 나누면 五가 되고 一이 남는다. 一이 남으면 버리기 때문에 大運數는 五大運 이다.

※ **陰男**、 一九三七年 六月 十九日 未時生

丁丑　（大運）

丁未　丙午　七才—十七才　　南方地

甲寅　乙巳　一七才—二七才

辛未　甲辰　二七才—三七才　　東方地

　　　癸卯　三七才—四七才

　　　壬寅　四七才—五七才

辛丑　五七才—六七才　　北方地

庚子　六七才—七七才

年上丁火는 陰이고 男子가 되여 陰男에 해당되고 월건이 丁未月이므로 逆行된다。그래서
丙午、乙巳、甲辰、癸卯 順으로 逆行하고 過去節인 小暑가 五月二九日에 入節하였고 生日이
十九일이기 때문에 二十日이 된다。그러므로 二十日을 三으로 나누면 六이되고 二가 남는
다。二가 남으면 반올림해서 大運수는 七大運이 된다。

※ 陽女　一九三八年　四月　二十日　戌時生

戊寅
（大運）
丁巳　丙辰　五才
辛亥　乙卯　十五才
戊戌　甲寅　二五才
　　　癸丑　三五才

壬子　四五才

辛亥　五五才

庚戌　六五才

年上戊土는 陽이고 여자가 되여 陽女에 해당된다。월건이 丁巳月이라 逆行이므로 丙辰、
乙卯順으로 나아가고 二十日에서 立夏節氣까지 十四日이므로 과거절인 十四日을 三으로 나
누면 四가되고 二가 남는다。2가 남으면 반올림해서 大運數는 五大運이 된다。

※ 陰女、一九四七年 十月 四日 戌時生

丁亥　（大運）

辛亥　壬子　七　才

己亥　癸丑　十七才

甲戌　甲寅　二七才

　　　乙卯　三七才

　　　丙辰　四七才

　　　丁巳　五七才

　　　戊午　六七才

年上丁火는 陰이고 女子가 되며 陰女에 해당되고 월건이 辛亥月이라 順行이므로 壬子、癸
丑、甲寅…의 順으로 行한다。미태절인 大雪이 十月二六日에 입절하고 生日이 四일이기 때
문에 二十二日이 된다。二十二日을 三으로 나누면 七이되고 一이 남는다。一이 남은 것을

버리고 大運수는 七大運이 된다.

○ 六親論(六神法)

※ 아버지 어머니 형님 동생 아들 딸 妻子를 六親이라 한다.

日干	甲	乙	丙	丁	戊	己	庚	辛	壬	癸
比肩	甲	乙	丙	丁	戊	己	庚	辛	壬	癸
劫財	乙	甲	丁	丙	己	戊	辛	庚	癸	壬
食神	丙	丁	戊	己	庚	辛	壬	癸	甲	乙
傷官	丁	丙	己	戊	辛	庚	癸	壬	乙	甲
偏財	戊	己	庚	辛	壬	癸	甲	乙	丙	丁
正財	己	戊	辛	庚	癸	壬	乙	甲	丁	丙
偏官	庚	辛	壬	癸	甲	乙	丙	丁	戊	己
正官	辛	庚	癸	壬	乙	甲	丁	丙	己	戊
偏印	壬	癸	甲	乙	丙	丁	戊	己	庚	辛
正印	癸	壬	乙	甲	丁	丙	己	戊	辛	庚

※ 年　庚戌　偏官　偏財　（日干에서　보아서　六親을　붙인다）

月　丙戌　食神　偏財

日　甲寅　日干　比肩

時　庚午　偏官　食神

※ 藏干에도　六神을　붙인다。

偏官　甲子（癸壬）　正財　偏財

正官　乙丑（己辛癸）　劫財　傷官　正財

　　　戊寅（甲丙戊）　偏官　偏印　比肩

正財　癸丑（己辛癸）　正財　傷官　正財

※ 比肩劫財

比肩劫財는　나와같은　同類이니　兄弟姨妹라　한다。　人間世界에서는　兄弟가　좋으나　四柱法
에는　凶神이　된다。

그것은　나의　財物을　빼앗아가는　것이기　때문이다。　그러나　身弱한　命에는　도리어　吉神이
된다。　比肩이　많으면　가난하며、　速成速敗하며　성격은　고집이　세고　自己主張을　많이한다。
自守成家에　孤獨하며　六親의　德이　없다。　社業은　獨自的인　社業이나　自由業이　좋다。　病이
많으며、　妻宮이　變한다。　命에　食傷의　泄氣가　있고　泄하는　運을　만나면　凶化爲吉한다。

※ 食神傷官

陽이 陽을 만나면 食神이요、陰이 陽을 만나면 傷官이라 하며 男命에서는 妻財를 生하니

丈人、丈母의 妻家가 된다。女命은 子息이다。食傷이 많으면 日干의 힘을 빼앗아 가니 自己

中心을 찾지 못하여 유약하고 疾病이 많다。男命에는 자식을 기르기 어렵고 女命을 夫를 剋한

다。日干이 强하고 財를 보면 富貴를 누린다。그리고 食傷이 많은중에 官星運을 보면 백가지

禍의 근거가 된다 하였으니 不測의 禍가 일어난다。

食神은 衣食住에 관계되는 직업 셀러리맨이 좋고 傷官星은 財를 보면 社業家、特히 言語

을 위주로 하는 정치인、변호사、웅변、교수、목사、아나운서、예술인、코미디언、탈렌트 等

이 적격이다。月에 食神이 있으면 대개 성격이 원만 후덕하고 먹기를 좋아하고 신체가 좋다

하고、傷官이 있으면 수다스럽고 秘密을 지키지 않으며 거만하여 잘난체를 잘한다。그리고

남을 도와주기 좋아하나 말이 앞질러 德을 받지 못한다。

※ 正偏財論

偏財는 陽에 陽을 보는것이요、正財는 陽에 陰을 보는 것이다。偏財를 父로 본다하나 異

設이 있고 妾이나 애인을 보고 正財를 妻로 본다。坤(女)命은 媤母로 보니 이것을 官을

生하는 것 때문이다。

偏正財가 많으면 外華內貧이로 겉으로 빛나지만 부자집 가난뱅이며、게으르고 결단력이

없다。身이 强하여 財에 任하면 能히 큰 財物을 거둬들이고 妻妾도 많다 하였다。財가 많으

면、早失父母하거나 남의집 밥을 많이 먹는다。比劫이 많으면 家破、喪妻、疾病 等等의 患

難을 겪는다。正財는 세심、근면、정직을 주로 하며 노력하여서 財物을 모으는 像이며 偏財

는 象人의 財이므로 欲財요、欲心이 많다。 남과 담소하기를 좋아하고 他鄕에 돌아다녀 妻妾을 거느리고 好色 好酒하며、강개한 기질이 있다。

※ 偏正官論

偏官을 七殺이라고 부르며 正官은 官星이다。 坤命은 七殺을 偏夫나 애인、正官을 正夫라고 부른다。 乾命은 일반적으로 子息이라 하는데 異設이 있으나 대개 子息이라 본다。 身弱하여 官殺混雜이 되면 貧 아니면 夭라 한다。 官이 많으면 分權이라하여 自己主張이 通하지 않고、맹꽁이 像이다。 이때 印星이 있어 化하고 運에서 印綬運을 만나면 發福한다。 坤命에 官이 많으면 夫가 많은것이다。 正官은 正事로 爲主로하고 一生이 奔走하다 보통 七殺이 있어 中和되면 大富大貴한 者가 많다。 偏官은 自己를 나타내기 좋아하고 일을 함에 남을 능멸하고 모험 및 매사에 적극적이다。

※ 偏印・正印

偏印을 一各 倒食이라 하기로 하고 梟印이라고도 한다。 印綬는 學問의 星 父母의 星으로 尊貴한 것이라 하나 日主가 弱할때는 偏正印이 모두 吉神이요、官殺을 引化시킬때도 구분이 없다。 印星이 많으면 자기중심적이고、孤獨으로 흐르기 쉽다。 그리고 의뢰심이 많다。 女命에는 子息을 缺하던지 疾病이 있다。 印이 많을때 財星을 만나면 棄印就財라 하며、自守成家한다。 印綬는 자기중심적이며 약간 인색한、기풍이 있다。 이것이 月에 있으면 一生에 큰 凶災를 겪지않고 衣食이 足하다。

偏印은·龍頭蛇尾로써 처음에는 부지런하나 뒤에는 태만하다。임기응변이 뛰어나고 偏印은

副業의 神으로 二가지 以上의 직업을 갖는다。

○ 格局論

四柱八字에는 格과 局이 있으며 그 다음에는 體用 있는 것이다。古來以後 수다한 格이 많

이 있으나 우선 命式의 均衡을 찾아 보는 것이 上策이다。다시 말하면 格가운데서 體와 用을

찾는것이다。日主가 體라면 提綱(月의 地支)이 用神이며、提綱이 體이면 다른 干支에서 用

을 찾는것이요、四柱全體가 體라면 大運이 用이 되는 것이요、大運이 體라면 歲運이 用이

되는 것이 있으니 體用의 분별을 알아야 한다。이것은 가장 깊이 解釋한것이 이 滴天隨이다。

格에는 크게 나누어 正格과 變格의 두가지가 있다。

(正格)은 月支에 正偏財、正偏官、食傷官、正偏印의 八格을 말한다。만일 比肩이나 劫財가

있을때는 그안의 藏干중에서 동일한 干이 干支에 나타난 것을 格으로 定하여 그것도 없으면

四柱全體를 보아서 體用을 찾아 定한다。

日干이 强하고 殺이 弱한데 財가 있으면 財滋弱殺格。

日干이 强하고 財가 弱한데 食傷이 있으면 食神生財格。

日干이 弱하고 官殺이 混雜되어 있는데 偏正印이 通關 시키면 殺印化格。

日干이 强하고 印星이 있고 財星이 있으면 棄印就財格의 等等의 이름들이 있으나 그렇게

이름에 메달릴것은 없다。

（變格）에는　專旺格과　化氣格、　그리고　兩神成象格　및　從格이　있다。

[專旺格]은　一曲直格、　一炎上格、　一稼穡格、　一從革格、　一潤下格의　다섯가지가　있은데　木日主가　亥卯未의　三合이나　寅卯辰의　方合이　되면　全木氣를　만난것이다。　나머지도　이와같다。

[化氣格]로　다섯가지가　있는데　一、甲己合化土格一。乙庚合化金格一。丙辛合化水格一。丁壬合化木格一。戊癸合化火格이다。

甲日主가　바로　곁에　己干을　보면서　月에　辰戌丑未의　土氣를　만난것이다。丙日主가　辛을　보고　亥子를　보거나　乙日主가　庚을　만나고　申酉을　보는　것을　말한다。

[兩神成象格]은　相生의　五格과　相成의　五格이　있다。

相生의　五格은　四柱八字　중에서　木火가　서로　四個씩　있는　것이다。火土도　四個씩이요、　金水도　四個있는　것이다。

相成格은　서로　剋하는　四柱內에　각각　반반있는　것을　말하는데　木土가　각각　四個씩　있는　것을　말한다。

[從格]은　從財格、　從食傷格、　從官殺格、　그리고　從旺、　從强、　從勢、　從氣格이　있다。

[從財格]은　四柱全體가　財로　구성되고　日干을　生하는　것이　없는　것이다。

[從食傷格]은　全部　食傷으로　된것이며　從官殺도　全部官殺로　돼있고　日主의　根이었어야　眞格이다。

[從旺格]은　比劫이　많으며　財官이　없는　것이요、

[從强格]은　印綬가　많으며　食傷、　財가　없어야　한다。

-35-

〔從勢〕는 日主가 無氣하고、財・官殺、食傷으로 구성된 것으로 중간을 引化하는 것이 좋

다。

〔從氣格〕는 四柱가 두가지의 五行의 氣로 구성된 것이다。

變格은 四柱가 體요、大運이 用이 된다。이 變格의 勢에 順從하거나、引化시키는 運이 좋으

며 만약 그 勢를 逆하거나 冲하면 큰 波亂이 옴을 알아야 한다。

○ 調候論

春月의 寅卯辰、夏月의 巳午未、秋月의 申酉戌、多月의 亥子丑의 四季節에 生하면 日干五

行과 他干支의 五行을 보아서 調候를 보는 것이다。

여름에 태어나면 뜨거우니 차가운 물이 필요할 것이며、겨울에 태어나면 차가운 따뜻한

房이 그리운것이 당연하다。

秋의 金은 強하고、가을이니 火로써 단련시켜야 하고 水로써 洩해야 예리한 用物이 되는 것이다。

春의 木은 자라기 위하여 물이 필요하고 따뜻함을 要한다。왕성한 나무는 가지는 쳐야하니 金 또한 필요한 것이 아닌가、이러한 基本 (기본) 의 바탕에서 各月마다 用神이 있다。原則論만 알면 족하나 다음의 몇개의 作用은 알아야 한다。

○ 〔寅〕月는 아직 겨울의 寒氣가 남아 있어、火의 暖이 必要할때가 의외로 많다。丙火의 作用도 주위의 변화에 따라 강하게 나타난다。대개 庚日主에 寅月이거나 壬日主에 寅月을

보면 十中의 八九는 暖(火) 用이다.

○ [巳]月은 여름이지만 巳中의 庚金의 作用이 주위에 金이 있으면 크게 나타난다.

○ [申]은 立秋節의 秋金이지만 壬水의 作用이 많다.

○ [亥]도 冬月의 水이지만 甲의 辰生地이므로 주위의 여건에 따라 변화가 심하다.

○ [辰]月과 [丑]月은 濕土의 作用이 강하고,

○ [未戌]은 燥土의 作用이 강하니 日主와 他干支와의 변화를 깊이 살펴야 한다.

○、日主의 强弱

四柱에서 가장 重要한 부분의 하나이다. 强弱을 分別하여야 用神을 求할수 있는 것이요, 六親의 喜忌도 判別하는 것이니 이것을 아는것이 四柱에서의 入門 과정이라 본다.

첫째로 月令을 얻으면 旺이라하며 他地支의 二倍정도의 힘이 강한 것으로 본다. 甲乙의 日主가 寅卯辰의 春月을 만난것이다. 그중에서도 卯가 첫째요,寅이 다음이고 辰土는 주위에 따라 변함이 있다. 他干支 六神이 提綱(月支)에 令을 얻으면 强이 되는것도 마찬가지이니 凶神이면 不吉하고 忌神이면 吉하다.

둘째로 年日時의 支에 通根되면 힘을 얻는다. 甲日主가 寅卯亥子나 丑辰의 庫根을 얻는 것을 말한다.

셋째,天干의 比肩이나 印綬의 도움보다는 地支의 庫根이 낫다.

○甲乙—未、丙丁—戌、庚辛—丑、壬癸—辰。

넷째、 日主가 너무 强하면 좋지 않은 것이니 日主도 적당히 强하고 財官食도 적당히 强하면 均衡이 잡혀서 中和된 四柱로써 福命이다。

다섯째、 日主를 幇助하는 것은 印綬、偏印、比肩、劫財이며 日主를 剋傷泄하는 것은 財官食傷이다。

여섯째、 日主가 弱한고 財官食이 强하면 大運은 日主를 生하는 幇助運을 만나야 吉하다。

일곱째、 天干에 나타난 財官食도 地支에 根이 있어야 强하다。

여덟째、 六神星이 三位以上이면 太過하니 이것을 制하는 神의 根이 强하거나、 日主가 强해야 한다。

아홉째、 胞胎法에서 生旺祿를 逢하여 强弱도 참조한다。

열번째、 冲이나 合의 변화가 있으니 잘살펴야 한다。冲은 强한 것을 制하는 힘이있고 合은 弱을 强으로 만든힘이 있다。 午가 强하면 子가 冲制하거나 乙日主가 未月에 生하였는데 亥를 만나 合局하여 木이 되는 것이다。

○、 五行用語解說

○ 木多金缺ㅡ木이 많으니 金이 적음。
○ 木嫩火虛ㅡ木은 여리고 火는 虛함。
○ 火旺木焚ㅡ火가 旺하니 木이 焚함。

（火逞木勢）

-38-

○ 土重金埋一土가 많으니 金은 埋沒됨。

○ 土能晦火一土는 能히 火를 어둡게함。

○ 土旺木析一土가 旺하니 木이 꺽임。

○ 土凍金寒一土는 얼고 金은 차다。

○ 木多渗水一木이 많으면 水가 스며듬。

○ 潤土生金一潤澤한 土가 金을 生함。

○ 制土衛水一木이 土를 制하여 水를 지킴。

○ 洩土生水一金이 土를 洩하고 水를 生함。

○ 金衰水旺一金은 衰弱하고 水는 旺함。

○ 金多水少一金은 많고 水는 적고。

○ 水泛金衰一水가 범람하니 金이 衰弱함。

○ 水旺土蕩一水가 旺하니 土는 蕩함。

○ 火旺水涸一火가 旺하면 水는 메마름。

○ 金寒水冷一金은 寒하고 水는 冷함。

○ 炎炎土燥一불꽃이 위에 있으니 土는 燥함。

○ 水旺木堅一水가 旺하니 木은 굳셈。

○ 熬水煉金一水는 봄아지고 金은 煉됨。

○ 金能傷土一金은 能히 土를 傷함。

○ 金旺火虛—金은 旺하고 火는 虛함。

○ 水能沈金—水는 能히 金을 잠기게 함。

○ 蓄水藏金—水를 저축하고 金을 감추게함。

○ 洩火生金—火를 洩하고 金을 生함。

○ 洩火土秀—火를 洩하니 土는 秀함。

○ 洩水生火—水를 洩하고 火를 生함。

○ 水多木泛—水가 많으니 木은 범람함。

○ 蓄水養木—水를 쌓고 木을 養育함。

○ 水旺生木—水가 旺하여 木을 生함。

○ 金絕火生—金은 絕되며 火는 生함。

○ 洩金生木—金을 洩하고 木을 生함。

○ 水旺火虛—水가 旺하여 火는 虛함。

○ 火焰土燥—焰하니 土는 燥함。

○ 生金剋水—金을 生하고 水를 剋함。

○ 水冷木潤—水는 冷하고 木은 潤함。

○ 土凍木潤—土는 얼고 木은 潤함。

○ 木旺土虛—木이 旺하고 土는 虛함。

◉ 四柱의 急所

四柱는 統系學이며 數理의 學問이며 또한 變化의 術學이다. 그러면서도 氣象의 學問이라는 것을 언제나 염두에 두어야 한다.

滴天隨의 著者는 運命을 鑑定할때 첫째로 世德、 둘째로는 地理、 셋째로 八字를 말하였다. 祖上과 父母및 本人이 얼마나 德을 베풀고 努力하여 살아가는가를 보고、 그사람이 태어난 곳이 따뜻한 南鄉인지 추운 北鄉인지 또한 都市및 시골인가의 주위의 환경을 관찰하고 나서 八字를 論한것이 原則임이 分明하다. 이런것을 알지 못하고 五行이 全部인양 命에 억지로 갔다붙여 百發百中식으로 맞추려고 하면 蛇足과 같아 結局은 近本까지 迷惑하게 되버린다.

그리고 이 滴天隨의 五〇三個造를 보면 大部分 格局이 크고 淸한것이 大部分이다. 著者가 그 時代의 중상류층의 계급에서 취합된 命造이기 때문에 혼히 볼수있는 命造가 아니다.

그동안 이 滴天隨를 精讀하면서 取合한 重要한 要點을 記載하지만 易은 變한다는 理致에 따라 거의 絕對的은 아니라는 것을 상기하기 바란다.

一、 柱內에 冲刑이 有면 波亂내지 變化가 많다.

一、 一方的으로 寒濕하거나 暖燥하면 六親間의 缺陷 아니면 身體의 異狀이 있으며、 性格 도 偏性에 흐른다.

一、 氣候가 完備되면 妻子가 갖추어졌다.

一、 從格의 一方的인 氣勢로 格을 이룬 命은 吉凶의 振幅의 차이가 크다.

一、寅 중에서 甲은 六、丙은 四

" 申 " 庚은 六、壬은 四

巳 " 丙은 六、庚은 四

亥 " 壬은 六、甲은 四의 비율이 있다。

一、寅月生은 아직 겨울의 寒氣가 남아있는 계절로서 暖方（木火）의 行運을 要하며 用神 역시 暖을 取함이 많다。

一、酉는 燥함을 卯는 濕함의 作用을 많이 받는다。

一、格局이 好命일때 用神이 金、火、土、水라면 大運에서 庚辰辛巳는 金의 作用을
" 丙戌丁亥는 火의 作用을
" 戊子己丑는 土의 作用을
" 壬辰癸巳는 水의 作用을 하지만 格局이 피패한 命은 이러한 作用의 도움을 받지 못한다。

一、六神을 볼때 三位以上이면 太過한것으로 이럴때는 食神、印綬、正官、財星도 凶神으로 變한다。 그러므로 太過할때는 六神을 구태어 나눌 필요가 없다。 例를 들어 食傷이 많으면 坤命에는 子息이며 夫를 나타내는 正官을 剋함이 많으니 이에 대한 害가 나타나며、乾命에는 祿밋 名譽를 상징하므로 이에 대한 作用도 같다。 또한 日主의 氣를 洩氣함이 過하니、身體의 虛弱이나 言語의 過多 누설으로 口舌이 많고、또한 食傷이 生하는 財의 害도 같이 일

어남을 알아야 한다. 이럴때는 과다한 食傷을 制하는 印星이 喜神이 되므로 이럴때는 祖上德、

父、貴人도움、文書관계에 의한 吉함이 나타난다. 그래서 一部分만의 六神에만 얽매이면 그

릇됨이 많으니 더욱 잘살펴야 한다.

一、疾病에도 五行인 木火土金水중에 어느 五行이 忌神이 되느냐에 따라 部位나 五臟에

發病하는 것이다.

木은 風、肝이며 火는 心、小腸이며、土는 脾、胃이며 金은 肺、大腸이며 水는 腎、膀胱을 뜻한다.

一、乾命은 陽日(甲丙戊庚壬)에 生한것이 좋고 坤命은 陰日(乙丁己辛癸)에 태어난 것

이 가급적 좋으며 陽日은 外向的 陰日은 內向的 性質을 갖춘다.

一、年에 食神이 있으면 祖上이 부유하고 日支에 財가 있으면 妻의 內助가 있다는 四柱의

기둥의 解說이 있으나、그것이 忌神이 되느냐、喜神이 되느냐에 따라서 變하므로 잘살펴서

論해야 한다.

一、丙丁(火) 日生이 金(庚辛)의 財星을 보면 天地眞財라 하여 十恒九富라고 한다.

一、月令을 얻으면 本來祖業이 없다.(多無祖業)

一、月令의 冲은 十中八九는 좋지않다.

一、金多好殺이며 水多好色 한다.

一、印綬格에 官이 없으면 孤寒의 苦라하여 技藝는 向上되나 高位職에 오르지 못한다.

一、官이 많으면 分權이라하여 自己主張이 通하지 않아 맹꽁이 서생이다.

一、地支用神은 貴가 적다.

一、 生年에서 生日을 刑하면 他鄕살이 한다.

一、 正財가 庫에 있으면 인색하고 正財墓도 같다.

一、 干合이나 合이 많으면 早婚아니면 晚婚이며 乾命은 외교관이나 소개업자 직업이 좋고 坤命은 忌한다.

一、 陰日生偏財에 官印이 없는 것은 孤陰이라하여 공상만을 일삼는 사람이다.

一、 庚辛(金)을 用할때 子運을 만나면 흔히 死亡하는 일이 많다. 庚은 子에 死가 된다.

一、 運에 墓運을 만나면 喪을 당하는 일이 많다.

一、 日主가 干合밎 支合하는 歲運이나 月運에 結婚한다.

一、 偏印이 月支에 있으면 醫師、運命家、이발사、요리사 等의 직업이 많다.

一、 殺이 弱한데 食傷의 制가 强하면 學問은 있어도 늙도록 效力이 없다.

一、 倒食은 副業의 神、傷官은 産業의 神이다.

一、 比劫은 背景、財星은 財貨、官星은 두뇌 印星은 知識、食傷은 表現을 의미하기도 한다.

一、 四仲(子午卯酉) 字가 많으면 好色한다.

一、 辰丑의 土字가 많거나 癸가 많어도 好色하며 그리고 정력이 절륜하고 火가 많으면 대체로 정력이 弱하다.

一、 丁火가 用神인데 癸水가 많으면 言行이 不一致한다.

一、 木日主에 水가 많으면 표류의 命이며 죽어도 棺이 없다.

一、 戊己日生이 火土가 燥하면 眞稼稽格이 아니다.

—44—

一、干支同體格중에서 四辛卯는 貧夭하며 四甲戌은 破家한다。

一、天干은 合하고 地支冲은 처음은 急하나 뒤는 弱하다。

一、天干合하고 地支의 刑은 自己輕率로 인하여 일이 失敗하거나 男女 모두 色情의 禍가 있다。

一、甲己干合하고 地支의 刑을 보면 어깨、다리 아픈병이 있다。

一、食神이 없고 財가 있으면 努力은 하지않고 財貨를 얻으려고 한다。

一、天羅(戌亥) 地網(辰巳)이 있으면 明暗이 분명치 않는 자리의 五行으로 柱內에 있으면 감옥수가 있다。

一、戌亥가 있으면 宗敎에 관심이 많다。

一、戊日主가 癸를 보고 地支에 亥酉를 보면 妻는 好色한다。

一、殺이 旺하면 車馬의 厄이 있거나 眼面에 欠이 있다。

一、丙丁火가 있고 水의 制火가 심하면 눈에 異狀이 있거나 眼鏡을 착용한다。

一、官星의 制가 많으면 庶出子女가 있다。

一、財官이 合身하면 總角에 得子하고 財印이 身合하면 母가 再聚이거나 前後母이며、財食이 身合하면 丈母를 奉養한다。

一、比肩이 祿을 얻으면 妻에게 外情이 있고、正財가 他干과、合하면 맞벌이 夫婦이거나 바람을 피운다。

一、財多하면 妻가 家庭을 主事하고 官星이 有면 공처가이다。

一、 丙辛이 干合하고 辰巳를 보면 醫卜星相의 직업을 가진다.

一、 丑未의 冲은 見識이 不足하다.

一、 命에 己乙巳丑이 있으면 曲脚殺이라하여 다리가 異狀이 있다.

一、 寅午戌이 있고 水가 없으면 天火殺이라하여 火災의 厄이 있다.

一、 三合局에 時墓를 만나면 宗敎에 關心이 있다.

坤、 四庫는 子息이 없고 四孟는 외롭고、 음란하고 四仲은 변덕이 많고 사랑에 집착한다.

坤、 壬癸日生이나 戊子日生은 白頭老郞에 人緣이 있다.

坤、 天元一氣格은 孤破하고 地支一字格은 再婚의 命이다.

坤、 魁罡(庚辰、庚戌、壬辰、戊戌日)이 있으면 용모는 아름다우나 고집이 세어 夫婦間 不和하여 사이가 좋지않으며 이혼、질병 아니면 남편을 부양한다.

坤、 財星이 用神이면 볼수록 예쁘다.

坤、 天干에 傷官이 一個 나타나면 美人이다.

坤、 金水傷官格이면 美男美女가 많다.

坤、 辰戌이 있으면 孤閨라하여 淫亂하거나 夫를 剋한다.

坤、 天乙이 三個有면 妾、技生、또는 무당이다.

坤、 傷官、偏印이 重重하면 背夫棄子한다.

坤、 乙巳、癸巳、辛巳日에 官星이 나타나면 애를 낳고도 家出한다.

坤、 官食이 合身하면 結婚前에 잉태하거나 남의 씨를 갖게 된다.

-46-

坤一、 食傷이 많으면 애를 낳고 이별수요。

坤一、 官星이 있고 水가 많으면 男便이 술을 좋아하거나 溺死한다。

坤一、 正財、印星이 많으면 淫亂하다。

坤一、 寒濕하면 월경불순、대하증、냉증의 病이 있다。

坤一、 傷官이 旺하고 官星이 없으면 남편이 죽더라도 守節한다。

坤一、 偏印이 많으면 性器를 나타내는 食傷을 剋하므로 産厄이 있다。

一部、通神論

○、天道

⦿ 欲識三元萬法宗、先觀帝載與神功。

삼원은 만법의 근본이며 이를 알고저 할려면 먼저 제재와 신공을 살펴야 한다。

[原註] 하늘에는 음과양이 있는고로 （夫有陰陽故） 春木夏火秋金多水季土가 （春木夏火秋金多水季土） 때에 따라 신공을 나타내니 （隨時顯其神功） 명중에 천지인 삼원의 이치로 （命中天地人三元之理） 근본을 삼는 것이다 （悉本干此）

[解說] 干을 天元이라하고 支를 地元이라하여 支中에 所藏된·干을 人元이라한다。

사람의 稟命과 모든것이 같지 아니한것은 다 이 三元의 理致를 벗어나지 못하기 때문에 三元을 萬法의 近本이라고 하는 것이다。

陰陽은 본시 太極으로부터 비롯된 것으로 帝載라 이르고 五行은 四時에 播生시켜 이를 神功이라 한다。 이에 三才의 系統은 萬物의 本源으로 滴天隨는 먼저 天道에서 이와같이 밝힌 것이다。

○、地道

⦿ 坤元合德機緘通、五氣偏全定吉凶。

땅은 원래 덕을 합하고 기를 합하여 통하니 오기의 편과 전으로 길과 흉이 정하여 지는

-48-

것이다.

[原註] 땅에는 강과 유의 이치가 있는고로 (地有剛柔故) 오행이 동서남북중을 생기게 하였고 (五行生于東西南北中) 하늘과 더불어 덕에 화합하면서 그 기틀에 묘한 이치가 들어있음을 깨닫게 되어 (與天合德而其機緘之妙) 부여한 명이다 (賦于人者) 편과전은 일치하지 않은고로 (有偏全之不一) 여기에 그 길함과 흉함이 정하게 되었다 (故吉凶定干此)

[解說] 乾元에서 萬物이 資始하고 坤元에서 萬物이 資生하며 乾은 건강하고 坤은 유순하니, 하늘에 順理되로 이어져서 德과 더불어 합하고 氣候로 감싸안아 기르니, 機를 緘하여 流通이 되는 것이다.

五行의 氣에는 偏全이 있는 것으로 萬物의 吉凶이 여기에 있다.

○、人道

◉ 戴天履地人爲貴 順則吉全凶則悖。

하늘과 땅사이에 사람이 귀중하니 순리를 쫓으면 길하고 흉한 것은 거스리는데 있는것이다.

[原註] 세상에 모든 물체가 오행에 배속되지 않은게 없어서 하늘을 이고 땅을 밟으며 (萬物莫不得五行而戴天履地) 오직 사람만이 오행의 온전함을 얻은고로 귀한 것이다. (惟人得五行之全故爲貴) 길흉이 일치하지 아니함이 있는것은 (其有吉凶之不一者) 오행의 순패에 있는 것이다. (以其得于五行之順與悖也)。

다.

　　「解說」사람이 **覆載**의 가운데 있다는 것은 하늘이 덮혀있고 땅이 사람이 실은 다는 것이

　　八字가 貴한것은 天干과 地支가 順해야하고 거스리지 말아야 한다.

　　「順」이란 接續相生하고 上下가 流通해야 하는것으로 天干의 氣가 弱하면 地支에서 生助함을 만나야 하고、地支의 神이 弱하면 天干에서 도와야 上下의 情이 있으므로 順이라 한다.

　　또 凶悖는 天干과 地支가 서로 尅하는 것이니 天干이 衰弱한데 地支에서 上賦하고 地支의 神이 弱한데 天干에서 下尅하면 上下가 無情하니、凶悖가 됨을 쉽게 알수있고 順悖의 吉凶 또한 확실하게 나타난다.

　　例를들면 日干이 木이고 金의 尅함을 꺼릴때 地支에 亥子가 있다거나 亥子가 없으면 天干에 壬癸의 水가 있어서 殺을 和하거나、天干에 水가 없다면 地支에 寅卯가 있어서 根氣가 堅固하거나、또 寅卯가 없다면 天干에 丙丁의 火가 있어서 金의 殺을 抑制하여 준다면 干支가 有情하여 木이 生氣를 얻어 吉하다.

　　反對로 水木火等이 없고 戊己가 나타나고 地支에 辰戌 丑未나 申酉等이 있어서 金氣만을 도운다면 干支가 無情하여 木이 生氣를 잃게 될것이니 그 凶함을 가히 알수 있을 것이다.

　　모든것이 五行에 의하여 이루어지지 않는것은 天覆地載하기 때문이다.

　　羽、毛、鱗、介 (날개、털、비늘、껍질) 도 各各 五行의 氣가 있으니 羽蟲은 火이며、毛는 木이며、鱗은 金이며 介는 水에 속한다.

　　사람은 土에 속하며 中央에 있다. 그래서 木火金水의 氣를 받어서 五行을 完全히 구비하

였기 때문에 貴한것이다。그래서 사람의 八字는 流通生化 되어야 하고、제일 꺼리는 것은

결함이 있거나 五行이 偏枯한 것이다。

四戊午가 聖帝의 造이며、四癸亥가 張恒候의 造라고 한것은 後世의 사람들이 그릇되게 전

한 것이다。

漢으로부터 二千餘年이 지난 가운데 甲이 循環하여 이런 四柱가 적지않게 나왔을 것이다。

그러나 내가 行道한 이래 四戊午 四丁未 四癸亥 四乙酉 四辛卯 四庚辰 四甲戌이 있었으나、

다 偏枯한 것으로 論하여 증험하지 않음이 없었다。

같은 마을의 史氏가 四壬寅으로 寅중의 火土가 長生이 되고 食神이 祿旺하여 生化의 情이

있다고 하였으나 妻、財物、子孫이 좋지 않았다。

初年에는 寅中의 火土가 引出되지 못하여 苦孤하고 飢寒하였고、三句의 南方運에는 寅중

의 火土가 引出되어서 財物을 모았으나 末年에 子息이 없고 家業이 亡했다。이것은 偏枯한

탓이다。이에 命은 中和되어야 貴하며 偏枯 한것은 끝내 損이 있는것이니、平正의 理致를

救해야 하며 奇異하다고 믿을바가 못되는 것이다。

○、知 命

◉ 要與人間開聾聵。順逆之機須理會。

[原註] 명을 알지 못하는 자는 농외와 같은 것이며 (不知命者如聾聵) 명의 순역의 기틀

인간의 농외를 열어주는 것은 중요한 것이니 순역의 기틀은 모름지기 이치의 모임이다。

을 알게 되어 (知命于順逆之機) 이치에 통하게 되면 (而能理會之) 가히 천하의 농외를 열

어주는 것이다 (庶可以聞天下之聾瞶)

[解說] 理致가 있는다는 것을 말하는 것으로 後人이 命을 배우는데 두려워 한말이다.

順悖의 機를 窮究하지 않고 人命을 妄談하며, 그릇되게 깨달아 奇格·異局을 混亂되게 보

는 것이며, 神殺等을 取用하여 桃花咸池가 있으면 女命에 淫邪하다고 일방적으로 論하고, 受

責鬼神이나 金鎖鐵蛇을 小兒와 關聯된 殺이라고 한다면 父母 또한 근심할 것이다.

日主의 衰旺을 論하지 아니하고 財官을 [喜]라 하고 傷官과 殺을 [憎]이라 이라고 사람에

게 終身토록 붙이거나, 日主의 強弱을 보지않고 끝까지 食神을 [福]이라하고 梟劫을 [殃]

이라고 하는것은 그릇된 것이다.

六神은 六親을 取用할때의 이름인 것이다. 財는 養命이고 官은 榮身이라 하지만, 財多身

弱이면, 부자집의 가난뱅이며 身이 衰하고 官이 重하면 賤하지 않으면 夭折한다.

내가 子平의 書를 자세히 살펴보면 四柱五行의 完全함에 있는것이다.

衰旺 을 觀察하고 順悖 을 窮究하고 進退 를 審別하고 喜忌 를 論斷하는것이 소위 理

致의 모임이라 하는 것이다.

寄格異局이나 神殺納音等의 이름은 好事스런 妄造이며 이러한 理論은 命理의 休咎에 關聯

되지않은 잘못된 것이며 그릇되게 傳해진 것이다.

그리고 吉凶의 理致는 혼매하므로 밝히기가 어렵다. 書에 이르기를 財를 用할때는 [劫]

이 不可하며, 官을 用할때 [傷]이 不可하며 印綬를 用할때 [壞]가 不可하며 食神을 用

할때는 「奪」이 不可한것이니 이 四句가 理致의 近本이다。 重要한 것은 用神一字에 있으며 命을 알지 못하는 것은 用神의 근원을 窮究하지 않기 때문이다。

또 財官이 重하면 劫이나 傷도 피하며 印綬가 重하면 壞(財)가 피하며 食神이 重하면 奪(印)이 피하는 것으로 이것이 順悖의 기틀의 모임인 것이다。 이같은 깊은 理致를 알지못하고 세상사람을 미혹하는 자들이 많다。

1.

辛卯
乙未
丙申 （高宗純皇帝御造）
甲午
丁酉
癸巳
庚午
壬辰
辛卯
丙子
庚寅

天干에 庚辛丙丁이 있고 秋金을 火가 단련시키고 있다。 地支에 子午卯酉（坎離震兌）의 四仲字가 있으니 四正格을 이루었다。 秋令을 얻었으나 土가 없고 火가 强勢이므로 日主가 旺하지 않다。 기쁜 것은 子午의 冲으로 水가 火를 制하니 午火가 酉金을 깨뜨리지 못한다。 또 妙한 것은 卯酉의 冲으로 金이 木을 剋하니 卯木이 火를 生하지 않는고로 制伏을 얻는다。 震兌의 仁義의 眞機와 坎離는 天地의 中氣를 主宰하여 日月의 正禮를 얻는다。 消滅이 없고 윤택하고 따뜻하니 水火既濟의 像이다。 外國이 모두 복종하며 四海와 같아서 天下가 편안하였다。

2.

庚申　庚辰　戊辰　戊午

辛巳　壬午　癸未　甲申　乙酉　丙戌　丁亥　戊子

戊土가 季春에 生하고 時에 午를 얻으니 旺相한것 같으나 春時의 虛土이므로 六九月의 戊未의 土와 같이 實하지 못하다. 濕한 辰이 火를 洩하여 金을 生하고 兩庚이 干에 透하고 地支에 申辰으로 半會局하니 日主의 洩함이 지나치다. 그러므로 用神은 반드시 午火에 있으며 기쁜것은 水와 木을 보지않으니 日主와 印綬가 傷하지 않아서 精神이 특히 旺하고 中和純粹하다. 一生에 官職生活에 波亂이 없이 三十餘年을 宰相으로 지냈다. 子運에 申子辰으로 水局이 되니 不祿하였다.

3.

壬辰　壬寅　甲寅　庚午

癸卯　甲辰　乙巳　丙午　丁未　戊申　己酉　戊戌

俗論에는 身은 强하고 殺은 淺하여 用神으로 庚金을 取하였다. 春木이 金을 만나서 棟梁의 그릇으로 工夫를 하면 반드시 發展한다고 하였으나, 三旬이 되도록 工夫를 소홀히 하고 家業은 점점 쇠퇴하였다. 내가 推理하건데 地支에 兩寅이 있어 旺强하고 또 干에 兩壬이 있어 旺神을 生助하고 있다. 年支의 辰土는 水의 庫이며 木의 餘氣가 있으므로 能히 水를 모아서 木을 養育하므로 庚金을 生하기가 어렵다. 庚金은 休囚되고 午火가 공격하고 壬水가 洩하니 用神이 아니된다. 이와 반대로 病인 水를 生할 뿐이다. 旺이 至極하면 洩해야지 尅하는것은 마땅치 않은 것으로 氣勢에 順해야 하는것이기에 午火가 이 命造의 用神인 것이다. 장래 火運方向에 비록 貴는 누리지 못하였으나 富를 取하였으니 庚金의 病神때문이다。丙午運에 큰 財物을 얻었다。

4. 이 命造는 金水運을 取하고 火土運을 取하지 않는다고 하니까、상대가 말하기를 金水가 旺하면 왜 金水를 取해야 하는가、旺할때 洩하지 않으면 傷하는 것인데 이 命의 全體가 金水이니 金水는 取하는 것은 命書에 없는 일이다고 하여서、나는 다시 命書의 오묘한 理致를 알지못한 것이다。이 命造는 水가 旺하고 金을 만나니 勢가 冲奔하다。그래서 一點의 甲木이 枯浮하여 水를 洩하기가 어려운 것이라 하였다。癸亥運은 旺神을 도우니 祖上의 德으로 有餘하였고、壬戌運은 水가 通하지 않아 氣勢를 거역하니 刑耗가 있었고、辛酉庚申運은 安樂하였으며 己未戊午運은 水가 通하니 家業이 기울어지고 妻를 剋하여 외롭고 의지할데가 없었다。소위 崑崙之水는 可順而不可逆이라 가히 順逆의 기틀을 알것이다。

癸酉
癸亥
甲子
辛酉
庚申
癸亥
己未
戊午
辛酉
丁巳

、理氣

◉理承氣行豈有常、進兮退兮宜抑揚。

理가 氣를 이어서 행함이 어찌 떳떳함이 있겠는가!、나가고 물러남은 마땅이 억제하고 들어낼것이다。

[原註] 단고열고가고오는것이 모두 氣에 있는 것이니 (闔闢往來皆是氣) 이는 그기사이로 行하게 된다。(而理行乎其間) 행의 시초는 진이며 (行之始而進) 진이 극에 달한 즉 퇴의 기

들이 되는 것이니 (進之極則爲退之機) 가령 삼월의 갑목이 이것이니라 (如三月之甲木是也)

행이 성에 달하면 퇴가 되고 (行之盛而退) 후퇴함이 극에 달하면 나아가는 기틀이 되는 것이

니 (退之極則爲進之機) 九月의 갑목이 이것이니라 (如九月之甲木日之也) 학자는 마땅이 그

억양과 심천을 알아야 할것이니 (學者宜抑揚其深淺) 이런것을 말하여 명이라 한다 (斯可以言

命也)

[解說] 進退의 機는 반드시 알지 않을수 없는것이니 이것은 비단 長生되어 旺한다거나、

死絶이 되어 衰한것을 말하는게 아니고、四季節의 흐름이 앞으로 生旺地로 가느냐! 아니면

衰絶地로 가느냐를 말한 것이다.

무릇 五行의 旺相休囚는 四季節의 안배에 따라 定해지는 고로 앞으로 生旺地로 行하는 것

이니 進으로 相이라하며 進이 當令할것을 旺이라 한다. 功을 이루면 물러가야 하니 이를 가

리켜 休라하며 退가 아주 氣가 없으면 囚라고 하는 것이니 旺相休囚를 分辨할줄 알아야 進

退의 機를 알수 있는 것이다.

日主의 喜神은 旺相해야하고 凶殺이나 忌神은 休囚되어야 좋다.

相은 旺보다 妙함이 있는 것으로 旺은 極盛하니 반대로 退가 빠른 것이다. 그러나 相은

점점 자라가는 氣이므로 더욱 發展한다.

休와 囚의 차이로 이와같으니 이것이 進退의 올바른 理致인 것이다.

5.
丁亥　　己酉
戊申　甲木이　休囚되고　庚金이　祿旺을　얻어　日主를　剋하며　一點의　丁火는　相對하기

四柱 (상단):

庚戌　　　丁未
乙酉　　　甲辰
甲辰　　　乙巳
壬申　　　癸卯

가 어렵게 보인다. 兩財가 殺을 生하니 殺이 重하고 身은 輕한것같이 보이나 九月의 甲木은 進氣이며 壬水가 時干에서 生하니 丁火를 傷하지 못한다. 丁火는 비록 弱하나 戌은 燥土로써 火의 根原이다. 辰은 混土지만 木의 餘氣가 있다. 天干은 一生一制하고 地支는 亥의 長生을 만나 四柱가 生化有情하고 五行이 서로 다투고 시기하지 않는다. 丁運에 科擧에 合格하여 벼슬직에 나아갔으니 火의 用神이 분명하다. 南方運에 오랜 벼슬을 하고 財物 또한 넉넉하였다.

6.

乙亥　　　己卯
戊寅　　　庚辰
丁巳　　　庚子
甲戌　　　丙子
壬申　　　甲戌
乙亥　　　癸酉

前造와 大同小異하다. 俗論에 乙木의 妹가 庚의 妻이니 凶한것이 吉이되고 合을 貪하여 冲을 잃어버린 까닭으로 前造보다는 아름답다고 하였다. 그러나 前造는 名利가 있었고 이 命은 그렇지 않았으니 그 理由는 乙庚으로 合하여 반대로 暴徙를 도우기 때문이다. 그리고 前造는 辰의 濕土가 能히 木을 生하고 申辰으로 半會되며 甲木이 進氣된 까닭이다. 그러나 이 命은 申戌로 殺을 生하고 甲木은 退氣를 만나고 庚金은 進氣를 만난것이다. 兩造는 비슷한것 같지만 天淵의 차이가 있으니 進退의 機를 알지 않을수 없는 것이다.

一、配 合

◉ 配合干地仔細詳。斷人禍福與災祥。

간지의 배합을 자세이 살펴 사람의 화복과 재상을 단정할 것이다。

[原註] 천간과 지지는 (天干地支) 서로 배합하니 (相爲配合) 진기를 만났는가? 퇴기를 만났는가? 자세히 살펴보면 (仔細推詳其進退之機) 사람의 화복과 재상을 단정할 수 있을 것이다 (則可以斷人之禍福災祥矣)

[解說] 이 章은 잘못된 것을 잡아주는 要領이다。[干支配合] 과 [衰旺喜忌] 를 같이 보아서 바른 理致로 자세히 살핀다。專從、奇格、異局、神殺等으로 吉凶禍福을 판단하는 것은 그릇된 것이며、命中의 理致는 用神에 있는 것으로 財官、印綬、比劫、食傷、梟殺 等 모두 用神이 될수 있다。나쁜 이름이라고 해서 모두 나쁜것이 아닌것이다。이에 日主의 衰旺과 用神의 喜忌를 잘살펴서 [抑] 할것은 [抑] 하고 [扶] 할 것은 [扶] 하면 소위 去留舒配라 한다。運에서도 吉凶地에 따라 禍福災祥이 명확하게 나타난다。

7.

	甲戌	癸酉	壬申	辛未	庚午	己巳
甲子	戊辰	庚申	甲戌			

俗論에 三奇 (甲戊庚) 가 干에 있으니 아름답고 地支에 拱貴 (午未申) 를 이루니 榮華가 있다 하였다。그리고 申子辰會局으로 冲이 되지않아서 官星이 用神이 되니 名利를 이룬다 하였다。庚申이 季春에 生하고 水는 본래 休囚 되어 午火官星을 用神으로 할려고 하나 地支에 水局이 된것이 嫌惡스럽다。

壬午
乙亥
酉
子

坎 (水) 의 勢가 增加되니 離 (火) 의 위세는 잃어버린것과 같다。 그래서 官星을 用하기가 不足하고 또 壬水를 用하고저 하나 戊土가 나타나서 奪食하므로 用을 하기가 어렵고 甲木의 財를 借用하여 傷官을 洩하여 官을 生하니 자못 情이 있는것 같다。 그러나 甲木이 退氣를 만나고 戊土가 當權하여 疏通이 어려우므로 假神에 지나지 않는다。

運도 西南의 休囚地이므로 모두 亡하고 妻子 역시 剋하여 苦生이 많았다。

三奇格이나 拱貴格等도 用神을 論하지 않으면 모두 헛된 것이다。

8.

壬午
己亥
乙丑
丙子

이 命은 처음에 볼때 取할것이 하나로 없는것 같이 보인다。 天干에는 壬丙이 剋이 되고 地支에는 子午가 遙冲한다。 寒木이 陽을 기뻐하나 水勢가 氾濫하고 火氣의 剋絕이 심하여서 名利가 없는것 같이 보인다。 그러나 三水二土二火에 비록 水勢가 旺하나 기쁜것은 水를 生하는 金이 없고 火는 休囚되었으나 土가 護衛하니 자식이 能히 母를 救하는 像이다。 天干의 壬水는 乙木을 生하고 丙火는 己土를 生하니 相生有情하다。

爭剋의 뜻이 없으며 地支가 비록 北方이나 즐거운 것은 己土原神이 나타나고 午의 祿을 얻어 根에 通한 것이다。 서로 比護하여 水를 막고 火를 護衛하니 〔有病得藥〕이다。 一陽以後에 萬物이 懷胎되며 傷官이 나타나니 用神이 된다。 中年運、東南運에 用神이 生旺하니 반드시 뛰어난 發展을 한다。 앞의 兩造를 보면은 配合干支의 理致에 있으니 어찌 소홀히 할수 있

—59—

으랴。

一、天干

오양은 모두 양이니 丙火를 가장 우선으로 하고 오음이 모두 음이나 계水가 지극하다.

[原註] 갑병무경임이 모두 양이나 (甲丙戊庚壬爲陽) 유독이 丙火를 陽의 정이라하여 (獨丙火秉陽之精) 양중의 양이라 하며 (而爲陽中之陽) 을정기신계는 모두 음이나 (乙丁己辛癸爲陰) 유독이 계수를 음의 정이라 하여 (獨癸水秉陰之精) 음중의 음이라 하는것이다 (而爲陰中之陰)

[解說] 丙火는 純陽의 火이므로 萬物이 丙火로 因하여 發生하고 거두어 들이게 되며 癸水는 純陰의 水이므로 萬物이 이로 因하지 않고는 生할수 없고 이것을 얻어 茂盛할수 있는 것이다.

陽이 極에 達하면 陰이 生하는 理致에 따라, 丙火는 陽中의 陽이니 陽極에 해당되므로 戊癸로 合化하여 火가 된다. 여기에 陰陽이 相濟하여 萬物이 生生하는 妙함이 있는 것이다. 대체로 十干의 氣는 先天을 말하는 故로 하나의 根原이 동시에 나오는 것이며, 後天으로 말한다 할지라도 一氣가 서로 안으니 甲乙이 한 木이요, 丙丁이 한 火이며 戊己가 한 土이며 庚辛이 한 金이며 壬癸가 한 水인것이다. 다시 말해서 分別하여 用이 되는바에 따라 陽은 剛

하고 陰은 柔하며 陽은 健하고 陰은 順만이 있을 따름이다。

그럼에도 불구하고 많은 命家들은 傳言되는 歌賦에 甲木을 棟梁木이라 하고 乙木을 花果木、丙火를 太陽火、丁火를 燈燭火、戊를 城牆土、己를 田園土、庚을 頑鐵金、辛을 珠玉金、壬을 江河水、癸를 雨露水로 合은 오랫동안 입으로 입으로 傳하여서 고칠수 없는 그릇된 理論이다。 또 甲木이 根이 없으면 死木이라고 하고 乙木이 根이 있으면 活木으로 하여 같은 木을 活이나 死로 나누어 놓았으니 어찌 陽木이 홀로 死氣를 받았으며 陰木이 홀로 生氣를 받았다고 할 것인가?

또 말하기를 活木은 물에 뜨는것을 두려워하고 死木은 물에 뜨는것을 두려워하지 않는다면 活木은 水를 만나 표류하고 死木은 水를 만나면 반대로 固定될 것이 아니겠는가! 다 이것은 그릇된 말이니 다물리쳐야 한다。

◉ 五陽從氣不從勢、五陰從勢無情義

오양의 기를 쫓되 세를 쫓지아니하고 오음은 세가 쫓아도 정의가 없음이니라。

[原註] 오양은 양기를 얻는 것이니 (五陽得陽之氣) 양강한 일을 능히 이룰수가 있으므로 (卽能成乎陽剛之事) 재살의 세를 두려워 하지 않으며 (不畏財殺之勢) 五음은 음기를 얻어 (五陰得陰之氣) 음순의 정의를 능히 이루는 고로 (卽能成乎陰順之義) 木이 성하면 木에 따르고 (木盛則從木) 火가 성하면 火에 따르고 (火盛則從火) 土가 성하면 土에 따르고 (土盛則從土) 金이 성하면 金에 따르고 (金盛則從金) 水가 성하면 水에 따르고 (水盛則從水) 정의가

있는바에 따라서 (於情義之所在者) 세가 쇠를 보면 피하는 것이니 (見其勢衰則忌之矣) 비유

하건데 부인의 정과 같은 것이다.(蓋婦人之情也) 이와같이 기가 순함과 이의 바름을 얻는 자

는 (如此若得氣順理正者) 의를 버리고 세를 따르지 아니할 수가 없는 것이니 (亦未必從勢而

忘義) 비록 종하나 당연한 것이다 (雖從亦必正矣)

[解說] 五陽의 氣가 열리면 光亨의 象을 쉽게 볼수 있고 五陰의 氣가 모아져 함유하여

쌓이면 理致를 헤아리기가 어려운 것이다. 五陽의 性質은 剛健한 故로 財殺을 두려워 屈하

지않으나 惻隱한 마음이 있어서 그 처세가 구차하지 않으며 五陰의 性質은 柔順한 故로 勢

力을 보면 義를 잊어버리고 비열하고 인색한 마음이 있어 그 처세에 교만과 아첨함이 많은

것이다.

대체로 利를 따르고 義를 버리는 무리들은 모두 陰氣가 잘못된 것들이요、豪俠하고 慷慨

心이 많은 사람들은 모두 陽氣의 모임이다.

그러나 陽중에 陰과 陰중에 陽이 있는것이며 또 陽가운데 陰이 있으면 밖으로는 仁義가 있

는것 같으나 안으로는 奸邪하며 陰가운데 陽이 있으면 밖으로는 凶險하나 안으로는 仁慈하

다.

陽外陰內인 者는 禍心을 포장하고 있고 陰外陽內인 者는 正道를 안으로 지니고 있기 때문

에 人品의 端正함과 奸邪함을 眞實로 分辨하기가 어렵다.

重要한 것은 氣勢가 順正하는데 있는것이며、四柱五行이 고루 造化되어 偏枯하지 않으면

利忌心을 스스로 버리는 것이다. 무릇 몸가짐이나 처세의 道를 보면 반드시 그사람을 알수

있는고로 그 착한사람을 가려서 따르는 것이 본뜻이다.

◉ 甲木參天。脱退要火。春不容金。秋不容土。火熾乘龍。水宕騎虎。地潤天和。植立千古。

참천의 甲木이 탈퇴하려면 火가 필요하며, 봄에는 金을 용납하지 아니하고 가을에는 土를 용납하지 아니하고 火가 치열하면 辰土를 얻어야하고 水가 범람하면 寅木을 얻어야하고 地支가 윤택하고 천간이 화평하면 오랫동안 무성할수 있다.

[原註] 순양의 목이 참천에 웅장하면 (純陽之木參天雄壯) 화는 木의 아들이니 (火者木之子也) 왕한 木이 火를 얻으면 더욱 영화롭게 되고 (旺木得火而愈敷榮) 봄에 생하면 金을 기만하게 되니 (生於春則欺金) 金을 용납할수 없고 (而不能容金也) 가을에 생하면 金을 도우니 土를 받아들일수 없는 것이다. (生於秋則助金而不能容土也) 寅午戌에 丙丁을 많이보면 地支에 진을 얻어야 (寅午戌 丙丁多見而坐辰) 돌아가는 것이며 (則能歸) 申子辰에 壬癸水가 많으면 地支에 寅을 얻어야 水를 거둘수 있다 (申子辰 壬癸多見而坐寅則能納) 토기가 메마르지 않으면 水기가 없어지지 않으니 능히 장생하는 것이다. (使土氣不乾 水氣不消則能長生矣)

[解說] 甲木은 純陽木이므로 본래 體가 堅固하며, 參天의 勢로 極히 雄壯하다. 甲木이 春初에 生하면 氣가 차가우므로 嫩潤한 木은 火를 얻어야 發榮한다. 仲春에 生한 甲木은 勢가 極旺하므로 마땅히 洩氣시켜야 菁英할수 있기 때문에 強木은 火를 얻어야 완고함을 造化시킬수 있다. 參天의 金은 休囚되므로 寒金이 堅固한 旺木을 剋制하지 못하

金이 木을 剋할수는 있으나

고 오히려 金이 缺하게 되므로 대개 春節에는 金을 쓰지 않는다。

甲木이 秋節에 生하면 木이 失時하여 衰弱하다。枝葉은 떨어지고 심히 야위게 되며、木氣

를 뿌리로 걷어들이게 된다。土를 剋할수 있으나 土는 金을 生하고 火를 洩하니 虛薄함이

심하다。虛氣의 土가 木의 밑부분을 功擊하니 木의 根을 培養하는 것이 不能하다。오히려

傾陷을 만난다。故로 秋木은 土를 容納하지 않는 것이다。柱中에 寅午戌이 全部있고 丙丁

火가 나타났다면 洩氣가 太過할뿐 아니라 木이 사르게 되므로 이때는 반드시 水庫인 辰 土

를 얻어서 旺火를 洩氣하고 木을 生助해야 한다。이것을 「火熾乘龍」이라 한다。

[水宕騎虎] 란 申子辰이 全部있고 壬癸水가 나타났다면 水가 범람하여 木이 뜨게되니 마

땅히 地支에 寅을 얻어야 한다。寅은 火土의 生地이며、木의 根旺地이므로 水氣를 能히 흡

수하여 木이 뜨는것을 막아주는 연고이다。

또 [植立千古] 란 말은 金이 銳利하지 아니하고 土가 메마르지 아니하고 火가 孟烈하지

아니하고 水가 범람하지 않으면 長生을 얻게 된다는 말이다。

◉ 乙木雖柔、刲羊解牛、懷丁抱丙、跨鳳乘猴、虛濕之地、騎馬亦憂、藤蘿繫甲、可春可秋。

乙木은 비록 유하여 未土를 찌르고 丑土를 풀수 있으며 丁을 품고 丙을 안으면 酉나 申을

탈수 있으며 濕이 허한 곳에서 午을 타는것은 역시 근심이 됨이며 甲木이 얽혀 있으면 봄도

좋고 가을 좋다。

[原註] 乙木이 봄에 생하면 도계와 같고 (乙木者生於春如桃李) 여름에 태어나면 벼와 같

고 (夏如禾嫁) 가을에 태어나면 계수나무와 같고 (秋如桐桂) 겨울에 태어나면 꽃송이 같고

(多如奇葩) 地支에 丑未를 얻으면 능히 柔土를 제하여 (坐丑未能制柔土) 未를 규재하고 (如

刲宰羊) 丑을 해활한다。(解割牛然) 丙丁이 있으면 申酉월에 生하여도 두려울것이 없다。(只

要有一丙丁,則 雖生申酉之月亦不畏之) 子월에 生하고 壬癸가 나타나면 (生於子月而又壬癸透者)

비록 지지에 午를 얻어도 발생하기 어려운 고로 (則雖坐午亦難發生) 丑未를 얻어야 아름답다。

(故益知坐 丑未月之爲美) 甲과 寅을 많이 보면 (甲與寅字多見) 아우가 형의 의에 따르니 (弟

從兄義) 비유하건데 큰나무가 얽혀 무성함과 같으니 (譬之藤蘿附喬木) 작벌도 두려워 하지

않는다。(不畏所伐也)

[解說] 乙木은 甲木과 같은 木으로써 비슷한 性質이다。다만 春에 生한 乙木은 桃李와

같아 金의 剋을 받으면 시들고 여위게되며 夏에 生한 乙木은 곡식과 같아 水로 滋潤하여 주

면 生을 얻게되고、秋에 生한 乙木은 桐桂와 같아 金이 旺함을 꺼리니 火를 얻어 金을 剋해

야 좋으며 多에 生한 乙木은 꽃송이 같아 火로써 調候해야 하고 濕土로써 培養해야 한다。

따라서 春에 生한 乙木은 火를 얻어야 發榮하고 夏節에 生한 乙木은 水를 얻어 燥烈함을 濕

潤하게 하여야 하며 秋에 生한 乙木은 火를 얻어야 金을 剋制할수 있고、多節에 生한 乙木

은 火를 얻어야 얼어붙음을 풀어주게 되는 것이다。

原文에 [刲羊解午]란 丑未月이나 或은 乙未日 乙丑日에 生함을 말하니 未는 木의 庫葬

地로써 이를 얻으면 木氣가 뿌리로 내려가 서리고、앉을수가 있으며、丑은 濕土이므로 가히

生氣를 받을수 있음을 말한다。

「懷丁抱丙」과 「跨鳳乘猴」란 申酉月이나 或은 乙酉日에 生하여 丙丁이 나타났으면 水가

있더라도 서로 爭剋을 하지 않고 制化가 되여 金이 强해도 두렵지 않는다는 말이며、 「虛濕

之地騎馬亦憂」란 乙木이 亥子日에 生하여 柱內에 丙丁이 없고 戊未의 燥土도 없으면 비록

地支에 午火가 있어도 發榮하기 어렵다는 말이다。

「藤蘿繫甲」이란 天干에 甲木이 나타나고 地支에 寅이 있다면 붙들여 주고 도움을 주니

봄도 좋고 가을도 좋다는 말이니 四季가 모두 좋다는 말이다。

◉ 丙火猛烈、欺霜侮雪、能煅庚金、逢辛反怯、土衆成慈、水猖顯節、虎馬犬鄉、甲木若來、

必當焚滅。

丙火는 맹열하여 서리와 눈을 업신여기고 庚金을 능히 煅鍊할수 있는데、 辛金을 만나면 반

대로 겁내고、土의 무리가 많으면 자애로움을 이루고 水가 창람에도 충절을 나타낸다。만약

寅午戌에 甲이 오면 초멸하게 된다。

[原註] 火는 양의 정수이다。(火陽精也) 丙火는 양을 불살라서 지극한 고로 맹열하여 (丙

火灼陽之至故猛烈) 가을에 서리를 두려워하지 아니하고 (不畏秋而欺霜) 겨울의 눈을 업신여

긴다。(不畏多而侮雪) 庚金이 비록 완강하나 능히 하련시킨다 (庚金雖頑力能煅之)。辛金은

본래 유하나 (辛金本柔) 합하면 반대로 약해진다 (合而反弱)。土는 자식이니 (土其子也)

戊己를 많이보면 자애로운 덕을 이루며 (見戊己多而成慈愛之德) 水는 군인데 (水其君也) 왕

한 壬癸水를 만나면 충절의 기풍을 나타낸다 (遇壬癸旺而顯忠節之風) 未에 이르면 염상의 성

질을 좇으며 (至於未遂炎上之性) 寅午戌의 三位를 만나고 (而遇寅午戌三位者) 甲木이 노출되

면 초멸하게 된다(露甲木則燥而焚滅也).

[解說] 丙火는 純陽火이므로 勢가 猛烈하여 서리와 눈을 두려워 하지 않는다. 그리고 寒凍을 解除하는 功이 있으며 能히 庚金을 煆煉하여 强暴함을 만나도 剋伐할수 있다.

[逢辛反怯] 丙火가 辛을 만나면 合하여 水가 되어 반대로 怯 난다는 뜻이며 [土衆成慈]란 土의 무리를 보면, 丙火의 불꽃을 土가 받아들이니 慈愛스러움이 생긴다는 것이며, [水猖顯節] 이란 水가 날뛰어도 丙火는 相對하여 忠節을 지킨다는 것이며 [虎馬犬鄕] 이란 地支에 寅午戌을 말하는 것이며, 火勢가 猛烈할때 甲木이 와서 生하면 스스로 타서 없어지는 것을 말한다. 이러할 때는 洩하면 威力이 있으니 己土를 用해서 불꽃을 막을수 있다. 己土는 卑濕의 體이므로 能히 元陽의 氣를 거둘수 있기 때문이다.

戌土는 燥土이므로 丙火를 보면 焦坼되어버리고 壬水는 剛중의 德이 있으므로 能히 暴烈의 火를 制할수 있다.

癸水는 陰柔하나 丙火를 만나면 메마르게 되고, 辛金은 柔軟한 物體이므로 作合하면 서로 親하게 되고 暗化하여 水가 되니 서로 相濟한다.

庚金은 剛健한데 또 剛을 만나면 勢는 兩立되지 않는 것으로 이것은 五行의 理致를 말한 것이나 世上의 人情과 같은 것이다.

◉ 丁火柔中、內性昭融、抱乙而孝、合壬而忠、旺而不烈、衰而不窮、如有嫡母、可秋可冬。

丁火는 유하면서도 중용을 지키고 내성이 밝고 화하여 乙木을 안어주니 효도하고, 壬水가

합하여 충성하며、왕하다고 하더라도 뜨겁지않고 쇠하여도 궁하지 않고、적모가 있으면 가을
도 좋고 겨울도 좋다。

[原註] 丁은 天干의 음에 속하며 (丁干屬陰) 火성이 비록 양이라 하나 (火性雖陽) 유한
가운데 중용을 얻었다 (柔而得其中矣)。밖은 유순하나 안은 문명이 있으니 (外有順而內文明)
어찌 소응하다고 아니할 것인가! (內性豈不昭融乎) 乙木은 丁火의 적모는 아니나 (乙非丁
之嫡母也) 乙은 辛金을 두려워 하는데 丁火가 보호하는 것이며 (乙畏辛而丁抱之) 丙火가 甲
木을 보호하지 않으면 반대로 能히 甲木을 태운다 (不若丙抱甲而 反能焚木也) 己土가 丁火
를 보호하지 않으면 도리어 火를 어둡게 하는 것이니 (不若己抱丁而反能晦丁火也) 그 효도가
사람과 다를바 있겠는가! (其孝異乎人矣) 壬水는 丁火의 군인데 (壬爲丁之正君也) 壬水는
戊土를 두려워하나 丁火가 와서 합하면 (壬畏戊而丁合之) 밖으로부터 戊土를 구제하니 (外則
撫恤戊土) 戊土는 壬水를 속이지 못할 것이고 (能使戊土不欺壬也) 안으로는 暗化하여 木이
되니 (內則暗化木神) 戊土가 감히 壬水를 저항하겠는가? (而使戊土不敢抗乎壬也) 그 충성
이 사람과 다를바 없다 (其忠異乎人矣) 여름에 生하여 (生於夏令) 비록 丙火를 만나더라도
(雖逢丙火) 양보하여 그 불꽃을 주지 아니하여 (特讓之而不助其焰) 치열에 이르지
않는다 (不至於烈矣) 가을에 생하여도 (生於秋令) 甲木만 얻으면 의지가 되여 불꽃이 무궁하
게 불멸하리라 (得一甲木則奇之不滅而焰至於無窮) 가을이나 겨울이 모두 가하다고 하는것은
모두 유순의 도라 할수 있다 (故曰可秋可多 皆柔之道也)

[解說] 丁火를 소위 燈燭이라고 하는것은 잘못된 말이며、丙火와 比較하면 柔順하여 中庸

이 있는 것이다.

內性이 昭融하다고 하는것은 文明의 象이라는 것이요、 [抱乙而孝]는 辛金으로 하여금 乙

木을 傷하게 하지 못한다는 것이며 [合壬而忠] 은 戊土로 하여금 壬水를 傷하게 하지 못하

게 한다는 말이다.

柔의 가운데 있는 故로 太過나 不及의 弊가 없으며 비록 當令하여 旺하여도 불길이 熾烈

하지않고 衰하다고 할지라도 消滅하지 않는다.

甲乙이 나타나면 秋에 生하여도 金을 두려워하지 않고 地支에 寅卯가 있으면 겨울에 生하

여도 水를 두려워하지 않는다.

◉ 戊土固重、既中且正、靜翕動闢、萬物可命、水潤物生、火燥物病、若在艮坤、怕冲宜靜。

戊土는 군세고 무거워 중정하고 고요히 합하고 움직여 열리고 만물의 사명이 되고、 水가

윤택하여 만물을 생하고、 火가 건조하면 만물이 병들고、 만약 간곤이 있으면 충이 두려워

마땅히 고요해야 한다.

[原註] 戊土는 성의 담장이나 제안이 아니다 (戊土非城牆隄岸之謂也) 己土와 비교하면 높

고 두텁고、 군세고、 메마르며 (較己特高厚剛燥) 己土의 발원지임과 동시에 (乃己土發源之地)

중용의 기를 얻어서 바르고 크다 (得乎中氣而且正大矣) 봄 여름에는 氣가 열려서 만물이 생

하며 (春夏則氣闢而生萬物) 가을 겨울에는 기를 거둬들여 만물을 이루는 故로 (秋多則氣翕而

成萬物) 만물의 사령으로 삼는것이다 (故爲萬物之可命也) 그 氣는 陽에 속하여 (其氣屬陽)

윤택함을 기뻐하고 조열함을 기뻐하지 않는다。(喜潤不喜燥) 寅에 앉으면 申을 두려워하고 (坐寅怕申) 申에 앉으면 寅을 두려워하여 (坐申怕寅) 충한즉 뿌리가 움직이니 (蓋冲則根動) 지도의 올바름이 아니기 때문이다。(非地道之正也) 이러한 연고로 마땅히 고요해야 한다 (故宜靜)

〔解說〕戊土는 陽土이며 그 氣가 固重하고 가운데 있으면서 바르다。春夏에는 氣가 動하므로 열려서 發生하고 秋冬에는 氣가 靜하므로 모아져서 收藏하는 故로 戊土는 萬物의 命을 맡는 것이다。

春夏에 生하여 火가 旺할때는 水로써 潤澤해야 萬物이 發生하고 乾燥하면 萬物이 마르게 되는 것이며、秋冬에 生하여 水가 많을때는 火로써 따뜻하게 해야 萬物이 化成하게 되고、寒濕하면 病이 생긴다。

艮坤은 寅申月을 말하며、春의 戊土는 剋을 받으므로 氣가 虛한 상태이며、秋의 戊土는 洩氣가 되므로 體가 薄한 상태이다。그러므로 靜을 기뻐하고 冲을 두려워 꺼리는 것이다。

四季月에 生하면 제일 좋으며、庚辛 申酉의 金이 秀氣流行하면 貴格이며 己土역시 이와같이 본다。그리고 柱內에 木火가 있는데 다시 行運에 木火를 만나면 破하게 되니 살펴야 한다。

◉ 己土卑濕、中正蓄藏、不愁木盛、不畏水旺、火少火晦、金多金光、若要物旺、宜助宜封。

己土는 비습하여 중정을 갖추며 木이 성함을 근심 안하며、水가 旺하여도 두렵지 않고 火가 적으면 불꽃이 빛을 잃고、金이 많으면 金이 빛나고、만약 萬物이 왕함을 바란다면 붙들

-70-

어 도와줌이 마땅하다.

[原註] 己土가 낮고 엷고, 연하고 습함은 (己土卑薄軟濕) 戊土의 기엽의 땅이나 (乃戊土枝葉之地) 주는 중정한 가운데 능히 만물을 축장한다. (亦主中正而能蓄藏萬物) 柔順한 土는 능히 木을 생하니 (柔土生木) 木으로부터 剋을 당하지 않는 고로 木을 근심하지 않는다 (非木所能剋故不愁木盛) 土가 깊으면 능히 水를 거두어 들이니 (土深而能納水) 水가 방탕하지 않아 (非水所能蕩) 水가 왕함을 두려워하지 않는다. (故不畏水狂) 뿌리가 없는 火는 (無根之火) 濕土를 생할수 없는고로 火가 적으면 반대로 불꽃이 어두워지고 (不能生濕土故火少而火反晦) 습土는 능히 金기를 윤택하게 할수 있으므로 (濕土能潤金氣) 金이 많으면 광채를 내어 (故金多而金光彩) 반대로 土의 청명함을 볼수 있다 (反淸瑩可觀) 이는 없는것 같으나 있음의 妙한 쓰임이다 (此其無爲而有爲之妙用)。 만약 만물이 충성하고 오래 왕함은 (若要萬物充盛長生) 오직 土의 세력이 군세고 무겁기 때문이다. (惟土勢固重) 또 火를 얻어 기후를 따뜻하게 화함이 옳다 (又得火氣暖和方可)。

[解說] 己土는 陰濕의 土이며 中正을 蓄藏하고 있고 八方으로 通하고 四季에는 旺하여, 쉬지않고 滋生하는 妙함이 있다.

[不秋木盛] 이란 그 性品이 柔和하여 木을 培養하니 木이 剋하지 않는다는 것이며, [不畏水狂] 이란 그 體가 端凝하여 能히 水를 納藏할수 있어서 水가 冲하지 못한다는 것이며,

[火少火晦] 란 丁火를 말하고, 陰土는 能히 火를 거두어 들이므로 火가 어두워진다.

[金多金光] 은 辛金을 가리키며, 濕土는 能히 金을 生하므로 金을 윤택하게 한다.

-71-

四柱內에 土氣가 深固하고 丙火를 얻어서 陰濕을 제거하면 萬物을 生하는 것으로 이것을

[宜助宜幇]이라 한다。

◎ 庚金帶殺、剛健爲最、得水而淸、得火而銳、土潤則生、土乾則脆、能羸甲兄、輸于乙妹。

庚金은 살을 대동하니 강건하는 것이 제일이다。水를 얻으면 청하고、火를 얻으면 예리하

다。土가 윤택하면 生하고 土가 메마르면 부스러지기 쉽고、甲을 형으로 하고 乙을 누이로

한다。

[原註] 庚金은 천상의 태백으로 살을 대동하니 강건하다 (庚金乃夫上之太白、帶殺而剛健)

강건할때 水를 얻으면 氣가 유통되어 청하다 (健而得水則氣流而淸)。강할때는 火를 얻으면

氣가 깨끗하여 예리해진다 (剛而得火則氣純而銳)。水를 가진 土는 능히 생하여 주고 (有水

之土、能金其生) 火를 가진 土는 능히 취약하게 하며 (有火之土、能使其脆) 甲木이 비록 강

하나 힘으로 정벌하고 (甲木雖强力足伐之) 乙木이 비록 유하나 合하면 반대로 弱해진다(乙木

雖柔 合而反弱)。

[解說] 庚金은 가을하늘의 蕭殺의 氣로써 健剛하다。

[得水而淸]은 壬水를 말하며 剛殺의 性質을 引通한다는 것이며、[得火而銳]란 丁火를

말하여 陰柔한 丁火이지만 庚金을 녹이고 다듬어서 착한성질로 인도하여 用器로 만든다는 것

이다。

庚金이 春夏에 生하면 氣는 弱하다。이때는 丑辰의 濕土를 보면 生氣가 있게되고、未戌의

燥土를 만나면 위태롭다.

甲木이 正敵이나 힘으로 征伐할수 있으며 乙庚이 서로 合하여도 庚金에 따라 亂暴하지 않으며, 庚金 역시 弱하여 지지않고 仁慈한 情을 갖게 된다.

◉ 辛金軟弱、溫潤而清、畏土之疊、樂水之盈、能扶社稷、能救生靈、熱則喜母、寒則喜丁。

辛金은 연약하며 따뜻하고 윤택하여 청하며 土가 많음을 꺼리며 水가 들어차는 것을 즐거워하고 능히 사직을 도우고 능히 영생을 구하며, 열이 있으면 어미를 기뻐하고 차가우면 丁을 기뻐한다.

[原註] 辛은 陰金이지 주옥이라 하지 않는다 (辛乃陰金非珠玉之謂也) 무릇 따스하고 연약하고 맑고、윤택하다는 것은 (凡溫軟清潤者) 모두 辛金을 말한 것이다 (皆辛金也)。

戊土의 土가 많으면 매몰되므로 (戊己土多而能埋) 두려워 하고 (故畏之) 壬癸水가 많으면 반드시 秀氣하므로 樂이라 한다. (壬癸水多而必秀故樂之)

辛은 丙火의 신하이니 (辛爲丙之臣也) 丙火와 合하여 水로 되니 (合丙化水) 丙火로 하여금 壬水에 복종하여 신하가 되니 (使丙火臣服壬水) 사직을 편안하게 하고 (而安扶社稷) 辛은 甲의 군이니 (辛爲甲之君也) 丙火와 合하여 水가 되어 (合丙化水) 丙火로 甲木을 불사르지 못하게 하므로 (使丙火不焚甲木) 영을 生하는 것을 救하는 것이다 (而救援生靈)。 九夏에 生하여도 己土를 얻으면 火를 어둡게 하니 존재하고 (生於九夏而得己土則能晦火而存之) 융성한 겨울에 생하여도 丁火를 얻으면 차가움은 상대하니 배양한다 (生於隆冬而得丁火、則能敵寒而養之) 辛金이 겨울에 생하여 (故辛金生於多月) 丙火를 만나면 귀할수가 없고 (見丙火則男命

不貴) 비록 귀하면 역시 불충하고 (雖貴亦不忠)、여명은 남편을 극하며 (女命剋天) 남편을 극하지 않으면 불화한다 (不剋亦不和)。 丁火를 보면 男女 모두 귀하고 순하다 (見丁男女皆貴且順)。

[解說] 辛金내에 五金의 性質이 있는 故로 淸潤하면 가히 볼수 있다。

[畏土之疊]은 戊土가 太重하면 水는 마르고 金이 埋沒된다는 것이며、[樂水之盈]이란

壬水가 有餘하여 土를 潤澤하게 하고 金을 養育한다는 말이다。

辛은 甲의 君이며 丙火는 能히 甲木을 태우나 辛과 合하여 水로 合하면 丙火가 甲木을 태

우지 못하므로 이것을 반대로 生하는 象이라 한다。

辛은 丙의 臣下이며、丙火는 能히 戊土를 生하나 辛과 合하여 水가 되면 丙火는 戊土를

生하지 못하여 반대로 서로 돕는 아름다움이 있으니、어찌 社稷을 도우고 生靈을 救하지 않

겠는가?

여름에 生하고 火가 많으면、己土가 火를 晦火하고 金을 生하여야 하고、겨울에 生하고

水가 旺할때 丁火가 있으면 濕한 水가 金을 養育하니 소위 [熱則喜母이며 寒則喜丁]이다。

◉ 壬水通河、能洩金氣、剛中之德、周流不滯、通根透癸、冲天奔地、化則有情、從則相濟。

壬水는 물에 통하여 능히 金을 설기하고、강한 가운데 덕이 있으니 두루 흘러서 머물지

아니하고 癸水가 나타나고 뿌리에 통하면 천지가 충분할 것이다。 化하면 정이 있고、從하면

상제한다。

[原註] 壬水는 癸水의 발생하는 근원이며 곤륜의 水이다 (壬水卽癸水之發源崑崙之水也)

癸水는 壬水의 귀숙지이며 부상의 水이다 (癸水之歸宿、扶桑之水也) 나누어짐과 합이 있으니 (有分有合) 운행이 그치지 아니하고 (運行不息) 이로써 백천이 모두 이것이며 (所以爲百川者此也) 우로란 것도 이것이다 (亦爲兩露者此也)。 두가지 길이 있을수 없고 (是不可歧而二之) 申은 천관이며 (申爲天關)、천하의 입구이며 (乃天河之口) 壬水가 이같이 길게 생한 것이다 (壬水長生於此)。 서방의 金氣를 능히 洩하여 (能洩西方金氣) 두루 흐르게 하는 성질이 있어 (周流之性) 점점 나아가 멈추지 아니하니 (漸進不滯) 강한 가운데 덕이 있다는 것이다 (剛中之德猶然也)。 만약 申子辰이 전부있고 또 癸水가 나타나면 (若申子辰全而又透癸) 그 세력이 충분하여 막을수 없다 (則其勢冲奔、不可遏也) 가령 동해가 천하에서 발단하여 (如東海本發端於天河) 매양 수환을 이루어 (每成水患) 명중에서 만나고 만약 재관이 없다면 (命中遇之若無財官者) 그 화를 어찌 당하리오 (其禍當何如哉) 丁火를 합하면 木이 되어서 火를 생하니 유정할 것이요 (合丁化木又生丁火則可謂有情) 부의 의리와 군의 인이라 한다 (故爲夫義而爲君仁) 여름에 생할때 (生於九夏) 巳午未중의 火土의 기가 壬水를 얻으면 (則巳午未中火土之氣得壬水) 찌는듯한 더위에 이슬을 만들어 주는 고로 (薰蒸而成而露) 비록 火土에 쫓으나 (故雖從火土) 역시 상제라 아니할수 없는 것이다 (未嘗不相濟也)。

[解說] 壬水는 陽水에 天河이며 申에 長生된다. 申은 天河의 入口이며 또 坤方向에 있어서 壬水를 生한다。

西方의 肅殺의 氣를 洩하므로 剛한 가운데 德이 있으며 百川의 根源이며 두루 흘러서 막

히지 아니하고, 쉽게 나아가지만 물러서는 것은 어렵다。

가령 申子辰이 全部 있고、癸가 나타나면 勢力이 泛濫하다。柱中에 戊己의 土가 있어도 막

지못하고 反對로 制하면 冲激하여 水患을 이루기 때문이다。이때는 木이 있어서 氣勢를 洩

氣하면 順한 것이다。

丁과 合하여 木이 되면 계속 火를 生한다。이것을 [化則有情]이라 한다。

四五六月에 生하고 柱中에 火土가 並旺할때 金水의 도움이 없으면 火에 좇아야 하고、土

가 旺하고 干에 나타나면 土에 좇아야 한다。그리고 造化가 潤澤하면 相濟의 功이 있다。

◉ 癸水至弱、達于天津、得龍而運、功化斯神、不秋火土、不論庚辛、合戊見火、化象斯眞。

癸水는 지극히 약하고、천진에 도달하여 용을 얻은 운이라야 변화를 부릴수 있고、火土를

근심하지 아니하며、庚辛을 논할것도 없고、戊와 合하여 火가되면、化象이 되므로 이것이

진이다。

[原註] 癸水는 순음으로 지극히 약한고로 (癸水乃陰之純而至弱) 부상의 약한 水라 한다。

(故扶桑有弱水也) 천진에 달하여 하늘의 기운을 따르고 (達於天津隨天而運) 용을 얻으므로

서 운우를 이루어 (得龍以成雲雨) 능히 萬物을 윤택하게 하고 (乃能潤澤萬物) 조화의 신공이

되는 것이다。(功化斯神) 무릇 柱中에 甲乙寅卯가 있으면 (凡柱中有甲乙寅卯) 모두가 水기

를 운전할수 있다。(皆能運水氣) 木을 生하고 火를 제할수 있으며 (生木制火) 윤택한 土가

金을 양육하면 진격으로 정할수 있는 것이다 (潤土養金、定爲貴格) 火土가 비록 많아도 두

렵지 않음은 (火土雖多不畏) 庚金에 이르러 生함을 의지하지 않으니 (至於庚金則不賴生)

火土의 많음도 두렵지 않은 것이며 (亦不忌其多) 오직 戊土가 합하여 火가 되는 것이다 (惟

合戊土化火何也)。 戊土는 寅에 長生되고 (戊生寅) 癸는 卯에 長生하여 (癸生卯) 모두 동방에

속하는 고로 능히 火를 生한다는 것은 하나의 설에 불과한 것이다 (皆屬東方 故能生火 此固

一說也) 동남에만 만족하지 않는다는 것은 알지 못한다 (不知地 不滿東南) 戊土의 극처요、

癸水가 다하는 곳으로 (戊土之極處、即癸水之盡處) 태양이 그 방향에 뜨는 것이니 (乃太陽

起方也) 고로 합화하여 火가 된다。 (故化火) 무릇 戊癸가 丙丁이 나타났다면 (凡戊癸得丙丁

透者) 衰旺을 論하지 아니하고 (不論衰旺) 秋多이라도 모두 火를 화하니 가장 진격이 된다。

(秋多皆能化火、最爲眞也)

[解說] 癸水는 純陰이며、雨露는 아니다。發源은 비록 張하나 그 性質은 극히 弱하고、

勢는 靜하므로 能히 土를 윤택하게 하여 金을 培養시킨다。이로써 萬物이 發育되는 것이다。

運에 龍을 얻으면 變化를 헤아리기가 어렵다는 것은 戊를 만나 合化됨을 말한 것이다。그

리고 地支에 辰을 얻어야 化格의 眞이라 한다.

[不愁火土] 란 지극히 弱한 癸水가 火土를 많이보면 從化한다는 말이며、[不論庚辛]이

란 弱한 水는 金을 洩하는 것이 不能하며、또 金이 많으면 반대로 癸水가 濁한것을 이른 말

이다。

[合戊見火] 는 陰이 至極하면 陽이 發生하므로 戊土가 燥厚하고 丙火가 나타나면、化神을

引出하니 眞格이 됨을 말한다。 만약 秋令에 金水가 旺하고 干에 丙丁火가 나타났다면 地支에 辰이 있어도 從化는 어려우니 세밀히 연구하길 바란다。

◉ 陽支動且强、速達顯災祥、陰支靜且專、否泰每經年。

양지는 동하여 강하므로 재상이 빠르게 나타나고、음지는 고요하고 순전하므로 불행과 행운은 매양해를 지나서야 알 것이다。

[原註] 子寅辰과 午申戌은 양이다。(子寅辰午申戌陽也) 그 성질은 움직이고 세력은 강하다。(其性動、其勢强) 급발 생함이 지극히 빠르며 (其發至速) 그 재상이 나타난다 (其災祥至顯) 丑卯巳 未巳亥는 음이니 (丑卯巳未酉亥陰也) 그 성질이 고요하며 순전하고 (其性靜其氣專) 발생이 빠르지 못하며 (發之不速) 행복과 불행의 증험은 (而否泰之驗) 매양 해를 지난후에야 볼수 있는 것이다 (每至經年而後見)

[解說] 陽支라 하면 子에서 巳까지 陽이라하고、午에서 亥까지 陰이라 한다。이는 冬至에서 陽이 生하고 夏至에서 陰이 生하는 理致를 따른 것이며、寅에서 未까지를 陽이라 하고 申에서 丑까지를 陰이라 하는 것은 木火를 陽으로 金水를 陰으로 나눈 것이다。

命家들은 子寅辰午申戌을 陽이라 하고、丑卯巳未酉亥를 陰이라 한다。즉 地支의 子는 天干의 癸水가 本氣이니 癸를 따르고、午는 丁의 本氣이므로 丁火를 따를것이다。또 巳는 天

干丙火의 本氣이니 丙火를 따르고、亥는 壬水의 本氣이니 壬을 따르는데 이것은 본시 陽은

陰에 陰은 陽에 本氣를 所藏하고 있음이니 잘 分別하여 取用해야 한다。

무릇 四柱는 天干에 나타남이 重要하며、「剛柔健順」의 理致가 모두 天干에 있는 것이다。

다만 地支에 어떻게 뿌리를 내리고 있는것은 한 支에 所藏하고 있는 天元이 둘셋의 종류가 있으니 이때는

生剋制化의 理致가 많은것은 한 支에 所藏하고 있는 天元이 通하여 알아야 한다。

本氣를 우선하여 살피고 다음으로 中氣및 餘氣를 살펴야 한다。

例를 들면 寅은 먼저 甲의 本氣를 보고 다음은 丙火가 된다。申은 먼저 庚의 本氣를 보고

다음은 壬水가 되는 것으로 다른 支藏干로 이와같다。

陽支의 性質은 動하고 强하여 吉凶의 효험이 빠르며、陰支의 性質은 靜하고 弱하여 發福

의 효험이 늦으며 안으로 숨길려고 한다。

◉ 生方怕動庫宜開、敗地逢冲仔細推。

생방은 動함을 두려워하고 庫는 마땅히 열려야하고、敗地가 충을 만나면 자세이 추리하라。

[原註] 寅申巳亥는 생방이니 충동함을 두려워 하고 (寅申巳亥生方地忌冲動) 辰戌丑未는

四庫로써 마땅히 충하여 열려야 한다。(辰戌丑未四庫也宜則開) 子午卯酉는 四敗이니 合을 만

나면 충을 기뻐한다。(子午卯酉四敗也有逢合而喜冲者) 생지는 충이 가하지 않고 (不若生地之

必不可冲也) 충을 만나면 합을 기뻐하고 (有逢冲而喜合者) 庫지는 닫는것이 불가하니 (不若

庫也之必不可閉也) 자세이 살펴라 (仔細詳之)

—79—

〔解說〕 舊說에는 金水는 능히 木火를 沖할수 있고 木火는 金水를 冲하지 못한다고 하지

만、 이러한 說은 天干에는 可할수 있지만 地支에는 不可하다。

대개 地支의 氣는 여러가지이고、不專하면서 他氣도 감추고 있기 때문이다。 그래서 木火도

〔乘權得勢〕하면 金水를 冲할수 있다。

〔生方怕冲〕이란 寅과 申이 서로 冲하면 申중의 庚金이 寅중의 甲木을 剋하고、 寅중의

丙火가 申중의 庚金을 剋하고 申중의 壬水는 寅중의 丙火를 剋하고 寅중의 戊土는 申중의 壬

水를 剋하여 靜하지 않으므로 양쪽이 함께 敗傷된다。

〔庫且開〕란 辰戌丑未의 冲을 말한것인데、 그러나 마땅한 것이 있고、 마땅치 않는것이 있

으니、 雜氣 가운데를 상세히 보아 用神을 잡아야 한다。

〔敗地逢冲仔細推〕는 子午卯酉를 말하는데 ,金水를 用할때는 冲이 可하여 木火를 用할때

는 冲이 不可하다는 말인데 한 부분만 집착하여 보지 말아야 할 것이다。

春夏의 金水는 休囚가 되며、 木火의 勢가 旺相하면 金水가 傷할 것이니 세밀히 연구하라。

9.
甲寅
壬申
癸巳

癸酉
甲戌
乙亥
丙子
丁丑
戊寅

秋水가 근원에 通하고、 金이 金을 얻으며 水 또한 많아 强旺하다。 木은 囚

가 되고 冲을 만나니 用하기에 不足하여、 火는 비록 休가 되나 가을의 初入

이라 아직 火의 餘氣 있으니 用神을 巳火에 있다。

(亥運은 巳를 冲하니) 群劫爭財한다。 三妻를 연속으로 剋하고 자식도 없었고

運도 北方運으로 거듭 敗하기만 하였다가、 戊寅己卯運의 東方地에서는 用神

癸亥
己卯
庚辰

이 生을 만나서 安定을 얻었다. 庚運에 傷官을 制하고 比劫을 生하기 때문에 酉歲運을 만나 死亡하였다.

癸巳
癸亥
甲寅
壬申

壬戌
辛酉
庚申
己未
戊午
丁巳
丙辰

甲寅日元이 孟冬에 生하므로 寒木이 반드시 火를 用神으로 한다. 柱中에 四個의 水가 旺하고 이것을 막는 土가 없어서 不美한것 같으나 寅亥의 合이 妙하다.

巳火가 絕處逢生하니 興發의 기틀이 있다. 初運 西方金地에 體用이 다치니 풍상이 많고, 努力하나 결실이 없었다. 四旬의 南方의 火土의 地運에는 用神을 도우므로 巨富가 되었고, 妾 또한 取하여 四子를 두었다.

[이것을 소위 棄印就財라 한다] 이것을 보면 印綬를 用神을 할때는 財를 만나면 禍가 적지아니하고 印綬를 用하지 않고 財를 取하여 用할때에 運을 만나면 發福이 제일크다.

辛卯
乙未
甲午
癸巳

丙申
丁酉
甲午
癸巳
壬辰
辛卯
庚寅

이 命運는 傷官格에 印綬를 用한 것으로 官星이 喜神이 된다. 俗論에는 土金傷官格은 官星을 꺼린다 하였으나 變化를 잘 보아야 한다. 卯酉冲으로 丁火印綬를 生하는 卯가 傷하고, 子午冲하니 印綬의 뿌리까지 다쳐서 傷官이 肆逞하다. 地支는 金이 旺하여 水를 生하고 木火를 冲剋하므로 氣力이 衰退하며, 天干의 火土 역시 虛脫하다.

學業도 중단하고 경영하는 일 역시 궁핍하였으나 기쁜것은 天干에 水가 나타나지 않는 것이다。 爲人이 풍류를 좋아하고 書法에 능통하였다。 中年運에 地支는 좋았으나 天干에 金水가 있어서 뜻을 펴기가 어려웠다。 대개 傷官佩印일때 用神이 木火에 있으면 金水를 보는 것을 꺼린다。

12.

壬戌
戊辰
辛丑
辛未

庚子
己亥
戊戌
丁酉
丙申
乙未
甲午

이 命은 地支가 全部四庫가 있기때문에 아름다운 것이 아니고 辛金이 吐秀하여 기쁜것이다。 丑중에 元神이 나타나서 洩하니 精英하며、妙한 것은 木火가 숨어있어 보이지 않으니 淸純하다。 酉運에 辛金이 地를 얻으니 벼슬길에 올랐으나 南方運에는 木火가 並旺하여 用神辛金을 傷하므로 발전이 없었다。

13.

戊辰
壬戌
辛未
己丑

癸亥
甲子
乙丑
丙寅
丁卯
戊辰
己巳

印綬가 局에 가득차니 土重金埋하였다。 壬水用神이 傷하여 소멸되고、未辰에 비록 乙木이 소장돼 있으나 冲이 없으면 借用할수 있다。 그리고 運에서 引出하여도 丑戌의 冲破로 藏金에 작벌 당한다。 丑運에 妻를 剋하고 子息도 없었다。 이러한 理由로 四庫는 반드시 冲이 필요하다는 것은 하나의 理論에 不過한 것이다。 天干에서 調化를 이루고 다

● 支神只以冲爲重、刑與穿兮動不動。

시用神이 有力하고 歲運에서 補助하면 대개 偏枯의 病이 없는 것이다。

癸亥
己卯
庚辰

이 生을 만나서 安定을 얻었다. 庚運에 傷官을 制하고 比劫을 生하기 때문에 酉歲運을 만나 死亡하였다.

10.

壬戌
辛酉
庚申
己未

癸巳
癸亥
甲寅
戊午

甲寅日元이 孟冬에 生하므로 寒木이 반드시 火를 用神으로 한다. 柱中에 四個의 水가 旺하고 이것을 막는 土가 없어서 不美한것 같으나 寅亥의 合이 妙하다.

巳火가 絶處逢生하니 興發의 기틀이 있다. 初運 西方金地에 體用이 다치니 風霜이 많고, 努力하나 결실이 없었다. 四旬의 南方의 火土의 地運에는 用神을 도우므로 巨富가 되었고, 妾 또한 取하여 四子를 두었다.

[이것을 소위 棄印就財라 한다] 이것을 보면 印綬를 用神을 할때는 財를 만나면 禍가 적지아니하고 印綬를 用하지 않고 財를 取하여 用할때에 運을 만나면 發福이 제일크다.

11.

丙申
丁酉
甲午
癸巳
壬辰
辛卯
庚寅
庚午

辛卯
乙未
戊子
戊午

이 命運는 傷官格에 印綬를 用한 것으로 官星이 喜神이 된다. 俗論에는 土金傷官格은 官星을 꺼린다 하였으나 變化를 잘 보아야 한다. 卯酉冲으로 丁火印綬를 生하는 卯가 傷하고, 子午冲하니 印綬의 뿌리까지 다쳐서 傷官이 肆逞하다. 地支는 金이 旺하여 水를 生하고 木火를 冲剋하므로 氣力이 衰退하며, 天干의 火土 역시 虛脫하다. 學業도 중단하고 경영하는 일 역시 궁핍하였으나 기쁜것은 天干에 水가 나타나지 않는 것이

-81-

다。 爲人이 풍류를 좋아하고 書法에 능통하였다。 中年運에 地支는 좋았으나 天干에 金水가 있어서 뜻을 펴기가 어려웠다。 대개 傷官佩印일때 用神이 木火에 있으면 金水를 보는 것을 꺼린다。

12.

壬戌
戊辰
辛丑
壬戌

甲午 乙未 丙申 丁酉 戊戌 己亥

이 命은 地支가 全部 四庫가 있기때문에 아름다운 것이 아니고 辛金이 吐秀하여 기쁜것이다。 丑중에 元神이 나타나서 洩하니、 妙한 것은 木火가 숨어있어 보이지 않으니 淸純하다。 酉運에 辛金이 地를 얻으니 벼슬길에 올랐으나 南方運에는 木火가 並旺하여 用神辛金을 傷하므로 발전이 없었다。

13.

辛未
己亥
辛丑
庚子

己巳 戊辰 丁卯 丙寅 乙丑 甲子 癸亥

印綬가 局에 가득차니 土重金埋하였다。 壬水用神이 傷하여 소멸되고、 未辰에 비록 乙木이 소장돼 있으나 冲이 없으면 借用할수 있다。 그리고 運에서 引出하여도 丑戌의 冲破로 藏金에 작벌 당한다。 辛運에 妻를 剋하고 子息도 없었다。 이러한 理由로 四庫는 반드시 冲이 필요하다는 것은 하나의 理論에 不過한 것이다。 天干에서 調化를 이루고 다시 用神이 有力하고 歲運에서 補助하면 대개 偏枯의 病이 없는 것이다。

⊙ 支神只以冲爲重、刑與穿兮動不動。

-82-

지신은 충을 중하게 여기고 형과 천은 움직이지 않는 것과 움직이는 것이 있다.

[原註] 충은 상극을 말하며 (冲者必是相剋) 사고의 충은 형제의 충이니 (及四庫兄弟之冲) 반드시 움직여야 한다 (所以必動)。 형이건 천이건 간에 상생과 상합이 있는 것이니 (至於刑 穿之間又有相生相合者存) 움직이고 움직이지 않는 다름이 있는 것이다 (所以有動不動之異)。

[解說] 地支의 冲은 天干의 相剋과 같으며, 그 强弱과 喜忌를 보고 論해야 하며, 四庫의 冲은 마땅함과 마땅치않는 것이 있으니 가령 三月의 辰에 乙木이 可令하였는데 戌을 만나서 冲이되면 戌中에 辛金이 能히 乙木을 傷하고、六月의 未中에 丁火가 可令하였는데 丑을 만나서 冲이 되며 丑中의 癸水가 能히 丁火를 傷하므로 冲이 不可한 것이다。 三月의 乙木과 六月의 丁火는 退氣가 되나 可令되면 用으로 삼을 것이며、 이때 冲하여 傷함이 不可하다。 그래서 墓庫가 冲을 만나면 發福한다는 것은 後人의 그릇된 말인 것이다。 墓는 墳墓 를 뜻하며 庫는 木火金水가 地根에 埋藏된 것이다。 그러므로 墳에 氣를 얻었는데 冲動하여 根을 없애면 어찌 發福할수 있겠는가。

木火金水가 天干에 있고 地支에 寅卯巳午申酉亥子의 祿旺이 없고、辰戌丑未에 通根하고 있 을때 冲을 만나면 미약한 뿌리가 뽑힐 것이다。

그러나 可令 된것이 用神이 아니고 土가 喜神이라면 이때는 冲이 有益하고 損이 없으며 動하여 發生한다。

[刑] 은 義理가 없는것을 取하여 [亥亥]、 [午午]、 [辰辰]、 [酉酉] 을 自刑이라고 하나 同氣가 어떻게 自刑이 되는지 理由가 分明치않고、 [子卯]、 [卯子] 의 刑도 相生하는

데 어떻게 相刑이 되는지 알수 없다.

그리고 未戌 戌未도 同氣로써 어떻게 刑이 되며, [寅巳] 역시 相生이 되고, [寅申] 相刑은 冲인데 하필 刑이라고 하는가? 이것은 世俗에서 잘못알고 있는 것이다.

[穿]을 害를 뜻하는 것이며, [六害]는 六合을 冲하는 것을 害라한다. 子와 丑의 合을 未와 와서 丑을 冲하며 子未害라 한다. 子未는 相剋되므로 약간의 理致는 있으나 丑午, 寅亥의 害는 相生하는데 害라고 하는것은 잘못된 것으로 족히 믿을바가 못된다.

14.

丙子　辛卯　壬子　癸卯
壬辰　癸巳　甲午　乙未　丙申　丁酉　戊戌　己亥

壬子日元이 支에 兩刃을 만나고 天干에 癸辛이 나타나니 强하다. 丙火 역시 絕에 臨하고 辛과 合하여 水로 된다. 그러나 기쁜것은 卯가 提綱에 旺하여 洩其精榮하므로 能히 굳센 劫刃을 化하여 秀氣가 流行한다. 爲人이 예의바르고 出象한 人品에 中庸을 지켰다. 甲運에 木의 原神이 發露하니 科擧에 合格하고 午運은 卯木이 水를 洩하고 火를 生한다. 乙未, 丙運에 郡守에 올라 벼슬길이 평순하였다. 俗論에 子卯는 無禮之刑이며, 傷官羊刃에 刑을 만나면 傲慢하고 無禮하고 凶惡이 많다고 하였다.

15.

乙未　辛未　庚辰　丁亥
甲午　癸巳　壬辰　辛卯

庚辰日元이 季夏에 生하고 進氣이다. 기쁜것은 用神인 丁火가 可令되고 發路되어서 能히 辛金의 劫을 制한다. 그리고 未는 火의 餘氣이며 辰은 餘氣가 있으니 財官의 餘氣가 모두 根에 通하였다. 다시 妙한 것은 亥水가 土를

16

庚辰
己巳　庚寅
丁亥　戊戌
戊子

윤택하게 하여 金을 養育하고 木을 滋養하므로 四柱에 결함이 없다. 運行 도 東南으로 달리니 一生凶이 없었다. 辰運의 午年에 財官印이 모두 生扶하 여 벼슬길에 오르고 계속 발전하였다. 丑運에 壽를 마쳤다.

辛丑
乙未
庚辰
丁丑

甲午
癸巳
壬辰
辛卯
庚寅
己丑
戊子

前造와는 大同小異하다. 財官이 通根하여 氣가 있으나 未중의 丁火가 丑중 의 癸水로 부터 傷함을 입고 時支의 丑土가 丁火를 熄滅시키므로 辛金이 肆 逞하여 財官이 비록 있으나 없는것 같다. 初運의 甲午運은 木火가 並旺하 여 父母의 德으로 편안하였고, 癸巳運은 丁火를 剋하고 巳丑의 拱合으로 傷 劫이 並旺하니 刑喪破耗가 있었으며, 壬辰運은 妻子가 모두 죽고 家業이 亡 하여 削髮하고 중이 되었다. 俗論에는 丑未의 冲으로 兩庫에서 財官이 열리면 名利를 모두 갖춘다고 하였다.

◉ 暗冲暗會尤爲喜、彼冲我兮皆冲起。

암충과 암회는 기쁜것이요, 피가 아를 충함은 다 충기하는 것이다.

[原註] 가령 柱中에 缺陷이 없으나 (如柱中無所缺之局) 취할 바가 많은것은 암충암회인 것이다. (取多者暗冲暗會) 충하여 발기하는 것이 암신인데 (冲起暗神) 다시 암신이 나와서 회합하면 (而來會合暗神) 명충명회라하여 더욱 아름다운 것이다. (此明冲明會尤佳) 子가 午 를 冲하는데 (子來冲午) 寅이나 戌로 午를 會合하는 경우가 이것이다. (寅與戌會午是也) 日

이 我이면 제강을 彼로 하고 (是爲我、提綱爲我 年時爲彼) 四柱가 我이면 운도가 彼이며 (四柱爲我運途爲彼) 운도가 我이면 세월이 彼다。(運途爲我、歲月爲彼) 가령 寅이 我이고 申이 彼이면 (如我寅彼申) 申이 능히 寅을 극한다。(申能剋寅) 이것은 상대가 나를 충하는 것이요 (是彼冲我) 我가 子이고 彼가 午라면 子는 능히 午를 剋할 것이며 (我子彼午、子能剋午) 이것은 내가 상대를 극하는 것이다 (是我冲彼) 이를 모두 충기라 한다 (皆爲冲起)。

[解說] 地支에 冲은 아름답지 않은 것이 대부분이며、八字는 缺陷된것이 많고 均停된 것은 적다。 木火가 旺하면 상대적으로 金水는 缺乏되며、金水가 旺하면 木火가 缺乏된다。旺하고 有餘할때는 冲으로 去하면 吉하고 衰하고 不足할때는 會하거나 助하면 아름답다。

그러나 四柱內에서 冲會가 없으면 歲運에서 暗來冲會하면 기쁘며 病이 있을때 藥을 얻으니 生이라 한다。

冲에는 彼我가 있고 會에는 去來의 理致가 있다。 彼我란 年時가 彼가 되면 日月이 我가되고 四柱가 我이면 歲運이 彼가 되는 것인데 總論하면 喜神이 我이고 忌神이 彼가 된다。

喜神이 午인데 子가 冲하면 彼가 我를 冲한 것으로 이때 寅이나 戌이 喜神인 午를 會合하면 吉하다。

喜神이 子인데 午를 만나면 我가 彼를 冲하는 것으로 寅이나 戌로 忌神인 午를 會合하면 凶하다。

喜神인 子가 申과 辰을 얻어서 會가 되면 吉하니 [來]라 이르고 喜神이 亥인데 未와 卯

를 얻어서 會하면 凶하니 「去」라고 한다.

我가 彼를 冲去하는 것이 可하며, 彼가 我를 冲來하는 것은 不可하며 我가 彼를 冲去하면

소위 「冲起」라 하고 彼가 我를 冲來하면 「不起」라 한다. 水火의 冲會가 이와 같으니

다른것도 이와같이 推理하다.

17.

庚午
甲寅
乙酉
庚戌
丁亥
戊子
己丑
辛卯
壬辰
癸巳

丙戌 天干에 兩庚이 나타나고 秋令을 얻었으나 寅午戌의 會合으로 剋洩이 같이 보인다. 庚金이 예리하고 方盛할때는 制하면 위엄이 따르고 化하면 德이 있다고 하나 制殺의 功이 너무 과하여, 火가 病神이 된다. 子運의 辰年에 科擧에 장원하였으니 火局을 冲破하고 午의 旺神을 없애여 庚金을 引通한 까닭이다. 辰年 또한 濕土로써 能히 火氣를 洩하고 我의 子水를 拱合하므로 日主의 近源이 된다.

18.

庚戌
丁亥
癸丑
丁卯
丙午
丁巳
壬子
癸亥
庚戌
丁戊
戊申
丁未
丙午

丁巳 丁火가 비록 季多에 生하였으나 比劫이 많으며 癸水는 退氣이니 劫을 制하는 힘이 없어 用하기가 부족하다. 그래서 丑중의 辛金이 用神이 된다. 丑土가 劫을 洩하고 財를 도우는 喜神이 된다. 혐오하는 것은 卯木이 火를 生하고 食神을 빼앗으니 病神이 된다. 初運의 壬子辛亥에는 巳午를 暗冲하여 父母德으로 安樂하였으며 庚戌運은 巳午를 暗冲하여 午火와 暗來拱合하므로 刑傷破耗가 많았고, 己酉運에는 金局(己酉丑) 會合하고 卯木의 病

神을 冲去하므로 財物이 풍부하였다.

19.

庚寅	辛巳	丙寅	辛卯
壬午	丙戌		己丑
癸未	丁亥		戊子
甲申			
乙酉			

丙火가 孟夏에 生하고 地支에 兩寅과 卯가 있으며 巳火가 乘權하여 寅중의 甲木을 引出하였다. 天干에 庚辛이 있으나 虛浮하여 用神이 된다. 初運의 壬午 癸未에는 水는 根이 없으나 金氣를 洩하고 地支의 午未는 旺火를 도우므로 用神인 財의 剋洩이 심하여 祖業은 비록 풍부하였으나 刑喪을 보았다. 甲運은 본래 大患인 寅木을 暗冲하고 天干의 浮財는 根에 通함을 만났으니 枯木이 비를 만난것 같아 발연히 흥업하였다. 이어 乙酉運까지 祖業을 다시 크게 일으켰다. 申運은 驛馬의 財이므로 外國에 나아가서 큰 財物을 얻었다. 丙戌運의 丙子年에는 凶大吉小하며 風疾을 얻었다. 比肩이 財를 다투고、絶에 臨하였고、子水는 火를 制하기가 不足할 뿐아니라 오히려 寅卯木을 生한 까닭이다.

◉ 旺者冲衰衰者拔、衰神冲旺旺神發。

왕한것이 쇠한것을 충하면 쇠한것이 꺾이고 쇠신이 왕신을 발한다.

[原註] 子가 旺하고 午가 衰한데 (子旺午衰) 충하면 午가 꺾여 일어서지 못하고 (冲衰午拔不能立)、子가 쇠하고 午가 왕한데 (子衰午旺) 충하면 午가 발하여 복이 되는것이니 (冲則午發而爲福) 나머지도 이에 본받으라 (餘倣此).

[解說] 十二支의 相冲은 支藏干이 서로 冲剋하는 것이다. 原局에 있으면 明冲이라하고

歲運에서 만나면 暗冲이라 한다. 得令한 旺神이 衰神을 冲하면 衰神은 꺼이고、失時한 衰

神이 旺한 것을 冲하면 旺神은 傷함이 없으며 有力하면 能히 去하는데 凶神을 去하면 利롭

고 吉神을 去하면 不利하다。

冲이 無力하면 반대로 激怒하니 禍가 發生하고 吉神을 激하면 禍는 없으나 福을 얻기는

어렵다。

喜神이 午인데 地支에서 寅卯巳午未戌등이 있고 子의 冲이 있으면 소위 衰神이 旺神을 冲

한 것이므로 傷함이 없다。 그런데 地支에 申酉亥子丑辰등이 있고 子의 冲을 만나면 소위

旺한것이 衰神을 冲하므로 꺼인다。 다른것도 다 이와같다。

반드시 먼저 衰旺을 살피고、四柱의 解救의 有無를 보고、或은 冲을 抑壓하는지、冲을 도

우는지의 大勢를 보아 喜忌을 알면 吉凶을 스스로 볼수 있는 것이다。

四庫는 兄弟의 冲으로써 蓄藏하고 있는 原神이 四柱에 引出되었는가의 有無를 보고、可令

된 神이 引出되지 않았으면 비록 冲하나 害가 없으며 合하여 用을 얻으면 기쁘다。 原局과

마찬가지로 歲運도 같은 理論이다。

20.

　戊辰
　辛酉
壬戌
癸亥
甲子
乙丑

旺한 財가 當令하고 年干에 食神이 生助하고 있다。 日主는 時에 祿을 만나

니 부잣집 태생이다。 그러나 時에 癸水가 나타나고 巳火는 時를 失하고 酉

와 拱合한 것이 불미스럽다。 木이 없어서 午火가 幇身하는 用神이며 癸水가

21.

丙午
丁卯
丙寅
戊辰

病神이 된다。 子運에 癸水가 祿을 얻고 辰과 拱合하여 水局이 되어서 午를 冲한다。 四柱에 解救의 神이 없으니 소위「旺者冲衰、衰者拔」이라 破家亡身하였다。 만약 東南運으로 行하였으면 名利가 있었을 것이다。

癸巳
己巳
庚寅
癸未

財官이 虛露하며 根이 없다。 梟比가 當權得勢하니 貧夭의 命이다。

甲申
乙酉
壬午
丙戌

前造는 身과. 財가 모두 旺하였으나 반대로 破財하고 壽 또한 없었다。 이 造는 財官이 休囚되었으나 自守成家하였으니 그 理由는 前造는 木이 없어서

丁卯
丁亥
癸卯
戊子
己丑

水를 通關시키지 못한 탓이며、 이 造는 水가 있어서 火의 공격을 解救한 功이 있는 것이다。 甲申乙酉運은 庚金이 祿旺을 만나서 壬癸水를 生하고 또 寅卯의 木을 冲하니 吉하다。

「소위 衰神冲旺旺神發」로 갑자기 巨富가 되었다。 命좋은 것이 運좋은 것만 못하다는 말은 믿을만하다。

一、干支 總論

◉ 陰陽順逆之說、洛書流行之用、其理信有之也、其法不可執一。

음양순역의 설은 낙서유행의 用이니 그 이치는 믿을만 하다고 하나 그 법 하나만을 고집

-90-

함은 옳지 않다。

[原註] 음에서 생하고 양에서 사가 되고 양은 순하고 음은 역이라는 이치는 낙서에서 나온 것이며 (陰生陽死、陽順陰逆、此理出於洛書) 오행이 유행하는 用을 이른 말이니 (五行流行之用) 확실히 믿을바가 있다하나 (固信有之) 甲木이 午에 死가 됨은 洩氣하는 것이니 (然甲木死午、午爲洩氣之地) 이치에 맞는다 한다 (理固然也)。乙木이 亥에 死가 된다고 하는 것은 (而乙木死亥) 亥中에 壬水가 있어서 (亥中有壬水) 嫡母가 되는데 (乃其嫡母) 어찌 사지라고 할것인가? (何爲死哉) 무릇 干支의 가볍고 무거움의 기틀과 (凡此皆詳其干支輕重之機) 모자가 서로 의지하는 세력과 (母子相依之勢) 음양소식의 이치를 (陰陽消息之理) 의논한 후에 길흉을 볼것이다 (而論吉凶可也)。만약 생사패절의 설을 고집한다면 (若專執生死敗絕之說) 운명을 추리하는데 그릇된 것이 많을 것이다 (推斷多誤矣)。

[解說]. 陰陽順逆의 說은 洛書에서 나와 流行하여 쓰이고 있으나 陽柱를 모아 기준함에 불과한 것이다。

陽이 進이면 陰은 退로 陰이 進이면 陽을 退로 行하게 하였으니 만약 命理를 論할때는 逆만을 의지해서는 아니된다。모름지기 日主의 衰旺과 生時의 深淺을 살피고 四柱의 用神을 연구하여 吉凶을 論함이 당연한 일이다。

十二運星의 이름은 하나의 형용사에 불과하여 [長生]은 사람으로 비유할때 처음 生한 상태요 [沐浴]은 처음 태어난 사람을 때를 벗기고, 목욕시키는 것이며, [冠帶]는 점점 자라나서 띠를 메고 옷을 입는 것과 같고, [官臨](祿)은 사람이 벼슬길에 나가

-91-

는 것이요、 [帝旺]은 盛함이 極에 이른 상태로써 임금을 보필하여 큰 뜻을 펴는 것이며

[衰]란 盛이 極에 達하면 衰가 오는 것으로 物質이 처음 變한 것이며、 [病]이란 衰가

심한 것이며、 [死]란 氣가 다하여 餘氣도 없는 것이요、 [墓]란 사람이 땅에 埋沒된 것

이며 [絶]이란 前의 氣가 끊어져 장차 뒤로 계속 됨을 말하고 [胎]란 後의 氣가 계속이

어져 胎에 맺어짐이요、 [養]은 사람의 배속에서 養育되어 다시 장생으로 돌아 순환하여

그치지 않는다는 理致를 말한 것이다。

日主가 月令에 休囚되어 祿旺이나 生地를 만나지 않아도 年日時에서 長生이나 祿旺을 얻으

면 日主가 弱하다고 할수 없는것이다。 前章에서 말했지만 庫葬地에 通根하였을 때는 冲함

이 吉하다고 하는 것은 俗書의 그릇됨으로 다시 밝히고 古法에는 四長生만 있다고 하였으며、

子午卯酉를 陰의 長生地로 하는것은 취할수가 없다。

水가 木을 生하고 申은 天關으로 亥를 天門으로 하여 天一에서 水를 生하여 生生不息하는

故로 木은 陰陽을 不問하고 亥에서 長生이 되고 午에서 死가 된다。

五陽은 生方에서 자라고、 本方에서 盛하고 洩方에서 弊하며 剋方에서 盡한 것은 理致의 順

行이나、 五陰은 洩方에서 生하고 生方에서 死한다고 한것은 理致에 爲背된다。 이것들은 모

두 잘못된 말이며、 子、 午의 地에서 産金、 産木의 道가 없어야하고、 寅、 亥의 地에서도 滅火

滅木의 道가 없어야 한것이다。

古人이 格을 取할때 丁이 酉를 만나면 財로 論하였지、 生地로 말하지 않았으며、 乙木이 午

를 만나고、 己가 酉를 만나고、 辛이 子를 만나고、 癸가 卯를 만난것 等은 食神의 洩氣로 論

하였으며、生地라 하지 않았다。 또 己土가 寅을 만나면 寅中에 소장된 丙火를 取하고、辛

이 巳를 만나면 巳中에서 소장된 戊土를 取하여 印綬로 論하였으며 死地로 하지 않았다。

이들을 미루어 볼때 陰陽이 같은 자리에서 生하고 같은 자리에서 死가 되는 것을 가히 알수 있을 것이다。

만약 陰陽의 順逆을 定하면서 陽의 生地를 陰의 死地로 하고 陰의 生地를 陽의 死地로 論함은 크게 그릇된 것이다。 고로 命中에 숨어있는 眞理를 알려면 順逆의 기틀과 理致의 모임을 올바르게 알아야 한다。

22.

丙子　庚子
己亥　辛丑
乙亥　壬寅
丙子　癸卯
　　　甲辰
　　　乙巳
　　　丙午
　　　丁未

乙亥日元이 亥日에 生하고 丙子를 보니 身旺하다。 기쁜것은 丙火가 같이 나타나서 陽春의 風景을 잃지않았다。 寒木이 陽으로 向하니 淸하고 純粹하

나 아까운것은 火土의 根이 없고 水木이 太重한 탓으로 工夫가 不足하였다。

中年運도 水木이 太旺하므로 火土가 모두 傷한다。 財物로 못모았을 뿐아니

라 뜻도 펴지 못하였다。 다행히 金이 없어서 業은 淸高하였다。 만약 乙木

이 年時에는 病이 되며 日月에 死가 되면 休囚가 되니 日主가 弱할 것이다。

그러면 生扶하는 水木運에 發福할것이 아닌가? 亥子水는 木을 生하는 것이므로 다시 水木을

보는것은 不可한 것이다。

23.

戊午
丁巳
丙辰

春의 癸水가 木이 많으므로 洩氣가 過하다。 도우는 金이 없어서 亥時에 의지

乙卯
己未
戊午
하니 比劫이 用神이다. 嫌惡하는 것은 亥卯拱合하고 戊土가 나타나서 剋洩을

癸卯
庚申
辛酉
같이 보는 것이다.
書에 근거하면 癸水가 長生에 앉았고 時의 旺地에 있으니 日主가 身旺하다

癸亥
壬戌
癸亥
할것이다. 그러면 戊午運에 發福하여야 하는데, 死亡하였으니 總論하면 陰陽
生死의 說에 의지하기는 不足하다. 또 食神을 보면 壽를 누리고 妻子가 많다

고 하였으나, 日主의 旺弱에 따라 變化하는 것임을 알아야지 이름에 메달리지 말아야 한다.

◉ 故天地順遂而精粹者昌, 天地乖悖而混亂者亡、 不論有根無根、 俱要天覆地載。
고로 천지에 순종하고 정수하면 昌하고 천지가 퍼패하고 혼란하면 망할 것이다. 뿌리가
있고 없고를 論하지 아니하고 하늘을 받들고 땅에 실어 있음이 중요한 것이다.

[解說] 干支의 取用하는 法이 있으니 干이 載하면 支는 切이 되고 支에서 覆되면 干은 切
이 되는것이다.

가령 喜神인 甲乙이 亥子寅卯에 載하면 生旺하고 申酉에 載하면 剋敗된다.
忌神인 丙丁이 亥子에 載하면 制伏되며 巳午寅卯에 載하면 肆逞하다.

喜神이 寅卯인데 甲乙壬癸가 覆되면 生旺하고 庚辛이 있으면 剋敗되며 忌神이 巳午인데 壬
癸가 覆되면 制伏 당하고, 甲乙丙丁이 覆되면 肆逞하므로 다른것도 이와같다.

天干의 星이 地支에 生扶함을 만나면 干의 根이 堅固하나 地支에 冲剋을 만나면
干의 根이 뽑힌다. 支가 干의 陰德을 만나, 生扶되면 陰盛한다. 그러나 干에서 剋制하면 地

支의 陰德이 衰弱해진다.

무릇 四柱의 干支에서 吉神이 나타나 있는데도 별로 吉하지않고 凶神이 나타나 있는데도 별로 凶하지 않은것은 다 이와같은 연고이다. 이것은 天干의 一氣와 地支의 雙淸을 論할것 없이 總論하건데 가장 重要한것은 [天覆地載] 다.

24.

```
己   丁   庚   庚        丙 乙 甲 癸 壬 辛 庚
亥   卯   申   辰        寅 丑 子 亥 戌 酉 申
```

庚金이 비록 春에 生하였으나 地支에 祿에 앉았고 時에 印、比가 있으므로 身强하므로 丁火官星을 用神으로 한다. 地支에 卯木의 財星이 載하고 또 亥水가 生扶하므로 有情하다. 丁火의 根이 굳세니 소위 天地가 順遂하고 精粹하므로 번창함이 확실하다.

歲運에서 壬癸亥子를 만나도 己土印星이 官星을 護衛하며 卯財星이 傷官을 化하니 平生동안 凶함이 없었다. 少年에 과거에 합격하여 세후까지 올랐으니 經에 이르기를 [日主最宜建旺하면 用神不可損傷]이라 하였으니 가히 믿을만하다.

25.

```
己   丁   庚   甲        乙 甲 癸 壬 辛 庚
酉   卯   辰   申        丑 戌 亥 戌 酉 申
```

이 造도 丁火官星이 用神이 된다. 地支에 卯木財星이 載하여 前造와 大同小異하나 卯酉冲으로 丁火의 根이 剋敗되었다. 時에 甲木이 나타났으나 支에 申이 臨하니 소위 [地支에 不載하여 있어도 없는 것이다.] 出身은 좋았으나 工夫를 계속하지 못하였고, 刑傷破耗가 많았다. 戊運도 西方의 地이며 丁火의 墓運이므로 가난이 극심하였다.

26.

庚申
辛酉
壬午
癸巳

癸未 甲申 乙酉 丙戌 丁亥 戊子 己丑

庚辛壬癸가 있어서 金水가 모두 淸하며 地支에는 申酉巳午의 火가 金을 煆煉하는 功이 있어서 午火眞神이 用이 되었다. 理致的으로는 당연히 名利變輝하여야 할것인데 木이 없는것이 애석하며, 金이 令을 얻지 않았으나 많은 무리를 이루고, 火는 壬癸가 覆되었다. 庚辛이 水를 生하고 또 申에 長生되므로 肆逞하며 巳火는 火이나 巳酉拱合으로 午火의 勢는 외롭다. 申酉兩運은 破耗가 있다가 이어 丙戌運은 用神을 도우므로 發起하였으나 亥運에 壬水가 祿을 얻어 火氣를 剋盡함에 家業이 破하여 죽었다.

27.

庚申
辛酉
壬午
甲午

癸未 甲申 乙酉 丙戌 丁亥 戊子 己丑

이 造도 역시 丁火가 用神이다. 壬水가 覆되고 庚金이 곁에서 生하고 있으나 기뻐하는 것은 時에서 午火가 一助하며 妙함은 天干의 甲木이 火를 生하는 壬水는 甲木이 通關하므로 火를 爭剋하지 못한다. 觀察使까지 지냈으니 前造와는 時의 先後의 차이 뿐이지만 天淵의 간격이 있다. 陰德이 있는 것이다. 소위 털끝의 차이가 千里의 差異가 된 것이다.

⊙ 天全一氣、不可使地、德莫之載。

天에 一氣가 온전하더라도 地支에 덕을 실지 않으면 불가한 것이다.

［原註］ 四甲四乙이 寅申卯酉를 만나면 （四甲四乙而遇寅申卯酉） 地에 실지 못한 것이다.

（爲地不載）

말한 것이다.

[解說] [天全一氣]란 天干에 四甲 四乙 四丙 四丁 四戊 四己 四庚 四辛 四壬 四癸를 말한 것이다.

[地支不載]란 地支와 天干의 生化가 없는 것을 말한다.

四甲四乙이 申酉를 만나면 不載라 하고 受剋이 되는 것이다. 地支를 반대로 剋하거나, 天干이 地支를 돌아보지 않거나, 或은 地支가 天干을 돌아보지 않으면 모두 不載라 한다.

四乙酉는 地支가 受剋하는 것이며, 四辛卯는 반대로 天干을 剋하는 것이다.

地支의 氣가 上升하고 天干의 氣는 下降하면 生化有情이 되므로 偏枯하지 않고, 歲運에서 安頓하면 富아니면 貴할 것이다. 그리고 升降의 情이 없고 또 沖剋의 勢가 있으면 모두 偏枯하므로 貧賤할 것이다.

28.

```
甲申
甲戌
甲寅
甲戌

乙亥
丙子
丁丑
戊寅
己卯
庚辰
辛巳
```

年支의 申金이 日主의 寅木을 冲하고 戊土가 乘權하여 殺을 도우므로 소위 秋木은 休囚되고 祿神은 冲去 당하여 根이 뽑혔다. 그래서 旺으로 論하지 않는. 故로 寅卯亥子運중에는 衣食이 豊富하였으며 庚辰運은 殺의 原神이나 天干에 四甲이 있고 一寅이 있어서 強旺한것 같으나, 타나므로 四名의 아들이 모두 다치고 破産하고 죽었다. 天干에 많음이 支의 重함보다 못하다는 理致는 확고한 것이다.

29.

```
戊子
己未
庚申
```

火土가 局에 만발하고 子가 衰하고 午는 旺하므로 子가 午를 冲하나 火만 더

辛酉
戊午
壬戌
癸亥
甲子
乙丑

욱 激烈하고 水는 메마르고 건조하고 天干이 不覆되었다。初年 己未運은 외롭고 苦生이 많았다가 庚申辛酉運은 戊土의 性을 引通하므로 發福하여 妻子를 얻어 家庭을 이루었다。壬戌運은 水가 不通하고 火局을 暗拱하므로 화재의 변을 만나서 일가족 五名이 모두 死亡하였다。

30.

戊申
戊午
戊午
戊子
己未
庚申
辛酉
壬戌
癸亥
甲子
乙丑

前造와 申子 하나만 바꿔졌을 뿐이나、天氣가 下降하고 支에 水의 根源이 있어 熾烈한 午火지만 申을 傷하지 못하여 金의 用神이 확실하다。子水는 病을 없애는 喜神이다。申運의 戊辰年 四月에 入學하여 九月에 登科한 이유는 辰과 會合하여 水局을 이룬 妙함이다。아까운 것은 장래 壬戌運에는 天干이

31.

辛卯
辛卯
辛卯
辛卯
庚寅
己丑
戊子
丁亥
丙戌
乙酉
甲申

群比爭財하고 地支가 暗會火局이 되므로 吉함이 없을 것이다。四木이 當權하여 四金이 絕에 臨하여 地支를 剋할 힘이 없다。剋할 힘이 있으면 財를 用神으로 하지만 天干의 金을 돕는 것이 喜用神이다。出生한 後 얼마되지 않아 父母가 모두 死亡하여 道士를 따라 다녔다。己丑戊子運은 印綬가 生扶하므로 衣食이 足했다。丁亥運은 火를 生하고 金을 剋하니 師父가 죽은뒤 그 재산을 도박으로 탕진하고 죽었다。

◉ 地全三物、不可使天 道莫之容。

지지가 온전히 삼물이면 천도로 하여금 용납하게 하지못함은 불가하다.

[原註] 寅卯辰이나 亥卯未가 甲庚乙辛을 만난 즉 (寅卯辰亥卯未而遇甲庚乙辛) 하늘이 돌보아주지 않는 것이요 (則天不覆) 一氣와 三物이 온전하지 않으면 (不特全一氣與三物者) 모두 天覆地載가 되어야 마땅하나 (皆宜天覆地載) 근이 있는가 없는가를 논하지 아니하고 (不論有根無根) 모두 그 氣序를 따르는 것을 要하니 (皆要循其氣序) 干支가 불패하여 묘함이 있을 것이다 (干支不反悖爲妙).

[解說] [地支三物] 은 寅卯辰、巳午未、申酉戌、亥子丑等을 말한다.

寅卯辰에 日主가 木이라면 天干에 火가 많음을 바라며 日干이 火이면 天干에 金이 旺함을 要하고 日主가 金이라면 天干에 土가 重함을 要하는 것이다. 대체로 支에 三物이 全部있으면 勢가 旺盛하다.

가령 旺神이 提綱에 있으면 天干은 반드시 氣勢에 順하여 洩하는 것이 좋으며, 旺神이 別支에 있고 天干에서 抑制할수 있다면 制하는 것이 옳다.

旺神이 提綱에 있다면 마땅히 洩해야 하며 制하는 것은 옳지않는 것으로 旺神이 提綱에 있으면 制하는 神은 絶이 되기 때문에 强制하면 反對로 旺神은 激動하여 肆逞하기 때문이다.

旺神이란 木의 提綱에 寅卯辰을 말하며 制神은 庚辛金을 말하고, 寅卯는 庚辛의 絶地가 된다. 가령 提綱에 辰이 있고 四柱干支에 庚辛이 있어 도우면 制하는 것이 可하다. 소위 [循其氣序] 하여 調劑를 얻으면 이것도 아름답다. 木方이 이와같으니 나머지로 이와같이 推理한다.

辛卯
庚寅
甲辰
丙寅

己丑
丁亥
丙戌
乙酉
甲申
癸未

寅月에 生하고 寅卯辰 東方이 있으므로 旺이 極함이 심하다. 年月의 庚辛
은 絕에 臨하여 旺神을 休金이 剋하기 어렵다. 丙火가 나타나서 木火同心
像이며 소위 強衆하면 敵寡하니 勢는 庚辛의 寡를 去하는데 있다. 早年의
土運은 金을 生하므로 破耗가 異狀하였다가 丙戌運에 庚辛의 金을 剋盡하는
아름다움이 있어 軍에서 功을 세워 知懸에 올랐다. 酉運에 庚辛이 地를 얻
으니 死亡하였다.

庚寅
庚辰
甲寅
丁卯

辛巳
壬午
癸未
甲申
乙酉
丙戌
丁亥
戊子

寅卯辰東方이 있으나 旺神이 提綱하지 않았다.
庚金이 辰土에 의지하여 족히 木을 剋하는 力量이 있으므로 用神이 된다.
丁火가 나타났으나 庚金을 대적하지 못한다.
庚金이 祿旺을 얻고 寅木을 暗冲하므로 과거에 合格하여 벼슬이 郡守에 이
르렀다. 丙戌運은 殺은 制하니 벼슬을 그만두고 落鄉하였다.

◉ 陽乘陽位陽氣昌、最要行程安頓。

[原註] 六陽의 자리는 (六陽之位) 유독히 子寅辰을 陽方으로 하는 것이다. (獨子寅辰爲陽
方) 양위는 순전하여 (爲陽位之純) 오양에 거한다 (五陽居之)。 만약 이것이 왕신이면 (如若

양이 양위에 있어 양기가 창하면 가장 중요한 것은 행운이 안돈함이다.

日之旺神) 가장 중요한 것은 행운이 음순의지로 가야 안돈한다 (最安行運陰順安頓之地)。

[解說] 六陽은 모두 陽이며 子寅辰만으로 純陽으로 하는 것은 아니다。 따라서 寒陽과 暖陽으로 구분하여 西北은 寒이며 東南은 暖으로 한다。

申戌子等은 모두 寒陽이며 行運이 巳卯未等의 暖陰方으로 行함이 즐거운 것이고, 寅辰午를 갖추었다면 暖陽으로 行運이 酉亥丑의 西北의 寒陰으로 行하는 것이 좋은 것이다。 만약 日主의 喜用神이 陽의 木、火、土로 되어있다면 역시 東南方의 暖陽이므로 行運도 寒陰인 陰의 水、木、火로 配合되어야 喜用神이 生助되어 發生한다。

歲運이 西北의 陽인 水木火라면 외로운 陽을 生하지 못하고 喜神을 도와주어 있어도 平坦할뿐이지 큰 發展은 없다。 命造도 이와 같으며、 소위 陽의 勢力이 强할때 陰의 盛한 勢力으로 包寒하면 柔順해진다。

34.

```
乙卯
甲寅
癸丑
壬子
辛亥
庚戌
己酉
```

```
癸巳
丙辰
丙午
庚寅
```

東南의 陽暖으로 天干의 金水는 根이 없는것 같으나、 기쁜것은 月支의 辰土가 火를 洩하고 水를 모아서 庚金은 生한 것이다。 庚金이 用神이며 癸水가 喜神이 된다。 初運의 乙卯甲寅은 金이 絕되고 火를 生하여 孤苦함이 많았다。 癸丑運으로 들어서니 金水가 通根하고 巳丑拱合하여 妙함이 있다。 外國에 나가서 財物을 크게 취하였다。 이것은 陽暖이 寒의 配合을 만나는 아름다움이 있기 때문이다。

35

戊辰
丁卯
丙寅
乙丑
戊辰
己巳

丙寅
庚午
辛未
壬申

丙寅日元이 地支에 三寅을 만났다。제일 기쁜것은 丑土가 乘權하고 財星이 庫에 있는것이다。그러므로 行運이 西北의 地(土金)로 갔다면 財業을 前造보다 나았을 것이다。그러나 아깝게도 東南木火의 地로 行하므로 祖業을 破하고 떠돌아 다니다가 午運에 暗會하여 劫局을 이루어 廣東에서 죽었다。

이것은 運을 만나지 못한 탓이다。

◉ 陰乘陰位陰氣盛、還須道路光亨。

[原註] 六陰이 모두 음이니 (六陰之位) 酉丑亥만을 陰方이라 하지 않는다。(獨酉亥丑爲陰方) 음위의 자리는 純하여 (乃陰位之純) 五음이 居한다。(五陰居之) 만약 이것이 旺神이라면 (如若是旺神) 가장 중요한것은 행운이 양순의 지로 가는것이 좋다。(最要行運陽順光亨之地)

[解說] 六陰은 모두 陰이나 酉丑亥만을 陰이 盛하다고 하지 않는다。따라서 寒陰과 暖陰으로 구분하여 西北의 陰은 寒陰이며 東南의 陰은 暖陰이다。

酉丑亥等은 西北地의 寒陰이므로 行運이 東南의 寅辰午의 暖陽地로 行함이 즐겁다。만약 日主의 喜用神이 陰의 金水土라면 西北의 寒陰이므로 行運이 東南暖陽地의 陽인 金水土를 만나야 用神을 도우니 發福하게 된다。이때 行運이 東南으로 흘러도 陰의 金水土를 만나면 厚福하기는 어렵고 災殃만 없이 평탄하게만 지날것이다。寒陰도 이와같으니 暖陰으로 같은 理致

다。

36.

丙子
辛丑
壬寅
癸卯
甲庚
乙酉
壬午
乙巳
丙午

이 造는 酉亥子의 西北의 寒陰으로 차 있다。寒木은 당연히 陽으로 向해야 하니 丙火가 用神이며、壬水가 病神이다。그러나 기쁜것은 壬水가 멀리 떨어져 있고 己土가 天干에 나타나 能히 水의 흐름을 막는다。天干에 水木火土가 門戶에 각각 서있어 相生하니 有情하다。地支에서는 午火가 七殺을 緊制하고 年日의 火土는 通根되어 祿旺하다。四柱가 有情할 뿐아니라、行運이 光亨하므로 早年에 과거에 합격하고 제후에 이르렀던 것은 陰陽配合의 妙함에 있는 것이다。

37.

己亥
乙亥
丙子
甲戌
乙丑
壬申
壬午
辛未
己巳
庚午
己巳

前造와는 酉字만 바뀌었을 뿐이다。俗論에는 酉가 丑으로 바뀌었으니 아름답다고 하였다。그 이유는 酉의 七殺은 나를 (日主)를 剋하며 丑의 偏財는 日主가 剋하고、또 丑土가 能히 水는 막아주는 妙함의 功이라고 하였다。그러나 丑은 濕土로써 能히 火를 洩하여 水를 막지 못하고 亥子丑의 方을 이루었다。

前造는 丙火가 年에 있고 壬水가 멀리 떨어져 있으며 또 己土가 막고 있으며 이 造는 丙火가 月에 있으니 壬水와 한발 가까이 있으며 己土는 年干에 있어 멀리 떨어져 위력을 발휘 하지 못한다。더구나 子水가 가까이서 相冲하고 運 또한 西北의 陰寒의 地로써 丙火는 生하지 못한다。

지 못하여 乙木이 發生할 수 없다。十干의 體像에 이를기를 「虛濕之地이면 騎馬亦憂」라

하였으니 그릇된 말은 아니다。뜻도 펴지 못하고 가난이 심했고、妻를 剋하여 子息 또한

없었다。壬申運에 丙火를 剋盡하므로 죽었다。

◉ 地生天者、天衰怕冲。

地가 天을 生한 자는 天이 衰弱하여 冲을 두려워한다。

[原註] 丙寅戊寅 丁酉己酉 壬申癸卯는 모두 장생일주이고 (如丙寅戊寅丁酉己酉壬申癸卯

皆長生日主) 丙寅 丁卯甲子 乙亥 己巳는 모두 자생일주이며 (甲子乙亥丙寅丁卯己巳皆自生日

主) 主가 쇠약하고 충을 만나면 (如主衰逢冲) 서로 꺾이니 화가 심하게 올것이다 (則相拔

禍更甚)。

[解說] [地生天者] 는 日支가 日干을 生하는 것을 말한 것이다。甲子 乙亥 丙寅 丁卯

己巳 戊午 壬申 癸酉 乙亥 庚辰 辛丑 等이다。

가령 日主가 月에 得令하지 못하고 또 日主를 돕는 것이 희소하여 日支의 印綬가 用神이

될때 그 用神을 冲破하면 그 뿌리가 뽑히어 生氣가 끊어지게 되므로 그 禍가 重할 것이다。

그러나 日主가 時에 當令하고 年과 時에 祿旺되며 또는 天干에 比劫을 거듭 만나면 반대로

官星이 衰弱해진다。이때 印綬를 보면 官星을 洩氣하는 것이니 이때는 冲破를 만나도 두렵

지 않다。

總論하면 日主의 氣勢를 보아 旺相하면 冲을 즐거워하고 休囚되었으면 冲을 두려워하여

大禍가 發生한다。行運도 이와같다。

38.

甲寅　　己巳
戊辰　　庚午
丙寅　　辛未
丙申　　壬申
　　　　癸酉
　　　　甲戌
　　　　乙亥

日干의 아래에 印綬가 있으며 季春에 生하므로 아직 印綬의 氣가 남아있다。또 年에 甲寅을 만나니 太過하여 土가 當令하였으나 木이 堅固하다。기쁜것은 寅申의 沖을 만난 것이고 金財星이 用神이다。嫌惡하는 것은 比肩이 蓋頭하여 沖의 힘이 弱한 것이다。初年에 南方地로 行하니 파란이 많았다가 壬申癸酉運에 이르러 寅木을 冲하는 申金을 도우고 比肩인 丙火를 去하므로 自手成業하여 크게 發展하였다。소위 乘印就財라 한다。

39.

壬申　　乙巳
甲辰　　丙午
丙寅　　丁未
甲申　　戊申
　　　　己酉
　　　　庚戌
　　　　辛亥

日支가 印綬이며 季春에 生하였으나 이것은 印綬의 餘氣가 없다。年干의 壬殺이 印을 生하여 두려워 할바는 없으나 嫌惡하는 것은 兩申이 寅木을 冲하여 甲木의 根이 뽑힌 것이다。다만 기쁜것은 壬水가 金을 洩하여 木을 生한 것이다。丙午運에는 申財를 去하여 發科하였고 丁未運은 壬水를 合去하므로 벼슬길이 아름답지 못하였다가 戊申運은 壬水를 剋去하고 三個의 申이 寅木을 冲하니 죽음에 이르렀다。

壬水는 甲木의 元神이므로 傷하는 것은 不可하며、傷함을 입으면 甲木이 반드시 孤立되게 된다。무릇 「獨殺用印者는 最忌制殺」이라 하였다。

⊙ 天合地者、地旺喜靜。

天이 地를 合한 것은 地가 왕함으로 고요함을 기뻐한다.

[原註] 가령 丁亥 戊子 甲午 己亥 辛巳 壬午 癸巳之類) 모두 地支중에 人元이 있으니 (皆支中人元) 天干과 더불어 서로 합한 것은 (

與天干相合者) 이것은 坐下가 財官의 地이다 (此乃坐下財官之地) 財官이 만약 旺하다면 (財

官若旺) 마땅히 靜해야하고 冲함은 마땅하지 못하다。(則宜靜不宜)

[解說] 十干의 合은 陰陽이 相配된 것으로 五陽은 五陰과 合하여 財가 되고 五陰은 五陽

과 合하여 官이 되며 合으로 이루어진 것이다。그러나 陰이 旺하면 陽이 따르지 아니하고

陽이 旺하면 陰이 따르지 아니하니 비록 合이되나 不化한다。

合은 爭合과 妬合및 分合等으로 나누어지며、만약 透出한 天干을 地支의 暗干이 合할때에

局에 따라 合이 되기도 하고 [分、爭、妬、忌] 合도 된다고 하는 말은 본래 理致에 따른 것

이나、다만 原注의 부분적인 變通法에 不過한 것이다。

天干과 合하는 地支의 三字는 가볍게 流用할 것이며 [地旺喜靜]의 四字가 가장 重要한

것이다。대개 地支가 旺하면 天干은 衰하게 마련이며、[喜靜]은 四支에 冲剋하는 것들이

없고 生助하는 神만 있는 것을 말한다。

天干은 衰하여 도울것이 없는데 支는 旺하여 生함이 있다면 天干은 기쁜마음으로 合하려

는 의향이 있으며、만약 地支의 元神이 天干에 나타났으면 天과 地가 人緣을 맺었으므로 升

降의 情이 있다。

地支가 靜하면 편안히 居하여 분수를 지켜 나갈 것이며 動하면 위험을 밟고 있는것 같아

지탱하기 어려운 것이다.

天干을 옳게 말하면、[戊子] [辛巳] [丁亥] [壬午] 四個이다.

甲午의 日主라면 午는 반드시 丁이 먼저이고 己는 다음이니 己土가 어찌 丁火를 제끼고 먼저 甲과 합한다고 할 것이며、己亥 日主도 亥는 壬水가 먼저이고 다음에 甲인데 甲이 어찌 壬을 제끼고 甲과 合한다고 할것인가? 癸巳日主도 같은 理論이므로 이 三日은 취하지 않는다. 그리고 十干의 合에 應하여 化가 되면 化格을 이루어 다른 作用이 된다. 化格의 章을 참고하기 바란다.

40.

庚午 己巳
辛未 戊辰
壬午 丁卯
乙巳 丙寅
乙巳
甲子

地支가 巳午未의 南方으로 當令하였으니 旺이 극심하다. 火炎土燥하므로 취약한 金이 水를 도우기가 어렵다. 天干은 衰함이 극하며 日主의 情은 辛金에 있는것이 아니다. 午중의 丁火와 從合하는데 뜻이 있다.

己巳戊辰運은 金을 生하고 火를 洩하므로 刑耗가 있다가 丁卯丙寅運에서 木火가 並旺하여 辛金을 剋盡한 功으로 경영사가 잘 풀리어 큰 財物을 취하였다.

41.

丙子 乙亥
己丑 甲戌
己巳 癸酉
   壬申

地支가 亥子丑의 方合으로 旺함이 심하다. 天干의 火는 虛弱하고 生扶하는 木이 없으며、또한 濕土가 火를 어둡게 하여 天干의 衰함이 심하다. 사람들이 論하기를 殺重身輕으로 火를 취하여 用神으로 한다 하였다. 그러나 이

丁亥
辛未
庚子
庚午
己巳

것은 天地가 合하여 官에 從하는 格이다。甲戌運에는 火를 生하고 水는 剋剋하여 刑喪破耗가 있었고 癸酉壬申運에는 丙火를 剋盡하여 財官을 도와 큰재물을 얻었다。 未運의 丙子年에는 損財하였다가 戊寅(四十才) 流年의 季夏에 죽었다。

◉ 甲申戊寅眞爲殺印相生、庚寅癸丑也坐兩神與旺。

甲寅戊寅은 참된 살인상생이며 庚申癸丑은 兩神이 與旺한 것이다。

[原註] 兩神이란 殺과 印으로 말한 것이다。(兩神者殺印也) 庚金이 寅중에서 火土를 보는 것이며 (庚金見寅中火土) 甲木이 많으면 財로 논하는 것이다 (鄧多甲木而財論)。 癸의 丑에서 丑중 土金을 보는 것이며 (癸見丑中土金) 癸水가 많으면 身을 도운다。(鄧多癸水則對身) 甲이 申중의 壬水와 庚金을 보는 것이며 (不如甲見申中壬水庚金) 戊가 寅中의 甲木丙火를 보면 眞이라 한다 (戊見寅中甲木丙火之爲眞也)

[解說] 日支의 殺印은 甲申戊寅 庚寅 癸丑日의 四個만이 아니고 乙丑 辛未 壬戌等도 殺印相生이 된다。

癸丑日에도 比肩이 있고 戊寅日에도 比肩이 있으므로 굳이 殺印相生의 理由를 따질 必要가 없는 것이다.

무릇 殺을 用할때는 殺을 도와 주어야하고、殺을 用하지 않을때는 殺을 抑制하여야 하며、四柱의 氣勢를 살펴서 日主가 旺强하고 殺이 淺할때는 財星을 用하여 殺을 도와주어야 한다。日主와 殺의 양쪽 勢力이 비슷하면 食神으로 殺을 制하고 殺이 强하고 日主가 弱하면 印綬

로써 殺을 化하여야 한다。만약 殺이 重하고 身이 輕하면 가난하지 않으면 夭死하고 늙도록 벼슬을 얻지 못한다 하였다。또 殺을 制함이 太過하면 學問으로 成功함이 없다하였다。行運이 殺의 旺運으로 가야 좋으며 殺을 制하는 運에서는 辛苦患難을 면치 못한다。

42.

甲子
甲申
癸丑
丙辰
乙卯
甲寅

甲申日元이 八月에 生하므로 七殺이 當權하였다。그러나 기쁜것은 午火가 酉金을 緊制하고 子水가 申金을 化하므로 소위 去官留殺에 殺印相生이 되었다。木潤金旺하니 印星이 用神이다。科學에 合格하여 제후까지 올랐다。

43.

壬午
辛亥
壬子
庚戌
己酉
甲申
甲申
甲子
乙卯
甲寅

前造와는 辰字만 바꿔졌을뿐이다。俗論에 前造는 制官留殺이고 이 造는 合官留殺이라하여 功各을 이룬다고 하였다。그러나 前造와는 天淵의 차이가 있었다。무릇 制란 剋하여 去함을 말하고 合은 去하면서도 去하지 않는것도 있다。그래서 辰土는 酉와 合이 되지만 金을 도우는 財이며 合金되어 오히려 殺을 도운다。清한 가운데 濁을 대동하므로 財가 病神이 된다。名利로 어쩌정 하였을 뿐아니라, 刑耗도 많았다。

亥運은 生함을 만나서 편안하고 壬子運의 木의 流年까지는 유망성의 發展함이 보였다가

癸丑運에 子의 印을 合去하므로 凶함은 있고 吉함은 적었다.

◉ 上下貴乎情協

상하가 貴한것은 정이 협력한 것이다.

[原註] 천간지지가 상생은 아니더라도 (天干地支 雖非相生) 마땅히 유정하고 배반되지

않아야 한다. (宜有情而不反背)

[解說] 〔上下情協〕이란 干支가 서로 背反하지 아니하고 서로 호위하거나, 비록 相生은

아니되더라도 情이 있음을 말한 것이다.

가령 傷官이 旺하고 官星이 弱할때 財星이 地支에 局을 얻었거나 官이 旺하고 財가 많을

때에 地支에 比劫이 局을 이루었거나, 殺이 重하여 印綬를 用하는데 劫地

를 만나거나 身이 强하고 殺이 淺할때는 財星을 기뻐하는데 財星이 食神에 앉았거나, 또는

官星이 없으면서 食傷이 劫을 化하면 모두 〔有情〕란 것이니 이와 반대면 〔不協〕이라고

한다.

44.

己　壬申
巳　辛未　日主가　兩長生을 얻고 年支에 祿을 만나 旺하므로 官을 用神으로 한다. 癸

癸　己巳
酉　庚午　水官星을 己土가 가까이서 傷하나 官이 財位에 있고 또 妙한것은 巳酉가 拱

丙　己巳
寅　戊辰　金하여서 己土 傷官을 洩시킨다.

—110—

45.

庚寅
丁卯
丙寅
丁卯
丙辰　丁巳　戊午　己未　庚申　辛酉　壬戌

官星이 굳세니 일생 凶을 만나지 않고 名利兩全하였다。

46.

癸亥
癸亥
甲午
丙辰
戊午　己未　庚申　辛酉　壬戌　丁巳　丙辰

官殺이 乘旺하여 원래 두려우나 기쁜것은 時의 午火가 食神을 生하여 殺을 制하는 것을 도운다。甲木이 火를 生하고 水를 洩하며、旺殺을 化하고 衰한 木이 亥의 兩長生을 만나니 恨이 굳세랴。上下가 情協하므로 간사한 성격이 없고 自手成家하여 巨富가 되었다。

47.

甲寅
乙卯
庚午
丁丑
辛未　壬申　癸酉　甲戌　乙亥　丙子　丁丑

日主가 祿에 坐하고 年干에 甲寅과 子水를 만나니 旺하다。庚金을 用할려하나 火가 旺하며 土가 없다。丙火를 用한즉 子水가 冲去함이 불리하나 支가 旺하므로 用神이 된다。그러나 運이 逆行하니 敗함이 많았다가 乙亥運에 이르러 水木이 함께 오니 乞人이 됐다。

乙亥
己卯
乙丑
丙子
戊寅　丁丑　丙子　乙亥　甲戌

己土의 財가 丑土에 通根하여 午에 祿을 얻으니 身과 財가 같이 旺한것 같이 보인다。그러나 己土의 財는 比肩이 奪去하고 午火의 食神은 亥水가 剋한다。그리고 壬水가 蓋頭하여 引從의 化가 없으므로 上下가 無情한 것이

壬午　癸酉　壬申

다。初運 戊寅丁丑은 財星이 生助함을 만나니 遺業이 풍족하였으며、丙子運

에 이르러 午火를 冲去하므로 敗亡하였고 乙亥運은 妻를 팔고 삭발하여 중

이 되었다。그리고 淸規도 지키지 못하고 얼어서 죽었다。

◉ 左右貴乎同志

좌우가 귀한것은 동지로 한다。

[原註] 상하좌우가 비록 一氣가 아니나 (上下左右雖不全一氣之物) 모름지기 生化되고 섞

임이 없어야 한다。(須生化不錯)

[解說] [左右同志]란 左右가 生扶하여 亂雜하지 아니하고 通關 또는 制化됨을 말한다。

가령 殺이 重하고 身이 弱하면 羊刃이 있어 合殺하거나、印綬가 있어서 通關시키는 경우

를 [同志]를 얻는다고 하는 것이며、身이 強하고 殺이 淺하면 財星이 있어 殺을 生助하기

나 또는 官이 있어서 殺을 도우는 것이 [同志]를 만난 것이며 身도 旺하고 殺도 旺하면

食傷이 있어서 制하면 모두 同志를 얻는 것이다。

무릇 日主의 喜神은 가깝게 나타나야 하며、殺이 喜神일때는 財星을 즐거워하고 殺이 忌

神인 때는 食傷을 만나야 하고 印星이 忌神인 때는 財星을 얻어야 하며 財星이 忌神인 때는

比劫이 있어야 하고 日主의 喜神은 閑神이 生助하고 爭妒하지 않고、日主의 忌神은 閑神이

制伏하여 肆逞치 않게하면 이는 日主가 同志를 만난 것이다。

壬申
丙午
庚午
庚辰

丙火의 殺이 비록 旺하나 壬水의 뿌리 역시 굳건하다。日主가 比肩의 도움이 있고 濕土가 生하므로 소위 身殺兩停格을 이룬다。壬水를 用하여 殺을 制하니 同志를 얻고 地支에도 辰土의 同志를 얻어서 一制一化가 된다。運 역시 金水의 鄕으로 벼슬길에 나아가 제후까지 올랐다。

丁未
戊申
己酉
庚戌
辛亥
壬子
癸丑

壬午
丙午
庚申
戊寅

前造와 大同小異하며、日이 祿에 앉았고、壬水가 殺을 制하고 있다。前造는 名利가 높았고、이 造는 종신토록 不發하였던 것은 前造는 壬水가 申을 만나서 殺을 能히 制하는 權勢가 있으나 이 造는 壬水가 午의 絕地에 있어서 殺을 대적하기가 無力하다。그리고 前造는 時干의 比肩이 幇身하고 水를 生하며 이 造는 時上에 戊土가 있어 壬水를 剋하는 梟神이니 食神을 生하기가 不能한 탓이다。이것을 소위 同志를 만나지 못한 것이다。

始其所始、終其所終、富貴福壽、永乎無窮。

◉ 시작하는 곳에서 시작하고 끝나는 곳에 끝나는 것은 부귀와 복수가 영원히 무궁하리라。

[原註] 년월에서 시작하고 (年月爲始) 일시는 배반하지 아니하고 (日時不反背之) 일시에서 끝마치면 (日時爲終) 年月에 투기하지 않는 것이니 (年月不妬忌之) 무릇 국중의 회신을 시지에서 이끌어주어 (凡局中所喜之神引於時支) 돌아가는 바 있으면 (有所歸者) 시작과

끝맺음의 순서를 얻은 것이니 (爲始終得所) 곧 부귀복수가 영구무궁할 것이다. (則富貴福壽永乎無窮矣)

[解說] 始終의 理致는 干支가 流通하고 四柱가 生化되어 不息됨을 말한 것이다. 接續相生하고 五行이 모두 갖추어지면 缺乏됨이 있더라도 合化의 情이 있어 서로 護衛하므로 純粹함을 볼 수 있다.

喜神은 生地를 만나고、忌神은 受剋되거나 또는 根이 없거나、閑神은 忌神과 무리를 이루지 않으며、忌神도 合化되어서 功을 이루어서 四柱干支에 한 字라도 버릴것이 없어야 한다.

傷官、梟神、劫刃이라도 格을 補하고 用神을 도우면 喜用神이 된다. 그러면 日元의 氣를 얻으므로 富貴福壽를 누린다.

50.

壬寅
甲辰
丁亥
己酉

乙巳
丙午
丁未
戊申

年干의 壬水에서 始作하여 日支의 亥水에서 끝난다. 官이 印을 生하고、印이 身을 生하며 食神이 秀氣를 吐한다. 財는 食神에 앉았으며 官星은 財星을 生하고、印綬인 寅木의 制함이 有情하다. 年月이 背反하지 아니하고 日時가 투기하지 않으며、始終을 얻으므로 富貴가 二品에 오르고 財物 또한 풍족하여 壽로 八旬까지 누렸다.

51.

戊戌
庚申
癸亥

辛酉
壬戌
辛亥

土는 金을 生하고 金은 水를 生하고 水는 木을 生한다. 干支가 同流이며, 서로 相生의 友宜가 있어서 爭妬함이 없다. 財星이 戌中의 庫에 있으며,

52

癸亥　　丁卯
乙卯　　戊辰
甲子　　己巳
丙寅　　庚午
己巳　　辛未
辛未　　壬申
　　　　癸酉

官은 淸하고 印은 正함이 확실하다. 一妻二妾에 子息을 十三名을 두었으며, 巨富에다 벼슬 또한 높았다.

天干에서 木이 火를 生하고 火는 土를 生하며 土는 金을 生하고 있다. 地支 역시 水가 木을 生하고 木은 火를 生하며 또 地支가 각기 天干을 生하고 있다. 年支의 子水가 寅木을 生하여 始作이 되고, 時干의 辛金이 終이 되며, 天干 역시 支의 子水가 甲木을 生하여 始作이 되고 時干의 辛金이 終이 되어서 天地가 同流이다. 소위 「始其所始하고 終其所終」이므로 과거에 합격하여 벼슬도 높았고 부부및 子孫도 아름다웠다.

一、 形 象

◉ 兩氣合而成象、 象不可破也。

兩氣가 합하면 상을 이룰것이며, 상을 파하는 것은 옳지못하다.

〔原註〕 천간이 木에 속하면 地支는 火에 속하고 (天干屬木也支屬火), 천간이 火에 屬하면 地支는 木에 속하며 (天干屬火地支屬木) 그 상은 하나가 될것이며 (其象則一), 만약 金水를 만나 파하면 (若見金水則破) 나머지로 이와같은 것이다 (餘倣此)。

〔解說〕 「兩氣雙淸」이란 유독히 木火二形만을 말하는게 아니며, 土金、 金水、 水木、 木

火、火土等의 相生됨이 各各半으로 成象한 것을 말한 것이다。五局의 相剋인 木土、土水、水火、火金、金木等이 서로 대적하는 것도 같은 理致이다。

相生은 내가 生하여 주는 것이 重要하니 秀氣가 유행함이요、相剋은 내가 剋함을 要하니 日主를 傷하게 하지 않기 함이다。그리고 相生은 반드시 平均되어 나누어져야 하며、不足하거나 많거나 함이 없어야 하고 相剋은 모름지기 均敵되어야 하며、偏重되거나、偏輕하지 않아야 걱정이 없는 것이다。만약 金水를 用한즉 火土의 混雜됨이 不利하고、水木을 取한즉 土金의 交爭됨이 不可하다。木火成象格은 金水가 破局함을 가장 두려워하고 水火既濟는 土가 止水함을 더욱 꺼린다。

格이 이와같이 이루어졌을 때는 運路도 이와같이 깨끗한 運行이면 벼슬과 祿이 큰 것이다。만약 混亂한 運으로 간다면 職業은 물론 家庭도 두려움이 크다。

그러므로 이 格은 보는 法이 어려우니 자세이 살펴야 한다。

53.

甲午　戊辰
丁卯　己巳
甲午　庚午
丁卯　辛未
　　　壬甲
　　　癸酉
　　　甲戌
　　　乙亥

木火成象格이다。丁火傷官이 用神이며 金水가 없으므로 純粹하다。巳運에 丁火가 旺에 臨하니 벼슬길에 나아가고 庚辛運에는 官殺이 混局되어서 降職하였다。

南方의 金이어서 큰 禍患은 없었다。장차 西方運에는 災害가 말로 표현할 수 없을 정도일 것이다。

54.

四柱: 丁卯 乙巳 丁卯 乙巳
大運: 甲辰 癸卯 壬寅 辛丑 庚子 己亥

木火가 각색으로 兩氣成象格이다. 火日主가 夏令에 生하므로 木이 火의 勢에 따른다. 格이 炎上하니 金을 보는 것은 좋지 않다. 東方運은 火가 生助를 만나므로 順風에 돛단배 같으며, 辛大運의 水流年에 木火가 모두 傷하여 禍를 免하기 어렵다. 소위 「二人同心은 可順而不可逆」이다.

55.

四柱: 丙午 戊戌 丙午 戊戌
大運: 己亥 庚子 辛丑 壬寅 癸卯 甲辰

火土成象格이다. 戊土食神이 吐秀하여 用神이 된다. 辛丑運은 濕土가 火를 어둡게하여 秀氣가 流行되므로 鄕榜에 올랐으며 壬運의 壬年에 시험에 합격하였으나 죽었다. 丙火를 壬水가 剋하니 火가 激怒한 탓으로 만약 丙戌이 丙辰으로 바뀌었다면 燥烈하지 않아서 비록 水運을 만나더라도 大凶에 이르지 않을 것이다.

56.

四柱: 戊戌 丙午 戊午 辛酉
大運: 壬戌 癸亥 甲子 乙丑 丙寅 丁卯 戊辰

火土成象格이다. 辛金의 傷官이 用神이다. 기쁜것은 北方의 水運으로 行하니 秀氣가 流行하여 少年에 과거에 합격하고 벼슬이 높았다. 丙運에 辛金 用神을 破하니 不祿하였다.

四柱: 辛酉 戊戌 辛酉 戊戌
大運: 戊辰 丁卯 丙寅 乙丑 甲子 癸亥 壬戌

土金成象格이다. 兩氣成象하면 日主를 生하지 않고 食神이나 傷官이 있으면 소위 英華함이 뛰어나서 發福하여 富貴에 이른다. 그러나 局이 不足하고 運이 局을 破하하면 禍를 免하기가 어렵다。金水、水木의 印綬格에 秀氣를 取할것이 없으면 富貴함이 없으니 누구이 시험하여 보니 맞는 말이다。

57.

癸亥
戊午
丁巳
己未
丙辰
乙卯
甲寅
癸丑
壬子

土水兩氣成象格이다。純殺을 制함이 없으니 日主가 傷함을 입는다。初年의 火土의 鄕에는 七殺을 生助하므로 겉만 좋았지 실속은 별볼일 없었다。乙卯運에 殺을 制하는 功으로 懸令에 올랐다。兩氣成象格을 보면 生局은 食傷運이 아름답고、印局에 秀氣가 없으면 별볼일이 없고 財局에 身과 財가 均等할때는 日主本氣를 運遲이 傷하지 않으면 아름다우며 破局을 만나면 禍가 생긴다。

58.

戊戌
乙丑
癸亥
戊戌
丁卯
丙寅
乙丑
甲子
庚午
己巳

水土가 各半으로 兩氣成象格을 이뤘다。기쁜것은 燥한 土가 通根하여 財와 命이 合一하였으나 氣勢가 점점 寒한것이 흠이다。丙寅運에 이르러 寒土가 陽을 만나므로 科擧에 合格하고 다시 妙한 것은 亥中에 甲木이 暗으로 生하니 郡守에 올라 벼슬길이 평탄하였다。

◉ 五氣聚而成形、形不可害也。

五氣가 모아져 形을 이루면、그 形을 害함은 不可하다。

[原註] 木은 반드시 水를 얻어 生하고 (木必得水以生之) 火로써 행하고 土로써 배양하고 金으로 그릇을 만들며 (火以行之、土以培之、金以成之) 이렇게 形을 이룸이 가장 중요하다 (是以成形於要緊之地)。 혹은 지나치고 혹은 부족하면 害가 되는 것으로 (或過或缺則害) 다른 것도 이와같다 (餘皆倣之)。

[解說] 木의 成形에 있어서 食神의 洩氣가 많으면 水로써 生하여야 하고, 官殺이 交加하면 火地로 行하고、印綬가 重疊하면 土로써 培養하고 財가 輕하고 比劫이 重하면 金이 있어야 成器할 수 있다。

무릇 [成形] 이란 用神이 生地를 얻고、偏枯하지 않으며、病神이 없어야 한다。 이러면 근심도 없고 名利가 따르게 된다。

四柱內에 成形이 없으면 歲運에서라도 成함이 있어야 하는데、成處함이 없으면、終身토록 뜻은 있으나 發福치 못하며 凶은 많고 吉은 적다。

木을 論함이 이러하니 다른 것도 이에 準하기 바란다。

59.

壬戌
癸丑
甲寅
乙卯
丙辰
丁巳
戊午
己未

水勢가 猖狂하나 戌에 의지한 戊土가 木을 培養하고 水勢를 저지한다。 만약 辰이 있고 戌이 없었다면 辰은 濕土이므로 戊土를 生하지 못한다。 故로 이 命의 가장 重要한 것은 戊의 燥土가 있음으로 根이 굳건한 것이다。 그리고 寒木이 陽이 없어서 火로써 따뜻하게 해야 하므로 木方에 發榮하여 南方의 火地에 大富을 이뤘다。 그리고 財物로 벼슬을 얻어서 이름까지 높

61.　　60.

았다。

60.

丙辰
丁巳
乙卯　戊午
甲辰　庚申
辛未　辛酉
　　　壬戌

地支에 寅卯辰의 方合을 이루고 劫刃이 肆逞하다。一點의 미약한 金의 成形이 不足하다。그러나 辰未의 生助함으로 用神이 된다。工夫는 不足하였으나 庚申辛酉運에 辛金이 得地하니 異路에 벼슬을 얻어서 州牧까지 올랐다。癸運에 木을 生하고 金을 洩하므로 不祿하였다。

61.

甲寅
癸未
乙卯　癸丑
乙卯　壬子
甲戌　辛亥
乙亥　庚戌
　　　己酉
　　　戊申

日干이 戊土에 앉았으나 亥水에 通根하고 亥卯未의 會局을 이루니 劫刃이 猖狂하다。不美한 것은 金이 없어서 成物함이 없고 또 火가 없으니 秀氣가 流行되지 않으며 더구나 行運 역시 逆으로 간다。일찍 祖業을 탕진하고 妻子를 剋하였다。四柱의 原局도 重要하지만 行運 역시 소홀히 할수 없음을 알수 있다。

◉ 獨象喜行化地、而化神要昌。

독상은 化地로 행함이 즐거우니、化神은 왕성함을 要한다。

[原註] 一者는 獨이며 곡직격、염상격 등을 말한 것이다 (一者爲獨・曲直炎上之類也)。生하는 것은 화신으로 하며 (所生者爲化神)、化神은 마땅히 旺하여야 (化神宜旺) 그기가

유행하며 (則其氣流行) 그런 다음에야 財官地로 행하여도 可하다 (然後行財官之地方可)。

[解說] 權은 한사람에 있는것 같이 曲直格、 炎上格、 從革格、 潤下格、 稼穡格 等을 말한다.

[化] 는 洩하는 食傷을 말하고 局中에서 化神이 昌旺하고 歲運이 化神地로 行하면 名利 모

두 갖출것이다.

木이 方局을 이루고 金의 混雜이 없으면 曲直格으로 하고 火日이 方局을 이루고 水의 混

雜이 없으면 炎上格으로 하고 金日에 方이나 局을 이루고 火의 混雜이 없으면 從革格으로

하고 水日에 方이나 局을 이루고 土의 混雜이 없으면 潤下格으로 하고 土日에 四庫를 이루

고 水의 混雜함이 없으면 稼穡格으로 하는 것이며, 이것은 모두 一方의 秀氣로 되고 體質이

自强한 것을 말한다.

가령 木局이 土運을 만나면 비록 財神의 資養이 좋은 것이라 하지만 柱內에 食神傷官이

있어야 分爭의 염려가 없는 것이다. 火運을 만나면 引通이 되므로 英華가 發秀한다. 하지

만 原局에 財星은 있고 印綬가 없어야 災殃을 방지할 수 있는 것이다.

破局된 命造는 凶함이 많고 吉함이 적으며 水運을 만나면 原局에 火가 없어야 强神을 生

助하므로 主는 光亨하는 것이다. 그런 까닭으로 從强格은 生旺地로 行하여야 아름다운 것

이다.

만약 本主가 失時되고 得局하면 반드시 運路에서 生旺한 鄕을 만나야 작은 功名이라도 있

게된다.

만약 行運이 獨象을 劫하면 凶災를 만나게 된다。 그러나 局에 食傷이 있어서 反剋하면

大害는 없을 것이다.

總論컨데、干의 領袖의 神이 陽氣이면 强하고 陰氣이면 弱하다.

支內에서 會格한 것은 方과 局의 힘을 비교하면 方은 重으로 局은 輕으로 차이가 있다.

獨象는 비록 아름다우나 다만 運路에서 破局됨을 싫어한다.

62.

甲寅
丁卯
甲辰
丙寅

戊辰 己巳 庚午 辛未 壬申 癸酉

地支에 寅卯辰의 東方의 一氣로 되어 있으며 化神의 丙丁火가 있어서 洩함이 菁華하다. 少年에 科甲하고 벼슬길이 좋았다. 財鄕地로 行할 때는 食傷이 劫을 化하는 功이 있고、 金運으로 行할 때는 丙丁火가 回剋하는 功이 있다. 壬運에는 秀氣를 傷하니 降職하고 故鄕에 돌아와 죽었다.

63.

己未
丁丑
戊子
己未

丙子 乙亥 甲戌 癸酉 壬申 辛未

天干의 戊己에 丁을 만나고 地支에 丑未가 있으므로 土가 重重하다. 子丑의 合으로 土가 되니 眞稼穡格이다. 不足한 것은 丑중의 辛金을 引出하는 것이 없고 三個의 丁火가 暗으로 辛金을 傷하므로 生化의 情이 없다. 이러한 理由로 子息을 두기 어려웠다. 만약 天干에 庚辛이 하나라도 天干에 나타나고 地支에 申酉의 하나라도 있었다면 반드시 子息이 많았을 것이다.

64.

丙寅
甲午
丙戌
甲午

乙未 丙申

地支에 寅午戌火局을 이루니 木이 火勢에 따른다. 格은 炎上格이나 아까운

(앞 장에서 계속)

甲午
丙戌
乙未
　　丁酉
　　戊戌
　　己亥
　　庚子
　　辛丑
　　壬寅

것은 木이 旺하여 土를 剋하는 것이다. 秀氣가 傷하므로 學業을 中斷하고 武甲출신으로 副將에 올랐다. 申酉運은 戊未土를 化하므로 災殃이 없었으며, 亥運은 亥未會合과 寅과 合하니 職位가 떨어졌다. 庚子運에 이르러 干에 食傷이 없고 支에 冲을 만나니 軍에서 죽었다.

65.

乙酉
庚申
庚戌
庚辰
　　丙戌
　　丁亥
　　戊子
　　己丑
　　庚寅
　　辛卯
　　壬辰

天干이 乙庚으로 化合하고 地支에 申酉戌이 全部 있어서 從革格이 된다. 丙戌 丁亥運 아까운 것은 肅殺의 氣가 크게 銳利하여 學業도 不利하고 終末도 좋지 않았다. 사병 出身으로 장교직에 올랐다가 寅運에 陣중에서 죽었다. 이것은 局중에서 食傷이 없기 때문이며, 寅戌의 暗拱으로 旺神을 犯한 탓이다.

66.

壬子
癸丑
辛亥
壬子
　　己未
　　戊午
　　丁巳
　　丙辰
　　乙卯
　　甲寅
　　癸丑
　　壬子

地支에 亥子丑이 있고 壬癸辛이 天干에 나타나서 潤下格을 이루었다. 行運이 不背하지 않아 일찍 學業을 마치고 甲寅運에 秀氣流行하므로 發展하였으며, 乙卯運 역시 平順하여 州牧까지 올랐다. 丙運은 原局에 化하는 食傷이 없어서 群劫爭財하여 죽었다.

● 全象喜行財也、而財神要旺。

전상은 財地로 행함을 기뻐하고 財神이 旺함을 要한다.

[原註] 삼자가 온전한 것은 (三者爲全) 상관과 財星이 갖추어 있는 것을 말한다 (有傷官而又有財也)。 主가 왕하면 財가 왕함을 기뻐하고 (主旺喜財旺)、 官殺地로 가지 않는게 可하다 (而不行官殺之地方可)。

[解說] 三者가 온전하다고 하는 것은 오로지 傷官과 財官만을 가르키는 것이 아니다。

傷官이 財를 生하거나、 官印이 相生하고 財官이 아울러 있다면 이는 어찌 온전하다고 아니 하겠는가?

傷官이 財를 生하고 日主가 旺相하면 財官이 마땅히 좋으나 이에 얽메이지 말고、 四柱에 比劫이 많고 財星이 比劫으로부터 피해를 입으면 官運이 아름답고、 傷官運도 아름다우니 局의 意向에 따라 定하여야 할 것이다.

日主가 旺하고 傷官이 輕하고 印綬가 있으면 財星을 좋아하지만、 官運은 좋아하지 않는다。

日主가 旺하고 財星이 輕하고 比劫이 있으면 官星은 좋아하나 財星은 꺼리는 것이다。

財官이 並見하고 日主가 旺相하면 財는 좋으나 官은 꺼리는 것은 官이 旺한 印綬를 生助하기 때문이다。

官印이 相生하고 日主가 休囚되면 印綬는 즐거우나 比劫을 꺼리는 것은 官이 많아서 印綬가 通關하여 주기 때문이다。 그리고 比劫을 꺼리는 것은 官이 比劫을 剋함이 強하여 힘을 발휘할 수 없기 때문이다。

-124-

무릇 命을 論함에 있어 한 부분만을 집어서 말하는 것은 옳지 아니하니 局의 意向과 日主의 喜忌를 살피고 밝혀야 한다。

67.

```
戊申
丁巳
丙辰
丁卯
甲辰
壬戌
癸亥
```

丁卯日元이 季春에 生하고 傷官이 申金을 生하여 傷官生財를 이루었다。 그러나 木이 盛하여 土가 虛하므로 學門이 不足하였다。 土傷官이 劫財를 化하여 丙火가 財를 爭奪하지 못한다。 庚申辛酉運에 父親의 事業을 계승하여 巨富가 되었다。

68.

```
丁巳
戊午
己未
庚申
己巳
庚午
辛未
戊辰
丁卯
丙寅
乙丑
甲子
丁酉
```

丙火가 巳午未의 方合을 얻으며 未土이므로 火土傷官生財格이나、 丁火羊刃이 나타나고 局중에 濕氣가 없으니 劫刃이 肆逞하다。 父母가 일찍 죽었으며 運이 東南의 木火地로 行하니 妻、財、子孫이 없었다가 丑運에 이르러 北方濕土이므로 晦火生金하고 暗會金局을 이루니 事業을 하여 財物을 모았다。 七旬에 이르러 二子를 生하고 妾을 언었으며 이어서 甲子癸亥의 北方의 水運에 大財를 획득하여 九旬까지 壽를 누렸다。

◉ 形全者宜損其有餘、 形缺者宜補其不足。

形이 온전한 것은 남아 돌아가는 것은 마땅히 덜어야 하고 形이 부족한 것은 부족한 것을 마땅히 補해야 한다.

[原註] 甲木이 寅卯辰月에 생하고 (如甲木生於寅卯辰月)、丙火가 己午未월에 생하면 (丙火生於巳午未月)、이 모두가 形全이 되는 것이며 (皆爲形全)、戊土가 寅卯辰월에 생하고 (戊土生於寅卯辰月)、庚金이 巳午未月에 生하면 (庚金生於巳午未月)、이는 모두가 形缺이 니 (皆爲形缺) 나머지로 이와같다 (餘倣此)。

[解說] [形全]은 당연히 [損]하고 [形缺]은 당연히 [補]한다는 말은 子平書에서 旺하면 마땅히 洩傷하고 衰하면 幫助를 기뻐한다는 말과 같은 것으로써 命書가 萬卷이라도 이 二句節은 벗어날수 없는 것이다.

[旺] 하는 것을 다루는 法은 食傷으로 洩하는 것과 官殺로 傷하는 두가지 方法이 있으며, [弱] 한것을 다루는 法 두가지는 比劫으로 幫하는 것과 印綬로써 生助하는 두가지 方法이 있으니 [洩傷幫助] 의 四字를 벗어날수 없는 것이다.

洩과 傷은 利로움과 害로움이 각기 있으니 兩字를 나누어서 用으로 삼아야하며, 幫과 助 역시 같다.

日主가 旺相하고 比劫이 많으면서 財官의 氣가 弱할때는 官星이 損傷되므로 이때는 傷해 야 한다.

日主가 旺相하고 比劫이 滿局이면서 財官이 없을때는 氣勢에 順從하여 洩하여야 한다.

日主가 衰弱하고 柱中에서 官殺이 交加되어서 殺의 勢力이 滿盤할때는 印綬가 生助하여 化 하면 吉하다.

-126-

日主가 衰弱하고 財官이 重疊할때 印綬가 와서 도우면 衆財에 印綬가 무너지므로, 이때는 幇하는 比劫이 와서 財星을 去해야한다.

甲木이 寅卯辰月에 生하고 丙火가 巳午未月에 生하면 모두가 形全이라고 하는것은 한쪽에 치우친 理論이다. 木이 寅卯辰月에 生하고 天干에 庚辛이 있고 地支에 申酉가 있으면 形全이라 하여도 日主를 도와야 하며, 火가 巳午未月에 生하고 天干에 壬癸가 나타나고 地支에 亥子가 있으면 이것도 形全이라고 하나 日主를 도와야 한다.

土生이 寅卯辰月에 生하면 形缺이라고 하지만 天干에 丙丁이 나타나고 地支에 巳午가 있으면 形缺이라도 日主를 傷해야 하며, 金이 巳午未月에 生하고 天干에 戊己가 있고 地支에 申酉가 있으면 形缺이라도 日主를 傷해야 한다.

무릇 旺한 가운데 弱이 있고 弱한 가운데 旺이 있으므로 한부분의 理論에 집착하지 말아야 한다.

損하는 것이 당연한 것 같아서 損하면 반대로 害가 되며, 補해야 당연할것 같아서, 補하면 반대로 功이 없는 것이 있으니 자세이 살펴야 한다.

69.

丁丑　己酉
庚戌　戊申
庚子　丁未
甲申　丙午
　　　乙巳
　　　甲辰
　　　癸卯

秋金은 銳利하고 官星은 虛脫하나 戌庫에 通根하므로 버릴수 없다。初年의 土金運은 晦火生金되므로 凶하였고、이어서 丙午、丁未運에는 官星을 도우므로 家業을 일으켰으며 乙巳運에 더욱 발전하였다。傷한 즉 功이 있다。

70.

戊申
壬戌
庚申
乙酉

癸亥
甲子
乙丑
丙寅
丁卯
戊辰
己巳

乙이 庚에 從化하고 地支는 申酉戌方合을 이루었다、權이 一人에 있으니 强勢에 따른다. 壬水가 있으나 戊土가 緊剋하여 吐秀함이 미흡하다. 初運의 癸亥甲子는 氣勢에 順하니 安樂하였고、이어서 丙寅運은 旺神을 犯하니 衣食이 궁핍할 정도로 망하여 自殺하였다. 소위 洩하면 有益하며 傷한즉 害가 있음이다.

71.

庚申
辛巳
丙辰
乙未

壬午
癸未
甲申
乙酉
丙戌
丁亥
戊子

俗論에는 丙火가 巳月에 生하여 月令을 얻었음으로 財를 用神으로 한다고 하였다. 그러나 庚辛이 重疊하고 뿌리가 군세다. 그리하여 印綬가 傷함을 알수 있다. 運이 甲申乙酉에 이르렀을때 金이 地를 얻으니 파란이 있었다. 이어서 丙戌丁運에는 家業이 일어났으니 이것은 財多身弱으로 幇助하는 功이 있음이다.

72.

壬辰
丙午
癸丑
壬子

甲寅
乙卯
丙辰
丁巳
戊午
己未
庚申

官星이 滿局하여 日主가 孤弱한데 食傷까지 본다. 丑辰은 濕土로써 水를 막는데 力量이 부족하다. 初年의 甲寅乙卯運은 殺을 化하고 身을 生하므로 財業이 넉넉하였다가 丙辰運에 官殺의 水가 回剋하여 妻子를 刑剋하였다. 그리고 家業으로 점점 기울다가 申運에 殺局을 이루어 功擊하니 죽었다. 소위 助하면 吉하며 幇하면 반대로 害가 되는 것이다.

一、 方局上

◉ 方是方兮局是局、 方要得方莫混局。

방은 방으로 하고 국은 국으로 하는 것이며、 방은 반드시 국을 얻어야하며、 혼국은 하지 말아야 한다.

[原註] 寅卯辰은 동방이며 亥卯未의 木局이 더 있으면 （寅卯辰東方也、 搭一亥或卯未）、 太過할 것이니 （則太過） 어찌 혼국이라고 아니 하리오 （豈不爲混局哉）。

[解說] 十二支에서 寅卯辰은 東方이며 巳午未는 南方이며 申酉戌은 西方이고 亥子丑은 北方으로 하는 것이며 三字가 全部 갖추어졌으면 方이 된다.

가령 寅卯辰의 方이 있으면 亥卯未의 木局보다 强力하다.

戊日이 寅月을 만나서 方인 三字 （卯辰） 을 얻으면 殺로 보고、 卯月에 生하여 局三字 （亥未） 를 보면 官으로 한다.

己日生은 이와 반대가 되고、 辰月을 만나면 寅卯의 勢를 보아 그 力量의 輕重을 比較하여 官인지 殺인지 分辨한다. 나머지도 이와 같으며、 만약 二字를 보면 해당되지 않는것으로 混方局의 理致를 따지지 말아야 한다.

가령 木方에 亥子를 보면 生旺의 神으로 하고 未字를 보면 身이 剋하므로 財가 되는 것이나 木의 根이 잠재하였기 때문에 三合木局으로 用이 되기도 한다.

따라서 用을 하기에는 局은 쓰임이 많으나 方의 쓰임은 狹小함을 알수 있다.

方으로 論하지 않을때는 별도로 달리 窮理해야 함을 알아야 한다.

甲寅
己巳
戊辰

木方에 未가 있어서 混局方이 됐다. 그러나 未字가 없었으면 日主는 虚脱

丁卯
辛未
壬申

하였을 것이다. 天干에 甲木이 나타나서 殺이 되므로 官格으로 論하지 않는다. 未字에 日主의 氣가 通根되어 身과 殺이 均停되므로 各利雙輝하였다.

己未
癸酉
甲戌

方에 局이 混이라도 害가 없는 것이다.

丙辰
壬辰
辛卯

地支가 東方이며 火明木秀에 제일 기쁜것은 丙火가 庚金을 緊尅하여 탁함을 해소한 것이다. 春初의 연약한 木이 亥의 生을 언었다. 爲人이 風流을

庚寅
癸巳
甲午

알고 學門도 깊었다. 巳運에 입궐하여 이름이 높았고 午運에 寅과 拱合하

乙卯
乙未
丙申

여 用神을 도우므로 富貴를 누렸다가 酉運에 忌神이 得地하고 東方을 冲破

丁亥
丁酉

하므로 잘못을 저질러 落職하였다. 만약 亥水가 化하지 않았더라면 大凶

을 만났을 것이다.

◉ 局混方兮有純疵、行運喜南或喜北。

국이 방과 섞이면 순수한 흠이 있는 것이며 운이 남쪽으로 가는것을 좋아하고 或은 북쪽으로 가도 기뻐한다.

〔原註〕亥卯未 木局에 寅이나 辰이 있으면 太强하며 (亥卯未木局混一寅辰則太强) 南北으로 行하면 (行運南北) 순수한 힘이 되여 (則有純疵) 함께 이로움을 갖는 것이 不能하다 (不能俱利)。

〔解說〕地支가 三合을 이루면 局이 된다。 亥卯未의 木局, 寅午戌의 火局, 巳酉丑의 金局、申子辰의 水局等이며 모두 生地와 旺地와 그리고 墓地 모여서 一氣가 始作하고 끝난다。

柱內에서 이 三字가 合勢하면 吉凶의 凶이 比較的 크다。또 二支를 取함에 있어서 旺地를 위주로 하니 亥卯나 卯未를 말하며、亥未는 그 이 弱하다。

무릇 會合하면 冲을 꺼리는 것으로 亥卯未의 木局에 酉나 丑의 字가 섞여 있음을 말한다。

冲神이 緊貼하여 있으면 局이 破하나 三字의 밖에 있으면 會局이 됐는지 損局이 됐는가를 兼하여 論한다。

二支의 會合은 서로 가까이 있는 것이 妙하며、他字가 사이에 있으면 作用이 無力하고 冲을 만나면 破滅된다。

局이 方이 섞이면 순수한 흠이 있다는 말은 方은 반드시 方을 얻어야 하며 混局되지 않아야 하는것과 비슷하나 理致를 窮究해오면 역시 害는 없다。

行運을 南北으로 나누어 말하는 것은 모름지기 局중의 意向을 보고 用神을 取할것이다。

가령 木局에 日主가 甲乙이고 四柱가 純木이면서 다른 字의 混雜이 안되고、行運이 南으로 가면 秀氣가 流行할 것이다。

行運이 北으로 가면 强神을 다시 生助하므로 病될것이 없으나 或 干支에 火가 있어 吐秀

하고 있을때 行運이 南方이면 名利가 있으나 運이 北方이면 凶災가 있을 것이다. 木論이 이

와같으니 나머지로 알것이다.

75.

甲寅
乙亥
乙卯
癸未

丙子
丁丑
戊寅
己卯
庚辰
辛巳
壬午
癸未

全部木局이다. 寅字가 섞여있고 金이 없으니 從強格이다. 一方의 秀氣로 되어있으며, 勢에 從한다. 少年에 科甲하여 벼슬길에 나아가 發展하다가 癸水가 있어서 壬午 癸未運에 벼슬이 잇달아 올라 觀察使에 올랐다. 이것을 보면 木局의 從強格은 南北運은 모두 利롭지만, 오직 西方의 金運만은 꺼린다.

76.

甲寅
丁卯
乙未
丁亥

戊辰
己巳
庚午
辛未
壬申
癸酉
甲戌

木局에 寅字가 섞여 있다. 食神의 丁火를 取하여 用神으로 하므로 前造와 같은 從強格이 아니다. 巳運에 丁火가 旺에 臨하므로 과거에 합격하여 벼슬길이 나아갔으며 庚午辛未運 역시 南方으로 金의 敗地이기 때문에 體用이 傷하지 않는다. 그러므로 壬申運은 木火가 모두 傷하였기 때문 甲戌에 軍중에서 죽었다. 前造는 從強格으로 南北이 모두 利롭고, 이 造는 西北 이 害로움을 알수 있다. 이와같이 兩造를 보면은 局에 方이 섞여도 害가

없음을 알것이다.

行路가 金運을 만나도 水가 金을 引化하고 水는 木을 生하므로 凶을 만나도 풀리는 것이다.

火가 있고 水를 보거나 火가 없고 金을 보면 이것을 干頭反覆이라 한다. 行運에서 土를 만나서 水를 그치게 하거나 火를 만나서 微金을 去하면 吉하다.

가령 日干이 土이고 다른 天干에 火를 얻으면 相生하는 故로 不反覆하고 水를 보면 强神을 生助하므로 反覆이 되는 것이다.

化하면 德이 있을뿐 아니라 全體가 順하게 流行하니 다른것도 이와같다.

77.

甲寅
丁卯
戊辰
癸亥
己巳 庚午 辛未 壬申 癸酉 甲戌 乙亥

方局이 함께 있고 月干에 丁火가 나타나서 菁英을 發洩하는 妙함이 있다. 그러나 아까운것은 時干에 癸水가 나타나 亥支에 通根하고 있다. 그래서 丁火의 秀氣를 傷하여 「干頭反覆」이 된것이다. 一生에 한가지로 成就하지 못하고 가난에 자식도 없었다. 만약 癸水가 火土의 一字가 바뀌었다면 各利가 모두 있었을 것이다.

78.

丁卯
甲辰
甲寅
乙亥
癸卯 壬寅 辛丑 庚子 己亥 戊戌 丁酉

方局이 함께 있고 干頭에 丁火가 있어 秀氣를 流行시키고 前造와는 달리 干頭에 水가 없어서 反覆됨이 없다. 州牧에 이르렀고 자식도 많았다. 仁慈하고 品行도 단정하고 壽로 八旬에 이르렀다. 性品이 소위 木主는 仁이며 仁者는 壽이기에 曲直印壽格이다.

● 成方干透一元神、生地庫地皆非福。

方을 이루었는데、天干에 한 元神이 나타나면 생지이건 고지이건 모두 福이 될수 없다。

[原註] 寅卯辰이 모두 있는데 (寅卯辰全者)、日主가 甲乙木이고 (日主甲乙木) 또 원신이 나타나고 (則透出元神)、생지인 亥와 고지인 未를 얻으면 (又遇亥之生、未之庫)、발복할수 없는 것이요 (決不發福)。오직 火운으로 가는 것만이 좋다 (惟純一火運略好)。

[解說] 方을 이루었는데 干에 元神이 나타난것이란 日主가 方의 氣와 하나가 됨을 이르는 말이다。

木方에 日主가 木이거나、火方에 日主가 火가 되는 것으로 즉 元神이 나타난 것이다。生地이건 庫地이건 모두 福이 안된다는 말은 身旺한데 다시 도우면 마땅치 않다는 것이다。그러나 그 勢力을 보는 것이 重要하니 하나의 例를 보아서 推命하는 것은 不可하다。

元神이 나타나고 方을 이루었다면 旺함을 알수 있는 것으로 다시 生地 庫地로 가면 方을 幫助하기 때문에 마땅치 않다는 것이다。그러나 天干에 財官이 섞이지 않고 劫刃이 있으면 從强格이 되니 生地나 庫地라도 發福할수 있다。火運을 만나도 秀氣流行하여 名利를 成就할 수 있다。

年月時干에 財官의 氣가 없고 다시 行運이 生地 庫地運으로 가면 發福도 못할뿐아니라、刑 耗가 많을 것이다。

79.

戊寅
乙卯
丙辰

方을 이루었는데 干에 元神이 나타났다。四柱에 金水가 不雜하지않고 丁火

80.

丁巳
戊午
己未
甲申

庚申
辛酉

丁巳가 吐秀하여 純粹하다。 初中年의 火土運에 鄕榜에 올라 명성이 높았다。 아까운것은 木多火熾로써 火의 洩하는 힘이 不足하다。 庚申運에는 禍를 免하기가 어려웠다。 만약 丙寅時를 만났다면 과거에 합격하여 벼슬로 높았을 것이며 庚申運도 丙火가 足히 대적하여 大凶은 피하였을 것이다。

丙寅
甲辰
丙辰
癸卯

己酉
庚戌
辛亥
壬子
癸丑
甲寅
乙卯

提綱에 財가 旺하고 丙火食神이 生하여 도우고 있다。 財星이 用神이며 丙이 喜神이고 癸水는 忌神이 된다。 身旺用財格으로 遺業이 풍부하였으나 初年水木運에 모두 敗亡하였다。 辛亥運에 이르러 火가 絕이되고 木은 生이되며 水는 旺에 臨하니 굶주림 끝에 얼어죽었다。

이것을 보면 方을 이루었는가 局을 이루었는가를 論하지 않고、 반드시 먼저 財官의 勢力을 살필것이다。 만약 提綱에 財가 旺하면 財가 用神이며 或은 官을 얻고 財가 도우면 官이 用神이 된다。 가령 財가 月支에 通하지 않고 官이 旺한 財의 生이 없으면 반드시 적은것을 버리고 무리를 따라야 한다。

◉ 成局干透一官星、左邊右邊空碌碌。

국을 이루었는데 한 관성이 천간에 나타나면 左거나 右거나 용렬하고 빌것이다。

[原註] 甲乙日에 亥卯未가 모두 있고 (甲乙日遇亥卯未全者), 庚辛金이 나타나면 木의 官星이며 (庚辛乃木之官也), 또 寅이나 辰을 보면 (又見左辰右寅) 명리의 성취함이 없다 (則名利無成). 자세히 例를 보이니 (詳例自見) 甲乙日에 庚辛을 만나더라도 成功함이 없다 (甲乙日單遇庚辛 則亦無成).

[解說] 地支에서 木이 會局하였을 때 日主가 木이면 木局이 된다. 이때 他干頭에 庚辛戊己等의 財官이 나타나면 氣가 없어서 虛脫하므로 地支중에서 申、酉、丑、等이 있어야 財官이 通氣하니 貴命에 이른다.

그런데 반대로 申、酉、丑、等이 없고 寅、辰等의 木方을 다시 본다면 木勢는 크게 盛하니 반대로 金氣는 더욱 衰弱하여 진다. 이러면 終身토록 空碌한 것이며 名利도 이루지 못한다.

이때 柱중에 食傷이 있고 歲運에서 官殺을 去하면 名利가 發福한다. 다른 局도 이와같이 論하라.

81.

庚寅
辛卯
乙未
丁亥

乙木日主에 亥卯未三合이 있으므로 木勢가 旺盛하여 金氣가 虛脫하다. 제일 기쁜것은 時에 나타난 丁火가 殺을 制하여 用神이 된다. 初年 土金運은 노력한 만큼의 성과가 없다가 丁亥運에 木을 生하고 殺을 制하니 軍에서 功을 세워 縣佐에 올랐고 丙戌運에 丁을 도우고 辛을 剋하니 縣令에 올랐다.

소위 [强衆而敵寡는 勢在去其寡라] 하였으니 이것은 殺이 旺해서 制하는 것는과 다른 것이다. 酉運에 金이 祿旺을 만나서 木局을 冲破하므로 不祿하였다.

82.

庚寅
乙未
辛未
辛未

乙木이 三合局이 되지 않았으나, 寅時가 亥時와 比較하면 力量이 倍나 크다。

83.

己卯
乙酉
戊戌
乙亥

이 象을 보면 三土에다 兩金으로 財가 旺殺을 生하는 것같이 보이나, 提綱의 卯가 旺하고 地支는 모두 木의 根이며 金의 生地가 아니다. 初年의 土金의 鄕에 家業이 풍족하였으나 이어서 丁亥運에 殺을 制하고 會合하므로 妻子를 刑剋하고 犯法者로써 이름을 날리고 우울 끝에 죽었다。

庚寅
己卯
辛巳
庚辰

木局에 官星이 나타났으나 左右가 모두 空虛하며 四柱에 한가지로 情이 없다. 財를 用한즉 劫局으로 化하고 官을 用한즉 絕에 臨하니 用神이 없을 자리가 없다. 위인이 왜소하고 변덕이 많았으며, 家業이 기울어져 工夫도 中斷하고 醫術을 배웠으나 끝까지 마치지 못하고 其他의 雜術로 전전하다가 한가지로 성취하지 못하고 중이 되었다。

一、八格

◉ 正財、偏財、正官、偏官、正印、偏印、食神、傷官是也。

財官印綬 分偏正、兼論食傷八格定。

팔격은 정재 편재 정관 편관 정인 편인 식신 상관격을 말한다。

재관인수는 偏과 正으로 나누고 아울러 食神 傷官을 합하여 팔격이라 한다.

[原註] 形象氣局외의 것을 말하는 것으로서 (自形象局之外) 、이 팔격은 격의 으뜸으로 하는 것이다 (而格爲最)。 격의 眞은 (格之眞者) 月支의 신이 天干에 나타난 것으로 한다 (月支之神透出天干支)。 천간이 산란하면 (以散亂之天干) 、제강에 속에 있는 다른신을 찾으면 (而尋其得所附於提網) 格이 다르다 (非格也)。 팔격외에 곡직오격도 모두 격으로 한다 (自八格之外若曲直五格皆爲格)。 방국과 기상은 격으로 말하지 않고 (方局氣象定之者 不可言格也) 、오격의 외에 비천록마나 합록격은 비록 격이나 (五格之外 飛天合祿雖爲格) 、파、해、형、충을 논함은 가하나 (而可以破害刑冲論之者) 격으로 말함은 불가하다 (亦不可言格也)。

[解說] 八格은 命中의 바른 理致다。 먼저 月令에 어떠한 支가 있는가를 보고、다음에는 天干에 어떠한 神이 나타났는가를 보아 可命의 眞假를 안후 用神을 取해야 한다。 그리고 清과 濁을 보는것이 바른길에 이르는 順理다。

만약 月에 祿이나 刃을 만나면 格을 取할것이 없을 것이다。 이때는 日主의 喜忌를 살피고 다른 支를 찾아서 天干에 나타난 神을 借用해야 한다。 그리고 格局에는 [正]과 [變]이 있다.

[正] 이란 五行의 常禮를 兼하는 것으로 一官印格、一財官格、一殺印格、一財殺格、一食神制殺格、一食神生財格、一傷官佩印格、一傷官生財格 等을 말하는 것이며、[變]이란 五行이 氣勢를 따르는 것으로 一從財一從官殺、一從食傷、一從强、一從弱、一從勢、一行氣得

格、一、兩氣成象格等 그밖에 여러격이 많다。

내가 여러책을 살펴보건데、五行의 바른 理致에 따르지 않고 謬談에 속하는 것들이 많다。

妙하게 선정하여 定하였으니 寄格、異局、納音諸法은 더욱 옳은 길이 아니므로、잘못알고 잘못 말한 것이다。

唐宋이래 지은것이 많았으나 모두 虛妄된 理論이며 吉凶 神殺을 어느누가 만들었는지 알지 못하겠고、이것들은 모두 應驗함이 없었다。生剋制化의 理致가 없는 吉凶神殺은 한마디로 蔽한다。

壬辰日이 壬騎龍背格이라면 壬寅日은 壬騎虎背格이 되고 壬午、壬申、壬戌、壬子는 騎猴、馬、犬、鼠、背가 아니되겠는가？또 辛日에 子時를 만나면 소위 六陰朝陽格이라는데 五陰은 모두 陰인데、홀로 辛金만 朝陽이 된다면 나머지 干은 왜 朝陽이 아니되는가？ 子內의 體는 陽이고 用은 陰이며 子중의 癸水는 六陰인데 어째서 陽이라고 하는가！또 貴格은 모두 時支에만 있는것으로 되어 있는데、他支에는 貴가 없다는 말인가！ 모두 그릇된 分辨으로 잘못알고 말하는 것이다。기타外도 많으나 모두 잘못된 것이니 學者는 세밀히 살피기 바라며 잘못된 책에 惑하지 말기 바란다。

84.
庚辰
乙酉
丙戌
癸未
丁亥

甲甲

地支의 三未에 乙木이 通根하고 兩癸水가 干에 나타나서 三伏의 더위를 식히면서 가까이서 日干을 生한다。

官星이 홀로 나타나서 깨끗하며 癸水가 土를 潤澤하게 하여 金을 養育하므

戊子
乙未

己丑

庚寅
癸未

庚寅으로 生化不悖하며 財도 旺하여 官을 生하니 中和純粹한 命이다. 과거에 합격하여 벼슬이 높았다.

85.

己丑
辛未
庚午
己巳
壬申
戊辰
丁未
丁卯
丙午
乙酉
丙寅
乙丑

前造는 官星이 淸하여 富貴하였으나 이 造는 困窮하였다. 이유는 印星이 없을뿐아니라 官星이 가까이서 剋하고 있는것이다. 午未에 祿과 餘氣를 얻었으나 丑중의 水가 午未의 火를 暗傷하고 天干의 壬水는 生을 만나 丙火를 剋한다. 다시 嫌惡한것은 己土가 나타났으나 水를 制하기가 不能하고 반대로 火를 洩하여 어둡게 한다. 中年의 土運에 火가 洩되어 剋洩이 交加한다. 이것을 窮究하면 己丑의 兩字 功名도 이루지 못하고 損財 또한 많았으며 妻子도 剋하였다. 탓이다. 그러나 順正하므로 氣象은 깨끗하였으며 木火運에는 다소 發展이 있을 것이다.

86.

癸未
甲寅
癸丑
乙卯
壬子
丙午
辛亥
辛卯
庚戌
戊申
己酉

官은 淸하고 印은 正하다. 기쁜것은 卯未의 拱合으로 格이 純粹하여 爲人이 人品이 높고 才華가 탁월하고 文望이 높았다. 아까운 것은 印星이 많아서 官星이 洩당하고 있다. 神은 有餘하고 精은 不足하다. 功名이 어찌정 하고 뜻을 펼치지 못하였으나 格局이 깨끗하여 大才小用으로 이름만 깨끗하게 높았을 뿐이다.

辛卯
甲午
癸卯
壬戌

乙未
癸巳
辛卯
庚寅

丙申
壬辰
己丑

印綬格으로 辛金이 用神이며 丙火가 病神이고、壬水가 藥神이 된다。秋水가

通源하며 中和純粹하다。

癸巳運에 이르러 金水가 生을 만나 도움을 얻으므로 벼슬길에 올랐고、壬辰

運은 病藥이 相濟하니 郡守에 올랐다。辛卯庚寅運은 金이 蓋頭하여 寅卯木

이 火를 生하지 못하므로 名利兩全하였다。

乙未
甲午
癸巳
辛卯

丙申
壬辰
庚寅
己丑

申金이 用神이며 丙火가 病神이다。前造와 다른 것은 寅字만 바뀌어져 있

다。그래서 病은 있고 藥은 없으니 오히려 病만 生할 뿐이다。前造는 名利

兩全하였지만 이 造는 토끼가 나무에 부딪쳐 죽기만을 기다리는 象이다。또

嫌惡하는 것은 寅申의 遙冲으로 卯木이 生助하니 반대로 印綬가 傷한다。木

旺 金缺의 理致이며 月建은 六親의 자리이니 六親이 흩어지고 財物도 없어

졌다。壬運은 病을 없애고 身을 도우니 財物이 조금 넉넉하였고 辛卯庚寅運은 木方으로 金

의 根이 없어서 家業은 小康하였으나 功名은 별발전이 없었다。

그러나 格이 바르고 印星이 秉令하는 故로 元龍의 氣象에 포부가 컸으며 詩文에 能하고

文章에나 글씨 또한 이름이 높았다。

이것을 보면 格局의 한부분을 집어서 論함은 不可한 것이다。財官印綬格等에 얽메이지 말

고 또 日主에도 메이지 않고 「旺則宜抑이며 衰則宜扶」하는 것을 원칙으로 한다。

印이 旺하여 官을 洩하면 마땅히 財星을 要하고 印이 衰하고 財를 만나면、당연히 比劫이 있어야 하니 이것은 不易의 法이다.

◉ 影響遙繫旣爲虛、雜氣財官不可拘.

그림자와 소리가 멀리메어 있는것은 이미 空虛한 것이며 잡기재관을 고집함은 불가하다.

[原註] 비천합록의 종류는 (飛天合祿之類) 멀리메여있는 그림자와 소리의 울림과 같아서 격이 될수 없다 (固爲影響遙繫而非格矣)。가령 四季月生人은 土의 격으로 당연히 취할 것이요 (如四季月生人、只當取土爲格)、잡기재관으로 말하는 것은 불가하다 (不可言雜氣財官)。

戊己日生이 四季月에 생한자는 (戊己日生於四季月者) 그 人元이 천간에 나타난 것을 보아 (當看人元透出天干者) 格을 취하는 것이며 (取格)、잡기재관으로 논하는 것은 불가하다 (不可槪以雜氣財官論之)。월령에 건록과 겁재와 양인이 있으면 (至於建祿月劫羊刃)、월령중의 人元이 천간에 나타난것으로 보아 格을 취할것이며 (亦當看月令中人元透於天干者取格)、만약 기상형국이 불합하면 (若不合氣象形局)、無格인 것이며 (則又無格矣)、다만 용신을 취한다 (只取用神)。용신을 또 취할것이 없으면 (用神又無所取) 그 대세의 皮面上을 보아 (只得看其大勢以皮面上) 궁구하여 판단할 것이며 (斷其窮通)、격을 잡아서 논하는 것은 불가하다 (不可執格論也)。

[解說] [影響遙繫]는 暗冲暗合의 格을 말한다. 俗書에서는 소위 飛天祿馬格을 가르키는 것이다.

가령 丙午日에 支에 모두 三個의 午가 있거나、 癸酉日에 支에 三個의 酉를 만나서 冲이나 合을 되는 것을 取한 것이다。 午을 去하는 暗冲의 子가 官이 되며 酉를 去하는 暗合한 辰土가 官이 된다。

또 冲財格과 合財格이 있는 것인데、 가령 壬子日에 支에 三個의 子가 있는것으로써 暗冲한 午火가 財가 되며、 乙卯日에 支에 卯가 三個있는 것으로써 戌土를 暗合하여 財가 되는 것을 말한다。

또 四柱에 먼저 바라는 것은 財官을 보지 않아야 眞格이라고 한다。

冲合이 可하다고 하는것인데、 무릇 冲이란 散破되는 뜻이 있으며 合은 化가 되는데 어찌 用神이 될것인가?

四柱에는 원래 財官이 있으면 冲合이 마땅히 않으며 財官이 없어야 한다는 것은、 잘못된 것으로 앞서의 諸格들은 모두 理致에 맞지 않는 것들이다。 辰戌丑未가 三干을 所藏하고 있어서 雜氣財官格도 晝蛇添足이라 아니할수 없다。

雜氣財官格으로 한다면 寅申巳亥 역시도 三干을 論해야 당연하다。

雜氣財官格은 冲을 기뻐한다고 말하는데、 더욱 깊이 研究하여 보면 그렇지 않다。 가령 甲木이 丑月에 生하면 雜氣財官으로 未冲을 기뻐해야 하는데 이러하면 未중의 丁火가 丑中의 辛金官星을 傷하여 格이 破할것이 아닌가! 나머지도 이와같으니 잘 분별해야 한다。

또 諸書에 記載된 祿四種이 있다。 年에는 背祿이며 月은 建祿이고 日支는 專祿이며 時는 歸祿이라 한다。

이르컨데 建祿은 官을 기뻐하고 時祿은 官을 忌하며 背祿 專祿도 마찬가지라고 한다.

日祿歸時格으로 官星이 없으면 靑雲得路格이라 하지만 자세히 論하면 丙日이 癸巳時를 보거나 辛日이 丁酉時를 만나기만 하면 무조건 벼슬길에 나아간다고 하는것은 잘못된 것이다.

日干의 旺地인 比肩일뿐 食祿인 王家의 祿이 아닌 것이며, 만약 一字의 祿을 格으로 말하면 四柱의 諸神은 모두 없애야할 것이다. 柱中의 祿이 아름답다면 어째서 運에서 祿을 만날때 家業이 亡하고 사람이 죽겠는가? 命은 五行의 理致에 있는 것이다.

格은 五行의 올바름으로 命을 論할때는 格을 취하는 것이며, 五行의 正理를 철저히 窮通하면 夭壽를 自明하게 알것이다. 대체로 格局이 眞實되고 純粹한 것은 百에 한둘에 지나지 않고, 破壞되며 雜氣로 된것은 열에 여덟 아홉이다. 格도 취할수 없는 것도 많으며 用神을 찾을것이 적지아니하다. 格이 바르고 用이 眞實되면서 行運이 不悖하면 名利가 모두 따르며, 格이 破壞되며 用이 損傷되면 소위 病이 있으므로 근심이 많고 樂이 적다.

아울러 行運이 得所하여 破損된것을 去하고 喜用神의 神을 扶助하면 사람이 病을 얻었을때 良藥을 얻어서 生함이니 貴할뿐아니라 富도 누린다.

格을 取할것이 없는것은 用神을 찾을때 用神이 有力하고 行運이 安頓하면 역시 家業을 일으킨다.

格을 취할것이 없거나 用을 찾을것이 없으면, 다만 大勢를 보아서 日主의 바라는 向의 運途가 能히 喜神을 도우고 忌神을 없애면 비록 넉넉치 않으나 飢寒의 患을 免할 것이다.

만약 行運에도 取할것이 없으면 가난하고 賤할 것이며 만약 格이 바르고 用이 眞實되어도

五行이 反悖하면 일생 뜻을 펴기가 어렵다。

89.

己巳　　　　己巳
庚午　　　　戊辰
丙午　　　　丁卯
甲午　　　　丙寅
　　　　　　乙丑
　　　　　　甲子
　　　　　　癸亥

俗論에는 丙午日에 支에 三個의 午가 모두 있고 柱內에 水가 하나도 없으므로 飛天祿馬格이라 하여 名利가 빛난다 하였다。 그러나 이 運는 年中의 己土와 巳中의 庚金元神이 年月의 兩干에 나타났으므로 傷官生財格이 되었다。 初年의 己巳戊辰運은 火를 洩하고 金을 生하니 遺業이 풍족하였다가 丁卯丙寅運은 土金의 喜用神이 모두 傷하여서 양처와 四子를 剋하고 家業도 亡하였다。 이어서 乙丑運은 北方의 濕土로써 晦火生金하고 合化하는 情이 있다。 營業으로 富를 취하여 妻子도 얻어서 家庭이 번창하였다。 甲子癸亥運도 北方의 水地로써 潤土養金하므로 큰 財物을 모았다。 만약 飛天祿馬格으로 論하였다면 水運을 大忌하였을 것이다。

90.

丁卯　　　　壬寅
癸卯　　　　辛丑
乙卯　　　　庚子
己卯　　　　己亥
　　　　　　戊戌
　　　　　　丁酉
　　　　　　丙申

乙卯日에 卯月卯時를 만나니 旺함이 至極하다。 제일 기쁜것은 丁火가 홀로 나타나서 洩함이 精英하나 癸水가 옆에서 剋하므로 秀氣가 傷한다。 그리고 己土가 있으나 絕에 臨하여서 癸水를 去하는 힘이 不足하다。 初中年의 水木運을 만나서 工夫도 中斷하고 波亂도 많아 家業도 점점 기울다가 戊戌丁酉運을 만나서 喜用神이 生旺을 만나므로 經營이 잘되어 巨富가 되었다。 만약 飛天祿馬格으로 論하였다면 戊戌運의 財運에 크게 破할것이 아닌가！

丁未
癸丑
甲辰
甲戌
壬子
辛亥
庚戌
己酉
戊申
丁未
丙午

地支에 全部 四庫로써 冲을 만났다. 俗論에는 雜氣財官格이나 丑未의 冲으로 未中의 丁火에 丑중의 辛金이 傷하였다. 日主가 辰의 餘氣에 根이 通하였으나 戌의 冲으로 微弱한 根이 뽑힌것이 嫌惡스럽다. 財가 많아서 身이 弱하며 土가 冲旺하므로 癸水가 다친다. 初年의 壬子辛亥는 水의 旺地이므로 先祖의 遺業으로 安樂하였다가 庚戌運은 財殺이 並旺하여 父母가 죽고 妻子 역시 剋하였다. 己酉戊申運은 土가 蓋頭하여서 金이 水를 生하기가 不能하다. 家業이 망하고 자식도 없었다.

92.

壬子
辛亥
癸丑
庚戌
甲子
己酉
甲午
戊申
辛未
丁未
丙午

甲子日元이 丑月에 生하고 地支는 北方이다. 天干 辛癸의 元神인 官印이 發路하여 丁火를 剋去한다. 水勢가 旺하나 丑未의 冲이 遙隔되어서 丑의 冲이 不能하므로 正히 中和의 象을 얻었다. 그래서 土金水運이 모두 生化의 情은 있으나 格局이 차가운게 흠으로 學者로써 名聲은 있었으나 벼슬길은 뛰어나지 못하였다. 墓庫가 冲을 만나면 반드시 發達한는 것은 그릇된 말이다.

一、 體 用

◉ 道有體用 不可以一端論也、 要在扶之抑之得其宜。

도에는 체용이 있으니 한부분을 잡아서 논함을 불가하고 그 마땅함을 얻는데는 扶하고

抑하는데 있는 것이다.

[原註] 일주로써 체로 하면 제강이 용이 되며 (有以日主爲體提綱爲用) 일주가 왕하면 제강

의 食神 財官은 나의 用이 된다 (日主旺則提綱之食神財官皆爲我用)。 일주가 약하면 身을

도우는 神이 제강에 있어 (日主弱則提綱有物封身) 강신을 억제하면 (以制其强神者)、 나의

용이 된다 (亦爲我用)。 제강이 체이고 (提綱爲體)、 희신이 용이 되는것은 (喜神爲用者

일주의 용이 제강에 없기 때문이다 (日主不能乎提綱矣)。 제강에서 식신재관이 태왕하면

(提綱食神財官太旺)、 年月時上의 인수나 비겁을 취하여 희신으로 하고 (則取年月時上印比

爲喜神)、 제강에 印比이 태왕하면 (提綱印比太旺)、 年月時上에 식신재관을 취하여 (則取

年月時上食神財官) 희신으로 용한다 (爲喜神而用之)。 이 두가지 法은 체용의 正法이다 (此

二者乃體用之正法也)。 사주로써 체로하고 (有以四柱爲體)、 암신으로 용하면 (暗神爲用者

반드시 사주에 함께 용으로 쓸수 없을때이니 (必四柱俱無可用) 방편으로 암충이나 암합의

신을 취한다 (方取暗沖暗合之神)。 사주를 체로 하고 (有而四柱有體)、 化神

을 用으로 하고 (化神爲用)、 四柱에 合神이 있으면 (四柱有合神)、 사주를 체로하고 (卽以

四柱爲體)、 化合神이 可用일때 用이 된다 (而以化合之神可用者爲用)。 化神으로써 체로하고

（有以化神有體）、사주중에서 化神이 상생거거나 상극하면 용신을 취하는 것이다 （以四柱中

與化神相生相剋者、取而爲用）。

사주로써 체로하면 （有以四柱爲體）、세운이 용이며 （歲運爲用）、희신이 체이면 희신을

輔하는 것이 용이되며 （有以喜神爲體、輔喜神之神爲用）、희신 스스로 용이 될수 없으며 （所

喜之神、不能自用）、체용을 輔하는 것이 희신이다 （以爲體用輔喜之神）。格象을 체로 하고

（有以格象爲體）、일주를 용할때는 （日主爲用者）八格氣象및 暗神 化神 忌神 客神이 모두

한개의 체단을 이루어 （須八格氣象及暗神化神忌神客神皆成一個體段）一面의 格象이 天干에

나타나지 아니한 때이다 （若是一面格象與日主無干者）。혹은 일주를 상극함이 태과하고 （或

傷剋日主太過）、혹은 일주를 방부함이 태과하면 （或扶日主太過）、중간에서 체용이 되는

것을 분변하여 찾음이 중요하며 （中間要尋體用分辨處）、형적이 없더라도 （又無形迹）다만

用을 얻어 일주가 스스로 없어지고 （只得用日主自去）희신을 이끌어 생할때 （引生喜神）한

활로에서 用神을 별도로 구할 것이다. （別求一箇活路爲用矣）일주를 용하여 용이 체보다 과

할때에 （有以日主爲用、有用過於體者）가령 식재를 용하여 식신재관이 은복되어 盡行하여 （

如用食財而財官、食神盡行隱伏）크게 發하여 浮泛할때는 （及太發露浮泛者）、비록 아름다우

나 역시 과도한 것이다. （雖美亦過度矣）

또 용을 세우고 체로 행하면 （有用立而體行者）、체를 세우고 용으로 행할때가 있으니 （

有體立而用行者）、이것은 올바른 체용의 이치인 것이다 （正體用之理也）。가령 용신이 유행

의 지로 가지않고 （如用神不行於流行之地）、또 체의 운을 생조하는 곳으로 가면 묘하지 않

다 (且又行助體之運不妙)。 체와 용이 각각 달리 있을때가 있고 (有體用各立者)、 體用이 모

두 旺하여 승부를 나눌수 없을때와 (體用皆旺、 不分勝負) 運으로 行할때 上下의 輕重이 없으

면 各立한다 (行運又無輕重上下、 則各立)。 체용이 모두 滯한 것이란 (有體用俱滯者) 가령

木火가 함께 왕하여 (如木火俱旺) 金土를 만나지 않으면 모두 滯가 되니 (不過金土則俱滯)

한부분만을 잡고 논하는 것은 불가하다 (不可一端定也)。 그러나 體用의 쓰임과 用神의 쓰임

과는 분별이 있다 (然體用之用、 與用神之用有分別)。 만약 체용의 쓰임을 용신으로 한다면

역시 불가하며 (若以然體用之用 爲用神固不可)、 이로써 달리 별도에서 용신을 구하는것 역

시 불가하다 (金此以別求用神又不可)。 다만 중요한 것은 체용의 眞을 찾는것과 (只要斟酌

體用眞了) 용신을 취하는것이 긴요하다 (於此取緊要爲用神)。 二、三、 四個의 用神은 묘한

造가 아니다 (而二三四五需用神者、 的非妙造)。 모름지기 억양과 경중을 보고 (須抑揚其重

輕) 有餘와 不足을 살펴라 (毋便有餘不足)。

[解說] 體란 形象氣局을 말하나 形象氣局이 안되면 日主의 體의 用이 用神이 되며 體用

外의 별도의 用神은 그릇된 것이다。

原註에는 體用과 用神의 分別이 있다고 하나 詳細하게 記載하지 않아서 모호하며 體用을

除하고 별도로 用神을 求할수 없다는 것을 가히 알수 있다。

本文의 末句에 「扶之抑之得其宜」란 體用의 쓰임이 나타난 것으로 用神을 말함이 틀림없

다。

旺하면 抑하고 弱하면 扶하는 것은 비록 不易의 法이나 不易 가운데 變易이 있으므로

〔得其宜〕의 三字를 잘 審察하여야 한다.

旺한즉 抑해야 하나 가령 抑이 不可할때는 反對로 扶할때가 있으며, 弱한즉 扶해야 하나

가령 扶가 불가할때는 反對로 抑할때가 있다.

이것은 命理의 眞機이며 五行이 顚倒하여 쓰이는 妙함이다.

旺이 極한 것을 抑하면 반대로 激動하니 害가 되므로 이때는 弱에 從하여 生扶해야 한다.

弱이 極한것을 扶하면 生助하는 功이 없으니 이때는 强에 從하여 抑해야 順理이다. 그래서

한부분만을 論한 것은 不可하다.

日主가 旺하면 提綱의 官、財、食傷은 모두 用神이 될수 있으며 日主가 衰할때는 별도의

干支에서 幫身하는 것이 用神이 된다. 提綱에 祿刃이 있으면 提綱이 體가 되어서 四柱干支

의 大勢를 보아 食神、財、官 중에서 用神을 찾을 것이다. 그리고 四柱干支에서 財殺이 過

旺하면 日主는 旺이 弱으로 變하여 진다.

이때는 幫身하거나 財殺을 制化하는 것을 찾아서 用으로 한다.

日主가 體로 될때는 日主가 旺하고 印綬가 많으면 財星이 用이 되며 日主가 旺하고 官殺

이 輕하면 財星이 用이요、日主가 旺하고 比劫이 많은데 財星이 없거나 있어도 無力하면 食

傷이 用이 되며、日主가 旺하고 官星이 輕한데 印綬가 旺하면 財星이 用이며、日主가 弱하

고 官殺이 旺하면 印綬가 用이며、日主가 弱하고 食傷이 많으면 印綬가 用이며、日主가 弱

하고 財星이 重하면 比劫이 用이며、日主가 弱하고 財官이 旺할때는 幫助하거나 制化하는

것을 찾아서 用해야 하고、日主와 官殺이 比等할때는 食傷이 用이며、日主와 財星이 比等할

때는 印比가 用이며、日主가 無力하고 他干과 合됨이 있으면 合化格이 되어 合化된 五行이

體가 되고、合化된 體가 旺盛하면 食傷이 用이요、合化된 體가 不足하면 化神을 生助하는

것이 用神이 된다。 局方의 曲直五格은 日主가 元神인 즉 格象이 體다。 體을 生助하는 것

이 用神이며 或은 食傷도 用이 될수 있고 財도 될수 있다。

다만 官殺만 마땅치 않으니 總論하면 格局氣勢의 뜻하는 것에 따라 用神을 잡을것이니

한쪽에 집착하지 말아야 한다。

가령 無格이나 無局에 用神마저도 取할것이 없고、或 取할것이 있는데 閑神이 合柱하거나、

冲神이 損傷을 입히거나 或은 忌神이 劫占하거나、或은 客神이 阻隔하거나、用神도 日主를

도울수 없고 日主도 用神을 도울수 없은 때는、歲運에서 合神을 破하거나 冲神을 合하거나

劫占을 制하거나 阻隔된 것을 通關하면 이것은 소위 歲運이 安頓하는 것이다。 따라서 歲運

에서 用神을 取하여 吉이 된다。

原註에 이르기를 二、三、四、五의 用神은 妙造가 아니라고 하였는데 이 說은 크게 그릇

된 것이다。 이말은 八字에서 四、五個의 用神은 없으며 用이란 日主의 쓰임으로 많으면 用

神이 될수 없다。

用神은 日主가 기뻐하는 것으로 始終 의지하는 神이며 用神 忌神 喜神 외에는 모두 閑神、

客神이다。

대체로 天干은 生한즉 生하며 剋한즉 剋이되며、合한즉 合이 되고 冲한즉 冲이 되어 쉽게

取할수 있지만 地支에서의 用神은 같은 種類이면서 같지아니 하므로 天干은 쉽게 볼수 있고

地支는 推理하기 어려운 것으로 學者는 審察하여야 한다.

93.

丙寅
　乙未
丙申
丁酉
戊戌
己亥
庚子
辛丑

夏令에 生하고 羊刃에 앉았다. 그리고 年支의 寅과 時支에 祿을 얻으며, 年月에 甲丙이 나타나니 烈火焚木으로 旺이 至極하다. 一點의 癸水는 熬乾하므로 強勢에 따라야 한다. 勢에 順하는 木火土運은 家業이 번창하였다가 申酉運을 刑耗가 많았다. 亥運에 이르러서 火烈을 激動하여 家業을 破産하고 죽었다. 소위 旺極者를 抑하면 반대로 激怒하니 害가 있음이다.

94.

丙寅
丁酉
甲午
戊戌
丙午
乙丑
癸巳
辛丑

戊寅
辛酉
庚申
壬戌
丙申
癸亥
丙申
甲子
丁卯

丙火가·初秋에 生하고 秋金은 슈을 얻었다. 三個의 申이 一個의 寅을 冲去하여 丙火의 根이 뽑혔다. 比肩 역시 힘이 없고 年月의 兩干에 土金이 나타났으므로 弱勢에 따라서 財의 性에 順해야 한다. 水旺地의 病神인 丙火를 去하여 事業이 크게 번창하였다. 丙寅運에 이르러 身을 封助하므로 破亂이 많았다. 소위 弱이 極할때 扶助하면 功이 헛되어 반대로 害가 됨이다.

一、精　神

◉ 人有精神、不可以一偏求也、要在損之益之。得其中。

사람에게는 정신이 있어서 한쪽으로 치우쳐 구함은 불가하고 중요한 것은 損과 益에 있는

것이니 그 가운데서 얻을 것이다.

[原註] 정기신기는 모두 원기이다 (精氣神氣皆元氣)。 오행에 있어서 대체로 金水를 정기

도 하고 (五行大率以金水爲精氣)、 木火는 神氣이며 (木火爲神氣)、 土는 實로 하는 것이다。

(而土所以實之者也) 神은 족하게 있고 精은 없는데도 精이 스스로 족한 것이 있고 (有神足

不見其精而精自足者)、 精은 족하고 神은 없는데도 神이 스스로 족한 것이 있고 (有精足不

見其神而神自足者)、 精은 缺되고 神은 흩어지면 (有神缺精索)、 일주는 孤弱하고 (而日主孤

弱者)、 神은 있으나 부족하고 精이 유여한 것과 (有神不足而精有餘者) 精이 있으나 부족

하고 神이 유여한 것과 (有精不足而神有餘者) 精과 神이 함께 缺한데 氣는 旺하고 (有精神

俱缺而氣旺)、 精과 神이 모두 旺한데 氣는 衰하고 (有精神俱旺而氣衰)、 精이 缺한데 神을

얻어 돕고 (有精缺得神以助之者)、 神이 缺한데 精을 얻어 生함이 있고 (有神缺得精以生之

者)、 精이 精을 돕고있으나 반대로 洩하여 氣가 없고 (有精助精而反洩無氣者)、 神이 神을

돕고 있으나 반대로 斃하여 氣가 없는 것등은 (有神助神而神反斃無氣者) 모두 氣로써 主가

되는 것이다 (二者皆由氣以主之也)。 무릇 이 모든 것은 한편만을 구해서는 불가하다 (凡此

皆不可以一偏求也)。 損益과 進退를 함께 중요시하여 (俱要損益其進退) 過한 것과 不足한

것은 不可하다 (不可便有過不及也)。

[解說] 「精」은 나를 生하는 것이고 「神」은 나를 剋하는 것이며 「氣」란 精과 神을

一貫하여 일컫는 말이다.

두가지중에서 精을 主로하며 精이 족하면 氣가 旺하고 氣가 旺하면 神이 旺하는 것이다.

오로지 金水를 精氣로 하고 木火를 神氣로 하지 않는다.

本文末句에 「要在損之益之得其中」이란 金水가 精으로 木火를 神으로 나타내는 것이 아

니고 流通生化 되어 損과 益에 따르면 精神氣의 三字가 갖추어진다.

日主의 用神뿐아니라 體象에도 精神氣가 있은 故로 五行에 모두 있는 것이다.

有餘하면 損하고 不足하면 益하는 것이 비록 一定의 理致이지만 또한 그렇지 않는것이 있

는 것이니 오직 「得其中」의 三字을 審察해야 한다.

損은 剋制이며、益은 生扶를 말하는 것으로 有餘가 넘칠때 損하면 反對로 觸하여 怒할 것이

므로 有餘에 좇아서 마땅히 洩해야 한다.

不足이 過할때 益하면 받아들이지 않으므로 不足에 從하여 去해야 하는 것으로 한편에 치

우쳐 求하는 것은 不可하다.

總論하면 精이 太足하면 마땅히 氣를 益해야 하고 氣가 太旺하면 당연히 神을 助해야하며

神이 太洩하면 精을 滋하니 生化流通 되어서 神은 淸하고 氣는 壯할 것이다.

가령 精이 太足하면 반대로 氣가 損이 되고 氣가 太旺하면 반대로 神이 傷하고 神이 太洩

하면 반대로 精을 抑하므로 偏枯雜亂하여 精은 흩어지고 神은 마를 것이다.

「水泛木浮」는 木이 精神이 없고

「木多火熾」는 火가 精神이 없고

「火焰土焦」는 土가 精神이 없고

「土多金埋」는 金이 精神이 없고

「金多水弱」는 水가 精神이 없는 것이다.

原註에 金水를 精으로 하고 木火를 神으로 한것은 臟의 由來에서 論한 것이다。

肺는 金에 속하고 腎은 水에 속하여 金水가 相生하여서 裏에 藏하는 故로 精氣라하며、肝

은 木에 속하고 心은 火에 속하여 木火가 相生하여서 表에 發하는 故로 神氣라 한것이다。

脾는 土에 속하며 온몸을 두루 通하므로 土를 實하다고 한다。

만약 命을 論할때 表裏가 精神이며 金水木火는 精神이 아닌것이다。

비유하건데 旺하면 마땅히 洩해야 하며 洩神이 氣를 얻으면 精이 족한것이다。 이것은 裏

에서 表로 發하는 것으로 神이 스스로 족하다。

旺하면 마땅히 剋해야 하는데 剋神이 有力하면 神은 족할 것이다。 이것은 表에서 裏로 達

하는 것으로 精이 스스로 足할것이다。

土가 四季月에 生하고 또한 土가 많으면서 木이 없을때 干에 庚辛이 나타나고 支에 申酉

가 있으면 소위 裏에서 表로 發한 것으로 精은 足하고 神은 定할 것이다。 그리고 土가 많

고 金이 없으면서 干에 甲乙이 나타나고 支에 寅卯가 있으면 소위 表에서 裏도 達하는 것으

로 神은 足하고 精은 편안할 것이다。 五行이 다 이와같으니 자세이 연구하라。

95.
癸酉　癸亥
壬戌
甲子　辛酉

衰木이 水의 도움을 얻고 寅을 만나니 甲木의 精이 足하다。

土는 神으로써 戌에 通根하고 寅戌로 拱合하니 神도 旺하다。官이 印을 生

印이 있으니 東西南北의 運이 모두다 좋다. 一生이 富貴하고 福壽 또한 아름다웠다.

庚申 하고 印은 身을 生하며 日支의 長生에 氣가 流通하며 五行이 모두 갖추어졌

上下左右가 情協하고 不悖하여 官이 오면 무리를 이루고 劫이 오면 官이 있고 食이 오면

丙寅
己未
戊戌
戊午
다.

96.

甲寅
乙卯
丙辰
庚寅

癸未
癸丑
壬子
辛亥
庚戌
己酉
戊申

大勢를 보면 官印이 相生하고 時에 偏財를 만나고 五行의 缺함이 없으니 四柱가 純粹하여 엄연히 貴格같이 보인다. 그러나 財官이 休囚되고 서로 遙隔되어 돌보기가 能하지 못하다. 春土는 寅卯辰의 東方木氣에 剋盡 당하여 金을 生하기가 不能하다. 金 역시 絶地에 臨하여 水를 生하지 못하고 水氣 역시 木에 洩당함이 심하다. 木勢는 더욱 旺하여 火가 熾烈하고 火熾하면 氣는 斃하고 氣斃하면 神이 메마른다. 北方의 行運에 丙火의 氣를 傷하고 반대로 木의 精을 도운다. 金運은 有餘가 過할때 損하면 반대로 觸怒하므로 종신토록 용렬하고 名利도 없었다.

97.

戊戌
乙丑
丙辰

甲子
癸亥
壬戌
辛酉
庚申

坤命으로 四柱가 모두 土이며 命의 元神이 洩盡당하고 月干乙木은 凋枯하여 精氣가 枯索되었다.

己丑　己未　壬戌運에　本主가　傷함을 입고　辛未歲年 (34才) 에　乙木을　緊剋하므로　九月
　　　　戊午

(戊戌) 에　病으로　죽었다.

一, 月 令

月令乃提綱之府、譬之宅也、人元爲用事之神宅之定向也、不可以卜。

월령은 제강의 府이니 비유컨데 宅이요, 인원은 用事의 神이며 定向인 것임에 가리어 쓰지 않음은 不可하다.

[原註] 令星은 三命에 있어서 지극히 중요한 것이며 (令星乃三命之至要)、氣象을 令에 얻은것은 吉하고 (氣象得令者吉)、희신도 令을 얻은것도 吉하니 (喜神得令者吉) 令을 소홀히 할수 있으랴 (令其可忽乎)。

月令은 사람으로 말하면 家宅과 같고 (月令如人之家宅)、支中의 三元은 宅中의 向道를 定하는 것과 같으니 (支中之三元定宅中之向道)、따지지 않음은 불가한 것이다 (不可以不卜)

가령 寅月生人이 입춘후 七日까지는 (如寅月生人立春後七日前) 戊土가 用事하고 (皆值戊土用事) 八日後 十四日前까지는 (八日後 十四日前者) 丙火가 用事하고 (丙火用事)、十五日후는 甲木이 用事한다 (十五日後 甲木用事)。이를 알면 가히 格을 취할수 있고 (知此則可以取格)、용신을 취함도 능히 할수있다 (可以取用矣)。

[解說] 月令은 命中에서 가장 重要한 곳이며 氣象格局의 用神이 모두 提綱의 可令에 屬한다. 天干에 引助하는 神이 있다하여도 廣廈(큰집)을 옮길수 없는 것과 같은 것이다.

地理元機에 이르기를 우주에는 大關會가 있어서 氣運을 主로 하고 山川은 참된 性情이 있어 氣勢를 先으로 한다. 그래서 天氣가 上에서 動하면 人元可令하고 地氣가 下에서 動하면 天氣가 따른 것이다. 이러한 理由로 論하여 人元이 비록 格을 助하고 用을 輔하는 首領이라도 가장 重要하는 것은 天地가 相應해야 妙한 것이다. 故로 地支의 人元을 알면 반드시 天干의 引助을 얻어야하며 天干의 用神은 반드시 地支에 可令됨이 重要하다.

總論하면 人元이 可令된즉 能히 吉함을 이끌어 凶함을 制할수 있으며 可令된것이 出現되면 格을 도우고 用을 輔한다.

가령 寅月의 戊土나 巳月의 庚金이 可令되면 位置를 論하지 않는다.

비유하건데 寅月生人이 戊土가 可令되면 甲木이 時에 미치지 않는다고 하나、天干에 火土가 나타나지 않고 水木이 나타나면 소위 [地衰門旺]이라고 하며、天干에 水木이 나타나지 않고 火土가 있으면 [門旺地衰]라하여 모두 吉凶이 半半이다.

가령 丙火가 可令되고 四柱에 水가 없으면 寒木이 火를 얻어 繁華하므로 相火가 木을 얻어 生助하니 [門地兩旺]이 되므로 福力이 非常할것이다. 가령 戊土가 可令하고 木이 나타나고 支에 水가 있으면 [門地同衰]라하여 禍가 生함을 알수있다. 나머지 月도 이에 依하여 論하라.

98.

丙辰
戊寅
丙寅
甲戌

丁卯
戊辰
己巳
庚午
辛未
壬申
癸酉

戊寅日元이 立春 十五日後에 生하므로 甲木이 可令되었다. 地支의 兩寅이 辰戌土를 緊剋하고 天干의 甲木이 또 日干의 戊土를 制하니 身은 弱하고 殺은 旺한것 같이 보인다. 그러나 기쁜것은 金이 없어서 日元의 氣가 洩되지 않고, 다시 妙한것은 水가 없어서 丙火의 印이 破壞당하지 않으며, 丙火가 貼身하여 殺을 化한다. 벼슬길에 나아가 名利双輝하였다.

99.

丙寅
丙寅
戊辰
庚申

丁卯
戊辰
己巳
庚午
辛未
壬申
癸酉
丙申

戊辰日元의 立春 六日後에 生하였다. 戊土가 可令되고 月에 丙火가 나타나서 生化하는 情이 있다고 하고 또 日支의 辰에 앉아서 身旺하며 食神이 殺을 制함을 얻었음으로 俗論에는 前造보다 낫다고 하였다. 그러나 春初의 寒土는 火를 보는것을 기뻐하였으나 申辰의 拱合하는 水가 丙火를 制하므로 어찌 殺을 化할수 있을것인가! 그리고 嫌惡하는 것은 申時가 日主를 洩氣할뿐 아니라 丙火의 絕이 된다. 학업도 못마쳤고 일생 파란이 많아 刑喪을 免키 어려웠다.

一、生　時

生時乃歸宿之地、譬之墓也、人元爲用事之神、墓之定方也、不可以不辨。

생시는 귀숙의 地이며、비유하건데 묘와 같은 것이며、人元은 用事의 神이며、묘의 方을

定함과 같은 것이다。 辨을 하지 않음은 不可한 것이다。

〔原註〕子時에 生한 사람은 (子時生人)、前의 三刻三分은 壬水가 用事하고 (前三刻三分

壬水用事)、後의 四刻七分은 癸水가 用事하는 것이다 (後四刻七分癸水用事)。寅月生人을

평할때 (評其與寅月生人) 戊土가 用事할때는 어찌 할것이며 (戊土用事何如)、丙火를 用事할

때는 어찌 할것이며 (丙火用事何如)、甲木이 用事할때는 어찌 할것인가 (甲木用何如) 局中

에 所用의 神이 (局中所用之神) 壬水가 用事할때는 어찌할것이며 (與壬水用事者何如)、癸水

가 用事할때는 어찌할것인가 (癸水用事者何如) 깊이 窮理하면 (窮其淺深) 墳墓의 方道를

定하는 것과 같으니 (如墳墓之定方道) 사람의 禍福을 斷定하는 것과 같다 (斯可以斷人之禍

福) 同年、同月、同日에 生한 사람이 百人이 있다면 (至同年月日而百人) 각각 一應者일 것

이나 (各一應者) 마땅히 그 生時의 先後를 궁구하여야 하고 (當究其時之先後)、또 출생한

산천의 차이와 (又論山川之異) 세덕의 다름을 보면 (世德之殊)、열중의 아홉은 증험할수

있고 (十有九驗) 不驗함이 있드라도 (其有不驗者) 한쪽은 官이 있는것에 불과하면 (不過

此則有官) 다른 한쪽은 子息이 많을 것이고 (彼則子多) 또 한쪽은 財가 많으면 (此則多財)

다른 한쪽은 妻가 아름답다 (彼則妻美)。이것은 조그마한 차이에 지나지 않는다 (爲小異

耳)。산천의 차이는 (夫山川之異) 東西南北이 같지 아니하고 (不惟東西南北)、逈이 같지

않음은 (逈乎不同者) 마땅히 分辨해야 할것이다 (宜辨之)。즉 한고을의 한집이라도 (卽一

邑一家) 風聲氣習이 똑같을 수 없으며 (而風聲氣習不能一律也)、세덕의 다름과 (世德之殊)

부귀빈천을 생각치 않을수 없고 (不惟富貴貧淺) 絕이 같지 아니하니 (絕乎不倖者) 마땅히

변론해야 한다 (宜辨之)。 즉 동문공호라도 (卽同門共戶) 善惡邪正의 (善惡邪正) 盡齊가 不

能하니 (不能盡齊也) 學者는 살펴서 보면 (學者察此) 가히 興替를 알수 있다 (可以知其興

替矣)。

[解說] 子時前三刻三分은 壬水를 用事하여 亥時를 말한것으로 즉 夜子時다。가령 大雪

十日前의 壬水를 用事한것과 같은 것이며 以外에도 前後의 用事함이 있으니 可令된 一例

를 推理한 것이다。

生時를 用事할때는 月令의 人元用神과 서로 附合되어 日主의 기뻐하는 것이 時에 있으면

吉이 培로 興隆하고 時에 꺼리는 것이 있으면 凶禍가 增加하는 것이다。生時의 美德은 墳

墓의 穴道와 같고 人元을 用事할때는 墳墓의 朝向과 같은 것으로 分辨하지 않음은 不可하다。

故로 穴은 吉한데 向이 凶하면 그 吉함이 減少되고 穴은 凶한데 向이 吉하면 그 凶이 감

소된다。

가령 丙日亥時生이라면 亥中의 壬水는 丙의 殺되고 이때 甲木을 얻어 用事하면 소위

穴은 凶하고 向은 吉이라고 하며、辛日未時生이면 未中의 己土는 辛金의 印星이 되는데 이

때 丁火를 얻어 用事하면 소위 穴은 吉하고 向은 凶이라 한다。

그러나 理致는 이러하나 맞는것은 열중의 사오에 불과하므로 生剋을 分辨해야 한다。

왜냐하면 時로써만 적중한다면 人元을 窮究할 필요가 없을것 아닌가！

비유하건데 天然의 龍은 天然의 穴로 반드시 天然의 向이 있어야하며 天然의 向은 반드시

天然의 水가 있어야 하는 것으로 重要한것은 時와 不錯돼야 하는것을 강조한 것으로 吉凶을

스스로 알 것이다.

山川이 다르고 世德이 다름으로 因하여 發福의 厚薄이 있고 禍의 輕重이 있으며,

人品의 端正함과 邪氣가 있어서 禍福이 움직여 가는 것이다. 이것은 命에서 구애받는 것과

다른 것으로 형편과 상대를 살펴야 할 것이다.

一、衰　旺

◉ 能知衰旺之直機、其干三命之奧、思過半矣。

衰旺의 眞機를 능히 알게되면 그 三命의 오묘한 이치를 알게 될것이다.

〔原註〕왕하면 마땅히 설하거나 상해야 하고 (旺則宜洩宜傷)、쇠하면 방이나 조하는 것

은 (衰則喜封喜助) 자평의 이치이다 (子平之理也)。 그러나 왕한 가운데 쇠한것이 있으니

(然旺中有衰者存) 損이 불가하고 (不可損)、쇠한 가운데 왕한 것이 있으니 (衰中有旺者

存) 益하는 것은 불가하다 (不可益地)。 왕이 지극하면 損이 불가하니 (旺之極者不可損) 損

이 그 가운데 있기 때문이다 (以損左其中矣)。 쇠함이 지극한 것은 도우는 것이 불가하니

(衰之極者不可益)、益이 그 가운데 있기때문이다 (以益在其中)。

實한곳에 이르면 당연히 損해야 하나 損하면 반대로 凶함이 있다 (至於實所當損者而損之

反凶)。 實한곳을 마땅히 益해야 할것 같아서 益하면 반대로 害가 되는 것이다 (實所當益者

而盆之反害)。 이같은 진기를 모두 알게되면 (此眞機皆能知之)、 三命의 세밀하고 깊은 理

致를 알면 어찌 어렵다 하리오 (又何難於詳察三命之微奧乎)。

[解說] 令을 얻으면 旺하고 令을 얻지 못하면 衰弱하다고 단정하는 것은 理致에는 맞는

말이나 死法이다。

五行의 旺相함은 四時의 流行함에 있는 것으로 衰旺을 分別하는데는 月令을 基準으로 보

는것이 바른 理致이다。 月令에서 時를 얻지 못하였다 하더라도 弱하다고 단정할 수 없다。

다른 干支의 年日時에 根이 祿旺을 만나서 깊으면 오히려 旺強하므로 能히 財官을 감당할

수 있는 것이다。

春의 土、夏의 水、秋의 木、多의 火、等을 다른 干支에 根이 있는가 없는가를 살피지 아니

하고 무조건 弱이라고 단정하며 庫地에 通根한 것을 전혀 無視하고 심지어 庫地는 冲破하여

야 吉하다고 하는것 等은 크게 그릇된 판단이 아닐수 없다。

가령 春木이 비록 強하나 柱中에서 金이 太重하면 역시 春木이라도 위태롭고、庚辛의 金

이 申酉等의 祿旺을 얻어 太旺하면 火로써 金을 制하여야 富을 이루고、火가 없고 土를 만

나면 반드시 貧夭한다。 이것은 時를 얻었으나 根이 弱하기 때문이다。

그러한 理由로 日干의 月令의 休囚됨을 不論하고 柱內에 根이 堅固하면 能히 財官 食神

뿐 아니라 傷官七殺도 받아들일수 있다。

墓庫와 餘氣는 根이 輕하다고 하나 天干의 하나의 比肩보다는 強하다。

墓란 甲乙이 未를 만나고 丙丁이 戊을 庚辛이 丑을、壬癸가 辰等을 만난것이다。

─ 163 ─

餘氣란 丙丁이 未를 만나고、甲乙이 辰을 庚辛이 戌을 壬癸가 丑을 만난것을 말한다。

干의 두개의 比肩은 하나의 長生祿旺만 못한 것이니 甲乙이 亥卯寅을 만난것을 말한다。

比肩은 朋友의 相扶와 같고、根에 通함은 家宅에 依託함과 같으니、干의 많음이 根의 重함

만 못한것은 확실한 理論이다。

사람들은 이 理致를 알지못하고、春이 土를 보거나、夏가 水를、秋가 木을、冬이 土를 만

나면 根을 살피지 아니하고 무조건 弱이라 이르고、春의 木、夏의 火、秋의 金、冬의 水를

보면은 剋의 輕重을 窮究하지 않고 旺하다고 한다。

壬癸가 辰을 만나고、丙丁이 戌을、甲乙이 未를、庚辛이 丑等을 만나면 身이 根에 通한것

으로 이때 冲을 만나면 좋다고 하는것은 잘못된 理論이다。이것은 刑冲으로 뿌리가 傷함

이다。旺衰의 理致를 論하는것이 易의 正法이며、그리고 顚倒된 理致가 存在한것이 있으니

다음의 열가지다。

木이 太旺하면 그 성질이 金과 같으니 火로써 煉해야 기쁘고、

木이 旺極하면 그 성질이 火와 같으니 水로써 剋해야 기쁘며、

火가 太旺하면 그 성질이 水와 같으니 土로써 止해야 기쁘며、

火가 旺極하면 그 성질이 土와 같으니 木으로 剋해야 기쁘며、

土가 太旺하면 그 성질이 木과 같아서 金으로 剋해야 기쁘며、

土가 旺極하면 그 성질이 金과 같아서 火로써 煉해야 기쁘고、

金이 太旺하면 그 성질이 火와 같아서 水로써 濟하여야 기쁘고、

金이 旺極하면 그 성질이 水와 같아서 土로 止해야 기쁘고,

水가 太旺하면 그 성질이 土와 같아서 木으로 制해야 기쁘고,

水가 旺極하면 그 성질이 木과 같아서 金으로 尅해야 기쁘고,

木이 太衰하면 그 성질이 水와 같아서 金으로 生하여야 하고,

木이 衰極하면 그 성질이 土와 같아서 火로써 生하여야 하고,

火가 太衰하면 그 성질이 木과 같아서 水로써 生하여야 하고,

火가 衰極하면 그 성질아 金과 같아서 土로써 生하여야 하고,

土가 太衰하면 그 성질이 火와 같아서 木으로 生하여야 하고,

土가 衰極하면 그 성질이 水와 같아서 金으로 生하여야 하고,

金이 太衰하면 그 성질이 土와 같아서 火로써 生하여야 하고,

金이 衰極하면 그 성질이 火와 같아서 水로써 生하여야 하고,

水가 太衰하면 그 성질이 金과 같아서 土로써 生하여야 하고,

水가 衰極하면 그 성질이 火와 같아서 木으로 生하여야 하는 것으로 이것은 五行의 顚倒된 眞機인 것이다.

100.

甲辰　　戊辰
己巳　　己巳
庚午　　庚午
辛未　　辛未
丁卯

甲子日元에 卯月이며, 地支에 兩辰이 있으나 木의 餘氣이며 또 卯辰은 東方이다. 子辰의 拱合으로 水가 되니 木이 太旺하다. 太旺하면 金과 같으니 火로써 煉해야 한다.

없다가 未運에 子水를 去하니 財物이 풍족하였다。 壬申運은 金水가 함께 오니 妻子를 刑剋하고 損財하였다가 癸運에 죽었다。

甲子
壬申
癸酉
甲戌

巳運에 丁火가 旺에 臨하니 名利가 높았으며 庚辛運은 南方의 截脚된 金으로 刑耗는 약간 있었으나 大患은 없었다。 壬申運은 金水가 함께 오니 妻子를 刑剋

午運은 子水의 冲으로 별진전은

101.

癸卯
甲寅
己酉
戊申

乙亥
庚戌

乙卯
辛亥

地支가 모두 木이며 또 水의 生을 만나고 七個의 木에 兩水이므로 木이 旺極하다。 旺極하면 火와 같으니 祖業이 豊足하였다가 丑運에 刑傷이 있었고, 壬子運은 水勢가 乘旺하며 辛亥運은 金이 通根되지 않으며, 支에 水가 旺을 만나므로 이 二十年間은 事業이 번성하여 재물을 크게 모았다。 庚戌運은 土金이 모두 旺하니 破產하고 죽었다。

102.

甲寅
癸丑
壬子
辛亥

乙丑
甲申
甲申
辛巳

癸未
壬午

辛未
戊寅

地支가 土金이며、 木의 根이 서릴곳이 없다。 時干에 辛金의 元神이 나타났다。 太衰하면 水와 같으므로 土가 用이다。 初運의 癸未 壬午運은 木을 生하고 金을 制하므로 刑喪을 일찍 보았고、 辛巳庚辰運은 金이 生地를 만나서 自守成家하였다가 己卯運은 土의 根이 없고 木이 地를 얻으니 크게 破產하고 寅運에 死亡하였다。

103.

己巳
戊辰
丁卯

庚辰
己卯

地支에 剋洩이 모두 있다。 天干에 火土가 나타나고 水氣는 全無하다。 木

죽었다。

（承前）

丙寅
乙酉
甲子
癸亥
壬戌

己巳
乙丑
甲子
丙戌
壬戌

이 衰極하면 土와 같아서 火로 生하여야 한다。初運 戊辰丁運은 父母의 德으로 좋은 일이 많았다가 卯運에 父母가 죽고 丙運에는 큰 財物을 모았고、寅運은 破財하고 妻를 剋하였으며 乙丑運은 地支가 全 金局을 이르므로 火土의 喜用神이 모두 洩되므로 家業이 기울어졌다。甲子運은 北方의 地이니 죽었다。

104.

乙丑
壬午
甲戌
甲午

辛巳
庚辰
己卯
戊寅
丁丑
丙子

丙戌日元이 月時에 兩刃이 있고 壬水는 根이 없다。火가 太旺하면 水와 같으니 土로써 그치게 해야 한다。初運 庚辰辛巳는 金의 生地이므로 辛苦함이 있었고 己卯運은 一路上昇하고 戊寅運은 火局을 이루고 이어 丁丑運의 二十年간 큰 富를 이루었다。子運에 死亡하였다。

105.

戊寅
丁丑
丙戌
甲午

戊午
己未
庚申
辛酉
壬戌
癸亥

丙火가 孟夏에 生하여 地支에 兩長生이 있고 祿旺하니 火가 旺極하다。이것은 土와 같으니 木으로 剋해야 한다。初年은 木運을 만나지 못하였으나 南方의 火地이므로 遺業이 풍부하고 學業도 열심히 하였다가 庚運에 이르러 工夫도 게을리하고 놀기를 즐겼다。申運에 家庭이 破産당하고 죽었다。만약 木運을 만났으면 名利兩全하였을 것이다。

106.

丙申　丁酉　丁酉　辛巳
乙未　甲午　癸巳　壬辰　辛卯　庚寅

丁火가 八月에 生하고 秋金이 秉令하여 金局을 이루었다. 火가 太衰하면 木과 같으니 水가 用이다. 初運의 乙未甲午는 木火가 함께 旺하므로 六親間의 不和로 辛苦하다가 癸巳 壬辰運에 水가 나타나고 金이 拱會하여 海外에서 큰 財物을 모았고 이어 壬辰運도 더욱 發展하였다.

107.

辛亥　壬辰　丙申　己亥
辛卯　庚寅　己丑　戊子　丁亥　丙戌

財가 殺을 生하고 殺은 身을 攻擊하고 있다. 丙은 申에 臨하고 申辰의 拱會로 水가 되어 殺을 도운다. 衰極하면 金과 같으니 土로써 生하여야 한다. 初運의 辛卯庚寅은 東方의 자리로써 用을 剋하여 父母가 亡하여 祖業이 없었다. 己丑運은 外國에서 社業을 하여 財物을 모았고 戊子運 역시 進前하였다. 運이 있으면 반드시 發福함이다.

108.

戊辰　戊午　戊申　己未
己未　庚申　辛酉　壬戌　癸亥　甲子　乙丑　丙寅

厚土가 夏令을 얻었다. 土가 太旺하면 木과 같으니 金이 用神이다. 庚申運에 벼슬길에 나아가고 辛酉運의 辛丑年에 職位가 크게 올랐다. 壬戌運에 刑喪을 입었고 丙午年(39才)에 死亡하였다.

109.

戊戌 丙辰 己巳 己巳

丁巳 戊午 己未 庚申 辛酉 壬戌 癸亥

四柱가 火土로 되어있으며 剋洩이 하나도 없다。土가 旺極하면 金과 같으니 火로써 煉한다。初運의 南方에 遺業이 풍부하였고 午運에 벼슬길에 들어가서 己未運까지 發展하였다。庚申運부터 家業이 점점 기울어질 辛酉運은 봄이 지난후의 서리와 눈이 오는 格이다。壬運은 丙을 剋하니 죽었다。

110.

壬辰 辛亥 戊子 癸丑

壬子 癸丑 甲寅 乙卯 丙辰 丁巳

地支가 北方으로 水勢가 汪洋하고、또 金水가 나타났다。土가 太衰하면 火와 같아 木이 用神이다。甲寅乙卯運은 干支가 모두 木으로 名利를 成就하였다。丙運에 妻子를 剋하고 우환이 많았다。

111.

壬子 甲子 戊子 癸酉

丁巳 戊午 己未 庚申 辛酉 壬戌 癸亥

四柱가 모두 水이며、또 金의 生을 얻으니 土가 衰極하여 水와 같다。그래서 生하는 金이 用神이다。壬戌運은 水의 根이 없고 土가 地를 얻으므로 波亂이 많아 家業이 점점 기울다가 辛酉、庚申運에 用神이 得地하니 自守成家하고 大富을 이루었다。己未運에 破産하고 죽었다。

112

壬申
己酉
庚戌
庚辰

大運: 庚戌　辛亥　壬子　癸丑　甲寅　乙卯　丙辰

秋金이 秉令하고 木火가 全無하니 金이 太旺하다。

金이 太旺하면 火와 같아서 水가 用神이다。亥運은 壬水의 祿地이며、壬子運은 用神의 旺地이므로 과거에 合格하여 벼슬이 올랐다가 癸丑運에 壬水의 旺地를 合去하여 辛苦함이 있었다。이어 甲寅乙卯運은 制土衛水하는 功이 있어서 벼슬길이 淸高하고 이름 또한 높았다。

113

庚申
乙酉
庚戌
庚辰

大運: 丙戌　丁亥　戊子　己丑　庚寅　辛卯　壬辰

地支에 西方이 있고 厚土를 만나니 金이 極旺하다。極旺하면 水와 같으니 土가 用神이 된다。初年의 丙戌 丁亥運은 火의 作用이 나타나니 祖業을 지키지 못하다가 戊子運에 많은 財物을 모았다。그리고 그 돈으로 벼슬을 얻어서 己丑庚運까지 名利兩全하였다。이어서 寅運에 잘못으로 落職하고 卯運에 죽었다。

114

甲午
庚午
辛卯
己卯

大運: 己巳　戊辰　丁卯　丙寅　乙丑　甲子　癸亥

辛金이 仲夏에 生하고 地支에 財殺이 가득차니 金이 太衰하다。金이 太衰하면 土와 같으니 火가 用神이다。

初年 己巳戊辰運은 晦火生金하므로 名利가 多滯하였고、丁卯丙寅運은 木火가 並旺하여서 名利가 有餘하고 家業은 융성하였다。丑運은 金을 生하고 火를 洩하니 死亡하였다。

115.

己亥
丁卯
庚寅
丙子

丙寅　乙丑　甲子　癸亥　壬戌　辛酉　庚申

庚寅日元이 木이 乘權하고 또 水의 生함을 만나므로 四面이 모두 財殺뿐이다. 金이 衰極하면 木과 같으니 水로 生하여야 한다. 乙丑運은 忌神인 土 金이 暗旺하니 家業이 크게 亡하였고 甲子運은 北方의 水旺地이니 財源이 녁녁하였다가 癸亥運에 벼슬길에 나아가 名利兩全하였다. 壬戌運은 水가 絕地에 臨하므로 罷職당하였다.

116.

壬寅
辛亥
壬子
辛丑

壬子　癸丑　甲寅　乙卯　丙辰　丁巳　戊午

壬水가 孟冬에 生하고 地支는 北方이며 干支가 모두 金水이다. 水가 太旺하면 土와 같으니 木으로 制하여야 한다. 기쁜것은 寅木이 吐秀하는 것이다. 甲寅乙卯運에 官職에 나아가 순탄하게 직위가 오르다가 丙運에 衆水에 功擊당하니 죽었다.

117.

癸亥
癸亥
壬子
庚子

壬戌　辛酉　庚申　己未　戊午　丁巳　丙辰

四柱가 모두 水이며, 剋洩이 하나도 없다. 勢가 冲奔하니 막는 것은 不可하므로 金이 用神이다. 初運의 土에 刑喪을 일찍 보았고 庚申辛酉運은 干支가 모두 金으로 五福을 모두 갖춘것 같았다. 己未運에는 妻子를 傷하고 이어서 戊午運은 가난이 극심하였다가 우울병으로 죽었다.

118.

丙辰　丙申
乙未　丁酉
壬午　戊戌
癸卯　己亥
　　　庚子
　　　辛丑
　　　壬寅

火土가 當權하고 또 木을 만났다. 도우는 金이 없으니 水가 太衰하므로 金과 같아서 土가 用神이다. 初運의 丙申丁酉運은 火가 蓋頭하여 金이 生하기기가 不能하므로 安樂하였고 戊戌運 역시 家業이 넉넉하였다. 己亥運은 土가 根이 없고 地支가 木局을 이루니 약간의 破耗는 있었으나 큰 大患은 없었다. 庚子運은 破産 당하고 죽었다.

119.

癸卯　丁巳
戊午　丙辰
壬寅　乙卯
丙午　甲寅
　　　癸丑
　　　壬子
　　　辛亥

丙火가 當權하고 戊癸合으로 化火하니 壬水는 메마르고 뜨겁다. 水가 極하면 火와 같으니 土가 用神이다. 初年의 火運에는 衣食이 豊足하였고, 乙卯甲寅運도 名利兩全하였다가 癸丑運은 爭官奪財하므로 破産하고 죽었다.

以上의 二十造는 五行의 極旺과 極衰로써 中和의 氣를 얻지 못한 것이다. 原註에 이르기를 旺한 가운데 衰한것이 存在하고 衰한 가운데 旺한것이 있다는 것이 이 兩句인즉 太旺과 太衰로써 旺이 極하면 損이 不可하고 衰가 極하면 益이 不可하는 것으로 極旺과 極衰를 말한 것이다.

一、中 和

◉ 既識中和之正理、而于五行之妙、有全能焉。

중화의 바른이치를 이미 알게되면 오행의 묘함에 전능하게 된다.

[原註] 中과 和는 자평의 중요한 법이다 (中而且和、子平之要法也). 병이 있어야 귀하고 (有病方爲貴) 상함이 없으면 奇하지 않다고 하는것은 (無傷不足奇) 한쪽으로 치우친 말이다 (擧偏而言之世). 격중에서 病을 去하고 (至於格中如去病), 財祿이 兩相하면 中和라 하는것이다 (財祿兩相宜則又中和矣). 中和의 깊은곳에 이르면 (到底要中和) 貴가 되는것이다 (乃爲至貴).

만약 당령한 氣數가 (若當令之氣數) 신약하고 재관의 旺地가 되면 (或身弱而財官旺地), 부귀를 취함에 中和가 아닌 것이며 (取富貴不必於中也), 用神이 강하여 富貴를 취함은 中和가 아닌것이다 (用神强取富貴不必於和也). 偏氣古怪로 부귀를 취함은 반드시 부귀가 아닌 것이다. 이것은 무슨연고인가! (偏氣古怪取富貴而不必於中且和也何也)

天下의 財官은 이 數에서 그치고 (以天下之財官止有此數), 天下의 人材는 이 時를 最多로 하니 (而天下之人材惟此時爲最多), 모두 奇巧로 向하는 것이다 (皆向於奇巧也).

[解說] 中和는 命中의 바른 理致이다. 中和의 바른 氣를 얻으면 名利를 취하는데 우환이 없고 일생이 편안하고 막히는 것없이 發展하는 것이다.

이 忠直하거나、교만하지 않은 사람、또는 欲心이 없고 구차하지 않은 사람은 中和의 바른 氣를 타고 났기 때문이다.

-173-

만약 身弱한 사람이 旺地에서 富貴를 取하고 身旺한 사람이 弱地에서 富貴를 取하는 것은

四柱에서의 缺陷을 運에서 메워준 까닭이다.

或 財가 輕한데 劫이 重하거나,

官이 衰한데 傷官이 旺하거나,

殺이 强한데 制가 弱하거나,

制가 强한데 殺이 弱하거나 하는 것은 中和를 얻지 못하였으나 그 氣를 물리치면 純正하여

져서 恩怨이 分明해진다.

柱中에서도 결함이 있는데 運 또한 乖違하면 妻、子、財祿이 不足할 것이다.

만약 財가 輕하고 劫이 重하면 妻가 不足하며,

制가 强하고 殺이 弱하면 子가 不足하며,

官이 衰하고 傷官이 旺하면 名이 不足하고,

殺이 强하고 制가 弱하면 財가 不足하고 性品 또한 傲慢하다.

歲運에서 不足함을 輔하거나、去하는 것이 有餘하면 中和의 理致를 얻은 故로 富貴를 發然

히 볼수 있다.

貧窮하고 驕態한 사람은 偏氣古怪하여 五行의 바름을 얻지 못한것으로 心事가 奸邪하고

하는일마다 僥倖을 바란다.

만약 病이 있고 藥이 있으면 吉凶이 쉽게 증험되며 病도 없고 藥도 없으면 禍福을 推理하

기가 어렵다고 하나 이러한 理論은 한쪽을 잃어버린 것이다.

대체로 病이 있는것은 표출되어 쉽게 취할수 있고, 病이 없는것은 숨어 있어서 推理하기
가 어려운 것이다. 그러나 總論하면 中和를 爲主로 한다.

사람에게 비유하면 病이 없는것 같아서 四肢가 健旺하고 營養의 섭취로 조화되고 行止가
자유롭고 모든일이 편안하다. 그러다가 病이 있게되면 樂이 적으며 근심이 많고 움직임도
어려울 것이다. 이때 良藥을 만나면 病이 쾌유될 것이며, 좋은 藥醫를 못만나면 終身토록
患이 있는 것과 같은 것이다.

120.

辛巳　壬辰
甲午　辛卯
癸卯　庚寅
癸亥　己巳
　　　戊辰

癸卯日元이 亥時에 生하여 日主의 氣가 通하였다. 기쁜것은 土가 없고 財
가 旺하여 스스로 官을 生하고 妙한것은 巳亥의 遙冲으로 火를 去하여 金이
있게 하므로 印星이 用神이 된다. 木火를 受制하니 體用이 傷하지 않아서
爲人이 知識이 깊고 재주가 탁월하였다. 庚運에 辛을 노와서 甲을 制하여
中和純粹하다.

亥卯의 拱木을 微嫌하고 木旺金衰하므로 代을 잇기는 어렵다.
일약 發展하였다.

121.

己酉　乙亥
丙子　甲戌
癸未　癸酉
戊午　壬申
　　　辛未
　　　庚午
　　　己巳

癸日이 子月을 만나니 旺相한것 같으나 財殺이 太重하여 다시 弱으로 변하
였다. 局중에 木이 없어서 殺을 制하지 못하므로 濁命이다. 陰內陽外의
象이며 月에 나타난 財星은 愛欲의 뜻이 있으며 時에 만난 官殺을 合할려는
慾心이 있어서 權謀가 남다르고 재주도 많았다. 본래 出身은 천하였으며

心術도 많았다。癸酉運에 관찰사직에 올라 호화사치하였다。末運에 禍을 免치 못한 것은

欲心을 버리지 못한 탓으로 자기피에 자기가 빠진 꼴이다。

一、源流

何處起根源、流到何方住、機括此中求、知來亦知去。

어느곳에서 근원이 일어나、흘러서 머문곳이 어느곳인가? 기틀을 헤아려서 그 가운데서

구하면 미래를 알수 있고、또한 과거도 알수 있으리라。

[原註] 當令이 되었건 안되었건간에 論할 필요가 없고 (不必論當令不當令)、다만 가장

많고 가장 왕한 것을 취하는 것이다 (只論取最多最旺)。滿局의 祖宗의 되는것을 源頭라 한

다 (而可以爲滿局之祖宗者、爲源頭也)。원두를 보는것은 (看此源頭) 어느방향으로 흘러 이

르고 (流到何方)、흘러가는곳이 (流去之處) 喜神이면 (是所喜之神)、즉 머물러 있는것이

니 (卽在此佳了)、좋은 귀로가 될것이다 (乃爲好歸路)。가령 辛酉 癸巳 戊申 丁巳는 火가

源頭이며 (如辛酉癸巳戊申丁巳以火爲源頭)、흘러서 金水의 方에 이르면 (流至金水之方卽住

了所以)、부귀가 클것이다 (富貴爲最)。만약 재차 木地로 흐르면 (若再流至木地)、氣가

洩하여 亂이 되므로 (則氣洩爲亂) 흘러 머무는 곳이 吉方이 아니다 (如未會流到吉方)。중

간에 阻節을 만나면 (中間卽遇阻節)、막는것이 머물러 있는 神이 어떠한 神인가를 보면 (

看其阻住之神何神)、休咎를 단정할 수 있다 (以斷其休咎)。흘러 머무는 곳이 어떤 地인가

를 알면（流住之地何也）、 지위를 알것이다（以知其地位）。 가령 癸丑壬戌癸丑壬子는 土가

원두하여（如癸丑壬戌癸丑壬子以土爲源頭） 水方을 막으며（止水方）、다만 한개의 身의

子만 얻어 生하여（只生得一個身子） 戌中의 火土의 氣를（而戌中火土之氣）얻어서 引助하

여 따르니（得從引助） 僧이 되었다（所以爲僧也）。

［解說］「原頭」四柱중의 가장 세력이 강한 旺神을 말하며 財官印食傷比劫等의 어느 神

을 不論하고 源頭가 될수 있는 것이다.

가장 重要한것은 流通生化되어야 하고 깨끗하게 局을 거두어 얻음이 아름답다.

或、比劫에서 始作하여 財官에서 그치는 것은 기쁘고 財官에서 始作하여 比劫에서 그치는

것은 꺼린다.

가령 山川의 發脈來龍의 氣는 큰 父母이며 尊星을 보고 眞實한 子息의 氣를 알수 있으며,

主星을 보고 方正하게 交媾했는지를 알고있고 胎伏星을 보고 胎가 育成하는 것을 알수있고

胎息星을 보고 殺이 權으로 化하는 것을 알수있고 解星을 보고 絶處逢生의 氣를 알수있고

恩星을 보고 氣勢의 근원을 알수있는 것같이 흐르는 것은 氣의 情이다.

源頭가 흘러 머무는 地에 山川의 穴이 모이는 곳으로 窮究하지 않음은 不可하다.

源頭가 阻節된곳은 來龍이 破損되며 隔絶된 뜻이 있으므로 살피지 않음은 不可하다。源

頭의 흐름을 막는 地가 어떠한 地인가를 알면 누가 興하고 누가 替하는가를 알수 있고 阻節

의 神을 보아서 어떻게 吉하고 어떻게 凶한가를 論할수 있다。

가령 源頭가 年月의 食神印綬에서 일어나 日時의 財官에서 머문다면 祖上父母의 蔭德이

있고 子孫의 福도 있다。 또 年月의 財官이 日時의 傷官 劫財에 머문다면 祖業을 지키지 못

하고 妻子를 剋한다。

日時의 財官이 年月의 傷劫에 머문다면 祖業을 지키며 子孫은 自立成家한다。 日時의

財官이 年月 食神 印綬에 머문다면 祖業을 지키기 어렵고、業이 바뀔것이다。

年에 官印이 머문다면 祖上은 淸高하고 傷劫은 祖上이 寒微할것이며、月의 財官은 父母가

創業한 사람일것이며、傷劫은 父母가 破家한 사람이다。

日時에 財官 食印이 流住하면 반드시 自手成家하며 妻는 賢明하고 子息은 貴하다。 日時

에 傷劫 梟刃이 流住하면 반드시 妻가 陋하거나 子息이 劣等하며 或은 妻로 因하여 禍나

辱을 당한다。

그러나 모든것은 日主의 喜忌를 보아서 판단해야 하는 것이다。

가령 源頭에서 流止 하는곳을 보아 阻節이나 隔絶의 神이 [偏正印綬]이면 반드시 윗사람

의 禍를 보는것이다。 이때 柱중에서 財星의 制함이 있으면 賢妻의 內助가 있을 것이고、그

리고 比劫이 있어서 化하면 或 兄弟의 도움이 있다。 또 [財星]이면 妻의 禍가 있을것이

며 이때 柱중에서 比劫의 制함이 있으면 兄弟의 德을 입거나 兄弟간의 우애가 두터울것이다。

官星이 있어 化하게되면 貴가 나타난다。 [食傷]이면 반드시 子孫의 累를 입게 될것인데

柱중에서 印綬가 制하면 윗사람의 德이나 親長의 보살핌이 있으며 財星이 化하면 妻의 아름

다움이 있는것이며 또 妻의 內助가 클것이다。

「官殺」이라면 官刑의 禍를 만날것이며 이때 柱중에서 食傷이 있어 制하면 子息이나 조

카의 힘을 얻을것이고 印綬가 있어 化하면 윗사람의 도움을 받게될것이다.

그러나 用神의 喜忌를 반드시 같이보고 論함을 바란다. 가령 源頭가 흘러 머무는곳이 官星이고、日主의 用神이라면 名聲이 높아서 顯貴할것이 열중에 여덟아홉이다. 가령 財星이고 또 日主의 用神이라면 利를 就하여 發財하는것이 열중에 여덟아홉이다. 가령 印星이고 日主의 用神이면 文望이 있고 清高한 것이 열중의 여덟아홉이며 食傷이면서 日主의 用神이면 財物이나 子息 모두 아름답다.

가령 日主의 官星이 忌神이면 官의 禍를 만나고 家業이 기운다. 財星이 忌神이라면 身을 傷하고 이름이 敗할것이며、印星이 忌神이라면 文書로 因하여 傷함을 입고 윗사람을 犯하여 災殃을 입는다. 食傷이 忌神이라면 子孫이 累를 입거나 後孫이 없게 될것이다. 이것은 源流의 바른 理致이므로 俗書의 그릇된 理論과 같지아니한 것이다.

122.

辛酉
庚子
丙寅
癸巳

己亥
戊戌
丁酉
丙申
乙未
甲午
癸巳

金이 源頭이며 寅木에 흘러 身을 生하니 妙하다. 巳에 祿을 얻고 財도 生을 만나고 官星이 나타나서 精神이 清하다. 始終이 모두 아름다우며 中和純粹하므로 일생이 無險하고 名利雙輝하였다.

123.

辛丑
辛卯
壬辰

火가 源頭이며 水方에 流至한다. 다시 妙한것은 丙火의 源을 얻어 流通하

(123에서 계속)

癸巳
戊申
丙辰
丙戌

庚寅
己丑
戊子
丁亥

여 金水의 局에 歸納한다。富 또한 컸으며 貴 또한 二品에 이르렀다。一生이 無險하고 五福을 누렸다。

124.

辛卯
己丑
庚寅

辛卯
戊子
己丑

丙子
丁亥

甲午
丙戌

甲申
乙酉
甲申

木이 源頭이며 五行중 土가 없어서 金에 流至하기가 不能하다。또 財官이 隔絶되고 冲에다 洩을 만나니 生化의 情이 없다。初運 庚寅은 윗사람의 福으로 지냈고、己丑運은 子를 合하고 火를 洩하여 金을 生하니 財福이 컸으며 戊子運은 土가 虛하고 水는 旺하여 暗으로 木神을 도우므로 刑耗가 많았다。丁亥運은 金을 剋하고 亥卯도 拱合하므로 破家하고 죽었다。

125.

庚寅
癸未
甲申

壬午
丙戌
乙酉

戊午
丁亥

丁巳
戊子

己丑

火가 源頭이며 年支의 寅木이 阻節한다。月干의 壬水가 隔하여 金이 流至하기자 不能하다。初運의 土金의 地에 막고있는 神을 冲化하여서 모든일이 순조로왔으며 丙戌運은 寅午戌 三合으로 梟神이 奪食하여 禍患과 함께 妻를 剋하였다。丁亥運에는 干支가 모두 木으로 合化되므로 辛苦하다가 削髮하고 僧이 되었다。

一、通關

關內有織女、關外有牛郎、此關若通也、相邀入洞房。

관내에 직녀가 있고 관외에 우랑이 있으면 반드시 그 사이를 통관시켜야하니 서로맞아 즐거움이 있을 것이다.

〔原註〕 天氣는 하강코저 하고 (天氣欲下降) 地氣는 상승하고자 하기 때문에 (地氣欲上升) 相合、相生、相和를 願한다 (欲相合相和也)。木과 土를 만나면 火를 바라고 (木土而要火)、火와 金을 만나면 土를 要하고 (火金而要土)、土와 水가 만나면 金을 要하고 (土水而要金)、金과 木을 만나면 水를 바라니 (金木而要水) 모두 우랑과 직녀의 정을 말하는 것이다 (皆是牛郎織女之有情也)。上下의 중간이 遠隔되고 (中間上下遠隔)、物所의 사이와 (爲物所間) 前後가 遠絕되고 (前後遠絕)、或은 刑冲을 당하거나 (或被刑冲) 或은 劫占을 입거나 (或被劫占)、一物이 막으면 (或隔一物)、모두 이르기를 關이라 한다 (皆謂之關之)。반드시 合이 없는 神을 얻어서 (必得引用無合之神)、刑冲사이의 物을 (及刑冲所間之物) 전후 上下가 (前後上下) 得來하여 도우면 (援引得來)、能히 劫占의 神을 이기거나 (能勝劫占之神)、결합된 物을 도우거나 (能輔所缺之物)、暗會를 보아 歲運에서 만나면 (明見暗會歲運相逢)、이를 通關이라 한다 (及爲通關也)。따라서 通關되면 그 願하는대로 따르게 될것이며 (關通而其願逐矣)、牛郎과 織女가 新房으로 들어가는 것과 같다 (不猶牛郎織女入洞房

　［解說］通關이란 剋制하는 神을 引通하는것을 말한다。 소위 陰陽은 氣交에 있어 妙한것

이며 天은 아래로 下降코저하고 地는 위로 올라가고저 하며 天干의 氣는 動하면서 專이 되

며 地支의 氣는 靜하면서 雜하다。

그러한 고로 地運은 推移가 있으니 天氣가 따르며 天氣는 轉徒가 없으니 地運이 應하며

天氣가 위에서 動하니 人元이 應하고、人元이 아래에서 動하면 天氣가 從한다。

그래서 陰이 勝할때 陽을 만나면 그치고、陽이 勝할때 陰을 만나면 머무르니 소위 天地가

交泰하고 干支가 有情하고 左右가 不背하여 陰陽이 生育하므로 서로 通하는 것이다。

만약 殺이 重하면 印을 기뻐하는데 殺이 露出되면서 印 역시 露出하고 煞이 藏하고 印 역

시 藏하면 이것은 通達한다。 그리고 局에 印이 없으면 歲運에서 印向을 만나면 通하는 것

이다。 或은 暗會하여 明合하면 局內에 印이 있고 財星에 損壞당할때 官星이

化하거나 或은 比劫이 解하거나、或은 合을 當하여 머물때에 冲하여 열리거나、或은 冲을

당할때 壞가 될때 合하여 化하거나、或은 隔하는 一物을 剋去하거나、前後上下가 도움이 없

을때 歲運에서 相逢하면 모두 아름답다。

가령 年에 印이 있고 時에 殺이 있으며、干에 殺이 있고 支에 印이 있으면 前後가 遠立되

고 上下가 懸隔된 것이다。 그 사이에 忌物이 있을때 이것을 原局에서 通하여 주는 것이 없

으면 반드시 歲運에서 暗會하거나、暗冲하여 사이의 忌物을 剋制하여 冲이 마땅할때는 冲하

고 合이 마땅할때 合하면 相剋하는 勢를 引通하는 것이다。 通하면 牛郞과 織女가 洞房에

들어가는 것과 같은 것이다. 殺印論이 이와같으니 食傷財官도 이와같다.

126.

四柱: 癸酉　甲子　丁卯　丙午
大運: 癸亥　壬戌　辛酉　庚申　己未　戊午　丁巳

天干과 地支의 殺이 印을 生하고 印이 身을 生한다. 時가 祿旺하고 더욱 妙한 것은 二冲이 반대로 金이 水를 剋하지 못하며, 水가 木을 보니 火를 剋하지 못하고 木을 生한다. 이것은 不隔하고 不占하니 阻節하는 忌物이 없다. 日主는 弱이 變하여 旺하다. 運이 水를 만나도 能히 木을 生하고 金을 만나도 水를 生하여 印綬가 傷하지 않는다. 早年에 科甲하고 觀察使에 올랐다.

127.

四柱: 戊寅　癸亥　丁未　辛亥
大運: 甲子　乙丑　丙寅　丁卯　戊辰　己巳　庚午　辛未

癸水가 旺에 臨하여 日主를 가까이서 剋한다. 그러나 戊土가 合하여 去하고 반대로 化火가 되어 幇身한다. 月支의 亥水가 본래 殺을 도우나 年支의 寅과 合하여 木이 되어 身을 生한다. 寅이 본래 遙隔이나 合하여 親近되며, 時支의 亥水 또한 未와 會合하여 恩이 된다. 一來一去하여 情協이 되고 一往一會하여 通關되므로 막히는 것이 없다. 科甲에 合格하여 계속 벼슬이 오르고 富貴를 누렸다.

128.

四柱: 戊辰　乙卯　辛丑　丁酉
大運: 丙辰　丁巳　戊午　己未　庚申　辛酉

春金이 氣가 弱하고 時의 殺이 緊剋한다. 年의 印綬는 遠隔되어 不通되고 旺한 木에 印이 壞함을 입는다. 戊土의 生化가 불능할뿐아니라 日支의 丑

辛丑
己未

土 역시 卯木에 剋당하여 印星이 무너져서 局內에 通하는 것이 없다。中運

丁酉
辛酉
壬戌

의 南方의 殺地에서 풍상이 많았고 노력한만큼 성과가 없었다가 庚申運에

木神을 剋去하므로 軍에서 功을 세워서 辛酉運에 副尹까지 올랐다。金이

能히 忌神인 木을 剋하며 身을 도우며 印이 殺을 化하니 通關될 것이다。

丙寅
乙丑
甲子
癸亥
壬戌
辛酉
庚申

己巳
丁卯
辛卯
乙未

春金이 虛弱하고 木火가 當權하였다。年에 印과 月의 殺이 相通을 얻지못

하고 또 卯未의 拱合으로 殺을 生하는 情만 있고 主를 도우는 뜻이 없다。

兼하여 運도 金이 아니며 水木의 殺을 滋養하는 根源으로 破敗하고 한가지

로 성공함이 없었다。亥運에 三合木局으로 殺을 生하니 죽었다。

一、官 殺

官殺混雜來問我、有可有不可。

관살혼합을 물어온다면 可함도 不可함도 있는 것이다。

〔原註〕 殺은 곧 官이며 (殺卽官也)、 동류이면서 共派일때는 混이 가하나 (同流共派者可混也) 官은 殺과 다르다 (官非殺也)。 門牆에 각각 서있을때는 (各立門牆者)、 混이 불가하

다 (不可混也)。 殺이 重할때는 官이 따르니 混이 아니며 (殺重矣官從之非混也)、 敗財와

比肩이 雙至하면 (敗財與比肩雙至)、 官으로 하여 殺을 도우니 混이라도 可하여 (殺可使官混

也) 比肩과 劫財를 같이 만났을때는 (比肩與劫財兩遇者) 官이 殺이 있어도 混이 아니며 (官

可使殺混也)、 하나의 官이 印을 生할수 없을때는 (一官而不能生印者) 殺이 도와도 混이 아

니다 (殺助之非混也)。 하나의 殺이 食傷을 만나면 (一殺而遇食傷者)、 官이 도와도 混이 아

니다 (官助之非混也)。 勢力이 官에 있고 (勢在於官)、 官이 根이 있으면서 (官有根) 殺의 情

이 官이 의지할때는 (殺之情依乎官) 官에 의지하는 殺이 (依官之殺) 歲運에서 도우면 混

이되니 不可하다 (歲助之而混官不可也)。 勢가 殺이 있어 (勢在於殺) 殺이 權이 있으면 (殺

有權)、 官은 殺에 의지하게 될것이니 (官之勢依乎殺)、 殺에 의지하는 官이 (依殺之官) 歲

運에서 扶하면 (歲扶之混殺)、 不可한 것이다 (不可也)。 官이 藏하고 殺이 露할때 (藏官露殺)

干神이 殺을 助하면 (干神助殺)、 合官留殺이 되어 (合官留殺) 모두 殺의 氣로되니 (皆成

殺氣)、 官이 混되지 않아야 한다 (勿使官混也)。 殺이 藏하고 官이 露할때 (藏殺露官) 干神

이 官을 助하면 (干神助官) 殺을 合하여 官이 머무르니 (合殺留官) 모두 官象에 從하니 (皆從

官象) 殺이 混되면 不可하다(不可便殺混也)。

[解說] 殺도 官이 될때가 있으니 身旺할때는 殺로 官이 된다는 것이며 官도 殺이 될때가

있으니 身弱할때는 官도 殺이 된다는 뜻이다。

日主가 甚하게 强하면 殺은 制함이 없어야 좋으며 正官이 混雜되어도 根이 없으면 殺에

쫓으며 兩쪽중에서 官을 去하는거라면 食傷을 用해도 좋다。

총론적으로 殺을 合하면 아름다운 일이라고 하고、 合이 오거나、 合으로 去하면 淸하다。

獨殺이 乘權하고 制伏이 없으면 벼슬길이 깨끗하며, 衆殺을 制하고 主가 通根되어 食神이 殺을 制하면 權衡을 장악하는 사람이며, 殺이 印을 生하고 印이 身을 生하면 남을 가르치는 입장에 서게되며, 身이 財에 任하고 財가 殺을 滋助하면 財政을 담당하는 벼슬길에 나아간다.

만약 殺이 重하고 身이 輕하면 貧아니면 夭折한다. 微弱한 殺에 制가 過하면 비록 學問을 많이 했어도 成功함이 없다.

殺이 四柱에 있으면 총론하여 마땅히 降伏해야 한다. 그러나 休에 이르기를 年에 있으면 制함이 不可하고 一位를 取하면 權貴가 된다고 하였으나 하필 時上만 尊稱할 必要는 없는 것이다.

制殺爲吉은 調劑의 功에 있는것이며 借殺爲權은 中和의 妙함에 있는것이다. 단, 殺을 보고 主가 衰弱하면 家業이 기울어진다. 局에 殺神을 얻었다고 해서 일이 모두 成就되는 것이 아니다.

書에 이를기를 格을 推詳할때 殺이 重하면 切해야 하는 것으로 用은 마땅히 精해야 한다.

그리고 天干에 乙丁己辛癸는 官이며, 地支에 寅巳辰戌申亥는 官의 旺地로써 混雜이 아니며, 殺이 있어도 混이 可함도 있고 不可한 것도 있으니 가령 天干에 甲丙戊庚壬이 殺이며 地支의 卯午丑未酉子는 殺의 旺地로써 混雜이 아니다.

天干에 甲乙이 있고 支에 寅이 있거나,

天干에 丙丁이 있고 支에 巳가 있거나、

天干에 戊己가 있고 支에 辰戌이 있거나、

天干에 庚辛이 있고 支에 申이 있거나、

天干에 壬癸가 있고 支에 亥가 있거나 하면、官이 殺에 混雜되었으니 마땅히 官을 去해야

한다。

干에 甲乙이 있고 支에 卯가 있거나、

干에 丙丁이 있고 支에 午가 있거나、

干에 戊己가 있고 支에 丑未가 있거나、

干에 庚辛이 있고 支에 酉가 있거나、

干에 壬癸가 있고 支에 子가 있으면 殺이 官에 混雜되었으니、당연히 殺을 去해야 한다。

年月에 一殺이 나타나고 地支에서 財가 있으면서 時에 根이 없는 殺星을 만나면 混雜이

아니다。

勢가 官에 있는데 官이 祿을 얻으면 官에 의지하는 殺이 年干에서 도우면 混雜이 된다。

勢가 殺에 있고 殺이 祿을 얻으면 殺에 의지하는 官이 年干에서 도우면 混雜이 된다。

敗財와 合殺하고 比肩이 敵殺하면 混雜도 可하며、그리고 比肩이 合官하고 劫財가 攔官하면 殺이 도와도 混雜이 아니며、一個의 官이 印綬가 重重하여 洩氣당하면 殺이 도와도 混雜이 아니며、一個의 殺이 食傷을 같이 보면 制殺이 太過하니 官이 도와도 混雜이 아닌것이다。

만약 官殺이 같이 나타나도 根이 없고 四柱에 劫印이 重重하면 混雜이 좋을뿐아니라 마땅

130.

財滋弱殺格

```
己  庚  庚  丙
酉  辰  申  寅

己未
辛酉
壬戌
甲子
乙丑
```

俗論에는 春金이 失令하고 또 財가 旺하여 殺을 生한다. 그리고 殺은 長生에 根이 通하여 旺하므로 반드시 身을 도우고 殺을 抑해야 한다고 하였다.

그러나 春金이 當令하지 않은것만 알았지 日主가 支에 祿旺을 만나고 辰時를 얻어서 印比가 幇身한다. 弱變爲强이 되니 소위 木은 연약하고 金은 堅固하다.

만약 丙火가 없다면 寅木이 存在하기 어렵고, 寅木이 없으면 丙火의 뿌리가 없었을 것이다. 반드시 필요한 것은 財가 殺을 도와야 한다. 甲運에 入泮하였고, 子運은 三合의 水局이 되어 木을 生하므로 녁녁하였고, 癸運은 己土가 當頭하여 災殃이 없었으며, 亥運은 寅과 合하니 絶處逢生한다. 그리하여 名利가 높았고, 壬戌運은 支가 西方으로 木火가 함께 傷하니 雲程이 막히고 刑耗가 많았다.

131.

```
丙  庚  庚  辛
申  寅  申  巳

辛卯
壬辰
癸巳
甲午
乙未
丙申
丁酉
```

天干에 庚이 나타나고 地支에 兩祿에 通根하므로 旺하다. 丙火가 비록 祿을 얻었으나 庚辛의 元神이 나타났다 (巳火가 火의 祿支로 되지만 金의 長生도 된다). 用神은 殺을 滋助하는 財가 分明하다. 辰運은 木의 餘氣로써 학업을 열심히 연마하였고, 巳運은 財의 旺支이므로 科擧에 合格하여 계속 직위가 올라갔다。 이 命은 前造보다는 格이 떨어지나、 運行을 잘만난 탓으로 富貴를 한것이다。 비록 格局에 정해지나 窮通하면 運에 있는것으로 소위 命좋은것이 運좋은 것만 못하다는 것은 확실한 것이다。

132.

```
戊子   乙卯
甲寅   丁巳
戊午   己未
甲寅   辛酉
```

戊土가 寅月에 生하고 寅時이므로 土가 衰하고 木이 盛하다。 제일 기쁜것은 午火가 日支에 있어 生함이 有情하다。 衆殺이 橫行하나 午火의 印星이 化한다。 子水의 財가 寅木을 生하므로 午火를 冲하지 못한다。 情協하여 通關이 되며 運行 또한 南方의 火土로 달리니 名利兩全하였다。

133.

```
甲寅   乙丑
戊子   甲子
丙寅   癸亥
己亥   壬戌
       辛酉
       庚申
       己未
```

이 命을 보면 前造보다 나은것 같이 보인다。 이유는 이 命은 印이 長生에 앉았고 前造는 印의 財의 冲을 만났기 때문이다。 그러나 前造는 日支에 印綬가 있어 七殺을 拱合하여 生하니 日主가 堅固하며 이 命은 財가 日支에 있으며、 반대로 日主를 生하지 않고 殺을 生한다。 兼하여 運 또한 西北으로 달린다。 流年인 戊午年에 中鄕榜에 올랐고、 己未年은 進士에 이르렀다。 이것은 比肩이 幇身하는 것으로 財星을 冲去한 妙함이다。 壬運에 兩印을 壞하니 苦生이.

있었고 戊運은 寅戌拱合하여 형편이 피었으나 장래 辛酉運은 木多金缺에 洩土生水하고 丙火를 合去하니 禍를 어찌 免할수 있을 것인가?

134.

戊辰　　辛酉
庚申　　壬戌
甲子　　癸亥
甲子　　甲子
　　　　乙丑
　　　　丙寅
　　　　丁卯

木洞金銳하여 厚土가 金을 生하니 원래 두렵다. 그러나 기쁜것은 支가 水局을 이루어 肅殺의 氣를 化하니 生化有情하다. 癸亥運에 이르러 科甲連登하였고, 丁卯運은 制化가 모두 있으니 벼슬길이 平坦하여 평생 위태로움이 없었다.

135.

戊午　　丁巳
丙辰　　戊午
庚寅　　己未
丙戌　　庚申
　　　　辛酉
　　　　壬戌
　　　　癸亥

兩殺이 干에 나타나고 支에 殺局을 이룬다. 기쁜것은 戊土 원신이 나타나서 殺을 化한다. 寅木은 印을 破하나 寅午戌三合으로 반대로 土의 근원을 培養한다. 己未運에 科甲連登하고 庚申辛酉運은 幇身하여 情이 있다. 이름이 四海에 날렸다.

136.

癸亥　　壬戌
癸亥　　辛酉
丁卯　　庚申
　　　　己未
　　　　戊午
　　　　丁巳
　　　　丙辰

干에 三癸가 나타나고 支에 兩亥를 만나 乘權秉令하였다. 기쁜것은 金이 없어서 기쁘고 兩印이 拱會하여 生化不悖하므로 淸하고 純粹하다. 辛酉庚申運은 功名이 별볼일 없다가 己未運은 干에서 殺을 制하고 支에 亥卯未로 三合하므로 名利를 날리고 계속 戊午丁巳丙運에 벼슬이 觀察에 오르고 모든 것이 有餘하였다.

137.

戊辰
戊午
壬辰
甲辰

己未
庚申
辛酉
壬戌
癸亥
甲子
乙丑

四柱가 모두 殺이며 기쁜것은 地支에 三辰이 있어서 身이 庫에 通根한다. 妙한것은 金이 없고 時의 甲木이 殺을 制하는 것이다. 辰內에 木의 餘氣가 있어 一將이 群凶을 制壓하는 象이다. 癸亥運에 食神이 生을 만나고 日主는 祿을 얻어 科甲連登하여 甲運에 벼슬이 縣令에 올랐다. 子運에 衰神이 旺을 冲하니 不祿하였다.

138.

庚申
庚辰
甲戌
丙寅

辛巳
壬午
癸未
甲申
乙酉
丙戌
丁亥

甲木이 辰月에 生하여 餘氣가 있다. 단 庚金이 같이 나타나고 根에 通하여 强力하다. 제일 기쁜것은 寅時의 祿旺이며 다시 妙한 것은 丙火가 홀로 나타나서 殺을 制하고 身을 도운것이다. 午運에 暗會로 火局의 되니 中鄕榜에 오르고 甲申 乙酉運은 殺이 祿旺을 만나 刑耗가 많았으며 丙戌運에는 知縣에 올랐다.

139.

壬子
壬子
丙戌
戊戌

癸丑
甲寅
乙卯
丙辰
丁巳
戊午

年月에 兩壬子를 만나니 殺勢가 狂猖하다. 다행한것은 日時의 戌庫에 身이 通根하고 妙함은 戊土가 나타나서 水의 汪洋을 저지하는 것이다. 乙卯運·水가 絶이 되며, 運도 東南의 地로써 殺을 抑制하고 身을 도운다. 火는 生을 만나므로 벼슬길에 나아가 郡守에 올랐다.

壬申
丙午
庚午
丙戌

丁未
戊申
己酉
庚戌
辛亥
壬子
癸丑

兩殺이 當權하고 旺에 臨하여 원래 두려우나 年干의 壬水가 申에 臨하여 족히 殺을 制한다. 다시 妙한 것은 木이 없어서 水를 洩하지 아니하고 火를 도우지 않는 것이다. 申運에 金水가 도움을 얻으니 發展하였으며, 酉運은 西方으로 名利가 높았고 後의 金水運에는 體用이 모두 득의하여 郡守에 올라 富貴를 누렸다.

四、合官留殺格

癸丑
戊午
丙午
壬辰

丁巳
丙辰
乙卯
甲寅
癸丑
壬子
辛亥

丙火가 仲夏에 生하고 戊癸合化하여 火로 됨을 꺼린다. 그러나 기쁜 것은 壬水가 庫에 通根하고, 또 丑을 보는 것으로 火를 어둡게 하고 金을 養育한다. 그러므로 癸水가 根에 通하니 合而不化한다. 合이 不化한즉 壬水를 도운다. 甲寅乙卯運에는 剋土衛水하니 벼슬길에 나아가 발전하였다가 丑運에 일시 좌천이 있었다. 壬子運은 다시 벼슬이 높아 名利裕如하였다.

癸巳
戊午
丙午
癸丑

丁巳
丙辰
乙卯
甲寅
癸丑

前造와는 一丑字만 바꿔졌을 뿐이나 天淵의 차이가 있다. 丑은 北方의 濕土이며 能히 丙火의 烈을 어둡게 하고 午火의 불꽃을 거두어들이며 또 金水를 蓄藏한다.

壬辰
壬子　辛亥
巳火는 癸의 絕地이니 戊癸合으로 化하여 壬殺을 돕지 못한다。반대로 陽刃

의 猖狂을 도울뿐 아니라 巳中의 庚金을 引助함도 없다。壬水가 비록 庫에

通根하였으나 金의 滋助가 없으므로 淸枯의 象이다。兼하여 運行도 四十載까지 木火의 劫

을 生하는 鄕이다。繼父의 뜻과 成名을 받들지 못하고 半生의 事業이 浮雲과 같았다。卯

運은 壬水가 絕地이며 陽刃이 生을 만나서 骨肉의 患이 있었고、家産을 탕진하여 家業이 기

울어졌다。그래서 사람을 請하여 自己運命을 물어 보았더니 名利가 있다고 하였으나 後에

하나도 증험함이 없었으니 어찌 통탄하지 않겠는가? 神枯의 命은 運을 만나도 별볼일이 없

는 것을 알지 못한 것이다。

143.
戊申　甲子
癸亥　乙丑
丙午　丙寅
壬辰　丁卯
　　　戊辰
　　　己巳
　　　庚午

日主가 비록 羊刃에 앉았으나 亥月에 生하여 休囚되고 丙火를 生하는 木이

없으며 殺官이 門戶에 나타났다。기쁜것은 戊癸合하여 癸水를 去하니 混雜

되지 않으며 다시 妙함은 運이 東南의 地인 故로 높은 지위까지 지냈다。

144.
戊午　甲子
癸亥　乙丑
丙戌　丙寅
戊戌　丁卯
　　　戊辰

丙戌日元이 辰을 만나 戌庫를 冲去한다。壬癸가 같이 나타났으나 기쁜것은

戊의 合으로 去官留殺한다。또 年에 刃이 도우니 火가 虛한 가운데 불꽃이

있다。

145.

壬申
丁未
丁未
癸卯

戊申 己酉 庚戌 辛亥 壬子 癸丑 甲寅

日月이 모두 丁未이며 時의 殺은 根이 없다。 기쁜것은 壬水官星이 殺을 도우며 合이되지 않는 것이다。 다행히 壬水가 申에 앉아서 合而不化하여 申金이 用神이다。 그리고 다시 妙한것은 運이 西北의 金水運이므로 官殺이 生氣를 만난다。 名利有餘하였다。

(전조 계속)

壬辰
己巳
庚午

그리고 金이 없어서 前造보다는 낫다。 벼슬은 刑權의 職을 누렸다。

146.

甲辰
己巳
戊辰
乙卯

庚午 辛未 壬申 癸酉 甲戌 乙亥 丙子

戊土가 巳月에 生하여 日主가 旺한것 같으나 地支의 兩辰은 木의 餘氣므로 木이 더 旺하다。 기쁜것은 合殺留官이며, 官星이 祿에 앉았고 다시 妙한 것은 運이 生化不悖하여서 早年에 과거에 합격하고 벼슬이 높았다。

147.

庚申
辛卯
丙辰

壬辰 癸巳 甲午 乙未 丙申 丁酉

春金이 비록 當令하지 않았으나, 기쁜것은 祿에 앉았고 印을 만났으니 弱한 가운데 旺이 되었다。 丙辛이 合하니 丁火가 홀로 깨끗하다。 殺도 去할뿐 아니라 劫인 辛金도 去하므로 財의 劫奪도 없다。 卯木이 官을 生扶하고 運

丁丑
癸亥
戊午
己酉

戊
己亥
丁巳
丙辰
乙卯
甲寅
癸丑
壬子
辛亥

또한 木火地이므로 名利有餘하였다.

戊土의 旺殺이 財를 만났으며、合이 된것이 기쁘다.

妙한것은 癸水가 旺에 臨하므로 合而不化한즉、戊土가 有情하여 壬水에 抗拒하지 못한다. 合化한즉 化한 火가 土를 生하여 無情하기 때문이다. 東方木運에 靑雲의 뜻을 이루고、北方의 水地에는 財를 去하고 印을 護衛하니 天下에 이름이 높았다.

五、官殺混雜格

壬辰
癸丑
壬子
丙寅

癸丑
甲寅
乙卯
丙辰
丁巳
戊午
己未

水가 當權하고 官殺이 重疊하였다. 제일 기쁜것은 日主가 長生에 앉았고、祿旺을 얻으니 殺勢가 비록 强하나 두렵지 않고 丙運에 封身하고 己巳流年에 官을 去하니 벼슬이 높았다.

寅이 能히 水를 거두들여 殺을 化하여 身을 生하는 것이다. 祿旺을 얻으니 족히 官殺을 對敵하며 金이 없어서 印星이 用神이 된다.

乙亥
甲子
癸巳
丙寅

丙子
丁丑
戊寅
己卯

나 기쁜것은 卯木이 能히 火를 生한다. 寅運에 亥를 合하여 印을 生扶하니

官은 長生을 만나고 殺은 祿旺을 만났다. 巳亥의 冲으로 비록 印이 損傷되

151.

丙辰
丁酉
庚午
戊寅

甲辰
癸卯
壬寅
辛丑
庚子

丁卯
辛巳
庚辰

계속 직위가 올랐으며 庚辰辛巳運은 官殺을 制하는 功으로 名利兩優하였다。

殺이 寅生을 만나고 官은 祿을 얻었다。기쁜것은 秋金이 秉令하고 다시 妙한것은 辰土가 火를 洩하고 金을 生하므로 中和를 象을 찾은 것이다。더욱 기쁜것은 運이 北方의 水地로 行한다。庚子運에 官根을 冲去하여 명성이 높았고、辛丑壬運까지 계속 安樂하였다。

152.

戊午
己未
壬申
辛亥

庚申
辛酉
壬戌
癸亥
甲子
乙丑
丙寅

官殺이 같이 旺하고 當令한다。다행히 日主가 長生에 앉았고、時에 祿을 만나니 旺하다。족이 官을 對敵하고 殺에 얽메이지 않는다。日支의 印綬가 財殺의 氣를 引通하여 運도 西北의 鄕이므로 少年에 과거에 합격하고 名利雙輝하였다。

壬水日 官殺混雜이된 格이 富貴가 많다。總論하면 殺官이 當令하면 반드시 坐下에 印綬가 있는것을 바라며、印綬가 있으므로 殺官의 氣를 流通生化한다。或은 氣가 生時에 通하여도 족이 身을 扶助하니 殺에 對敵한다。만약 生時에 不通되거나、또 坐下에 印綬가 없으면 貧 아니면 역시 賤하다。가령 殺官이 當令치 않으면 이 論은 말하지 않는다。

六、制殺太過格

153.

辛卯
丁酉
戊申
己亥

丙申　乙未　甲午　癸巳　壬辰　辛卯

時에 있는 殺을 四個의 食傷이 制한다. 年支의 卯木이 蓄頭된 辛金에 剋당하니 秋木이 疎土하기가 不足하다. 그래서 亥中의 甲木에 의지하여 殺을 호위한다. 乙未運에 暗會木局하니 명성이 높았고, 甲午運은 木이 死가 되고 己와 合하여 土가 되므로 若生하다가 己巳流年에 亥水를 冲去하여 不祿하였다.

154.

辛卯
戊戌
丙辰
壬辰

丁酉　丙申　乙未　甲午　癸巳　壬辰　辛卯

一殺이 四個의 制를 만나니 前造에 미치지 못한다. 이것은 亥卯의 拱合이 없기 때문이다. 早年에 약간 형편이 피었으나 벼슬길은 通達이 없었다. 甲午運에 行할때 刑耗가 있었으나, 一身의 時에 殺이 나타난 것이 기쁘다. 허물은 없었다.

155.

壬辰
丙午
丙午
壬辰

丁未　戊申　己酉　庚戌　辛亥　壬子　癸丑

殺이 四制를 만나고 柱中에 印綬가 없다. 기쁜것은 殺이 나타나고 食이 藏庫에 殺이 通根한 것이다. 總論하면 夏火가 當權하였으며 水는 金의 도움이 없다. 酉運에 辰土를 合去하고 財星이 殺을 滋助하니 벼슬길에 오르고 庚運에 직위가 올랐다. 戌運은 燥土가 冲動하며 戊辰年에 戊土가 나타나서 緊制하니 不祿하였다.

156.

己巳
戊辰
壬辰
壬寅
乙亥

五個의 殺이 五個의 制를 만났다. 土가 비록 當權하였으나 木 역시 雄壯하다. 다행히 日主가 兩庫에 根이 通하고 比肩이 匡扶한다. 壬申運에 日主가 生을 만나고 寅木을 冲去하므로 이름이 날렸고 癸酉運까지 名利裕如하였다.

157.

己巳
庚午
戊寅
戊寅
庚申
乙亥
甲戌
癸酉
壬申
辛未

兩殺이 四個의 制를 만났다. 다행히 春木이 時를 얻어 秉令하므로 庚金이 剋하여도 盡絕당하지 않는다. 午運에 土의 不足을 도우고 金을 去하는 것이 有餘하니 登科하여 현령에 올랐다. 壬申運에 이르러 食神을 만나 다시 制함을 보니 軍에서 功을 세우다 死亡하였다.

壬氏가 말하기를 殺을 制함이 太過하면 官殺이 混雜된 것만 못하다고 하는 것은 殺을 制함이 太過하면 殺은 이미 損傷되고 淺하여 다시 制殺의 運으로 行한다면 九死一生으로 凶함이 심하다.

官殺이 混雜되더라도 日主가 旺에 앉아서 印綬가 건전하고 運程이 安頓하면 富貴를 누린다.

만일 日主가 休囚되고 財星이 壞印하면, 殺이 홀로 나타나 純淸하고 官이 混雜되지 않아도 왕왕이 근심이 많고 樂도 적으며 뜻도 펴기가 어렵다.

一、傷官

◉ 傷官見官果難辨、可見不可見。

상관이 관을 보면 분변하기 어려우니 보는것이 可할때가 있고 不可할때도 있다.

[原註] 신약하고 상관이 왕하면 (身弱而傷官旺者) , 印을 보면 官을 보는것도 可하고 (見印而可見官) , 身旺하고 傷官이 旺하면 (身旺而傷官旺者) , 財를 보면 官을 보는 것도 可하고 (見財而可見官) 傷官이 旺하고 財神이 가벼울때 (傷官旺財神輕) 比劫이 있으면 官을 보는 것도 可하고 . (有比劫而可見官) , 日主가 旺하고 傷官이 輕할때 (日主旺傷官輕) 印綬가 없으면 官을 보는것도 可하고 (無印綬而可見官) , 傷官이 旺하고 財가 없으면 하나의 官星을 만나도 禍가 있고 (傷官旺無財一過官而有禍) , 傷官이 旺하고 身弱하면 (傷官旺而身弱) , 하나의 官을 보아도 禍가 있고 (一見官而有禍) , 傷官이 弱하고 財가 輕하면 (傷官弱而財輕) 하나의 官을 보면 禍가 있고 (一見官而有禍) , 傷官이 弱하고 印을 보면 (傷官弱而見印) 하나의 官을 보아도 禍가 있고 (一見官而有禍) 대체로 傷官에 財가 있으면 (大率傷官有財) , 대개 官을 보는것이 可하고 (皆可見官) 傷官에 財가 없으면 (傷官無財) 대개 官을 보는것이 不可하다。(皆不可見官) 또 중요한 것은 身强身弱을 보는 것이니 (又要看身弱身强) , 財官印綬比肩을 合함이 같지 아니하며 (合財官印綬 比肩不同方可) 金水木火土를 구분할 필요가

없다 (不必分金水木火土也) 또 傷官에 印을 用할때 財가 없으면 財를 만남이 不可하고 (又曰

傷官用印無財不宜見財) 傷官에 財를 用하면 (傷官用財) 印이 없으면 印綬를 만남이 不可하

니 자세이 살펴 말하라 (無印不宜見印、須詳辨之)。

[解說] 傷官은 命主의 元神은 도적질하는 것으로 善良한 것이 아니다。日主의 氣를 傷

하고 從橫으로 날뛰어 善惡이 무상하나, 駕馭가 잘되면 英華가 밖으로 나타나서 聰明하다。

만약 官을 보면 可否을 보고 原局의 權衡을 就하는 것으로 作用이 같으면서도 같지아니한

것도 있으므로 한가지 理論에만 집착하지 말아야 한다。

[傷官用印] [傷官用財] [傷官用劫] [傷官用傷] [傷官用官] 이 있으며、[傷官用財]

란 日主가 旺하고 傷官 역시 旺하면 財를 用하고 比劫이 있으면 官이 可하고 比劫이 없고

印綬가 있을때는 官을 보는것이 不可하다。

[傷官用印] 은 日主가 弱하고 傷官이 旺하면 印을 用함이 마땅하고 官을 보는 것도 可하

지만 財를 보는것은 不可하다。

[傷官用劫] 은 日主가 弱하고 傷官이 旺할때 印綬가 없으면 比劫이 用이 된다。喜神은

印이며 忌神은 財官이다。

[傷官用傷] 은 日主가 旺하고 財官이 없으면 傷官이 用인데、기쁜것은 傷官이 財를 보는

것이며 꺼리는 것은 官、印이다。

[傷官用官] 은 日主가 旺하고 比劫이 많을때 財가 衰하고 傷官이 輕하면 官이 用이된다。

기쁜것은 財星을 보는것이며 忌神은 傷、印이다。

소위 傷官이 官을 보면 [爲禍百瑞]란 말은 대개 日主가 衰弱할때는 比劫이 用이 된다。 이때 官이 比劫을 剋하면 禍가 일어난다는 말이다。 만약 局중에서 印이 있으면 官을 보아도 禍가 없고 도리어 福이 된다。

[傷官用印]은 局內에 財가 없고 行運에서 印이 旺하여 身旺地이면 貴할것이며 財나 傷의 旺地이면 貧賤하다。

[傷官用財]는 財星이 得氣하고 運行이 財旺地이거나 傷旺地이면 富貴하고 印이나 劫의 旺地면 貧할것이다。

[傷官用劫]은 運이 印旺을 만나면 반드시 貴할 것이요、

[傷官用官]은 運이 財旺을 만나면 반드시 富할 것이며、

[傷官用傷]은 運이 財鄉을 만나면 富아니면 貴할 것이다。

[傷官用傷]은 印을 用할때와 財를 用할때의 차이는 官의 高卑와 財의 厚薄에 不過하니、세밀히 推理하라。

一、傷官用印格

158.

己丑
己巳　庚午
辛未　戊辰
丙寅　丁卯
　　　丙寅

土의 傷官이 重疊하였으나 季夏에 生하여 火氣가 有餘하다。 또 日干이 寅의 長生을 얻어 甲木이 用神이 된다。 丁卯運에 辛金을 剋去하고 丑土를 破하니 소위 有病得藥이다。 지위가 향상 되었으며 丙寅運 역시 體用이 마땅

159.

辛酉
丁酉
戊午
辛酉

庚寅 辛卯 壬辰 癸巳 甲午 乙未 丙申

金의 傷官이 重疊하였다. 기쁜것은 四柱에 財가 없어서 用神인 丁火가 傷하지 않으므로 氣象이 淸純하다. 初運의 木火運은 體用이 마땅하니 少年에 크게 뛰어났다. 中年의 癸巳壬辰運은 金을 生하고 火를 剋하니 좌절함이 많았다.

160.

壬戌
壬子
庚辰
己卯

癸丑 甲寅 乙卯 丙辰 丁巳 戊午 己未 庚申

水傷官이 當令하였으나 地支에 煖土가 있어 족히 水의 過함을 막는다. 그러나 時의 卯財가 病神이다. 그래서 初運의 水木運에는 學業도 이루지 못하고 별볼일 없다가 三旬을 지나서 火土運에 異路로 發展하여 州牧까지 지냈다. 午運은 衰神을 冲旺하니 근심이 있을 것이다.

161.

乙丑
癸巳
丙辰

甲午 乙未 丙申 丁酉 戊戌

木火傷官에 印綬가 祿支에 通根하니 格局을 미상불 아름답다. 그러나 嫌惡하는 것은 財星이 印을 무너뜨리고 있다. 丑辰은 濕土로써 능히 水를 도우고 巳火를 어둡게 한다. 初中年은 運을 만나지 못하여 寒儒에 불과하였다. 中

己丑
乙丑 甲子
하니 名利兩全하였다.

丙子
己亥

年以後의 水運에는 火는 絕이 되고 水는 生함을 만나서 잠시 이름은 있었다.

二、傷官用財格

162.

丙申　己亥
戊戌　庚子
丁卯　辛丑
乙巳　壬寅
　　　癸卯
　　　甲辰
　　　乙巳

火土傷官格에 劫印이 重疊하여 旺함을 가히 알것이다. 申金財星이 用神이 며 遺業이 본래 豊富하여 辛丑壬運에 大富를 이루었다. 寅運은 金이 絕地 에 臨하고 劫이 長生을 만난다. 또 寅申이 冲破하니 소위 「旺者冲衰 衰者 拔」이므로 不祿하였다.

163.

癸亥　甲寅
乙卯　癸丑
乙卯　壬子
乙巳　辛亥
　　　庚戌
　　　己酉
　　　戊申

水木傷官格에 日이 長生에 앉았고 年支에 祿을 만나 旺하므로 日主가 弱하 지않다. 用神은 巳火이며 嫌惡하는 것이 運行이 金水地로써 풍상이 많았 다. 戌運에 이르러 亥水의 劫을 緊制하고 卯未와 拱合하여 財가 되므로 크 게 財物을 모았다. 酉運에 傷官을 冲破하고 劫印을 生助하니 不祿하였다.

164.

辛酉　壬戌
戊子　癸亥
　　　甲子

土金傷官格에 日主가 祿旺하고 劫刃이 많다. 子財星이 秋水通源하고 酉가 伏되어 보호한다. 遺業은 적었으나 甲子 乙丑

-203-

戊午
乙丑
丁巳
丙寅

戊　丁　乙
辰　卯　寅

運 二十年間은 制化가 모두 마땅하니 自手成家하였다。丙寅運에 火土를 生助하고 金水를 剋洩하니 不祿하였다。

壬申
辛亥
辛酉
庚寅

壬　癸　甲　乙　丙　丁　戊　己
子　丑　寅　卯　辰　巳　午　未

金水傷官格에 比劫이 많아서 寅木의 財를 用神으로 한다。亥水가 金을 洩하고 木을 生하므로 爭奪의 징후가 없다。또 亥가 있으니 申의 冲함을 解消한다。만약 亥水가 없었다면 일생 발달함이 없었을 것이다。亥水는 財神을 生하는 福神으로 甲寅 乙卯運에는 自手成家하여 富를 이루었다。火運에는 戰剋함이 있어서 풍파가 많았다。또 財星이 洩氣당하니 발달이 없다가 巳運에 이르러 巳酉拱合하고 劫이 生을 만나므로 不祿하였다。

三、傷官用劫格

166
癸亥
己未
戊申
己未

庚　己　戊　丁　丙　乙　甲
申　未　午　巳　辰　卯　寅

土金傷官格에 財星이 太重하다。다행히 未時를 만나서 劫財가 通根하여 用神이 된다。또 妙한것은 運도 아름다우니 벼슬길에 나아가 丁巳 丙辰運에 印이 旺하여 用을 도우니 州牧에 올라 財物도 풍족하였다。

169.   **168.**   **167.**

167.

己未
癸酉
戊戌
庚申

辛未
庚午
己巳
戊辰
丁卯
丙寅

土金傷官格에 地支가 西方으로 金氣가 太重하므로 劫이 用神이다. 기쁜것은 癸水를 剋하므로 遺業을 잘 지켜서 南方의 火行地에 名利兩全하고 一生이 凶化爲吉하였다.

168.

甲寅
癸亥
甲寅
癸亥

丁未
戊申
己酉
庚戌
辛亥
壬子
癸丑

水木傷官格에 기쁜것은 財가 없는 것이다. 嫌惡하는 것은 寅亥合하여 木으로 化됨이다. 傷官이 太重하여 比劫이 用이며 辛運에 入伴하고 亥運에는 그럭저럭 보내다가 庚戌運에 벼슬길에 나아갔다. 戊申運의 二十年까지 生化不悖하여 名利가 모두 뛰어났다.

169.

戊申
己未
丙戌
己丑

庚申
辛酉
壬戌
癸亥
甲子
乙丑
丙寅

이 四柱가 丑戌月에 生하였다면 從兒格으로 名利를 모두 얻었을 것이다. 그러나 未月에 生하여 火의 餘氣가 有餘하므로 未中의 丁火가 用神이다. 아까운 것은 運도 西北의 金水地로 行하니 祖業을 지키지 못하고 癸亥運에 가난이 극심하여 삭발하고 중이 되었다.

170.

戊辰　辛酉
庚申　壬戌
己酉　癸亥
癸酉　乙丑
丁卯　丙寅

傷官用劫格이다。嫌惡하는 것은 辰의 濕土로써 金을 生하고 拱合하여 水가 되므로 日主를 돕기가 不足하다。兼하여 運行도 西北의 金水地이므로 한번 敗하여 일어서지 못하였고 家庭도 마찬가지였다。

以上 五造는 모두 劫을 用하는데 前三造는 名利兩全하고 後兩造는 一事無成한 것은 運의 幫助가 없는 연고이다。이것을 推理하여 보건데 사람의 다름이 있는 것이 아니라 運途에 있는 것이다。

171.

四、傷官用傷官格

庚辰　庚辰
己卯　辛巳
壬辰　壬午
甲申　癸未
庚子　乙酉
　　　丙戌

水木傷官格이다。天干의 己土는 絕에 臨하고 兩辰內에는 木의 餘氣가 있다。己土는 金을 生하고 辰土는 子水와 拱合하여 水가 되며 兩庚이 나타났다。壬辰土는 水를 制하지 못할 뿐아니라 반대로 金을 生하고 水를 도우니 반드시 木이 用神이다。소위 一神을 얻어 用하니 이 象은 가볍지 않다、初運의 庚辰辛巳는 金의 旺地이므로 功名이 없었고 壬午運을 만나서 財가 金을 制하여 이름이 높았고、癸未運은 拱合으로 木이 되어서 用神을 돕고、甲申運은 申子辰三合으로

水가 되어서 用神인 木을 도우니 계속 직위가 올라갔다。 酉運에 卯木을 冲破하여 落職하였다。

소위 用神을 損傷하면 不可하니 믿을만한 말이다。

172.

乙酉
戊寅
癸酉
癸丑

丁丑
丙子
乙亥
甲戌
癸酉
壬申
辛未

水木傷官格이다。 地支에 印星이 並旺하고 酉丑拱合하여 金이 되어 日主를 生旺을 만나므로 鄕榜에 올랐으며 甲戌 癸運까지 縣令職에 있다가 酉運에 三酉가 寅木을 剋하니 잘못을 저질러 落職하였다。 前造와 이 造는 火가 적은 理由로 [有病無藥]한 탓이다。 만약 火가 있었다면 비록 金地로 行하여도 大患은 없었을 것이다。

173.

己卯
庚午
丁卯
丁卯

己巳
戊辰
丁卯
丙寅
乙丑
甲子
癸亥

木火傷官格이다。 年月兩干의 土金은 根이 없어서 用이 되지 않으며、日主가 地支의 兩卯에 一寅이 있으므로 日元이 旺强하다。 그래서 洩하는 丁火가 用神이다。 爲人이 權謀가 뛰어났고 丁卯運에 癸科하여 縣令에 올랐으며、丙寅運은 庚金을 剋盡하므로 名利가 흡족하였다。 乙丑運은 庚과 合하고 晦火生金하여 落職하였다。

174.

乙未
丙子
丁酉
己亥

乙亥
戊戌
丁酉
丙申

火土傷官格이다。 四柱에 金이 없고、子水는 메말라서 未土가 用神이 된다。 제일 嫌惡한 것은 乙木이 並透하고 根이 굳세다。 初運인 丙申丁酉는 乙木

丙辰
乙未　辛丑
壬寅　庚子

己運을 만나서 土가 根이 없고 木에 回剋당하니 刑耗가 있었다。亥運은

乙運을 制化하므로 豊足하였으며 戊戌運은 날마다 번창할 정도로 융성하였고、

未拱合하여 忌神인 木이 旺하여 病을 얻어서 죽었다。

五、傷官用官格

175.

壬戌　庚戌
己酉　辛亥
戊戌　壬子
乙卯　癸丑
　　　甲寅
　　　乙卯
　　　丙辰

土金傷官格이다。地支의 兩戌은 燥烈하므로 두렵고 妙한것은 年干의 壬水가 潤土洩金하고 木을 生하니 족이 官을 用한다。亥運에 財官이 生扶를 얻으니 功名을 쉽게 얻었고 壬子運은 큰 뜻을 이루다가 癸丑運은 酉丑拱合하므로 喪을 많이 당하였다。甲寅 乙卯運의 二十年間을 侍郎의 職位에 올라 名利有餘하였다。

176.

庚午　庚辰
己卯　辛巳
壬申　壬午
己酉　癸未
　　　甲申
　　　乙酉
　　　丙戌
　　　丁亥

水木傷官格이다。기쁜것은 官印이 根에 通하고 年支에 財를 만나 傷官을 官은 制하는 것을 化한다。日元이 生旺하니 족이 官을 用한다。巳運에 官이 旺에 臨하므로 진취의 象이다。壬午癸未運에는 南方의 火地이므로 州牧에 올랐다。甲申乙酉運은 金이 得地하고 木은 絶地에 臨하니 故鄕에 돌아 왔으나 큰 凶災는 없었다。

177.

辛未
辛卯
壬辰
己酉

庚寅　己丑　戊子　丁亥　丙戌　乙酉　甲申

水木傷官格이다. 天干의 兩辛이 支에 辰酉를 만나니 水를 이롭게하는 根源이 된다. 官의 根이 굳세어 己土官星이 用神이 된다. 己丑運은 一身이 安樂하였으며 戊子運에는 벼슬은 별볼일이 없었으나 家業은 나날이 번창하였다. 丁運은 큰 大患이 없었고 亥運은 亥卯未木局을 이루어 傷官이 肆逞하므로 刑耗를 겪다가 죽었다.

178.

癸酉
己未
丙午
癸巳

戊午　丁巳　丙辰　乙卯　甲寅　癸丑　壬子

丙午日元이 支가 南方이며 未土가 秉令하고 己土가 나타나니 火土傷官格이다. 藏財가 劫을 받고 있으나 癸水官星을 生하는 根源이다. 官이 없으면 財가 存在할수 없고 財가 없으면 官역시 根이 없는것이다. 이 造는 火焰土燥한 상태에서 官星이 같이 나타나니 官星이 用神이다. 火土運에는 波亂이 많았다가 乙卯甲寅運에 비록 火를 生하고 있으나 傷官을 制하고 官을 지키는 功이 크므로 財利를 얻어서 納粟出仕하였다. 癸丑壬子運에는 縣令에 올라 名利兩全하였다.

乙巳
甲子
乙丑

烈을 激怒하고 財氣를 洩하므로 不祿하였다。

180.

乙巳
甲子
辛亥
壬子
癸卯

丙辰
乙卯
甲寅
癸丑

六水가 乘權하며 그 勢가 泛濫하다。卯木에 의지하여 洩하는 것이 精英하다。初運의 水鄉地에는 木神을 生助하여서 허물이 없었고 甲寅 乙卯運은 用神이 得의하니 名利를 얻었으며 丙辰運은 群比爭財하므로 二子를 剋하고 夫婦 모두 死亡하였다。

181.

癸卯
壬子
壬子
壬辰

癸卯
乙卯
甲寅
癸丑

天干이 모두 水이며 支에 旺刃을 만났다。기쁜것은 支의 卯辰이 拱合하여 精英을 洩하는 것이다。학업은 일찍 마쳤으나 木의 元神이 나타나지 않으니 별발전이 없었고 嫌惡하는 것은 運이 火를 만난 것이다。丙運의 庚午年에 水火가 交戰하니 死亡하였다。

182.

辛酉
戊辰
丙辰
戊午

癸亥
壬戌
辛酉
庚申
己未
戊午
丁巳

火土가 重重하여 제일 기쁜것은 時에 酉의 傷官이 나타나서 洩하는 것이 菁華하다。三旬以前의 火土運에는 학문이 별발전이 없다가 庚申運에 이르러 일약 發興하였고 辛酉 壬戌 癸亥運은 體用이 모두 마땅하니 벼슬길이 파란없이 발전하여 제후까지 올랐다。

183.

乙酉
辛巳
戊午
庚辰

庚辰　己卯　戊寅　丁丑　丙子　乙亥　甲戌

火土가 當權하고 乙木은 根이 없다。 그래서 辛金이 用神이다。 辛丑年에 過去에 合格하였으나 運程이 不合하니 辛苦를 겪다가 丑運에 金局을 이루니 丙子 乙亥運은 地支가 水이므로 본래 火를 去할수 있다。 그러나 天干의 木火가 不合하여 현저한 發展은 없고 어쩌정할 뿐이다。

184.

丁酉
乙巳
戊午
丙辰

甲辰　癸卯　壬寅　辛丑　庚子　己亥　戊戌

前造와는 一辛字만 바꿔졌을 뿐이다。 八字도 前造에 미치지 못하지만 運途는 前造보다 낫다。 역시 辛金이 用神이며 官印格으로는 論하지 않는다。 벼슬길에 오른것은 會合에 있는것이다。 丁丑年에 濕土가 金을 生하고 火를 어둡게 하고 또한 酉丑拱合한다。

185.

辛未
己酉
丙午
丁丑

乙巳　甲辰　癸卯　壬寅　辛丑　庚子　己亥

火旺節에 己土가 太旺한데 辛金이 나타나서 通根함이 吉하다。 原局은 清하나 아까운것은 行運이 東方으로 病神인 火를 生하며 用神의 絶地다。 뜻은 있으나 성공함이 전전긍긍하다가 辛丑運 戊辰年에 晦火生金하고 食神이 劫地를 기뻐하여 名利裕餘하였다。

一、淸 氣

一淸到底有精神、 管取生平富貴眞、 澄濁求淸淸得去、 時來寒谷也回春。

하나의 청기가 깊으면 정신이 있는 것이며 참된 부귀를 취하여 관리할 것이며, 맑고 탁한

것 가운데 청한 것을 구하고 탁을 없애면 차가운 골짜기에 봄이 다시 오는 것이다.

[原註] 淸은 一氣로 成局된 것을 말하는 것이 아니다 (淸者不徒一氣成局也)。가령 정

관격에 신왕하면 財星이 있고 身弱하면 印綬가 있고 (如正官格 身旺有財 身弱有印)、 傷官과

七殺이 혼잡함이 없으면 (並無傷官七殺雜之)、 比肩 食神 財煞 印綬等이 혼잡하드라도 (縱有

比肩 食神 財煞 印綬 雜之) 모두 순서를 얻으면 (皆循序得所)、 편안함이 있다 (有安頓)。或

한신이 작당하여 局을 破하지 않으면 (或作閑神、不來破局、乃爲淸奇)、 또 정신이 있어서 (

又要有精神) 枯弱하지 않은 아름다운 것이다 (不爲枯弱者佳)。 濁이란 五行의 並出함을

말하는 것이 아니고 (濁非五行並出之謂)、 정관격에 身弱하고, 煞이 혼잡하고 (如正官格、身

弱混之以煞)、 財星과 食神이 혼잡되면 (混之以財以食神雜之)、 官을 제거하지 못하니 (不能

傷我之官) 반대로 官星과 不和한다 (反與官星不和)。 印綬가 혼잡되더라도 (以印綬雜之) 我를

돕지 못하고 (不能扶我之身)、 반대로 財星끼리 싸움을 하니 (反與財星相戕) 모두 濁이 된

다 (俱爲濁)。 或 一神이 有力하고 (或一神有力)、 或行運이 得氣하여 (或行運得所) 그 濁氣

를 씻어주고, 그 滯氣를 冲하여 주면 (以掃其濁氣、冲其滯氣) 모두 濁한 것을 맑은 것으로

만들 것이니 (皆爲澄濁以求淸) 모두 富貴의 命이 된다 (皆富貴命矣)。

［解說］四柱를 보는데 있어서 가장 어려운 것중의 하나는 淸濁을 분별하는 것이다。이 章에서 가장 重要한것은 ［澄濁求淸］의 四字다。淸한 氣運이 있으면 精神이 貫足하고 淸한 氣가 없으면 精神이 枯槁하게 되며、精神이 枯槁한즉 邪氣가 生하게 되고 邪氣가 있는즉 淸氣가 흩어진다。淸氣가 흩어진즉 가난하거나 賤하게 된다。

淸濁은 八字에 모두 있으며 正官의 한부분만 論하는 것은 아니다。

가령 身弱한 正官格에 있어서 印綬가 돕고 있을때 財星을 꺼리게 된다。이때 財星이 印을 破하지 않아야 ［淸］이 되고、財星이 出現하여 印을 破하면 ［濁］이 된다。

그러나 局勢를 보아 財星이 官을 生하고 官은 印을 生하고 印은 身을 生하여 五行의 源頭가 不絕한다면 財星을 濁으로 보지 않으니 行運의 生旺運에 自然히 富貴하게 될 것이다。또 財星이 없다고 무조건 淸이라고 할수 없으니 그 情勢를 보아야 할것이다。

印星이 氣가 없고、官星이 不通하고、或은 印星이 太旺하거나、印星이 官星의 生을 받지 못하거나、印星이 遠隔되거나、日主가、官으로부터 剋당하거나、印星이 生化不能이거나、行運이 再次 財官이라면 貧 아니면 夭하게 된다。

가령 正官格에 身旺하면 財星을 기뻐하는데 꺼리는 것은 印綬이고 다음은 傷官이나 局의 情勢를 보아야 한다。또 傷官에 財가 貼하고 財星에 官星이 貼하고 官星에 比肩이 貼하면、官星을 막지 않아서、傷官이 劫을 化하여 財를 生하고 財는 官을 生하므로 官이 源頭가 되어 다시 돌아 長流한다。行運에 다시 財官地를 만나면 名利兩全한다。

그러나 傷官에 財星이 遠隔되고 반대로 官星이 緊貼되면 財의 힘이 없어서 再次 傷官地로

行하면 貧賤할 것이다。傷官이 天干에 있고 財星이 地支에 있다면 반드시 天干의 財運이 와서 解決해야 하고 傷官이 地支에 있고 財星이 天干에 있으면 地支의 財運이 와서 通關해야 한다。

財官이 相貼되었을때 財神이 被合되거나、閑神에 劫占되었을때、歲運에서 合神、閑神을 冲하거나 制하면 [澄濁求淸]이라 한다。

正官을 例를 들었으나 다른 格도 이와같다。

總論하면 喜神은 마땅히 得地하여 生을 만나야 하고 日主에 貼身하면 아름답고、忌神은 失勢하여 絶이 되고 日主에 遠隔되면 좋다。

日主가 印을 기뻐하는데 印星이 貼身하거나 印綬가 日支에 있으면 아름답다。이것을 日主의 精神이라하며 그리고 官星이 貼印하거나 日支에 官星이면 이것은 印綬의 精神이 된다。

나머지도 이와같이 推理하라。

186.

癸酉　　癸亥
甲子　　壬戌
丙寅　　辛酉
乙未　　庚申
　　　　己未
　　　　戊午
　　　　丁巳

癸亥 子月에 生하였으나 長生이 日支에 있으며 天干에 印이 나타나서 根이 깊이 있으므로 弱이 旺으로 變하였다。기쁜것은 官星이 當令하고 財星의 生을 받는다。소위 하나의 淸氣가 깊은곳에 이른즉 精神이라 한다。다시 妙한것은 源流가 不悖하니 純粹하다。金水運부터 登科하여 이름이 높았으며 火土運에는 별발전이 없었다。

甲子
丙寅
己巳
辛未

丁卯
戊辰
己巳
庚午
辛未
壬申
癸酉

春土가 亥에 앉았으며 財官이 太旺하다。제일기쁜 것은 印綬가 生을 만나고、財가 藏하여 官을 生한즉 印綬의 元神이 더욱 旺하다。日主의 氣가 時에 通하니 가볍지않다。다시 妙한것은 連珠生化하며 運途가 不悖하므로 一生富貴雙全하였다。

癸未
甲子
丙寅
丁酉

癸亥
壬戌
辛酉
庚申
己未
戊午
丁巳

前의 癸酉生과 大同小異하다。前造는 官에 財가 앉았고、이 造는 官에 傷官이 앉은것이 다르다。兼하며 子未가 相貼하니 天干의 官이 剋당하고 地支의 官 역시 損傷당한다。다시 嫌惡하는 것은 劫이 旺位에 있으니 財劫官傷이 됐다。辛酉庚申運은 干支가 모두 財이므로 家業이 豊裕하였다。己未運에 妻를 傷하고 子息을 剋하였다。그리고 家業도 크게 亡하였으니 窮通하면 運에 있음을 알수 있을 것이다。

一、濁氣

○ 滿般濁氣令人苦、一局淸枯也若人、半濁半淸猶是可、多成多敗度晨昏。

만약 이 탁기가 되면 그 사람은 피로울것이고、一局이 淸고하여도 역시 피로운 사람일것이다。반은 淸하고 반은 濁함이 오히려 可함도 있으며 成함도 많고 敗함도 많으니 아첨과

저녁의 구별이다.

[原註] 柱中에 청기가 나오지 아니하였나를 찾는일이 중요한데 (柱中要尋他淸氣不出) 행운에서 그 탁기를 제거하지 못하면 (行運又不能去其濁氣)、반드시 빈천할것이다 (必是貧賤).

만약 淸하면 精神이 있는 것이니 妙하며 (若淸又要有精神爲妙)、만약 枯弱하고 기가 없는데 (如枯弱無氣)、行運까지 발생하는 地를 만나지 못하면 (行運又不遇發生之地) 역시 淸苦한 사람이다 (亦淸苦之人). 탁기는 去하기가 어렵고 (濁氣又難去)、청기가 참된 것이 아니거나 (淸氣又不眞) 行運에서 청기를 만나지 못하거나 (行運又不遇淸氣)、탁기를 벗어나지 못하면 (又不脫濁氣者)、成敗가 같지 아니하니 (雖然成敗不一) 역시 平凡한 生에 불과할 것이다 (亦了此生平矣).

[解說] 「濁」은 四柱가 混雜된 것을 말한다. 或은 正神이 失勢하고 邪氣가 乘權하면 이것은 氣가 濁한 것이다.

提綱이 破損되고 별도에서 用神을 求하려는 [格濁]이며、官旺하면 印을 기뻐하는데 財星이 印을 壞하면 [財濁]이 되고 官이 衰하면 財를 기뻐하는데 比劫이 爭財하면 [比劫濁]이며 財가 旺하면 劫을 喜하는데 官星이 劫을 制하면 [官濁]이며 財가 輕하면 食傷을 기뻐하는데 印綬가 當權하면 [印濁]이며 身이 强하고 殺이 洩한데 食傷이 得勢하면 [食傷濁]이 되는 것이다.

분별해서 用神을 찾으면 名利의 得失과 六親의 喜忌를 알수 있다.

濁에는 清枯의 두 가지가 있으며, 清濁이 清枯보다 낫다.

[清濁] 은 비록 成敗가 같지 아니하고 險阻함이 있으나 行運에서 得所하여 濁氣를 掃除하하면 發起할 것이며 行運이 安頓地가 아니면 困苦할 것이다.

[清枯] 는 日主가 根이 없는것만 말한것이 아니라 日主가 有氣한데 用神이 無氣한 것도 말한다.

[枯] 란 弱한것과 比較되는것이 아니며, 根이 없으면서 썩은것을 말한다. 그래서 滋助의鄉을 만나도 發起할수 없는 것이다.

[弱] 이란 根이 연약하여 扶助함을 만나면 發達한다. 이것은 苗에 根이 있는것과 같은理致이다.

무릇 日主가 枯한 命은 貧아니면 天하며 用神이 枯하면 貧아니면 孤獨하다. 소위 精神이 清하면 반드시 發福할 것이며 偏枯無氣하면 孤貧할 것이며 滿盤이 濁氣라도運을 보아서 抑扶하면 清이 되니 가히 亨通할 것이다.

189.

己卯　乙亥
戊寅　庚辰
丁丑　戊戌
丙子　丁巳
乙亥
甲戌

戊戌日元이 辰月에 生하고 巳時를 만났다. 木은 退氣를 만나니 土가 乘權하였다. 그리고 印綬가 重함으로 身旺하다. 그러나 官을 用할려하나, 庚金이 合하여 壞가 되고 食을 用한즉 官이 不從化하고 또 火가 金을 剋한다.

財를 用할려하나 時의 巳火가 遙冲하고 또 當令하지 않았다. 庚金이 生助한다하나 合을 욕심내어 生함을 잊어버리고, 그리고 멀리 떨어져 無情하다. 그래서 起倒가 같지 아니하였다。 다행히 財官이 餘氣가 있어서 乙亥運에는 작게나마 成就함이 있었다。

190.
癸亥　戊辰
己未　丁巳
丙午　丙辰
己丑　乙卯
　　　甲寅
　　　癸丑

夏令에 生하니 원래 旺으로 論하나 退氣이며 傷官의 洩氣가 重疊되었다。그리고 丑土는 濕土로써 能히 火氣를 어둡게 하므로 濁氣가 當權하였다。清氣는 失勢하고 또 運行도 初運은 火土運으로 半生은 成敗가 많았다。그러다가 甲寅 乙卯運에 土의 濁氣를 掃除하고 日元이 生扶함을 만나 官을 호위한

다。財物도 풍성하였을뿐 아니라 地位도 높았다。

191.
丁卯　丙午
乙巳　丁未
甲辰　庚午
癸卯　己卯
壬寅　庚子
辛丑

大略보면 財가 官을 生하고 官이 印을 生하여 身을 生하여 清美한것 같이 보인다。그러나 南方으로 火烈土焦하므로 金을 生하기가 어렵다。木이 火勢를 좇아 印綬를 무너뜨린다。外華內貧에 그 뜻을 펼치지 못하였다。

一、眞 神

◉ 令上尋眞聚得眞、假神休要亂眞神、眞神得用生平貴、用假終爲碌碌人。

월령에서 眞을 찾아 眞神이 모이면 假神으로 하여 眞神을 어지럽히지 말것이며 眞神의 用을 얻으면 평생을 貴할것이며 假神이 用이되면 평생이 용렬한 사람이 될것이다。

[原註] 가령 木火가 나타났는데 寅月生이면 (如木火透者生寅月)、眞神을 모아 얻은것이다 (聚得眞)。金水의 혼란을 要하지 않고 (不要金水亂之) 眞神이 用을 얻고 害하는바가 없으면 (眞神得用不爲忌神所害)、귀할것이요 (則貴)、金水가 狷狂하여 用神이 되거나 (如參以金水狷狂而用金水) 金水는 令을 얻지 못하여 (是金水又不得令) 木火와 不和하면 (徒與木火不和) 용렬한 사람이 될것이다 (乃爲碌碌庸人矣)。

[解說] 「眞神」은 時를 얻어 令을 잡은 것을 말하고 「假神」은 時를 얻지 못하고 氣가 물러간것을 말한다.

日主의 用神이 提綱에 可令되고 天干에 나타나면 眞이라고 하며 假神이 破損하지 않으면 평생 富貴할 것이다.

假神은 安頓되어야 좋고 眞神과 緊貼돼지 말아야 하며 閑神과 合하거나、멀리 떨어져 無力하면 害가 없다.

眞神과 緊貼하거나 相剋相冲하거나、또는 眞神을 合하거나、暗化하여 忌神이 되면 용렬한 사람일 것이다.

만약 行運에서 假神을 抑하고 眞神을 扶하려는 功名은 작으나마 이루고 몸은 健全할 것이다。故로 喜神은 生을 만나야 하고 忌神은 絕이 되어야 한다.

局內에서 眞神을 보는 것과 行運에서 解神을 보는 法이 있는 것이다。先天은 地紀이므로 地를 헤아려서 먼저 提綱을 보아서 格局을 定하는 것이다。中天은 人紀이므로 사람을 본받아서 人元이 可令된 것으로 用神으로 한다。

後天은 天紀이므로 하늘을 살펴서 天元에서 發露된 것을 用神으로 삼으니 天地人 세가지 중에서 用이 되면 造化의 功을 이루니 이것이 곧 富貴의 기틀이다.

그런 後에 運程의 喜忌가 定해진 것으로 窮通하면 확실하다.

學者는 반드시 三元의 바른 理致를 硏究하고 眞假와 喜忌를 살피고、冲合의 愛憎을 硏究하고、歲月이 마땅한지를 살피면 的中할 것이다.

고로 法度는 비록 옳다고 말로 傳해지나、妙用은 마음의 깨달음에 있는 것이다.

192.
甲子
己丑
丙寅
甲子
癸酉

己土가 春初에 生하여 寒濕의 體로 氣가 虛弱하다。甲丙이 같이 나타나므로 印正官淸하여 眞神을 얻었다。桂中에서 金이 나타나지 않고 忌神인 水는 合化되어서 假神은 어지럽지 않다。다시 기쁜것은 運이 東南의 印旺地이니 벼슬이 尙書에 올랐다。

193.
壬申
甲辰
癸卯
甲午
乙巳
丙午
丁未
戊申

殺이 旺하여 木이 연약한데 金을 만났다。제일 기쁜것은 寅木眞神이 當令하고 時干에 乙木元神이 나타난 것이다。寅申의 冲이 病이지만、東方의 火地에서 金의 病을 制去하므로 名聲이 크게 빛났다。

194.
庚申
己卯
庚辰

日干이 旺支에 臨하고 申子辰 會合하여 幇身하니 弱하지 않다。기쁜것은 時

戊寅　辛巳
壬子　壬午
　　　癸未
甲辰　甲申
　　　乙酉

干의 甲木眞神이 發露한 것이다。嫌惡한 것은 年에 庚申을 만나 甲寅을 冲 剋하고 또 戊土가 도우니 假神이 어지럽다。學問을 하였어도 변변치 못하다 가 壬午運에 庚金을 制化하여서 縣令에 올랐다。申運에 寅을 冲하여 假神이 도움을 얻으니 不祿하였다。

一、假神

眞假參差辨論、不明不暗受迤邅，提綱不與眞神照、暗處尋眞也有眞。

진신과 가신의 차이를 변론하기가 어렵다。보이지도 아니하고 안보는 것도 아니어서 머뭇 거리게 되니 提綱에서 진신이 나타나지 아니하면 暗處에서 찾으면 眞神이 있을 것이다。

[原神] 眞神이 得令하고 假神이 局을 얻어서 많은 무리를 이루었거나 (眞神得令、假神得 局而黨多) 假神이 得令하고 眞神이 局을 이루어 많은 무리를 이루었다면 (假神得令眞神得局而黨 多) 眞假의 자취를 보지 못할 것이다。(不見眞假之迹) 或 眞假 모두가 得令 또는 得局한 것 은 그 勝負의 차이를 論하기 어려우며 (或眞假皆得令得助、不能辨其勝負而參差者) 그 사람은 비록 大禍는 없으나 (其人雖無大禍) 일생이 별발전이 없이 작은 安樂만이 있을 것이다 (一 生頓否而小安樂)。寅月生人이 (寅月生人) 木火가 나타나지 않고 (不透木火)、金이 나타나서 用神이 되었다면 (而透金爲用神)、이것은 提綱에 不照된 것이다 (是爲提綱不照也)。이때 己土가 暗邀하고 (得己土暗邀) 戊土가 轉生하고 (戊土轉生) 地支에 卯가 많으면 酉冲하고 (

地支卯多酉沖）乙庚이 暗化하고 （乙庚暗化） 西方運에 이르면 （運轉西方）、 역시 眞神이 되니

或 發福함이 있다 （亦爲有眞 亦或發福）。 以上은 眞假의 한 例에 불과하다 （以上特擧眞假一

端言耳）。 그 會局의 合神、從化、用神、衰旺、情勢、象格과 （會局、合神、從化、用神、衰旺、

情勢、象格） 心迹의 才德、邪正、緩急、生化는 （心迹、才德、邪正、緩急、生化）

며 （進退之例）、 眞神假神이 있는 것이니 （莫不有眞假） 가장 알맞게 자세히 分辨해야 한다

（最宜詳辨之）。

［解說］氣에는 眞과 假가 있으며 眞神이 失勢하고 假神이 局을 얻으면 法은 당연히 眞이

假로 되었으니 假神이 眞이 된것이며、 氣에는 先後가 있으니 眞氣가 끝에 이르면 假氣가 오

는것으로 法은 당연히 眞이 假로 되므로 假神이 眞이 된다。

가령 寅月生人이 甲木이 나타나지 않고 戊土가 나타나서 年日時支에 辰戌丑未等이 있으면

가히 用神이 된다。 또 戊土가 나타나지 않고 木火가 可令할때 金이 나타나면 年日時支에

申字를 보아서 寅을 冲하거나 或은 酉丑拱合하거나、 또 天干에서 戊己가 金을 生하면 眞神

이 失勢하고 假神이 得局한 것으로 역시 用으로 取한다。

만약 四柱에 眞神이 不足하고 假氣 역시 虛하면 （食神制殺格）、 日主는 假를 사랑하고 眞

을 증오한다。 반드시 歲月에서 眞을 扶 （比劫）·하고 假를 抑 （官） 하면 가히 發福한다。

만약 歲運에서 眞을 助 （印綬） 하고 假를 損 （傷） 하면 凶禍가 일어난다。

醫師가 人參도 사람에게 害가 된다는 것을 알지 못하고 비상이 사람을 살리는 理致가 있

는 것을 알지 못한 것과 같다。 病이 있을때 藥을 복용하면 살아나고 無病할때 藥을 복용하

면 도리어 害가 되는 것이다。命의 貴賤이 같지 아니하고 邪正이 無常하며 動靜의 사이에도 眞假의 자취가 있다。

格局에도 眞假가 있으니 用神에도 眞假가 있다。

眞神이 得用하면 祖上의 德으로 福을 이루며、假神이 得局하거나、或 眞神이 損傷을 입었을때 歲運에서 도운다면、自手成家하여 작으나마 安樂을 이룬다。眞神이 用이 되면서 不足하면 祖業을 지키기 어렵고 번잡함이 많다。

假神이 得局하면서 不足하면 일생 成敗가 많고 世上일이 생각대로 되지않으니 자세히 살피면 증험이 될 것이다。

195.

乙酉
戊寅
壬午
庚戌

丁丑
丙子
乙亥
甲戌
癸酉
壬申
辛未

壬水가 立春에 生하여 月令에 甲木眞神이 可令하였으나 天干에 假神이 나타나고 地支의 戊酉에 通根하였다。

이 四柱는 眞神이 失勢하고 假神이 得局하였다。따라서 庚金을 用하여 殺을 化하니 假가 眞이 되었다。

柱中에서 病神은 三合된 火局으로 庚金을 剋하고 壬水를 乾燥하게 한다。

다행히 天干에 火가 나타나지 않고 戊土가 金을 生하는 것이 다행이다。行運도 西北의 金水行으로 病을 制去하므로 일찍 登科하여 利民濟國에 힘써서 學者로써 名聲을 이루었다。그러나 火局의 病이 심하여 벼슬길은 평탄치 못했다。

196.

庚戌	己卯
戊寅	庚辰
癸未	辛巳
癸丑	壬午
	癸未
	甲申
	乙酉

癸日生이 立春後 二十六日에 生하여 甲木의 眞神이 可令되었다. 天干에 土金이 같이 나타나서 地支의 丑戌에 通根한다. 傷官이 비록 當令하였으나 官殺의 勢에 對敵치 못하고 오히려 日主의 氣만 洩氣하고 있다. 그래서 日主는 假神인 庚金을 사랑하고 眞神을 증오하고 있다. 用神은 庚金으로써 두 가지의 妙함이 있으니 한가지는 殺官의 强暴을 化하는 것이며, 나머지는 日元을 生하는 것이다. 時干의 比肩이 幫身하고 能히 潤土養金한다. 南方의 火運에는 殺을 生하고 印을 壞하므로 헛고생이 많았다. 甲申運은 西方으로 用神이 得地하니 軍에서 功을 세워 縣令에 올랐고, 乙酉運에는 州牧까지 지냈다가 丙運에 庚을 壞印하니 不祿하였다.

197.

丙子	庚子
己亥	辛丑
辛酉	壬寅
己亥	癸卯
	甲辰
	乙巳
	丙午

俗論에는 寒金이 火를 기뻐하므로 金水傷官格에 官이 나타나니 좋다고 하였다. 그리고 日主가 專祿으로 반드시 丙火를 用하는 것은 의심할바 없다고 하였다. 그러나 水勢가 猖狂할뿐 아니라 命主元神을 洩하고 있다. 그래서 官을 用하기가 不足하며 또 用할려고 한즉 根이 없다. 己土가 用神으로 水를 生하고 火를 護衛한다. 丙은 亥宮의 絕地에 臨하여 水를 그치게하며 金을 生하고 火를 護衛한다. 의 剋을 받고 있어서 土를 生할수 없고, 반대로 水에 傷함을 입은 故로 眞神이 無情하고 假神은 虛脫하다. 初運 庚子 辛丑은 比劫이 幫身하여 父母의 德으로 衣食이 豊足하였으며, 壬運에는 辛苦가 있었고 寅運은 木方의 木이므로 虛土가 傷함을 입는다. 祖業을 蕩盡하고 妻子를 剋하였다. 그리고 집을 나간후 그 終末을 알지 못하였다.

一、剛 柔

◉ 柔剛不一也、不可制者、引其性情而已矣。

柔와 剛은 같지 아니하며, 制함이 不可할때는 그 性情에 따라야 할것이다.

〔原註〕剛柔가 相濟함은 말할 필요조차 없다 (剛柔相濟不必言也)。 太剛은 柔로써 濟하여야 하는것인데 (太剛者、濟之以柔) 그 情을 얻지 못하면 (而不得其情), 반대로 剛을 도와야 하는 것이다 (而反助其剛矣)。 비유하건데 武士가 한 士兵을 얻으면 (譬之武士而得士卒) 殺伐을 이룰수 있는 것이다 (則成殺伐) 가령 庚金이 七月에 生하여 (如庚金生於七月) 丁火를 만나면 그 위력이 激하고 (遇丁火而激其威) 乙木을 만나면 暴함을 助하고 己土를 만나면 (遇乙木而助其暴、遇己土而成其志) 癸水를 만나면 그 銳利함이 넘친다 (遇癸水而益其銳)。 柔는 剛과 같지 아니하니 濟하는 것이 可하다 (不如柔之剛者濟之可也)。 壬水는 대개 正性이 있어 (壬水是也 蓋壬水有正性) 能히 庚金의 性情을 引通할수 있다 (而能引通庚之情故也)。 만약 剛을 剛으로써 激하게 하면 (若以剛之剛者激之) 그 禍를 말로써 다 표현하리요 (其禍曷勝言哉), 太柔한 것을 濟하면 剛이 된다 (太柔者濟之以剛)。 그 情을 다루지 못하면 (而不馴其情), 반대로 柔가 넘치는 것이다 (而反益其柔也)。 비유하면 烈婦가 恩威를 만난것으로 (譬之烈婦而遇恩威) 淫賤을 이룰 것이다 (則成淫賤)。 가령 乙木이 八月에 生하고 (如乙木生於八月), 甲丙壬을 만나면 기쁜것이니 (遇甲丙壬而喜) 輸情이라 한다. (則輸精) 盛한 戊庚을 만나면 두려운 것이니 (遇戊庚盛而畏) 失身한다

(則失身) 剛은 柔와 같지아니하니 濟가 可하다 (不如剛之柔者濟之可也)。 丁火는 대개 正

性이 있으니 乙木을 動하여 끌어주는 情이 있는 연고이다 (丁火是也、蓋丁火有正性、則能引

動乙木之情故也)。 만약 柔로써 柔한 것을 合하면 (若以柔之柔者合之) 그 弊將함을 어찌 감

당할 것인가 (其弊將何如哉) 나머지도 이와같이 推理하라 (餘皆例推)。

[解說] 剛柔의 道는 陰陽의 健順을 말하는 것이다。 剛가운데 柔가 있으며 陽은 乾에 비

유하고 乾은 三女 (三) 을 生하므로 柔를 取하여 剛이 된다。

柔가운데 剛이 있으며 陰은 坤에 비유하여 三男 (三) 을 生하니 剛을 取하여 柔가 된다。

春木、夏火、秋金、多水、季土가 得時當令하고 原局에 剋制의 神이 없으면 勢가 雄壯하고

剛健하다。 이때는 洩해야 하며 洩하지 않으면 不淸하고 不淸하면 不秀하고 不秀한즉 頑物

이 된다。 만약이 剛함을 柔한 것으로 쪼갤려고 하면 소위 [寡不敵衆] 하므로 반대로 激

怒하여 다시 剛이되는 것이다。 春金、夏水、秋木、多火、仲土가 失時하여 氣가 없고 原局

에 生助가 없으면 그 勢가 柔軟하니 그 性質도 弱이 되므로 不劫하니 不關하고 不關하니 不

化하고 不化한즉 朽物이 된다。

간략해서 말하면 柔는 剛을 이끈다。 소위 虛하면 도와주는 것을 들이지 못하고 그

弱함을 도와야하니 다시 柔된다。 이것이 [洩] 하는 것으로 生生하는 妙함이 있는 것이며

[剋] 하면 成就의 功이 있고 [引] 하면 和稅의 情이 있고 [從] 하면 變化의 妙가 있는

것으로 [剋洩引從] 의 四字를 자세이 살펴야 한다。

가령 庚金이 七月에 生하여 壬水를 보거나、 乙木이 八月에 生하여 丁火를 보아 制化가 되

었다고 하여 무조건 好命이라고 한것은 法이 아니다. 庚金이 七月에 生하여 局中에 먼저 木火가 있고 壬水가 나타나지 않았으면 어떻게 할것인가? 乙木이 八月에 生하여 먼저 劫印 있고 丁火가 없다면 어떻게 할것이냐! 그래서 格과 用을 잘 살펴야 한다.

대체로 得時當令하고 四柱에 尅制의 神이 없으면 食神을 用하여 氣勢를 順하여 「洩氣菁英」한다. 暗處에서 財를 生하면 無에서 有를 얻은것과 같은 것이다.

失時 休囚하고 原局에 劫이 없고 印이 幇身할때 食神을 用하여 殺을 制하면 殺이 印을 生하므로 虛한 가운데서 實을 찾아 向하니 당연히 活用해야 한다.

이러하므로 한부분의 理論에 집착하지 말아야 한다.

198.

壬申
戊申
庚辰
甲申

己酉
庚戌
辛亥
壬子
癸丑
甲寅

庚金이 七月에 生하여 三申이 있으니 旺이 極하다. 時干의 甲木은 根이 없어서 年干의 壬水가 用神으로 剛殺의 氣를 洩한다. 嫌惡하는 것은 月干의 戊土이다. 初年의 土金運은 刑喪을 보았으며 祖業이 없었다. 辛亥運은 北方의 水地로써 뜻대로 되었으며 壬子癸丑運까지 三十年間 大富를 이루었다. 早年에 學業을 이루지 못하고 後에 文墨을 안것은 역시 行運이 水鄉으로써 發洩菁華하기 때문이다.

199.

壬戌
戊申
庚寅
丙戌

庚金이 七月에 生하고 支에 土金이 있으므로 旺하다. 壬水가 戌에 앉았고 辛亥 戊를 만나서 梟神이 奪盡한다. 時에 丙火가 나타나고 寅戌의 拱合의 根이 菁華하기 때문이다.

庚寅
丙戌
癸丑

癸丑
甲寅
乙卯

있으니 丙火가 用神이 된다。 아깝게도 運이 中年까지 土金의 地이므로 五旬前까지 一事無成하였다가 甲寅 乙卯運은 梟神을 剋制하고 用神을 生하여서 巨富가 됐다。

200.

辛酉
丁酉
乙未
丁丑

己酉
庚戌
辛亥
壬子
癸丑
甲寅
乙卯

乙木이 酉月에 生하여 木凋金銳한다。日主는 未庫에 根이 있으며 天干에 나타난 丙丁이 盤根하여 殺을 制한다。祖業이 豊盈하여 벼슬길에 나아갔으나 名聲을 얻지 못하였다。이 造의 病은 殺의 旺함에 있는 것이 아니라 實로 丑土의 害는 晦火生金한 것이 아니라 丑未의 冲에 있는 것이다。天干의 木은 丑에 있다。

火가 未중에 의지하고 있는데 丑으로 冲하여 未中의 丁火를 暗傷한다。癸丑運에 巳酉丑會合하고 또 水가 丁을 剋하므로 水厄을 만나서 죽었다。

201.

戊辰
己酉
乙亥
甲申

庚戌
辛亥
壬子
癸丑
甲寅
乙卯
丙辰

乙木이 八月에 生하고 財가 官殺을 生하니 弱이 至極하다。 기쁜것은 日支의 印綬로써 官殺의 氣를 引通한다。 다시 妙한것은 甲木이 時에 나타나니 所謂 藤蘿繫甲이다。 出身은 비록 미천하나 亥運에 이르러 入伴하고 壬子運도 계속 발전하였으며 癸運 역시 같았다。

丑運에는 辛苦함이 있다가 甲寅運에 土를 剋하고 身을 도우니 직위가 올라 乙卯運에 시랑에 이르렀다。

이 造의 가장 기쁜것은 亥水다。만약 亥水가 없었다면 평범한 사람에 불과할 것이다。그
러나 亥水가 坐下에 있는것이 重要한 것이다。別支에 있었으면 生化의 情을 얻지 못하였을
것이며 功名 역시 작게 취하였을 것이다。

一、順 逆

◉ 順逆不齊也、不可逆者、順其氣勢而已矣。

順逆은 고르지 않는 것이다。逆이 不可한것은 그 氣勢에 順할 따름이다。

[原註] 剛柔의 道는 順함은 可하나 逆함은 不可하다 (剛柔之道、可順而不可逆) 崑崙의 水
도 可順이며 不可逆이니 (崑崙之水、可順而不可逆) 그 勢가 이미 이루어졌으면 順이 可하여
逆은 不可하다 (其勢已成可順而不可逆也)。權이 一人에 있으면 (權在一人) 順이 可하며 逆
이 不可하다。(可順而不可逆) 二人同心도 (二人同心) 順이 可하며 逆이 不可하다 (可順而不
可逆)。

[解說] 順逆의 機는 進退가 不悖하는 것을 말한다。

當令하고 勢를 얻은 神은 마땅히 그 意向에 따라야 하며 勢에 逆하는 것은 不可하다。故로
四柱에는 順逆이 있어서 스스로 分辨이 있고 五行에는 顚倒가 있으니 각자의 法이 있는 것이
다。故로 氣가 本勢力에 乘하면 他雜氣를 돌아보지 않으며 氣에는 他神을 借用하여 局을 이루며、
從旺神은 剋制가 不可하고、弱에 의지할때는 資扶해야 하며、制殺하는 것은 乘旺보다 못하니

殺을 化하여 身을 도우는 것이 正法이다。

從旺은 權勢에 依持하니 殺이 머물러 官을 가까이 받아 들인다。氣에는 陰이 있고 陽이 있으

며 陽은 陰生의 兆를 包含하고 陰은 陽化의 妙를 包含하고 있다。

中의 淸은 貴의 기틀이며 淸中의 濁은 賤의 뿌리가 된다。그리고 [逆來順去]는 富의 基礎

이며 [順來逆去]는 貧의 뜻도 있다。이절은 順逆의 微妙함이니 學者는 깊이 살펴야한다。

書에 이르기를 [去其有餘하고 補其不足]은 비록 理致는 바르나 다른 例外도 있는 것이니

深淺을 잘 살펴야 한다。

四柱의 財官殺印食傷等에 얽메이지 않고 乘權得勢한 局中의 强暴한 것을 去하거나 助하면

소위 二人同心이라 한다。或은 日主가 得時秉令하고 四柱가 모두 拱合으로 이루어지면 소위

[權在一人]으로 順이 可하여 氣勢를 引通하며 流行하면 福을 이룬다。만약 그 勢를 거스리

면 激怒하여 凶咎가 미치니 자세이 살펴야 한다。

202.

庚辰	辛巳
庚辰	壬午
庚申	癸未
庚辰	甲申
	乙酉
	丙戌
	丁亥
	戊子

天干이 모두 庚이고 또 日主가 祿에 앉았으니 旺하며 印星이 當令하여서 剛함

이 至極하다。소위 權在一人이다。壬午癸未運은 天干에 水가 蓋頭하여 地支

의 火를 剋하므로 害가 없었다。甲申乙酉運은 西方의 金地이니 사병출신으

로써 대장에 올랐다。丙運은 旺神을 犯하여 죽었다。

203.

癸亥　　癸亥(壬戌)
甲子　　壬戌
庚辰　　辛酉
甲申　　庚申
　　　　己未
　　　　戊午
　　　　丁巳

庚辰日元이 支에 祿旺을 만났다。水도 當權하고、水局을 이루며 天干의 枯木이 金水二人同心으로 반드시 金水의 性에 順해야 한다。癸亥壬戌運은 父母德으로 유여하였고、戊運은 水를 制하니 刑喪은 있었으나 大患은 없었다。그 이유는 西方의 地이기 때문이다。辛運에 入洋하고 庚運에 登科하여 申運까지 名利가 오르다가 己未運은 南方이므로 刑妻剋子하고 家業은 기울어져 갔다。戊午運에 水를 건드리니 死亡하였다。

204.

丙子　　壬子
乙亥　　癸丑
壬子　　甲寅
癸亥　　乙卯
　　　　丙辰
　　　　丁巳
　　　　戊午
　　　　己未

壬水가 乘權하고 亥子에 앉았으니 崑崙의 水이므로 冲奔하면 無情하다。丙火는 剋絶당하니 位置를 論할 필요가 없다。初年에는 遭業이 풍족하여 安樂하였고 甲寅 乙卯運에 勢에 따라서 氣를 거둬들이므로 家業이 융성하였다。丙運은 水火가 交戰하여서 妻子를 剋하고 損財함이 있었고 辰運은 子辰拱合하여 허물이 없었고 丁巳運은 破産하고 죽었다。

一、寒　暖

◉ 天道有寒暖、發育萬物、人道得之不可過也。

천도에는 寒暖이 있어서 만물을 발육시키는 것이니 인도를 얻음에 過한 것은 불가하다。

[原註] 陰支는 寒으로 하고 陽支는 暖으로 하며 (陰支爲寒 陽支爲暖)、西北을 寒으로 하

고 東南을 暖으로 하며 (西北爲寒、東南爲暖) 金水를 寒으로 하고 木火를 暖으로 하는 것이

다 (金水爲寒、木火爲暖)。 寒을 得氣하면 暖을 만나야 發하고 暖의 氣를 얻으면 寒을 만나야

成하는 것이다 (得氣之寒遇暖而發、得氣之暖、逢寒而成)。 寒이 심하고 暖에 이르면 (寒之甚

暖之至) 內에 한두가지 象을 이루었다 하더라도 반드시 好處가 될수 없다 (內有一二成象、必

無好處)。 만약 五陽이 子月을 만나면 一陽의 氣候에서 萬物의 胎動하고 (若五陽逢子月則一陽

之候萬物懷胎) 陽이 陽의 자리에 있으면 東도 可하고 西도 可하다 (陽乘陽位可東可西)。 五陰

이 午月을 만나면 一陰의 氣候에서 萬物이 收藏하게 되는 것이니 (五陰逢午月 則一陰之候 萬

物收藏) 陰이 陰의 자리에 있으면 南도 좋고 北도 좋은 것이다 (陰乘陰位、可南可北)。

[解說] 「寒暖」은 萬物은 生成하는 理致다。 西北金水는 寒이며 東南木火를 暖이라고 專

一하여 고집하는 것은 不可하며、기틀이 變하는 理由를 보면은 上升하면 반드시 下降코저 하

고 收閤하면 반드시 開闢으로 變하는 質을 이루어 形의 기틀이 되는 것이다。

陽은 반드시 陰의 자리에 있어야만 物을 生하므로 陰이 아니면 成함이 없다。 그래서 形을

이루지 못하고 虛만을 生한다。

陰主는 物을 成하나 陽이 아니면 生함이 없어서 質을 이루지 못한다。

成함을 이루는 것은 陰陽이 中和되어 變化를 이루니 能히 萬物을 發育시킨 것을 말한 것이

다。

만약 一陽이 있고 陰이 없으면서 成하거나、一陰이 있고 陽이 없으면서 生하거나 하면 소위

홀아비나 과부같이 生成의 意向이 없는 것이다。

가령 이것을 推詳하면 陰陽配合뿐 아니라 寒暖 역시 重要하다.

四時의 順序대로 相生하여 成하는 것으로 子月은 陽生이며 午月은 陰生이라고 定하여 論하는

것은 잘못이다. 本文末句에 「過한 것은 不可하다」말은 맞는 말이다. 寒이 비록 甚하여 暖의

의 氣가 있거나, 暖이 甚할때 寒의 根이 있으면 能히 萬物을 生成하고 만약 寒이 甚할때 暖의

氣가 없거나 暖이 甚한데 寒의 根이 없으면 生成의 妙가 없는 것이다.

이래서 寒이 太過할때는 반대로 暖이 없는 것이 아름답고 暖이 太過할때는 反對로 寒이 없

는 것이 마땅하다.

대개 寒이 至極하면 暖의 기틀이 있고 暖이 極하면 寒의 징조가 있는 것이다.

소위 「陰極則陽生」이요, 「陽極則陰生」이니 이것은 天地自然의 理致다.

205.
甲申　丁丑
丙子　戊寅
戊寅　己卯
庚辰　庚辰
　　　辛巳
　　　壬午
　　　癸未

寒金에 水가 冷하여 木凋土寒하다. 時支의 寅木이 귀중하게 나타나므로 소위

「寒雖甚要暖有氣」의 理致다. 木火가 絕處逢生하고 一陽이 解決하나 丙火

가 움직이지 않으니 發하지 못한다. 그러나 妙한것은 寅申이 遙冲하여 움직

이며, 다시 기쁜것은 東南의 暖方으로 달린 것이다. 科甲하여 벼슬길이 높

았다. 소위 寒의 氣를 얻으면 暖을 만나서 發하는 것이다.

206.
己酉　己巳
丙子　甲戌
壬申　癸酉

前造와 大同小異하나 寅木이 없는 것이 다르다. 火가 絕에 臨하므로 소위

「寒甚而暖無氣」하면 반대로 「無暖爲美」라 하였다.

甲申　庚辰
戊辰　辛未
　　　庚午
　　　己巳

初運의 乙亥運은 北方의 水地로써 우환이 없이 즐겁기만 하였다。甲戌運은 暗藏한 丁火가 丙火의 根이니 刑喪破耗가 있었고、癸酉壬申運에는 丙火를 剋去하니 財業이 매일 증가하였다。辛未運은 南方이므로 丙火가 得地하여 根을 生하니 파란이 많았다。庚午運의 寅年에 木火가 함께 오니 不祿하였다。

207.

丁丑　乙巳
丙午　甲辰
丙午　癸卯
壬辰　壬寅
　　　辛丑
　　　庚子
　　　己庚

南方에 劫刃을 거듭 만나니 暖이 至極하다。一點의 壬水는 본래 猛烈한 火를 制하기가 不足하나 辰의 庫에 앉아서 通根한것이 기쁘며、또 年支에 丑土를 만난 것이다。丑土는 北方의 濕土로써 晦火生金蓄水하는 作用을 한다。소위 曖이 비록 至極하나 寒의 根이 있으므로 「要寒有氣」이다。科甲출신에 제후까지 올랐다。그리고 運에 따라서는 起伏이 있었다。

208.

癸未　丙辰
丁巳　乙卯
丙午　甲寅
癸巳　癸丑
　　　壬子
　　　辛亥

南方에 巳時를 만나서 暖이 至極하다。天干의 兩癸는 地支에 根이 없으니 소위 暖이 至極할때 寒의 根이 없으면 반대로 寒이 없어야 아름답다고 하였다。丙辰運은 父母德이 있었고、乙卯甲寅運은 水를 洩하고 火를 生하니 家業이 날마다 증가 되었으며 癸丑運은 寒氣가 根에 通하니 父母가 함께 죽었으며、壬子運은 火災로 本人이 死亡했다。

地道有燥濕、生成品彙、人道得之、不可偏也。

地道에는 燥濕이 있어서 여러가지 무리를 이루어 生成하는 것이며 人道에서 얼음에 偏枯한 것

은 不可하다。

[原註] 濕이 過한것은 滯하여 成함이 없는 것이고 (過於濕者滯而無成) 燥가 過한것은 烈

이 禍가 되는 것이다 (過於燥者烈而有禍)。水는 金이 있어야 生하고 (水有金生)、寒土를 만

나면 濕이 더욱 加重된다 (過寒土而愈濕)。火는 木이 있어야 生하는데 (火有木生) 暖土를 만

만나면 燥함이 더욱 加重되는 것이나 (過暖土而愈燥) 모두 편고한 것이다 (皆偏枯也)。木

火로써 燥함을 이룬것은 吉하니 (如木火而成其燥者吉) 木火傷官格에는 濕을 要한 것이다 (木

火傷官要濕也) 土水로써 濕을 이룬것도 吉한데 (土水而成其濕者吉) 金水傷官格에는 燥를 要

하는 것이다 (金水傷官要燥者吉)。중간에 濕土가 있으면 마땅히 燥해야 하니 (間有土濕而宜

燥者) 먼저 土를 쓰고 後에 火를 사용한 것이며 (用土而後用火)、金이 燥하면 당연히 濕해야

하니 (金燥而宜濕者) 먼저 金을 쓰고 뒤에 水를 用할 것이다 (用金而後用水)。

[解說] 燥濕은 水火가 相成됨을 말한것으로 濕은 陰氣이니 燥를 만나야 成하고 燥는 陽氣

이니 濕을 만나야 生成되는 것이다。

木이 夏節에 生하였다면 洩氣精華하여 겉으로는 有餘하지만 안으로는 반드시 壬水를 얻어

야 虛脫하지 않고 生氣를 얻게 되는것이다。또는 辰、丑의 濕土로써 培養하게 되면 火는 猛

烈하지 않고 木은 枯氣하지 않으며, 土는 메마르지 않으며, 水는 증발되지 않으니 能히 生成

의 뜻이 있는 것이다.

이때 만약 辰丑의 濕土가 아니고 未戌의 燥土를 만나면 반대로 火를 도와 晦火를 못하니 비

록 壬癸水를 얻었다 하더라도 힘이 없을 것이다.

오직 金은 百煉하여도 그 色은 變하지 않는 故로 金이 多令에 生하면 洩氣하여 休囚가 되니

丙丁의 火를 用하여 寒은 敵해야 한다. 未戌의 燥土로 濕을 除하면 火는 不晦하고 水는 不狂

하고 金은 不寒하여 土는 不凍하니 生發의 氣가 있는 것이다.

만약 辰丑의 濕土를 보면 반대로 水를 도우므로 水를 制하는 것이 不能하고 火 역시 힘을

발휘할 수 없다. 이것이 地道가 生成되는 妙한 理致다.

209.

丙辰　壬寅
辛丑　癸卯
　　　甲辰
庚辰　乙巳
丙子　丙午
　　　丁未
　　　戊申

俗論에는 寒金이 火를 기뻐한다고 하여 火를 用하여서 木火運에 名利兩全한다 고 하였다. 그러나 地支에 濕土가 많고 年干의 丙火는 辛과 合水하고 時干의 丙火 역시 根이 없어서 寒濕의 氣만 있는 것이다. 그래서 水가 用神이며 火 는 아니다. 初運의 壬寅癸卯에는 土를 制하고 水를 지키니 衣食이 豊足하였다. 그리고 丙午 丁未運에 妻子를 모두 잃고 削髮하여 僧이 되었다.

210.

丁未　辛亥
壬子　庚戌
　　　己酉
戊申　戊申

仲多에 生하니 水가 旺하다. 기쁜것은 支에 燥土가 많아서 족이 濕氣를 없앤 다. 子未의 相剋으로 壬을 도우는 것이 不能하고 丁壬으로 合木하여 水가 丙

－236－

庚戌
丁未
丙戌
乙巳

火를 剋할 수 없다。中年의 土金運에 벼슬길에 나섰으나 坐折함이 많았다가 丙午丁未運부터 계속 발전하여 州牧에 올랐다。

211.

癸未
丁巳
庚午

丙辰
乙卯
甲午
壬子
辛亥
庚戌

甲午日元이 巳午未를 만나니 燥烈함이 至極하다。天干의 金水는 根이 없어서 반대로 火를 激努케 한다。그러므로 火의 氣에 따라야 한다。初運의 木火에는 勢에 따르니 財業이 日增하였다가 癸丑運부터 水鄕地이므로 풍상이 많았다。壬子運에 勢를 冲激하니 破產하고 죽었다。

212.

癸丑
丁巳
甲辰
庚午

丙辰
乙卯
甲寅
癸丑
壬子
辛亥
庚戌

前造와는 辰丑의 두 字만 바뀌었을 뿐이다。丑은 北方의 濕土로써 晦火蓄水하며 癸水는 丑에 通根한다。辰 역시 濕土이며 또 木의 餘氣이므로 日元이 족이 盤根한다。金의 도움을 받고 坐下에 餘氣가 있는 癸水가 用神이 된다。初運은 木이 旺하여 幇身하므로 順坦하였으며、北方의 癸丑壬子辛亥運 三十年間은 經營이 得意하여 發展하였다。

一、隱顯

◉ 吉神太露、起爭奪之風、凶物深藏、成養虎之患。

吉神이 노출되면 爭奪의 風을 일으키고、凶物이 深藏되면 養虎의 患을 이룬다。

［原註］局中의 喜神이 天干에 나타나고 （局中所喜之神透於天干）, 歲運에서 忌神을 만나면 （歲運不能不遇忌神）, 반드시 爭奪에 이른다 （必至爭奪）. 吉神은 감추어져 있는것을 쓰는것이 妙하며 （所以有暗用吉神爲妙）, 局中에 忌神이 地支에 伏藏된 것은 （局中所忌之神, 伏藏於地支者） 歲運에서 扶하거나 冲하면 （歲運扶之冲之）, 그 患이 적지 않을 것이다.（則其爲患不小） 이로써 忌神은 明透하여야 制化할 수 있으므로 吉한 것이다.（所以忌神明透制化得宜者吉）.

［解說］ 吉神이 太露하면 「爭奪의 風」이 發起된다. 이것은 天干의 氣는 專이므로 쉽게 劫奪된다는 말이다.

가령 天干에 甲乙이 財星인데 歲運에서 庚辛을 만나면 爭奪의 風이 일어난다는 것이다. 이때 天干에서 丙丁의 官星이 있으면 忌物을 剋하니 害가 없고, 丙丁의 官이 없을때는 壬癸의 食傷이 合化하면 역시 옳다.

吉神은 地支에 深藏되어야 吉하고 凶物이 深藏되었으면 養處의 患이 되므로 地支의 氣는 「雜」하므로 制化가 어려운 것이다.

가령 寅중에서 丙火가 劫財인데 歲運에서 申을 만나면 申의 庚金이 비록 寅木을 剋하나 丙火를 去하지 못한다.

그리고 歲運이 亥子이면 寅木을 合하여 生하니 반대로 火의 苗根이 된다.

그래서 凶物이 天干에 明透하면 制化가 쉽고 吉神이 深藏되면 종신 福이 되며, 그리고 凶神이 深藏하면 始終 禍가 된다.

總論하면 吉神은 顯露하고 當令되어 通根되면 害가 없고 凶物이 深藏됐어도、失時休囚되면 역시 害가 없는 것이다。

鬼谷子가 말하기를 陰陽의 道는 日月이 合하여 밝게되고 天地가 合하여 德을 이루고 四時가 合하여 順序를 이룬것이 三命의 理致다。이것을 愼重히 分辨하지 않으면 어찌 要領을 얻을수 있겠는가?

213.

己卯	庚午
辛未	己巳
丙子	戊辰
辛卯	丁卯
	丙寅
	乙丑
	甲子

丙火가 未月에 生하여 火氣가 盛하다。日支의 官星이 未土로 부터 傷盡당하니 天干의 辛金財星을 用神으로 한다。그러나 未土가 燥하여 金을 生하지 못하고 또 暗으로 劫刃이 감추어져 있다。年干의 己土가 金을 生하고 있으나 坐下에 印星인 木이 있다。吉神은 顯露하고 凶物은 深藏됐다。初運의 己巳戊辰은 土의 旺地로써 財物이 넉넉하였다。丁卯運은 土金이 모두 傷하니 세번씩이나 丙寅運에 妻子를 모두 剋하고 他鄕에 나간후 종적조차 없었다。 망했다。

214.

壬午	丙午
乙巳	丁未
丁丑	戊申
丙午	己酉
	庚戌
	辛亥
	壬子

丁火가 孟夏에 生하고 劫刃을 만났다。天干의 壬水는 根이 없어서 用神이 안되며、기쁜것은 丑中에서 財星이 深藏된 것이다。丑土는 濕土로써 能히 火를 洩하며 「爭奪의 風」이 없고 반대로 生生하는 妙함이 있다。初運의 丙午丁未에는 家門이 寒微하여 學業을 中斷하였으며 中年의 西方地에서 劫을 化하여 財를 生하므로 大富를 이루었다。

소위 吉神이 深藏하면 종신 福이 되는 연고이다.

一、 衆 寡

◉ 强衆而敵寡者、勢在去其寡、强寡而敵衆者、勢在成乎衆。

强이 많고 敵이 적은것은 勢力이 그 적은것을 버리는데 있고、强이 적고 敵이 많은것은 勢力이 많은것을 이루는데 있다.

[原註] 强이 적고 敵이 많은것은 (强寡而敵衆者) 强을 기뻐하므로 强을 도와야 吉하고 (喜强而助强者吉) 强이 많고 敵이 적은것은 (强衆而敵寡者) 敵을 미워하니 敵의 무리는 滯한 것이다 (惡敵而敵衆者滯).

[解說] 「衆寡」의 說은 强弱의 뜻이다. 따라서 日主와 四柱의 兩端을 分別하는 理致다.

가령 日主가 火이면서 寅卯巳午月에 生하고 水의 官星이 있는데 柱中에 財가 없고 도리어 土의 食傷이 있든지 財가 있어도 財의 뿌리가 없으면 官을 生하지 못한다.

이것은 日主의 무리가 많고 敵인 官星은 적으니 勢는 그 官星을 去하는데 있다. 歲運에서 는 당연히 衆을 扶하고 寡를 抑하면 吉하다.

四柱의 衆寡는 四柱의 强弱을 分別하는 것으로 우선 日主와 符合되어야하고 背反하지 않아야 妙함이 있다. 水가 官星인데 休囚되어 氣가 없을때 土의 傷官이 當令 得時하면 그 勢는 족이 官星을 去하는데 있는 것이다. 歲運 역시 官星을 制하여야 아름답다.

日主가 火이고 通根하여 得氣하면 能히 土를 生하니 或은 木이 있어서 土를 剋해도 日主가 스스로 木을 化하여 轉轉相生이 된다. 이것을 日主와 符合이 된다고 한다. 「强衆而敵寡」란 가령 日主가 火이면서 비록 當令하지 못하였을때 財가 官을 生助하거나, 或은 財星이 當令하거나 或은 財局을 이루었거나하면 官星은 비록 「寡」가 되나 財星이 扶한즉 强이 된다. 歲運은 마땅히 寡를 扶하고 衆을 抑해야 吉하다. 財官論이 이러하니 다른것도 이와같다.

215.

戊辰
乙丑
戊戌
戊午
辛酉
壬申

丙寅

厚土가 많으며 乙木은 根이 없다. 傷官이 또 旺하니 그 勢는 족히 敵인 官星을 去하는데 있다. 故로 初運의 丙寅丁卯에는 官星이 得氣하므로 刑耗가 많았으며 戊辰己巳運은 土가 金을 生하여 名利가 높았다. 未運은 金을 破하니 不祿하였다.

216.

戊午
壬戌
丁卯
癸卯

癸亥
甲子
乙丑
丙寅
丁卯
戊辰
己巳
庚午

傷官이 當令하고 印星이 같이 보인다. 官殺이 비록 나타났으나, 勢는 官을 去하는데 있다. 丙寅丁卯運은 火土를 生助하니 經營發財하여 巨富가 되었으며 戊辰己巳은 官殺을 去盡하므로 一子가 登科하여 末年까지 富貴를 누렸다. 이 命은 戊午의 拱合에다 日時에 印을 만나니 旺이 至極하다. 印을 用하는것도 不可하고 去官留殺로 論하는 것도 不

可하다。

217.

癸丑　辛酉
壬戌　庚申
己未
丙午　戊午
丁巳
庚寅　丙辰
乙卯

丙火가 九月에 生하고 支에 寅午戌 火局을 만드니 身旺하다。年月干의 壬癸水가 丑중에 通根하고 또한 水의 進氣를 만났다。抑制하면 吉이 되고 洩하면 凶이 된다。金運에 遺業이 豊盛하였고、己未戊午運은 火土가 並旺하여 父母가 死亡하고 家産도 破했다。丙辰運에는 外國에 나가서 죽었다。

一、震　兌

◉ 震兌主仁義之眞機、勢不兩立、而有相成者存。

震兌는 主로 仁과 義의 참된 기틀이 되는 것이다。勢力이 兩立하지 아니하더라도 相成함이 있으면 存하는 것이다。

[原註] 震은 內에 있고 兌는 外에 있는것은 月은 卯이고 日은 亥나 未이고 (震在內、兌在外、月卯日亥或未)、年는 丑이나 巳이고 時는 酉가 되는것을 말한다 (年丑或巳時酉時也)。

主에 喜神이 震에 있으면 (主之所喜者在震)、兌가 敵國이 될것이니 반드시 火로 功擊해야 하고 (以兌爲敵國、必用火攻) 主의 喜神이 兌에 있으면 震은 奸宄가 되니 (主之所喜者在兌、以震爲奸宄) 대비하여 막아야할 따름이니 (偏禦之而已) 반드시 다거세할 수도 도적이 興할수 있는 것도 아니다 (不必盡去、不必興兵也)。兌가 內에 있고 震이 外에 있고 (兌在內、震在外)

月이 酉이고 日이 丑이거나 巳이고 年이 未나 亥가 되고 時가 卯인것을 말한 것이다 (月酉日丑或巳、年未或亥時卯者日之也)。 主의 喜神이 兌에 있으면 (主之所喜者在兌) 震은 游兵과 같으므로 (以震爲游兵) 멸망시키기 쉽지만 震이 作黨함은 不可하다 (易於滅而不可黨震也)。 主의 喜神이 震에 있으면 (主之所喜者在震)、 兌는 內冠가 되여 (以兌爲內冠) 滅亡시키기 어려워 兌를 도우는 것은 不可하다 (難於滅而不可助兌也)。 그리고 水가 上下사이의 說客이 되는 것이다 (以水爲說客相間於上下)。 或은 年에 酉이고 月에 卯, 日에 丑、 時에 亥가 되거나 (或年酉月卯日丑時亥)、 年에 甲이거나 月에 庚日에 甲 時에 辛의 경우에는 (年甲月庚日甲時辛之例) 主의 喜하는 바와 忌하는 바가 어떤것인가를 보는 것인가 (亦論主之所喜所忌者何如) 공격이냐 방비냐를 보는 法이다 (而論攻備之法)。 그러나 金이 木을 꺼리지만 (然金忌木) 木이 火를 帶同하지 아니하여도 木이 土를 傷하지 아니할때는 (木不帶火、木不傷土者 木을 반드시 去할 필요가 없다 (不必去木也)。 만약 木이 金을 꺼리는데 金이 强하면 (若木忌金、而金强者) 싸움이 不利하다 (不可戰)。 오직 秋金에 木이 茂盛하면 金의 害를 당함이 없는 것이다 (惟秋金而木茂、木終不能爲金之害)。 반대로 金으로써 仁이 이뤄지고 (反以成金之仁)、 春木이 金이 盛하면 (春木而金盛)、 實한 金은 족이 木을 制할수 있는 것이요 (金實足以制木之性)、 반대로 木을 만남으로써 義를 갖게 되는 것이다 (反以全木之義)。 무릇 月令이 木인데 (其月是木)、 年日時가 모두 金이면 (年日時皆金者)、 主의 喜하는 바와 忌하는 바를 물을 必要도 없이 (不必問主之所喜所忌) 成金의 性質을 갖게되는 것이다 (而亦宜成金之性)。

[解說] 震은 陽이며 先天의 位는 八白에 있고 兌는 陰이니 先天의 位는 四綠이다. 震은 長

男이니 雷從地起하여 一陽의 坤 (××l) 의 初에 生하고 兌 (×ll) 는 少女이니 山澤通氣하

는 故로 三陰이 乾의 終에서 生한다.

長男이 少女를 配하면 天地가 生成하는 妙用이 있는것이다. 만약 長女와 小男이 配하면 陽

은 비록 生하나 陰은 成하지 못하는 것이니 故로 兌는 萬物이 喜悅하는 곳으로 말로 다할수

없다.

震兌는 비록 兩立할 수 없으나 相成의 뜻이 있으니 자세이 살펴야 한다.

내가 자세이 연구하여 보니 震兌에는 다섯個의 理致가 있으니 [攻成潤終暖]이다.

[攻]은 初春節의 木은 木嫩金堅하니 火로서 攻해야 하고, [成]은 仲春節의 木은 木旺金

衰하니 土로서 生金해야 하고, [潤]은 夏令의 木은 木洩金燥하니 水로서 潤해야 하고,

[從]은 秋節의 木은 木潤金銳하니 土에 從해야 하고, [暖]은 冬令의 木은 木衰金寒하니

火로서 暖해야 세력이 兩立됨이 없으니 仁義의 勢가 相成함이 있는 것이다 (原註).

만약 內外의 說은 衰旺과 相敵의 뜻에 不過하는 것이니 마땅히 洩할것은 洩하고 制할것은

制하여서 金木의 意向에 따르면 될것이니 內外의 分別을 고집할 필요가 없다.

218.
丙寅　　辛卯
庚寅　　壬辰
甲申　　癸巳
　　　　甲午
　　　　乙未

甲木이 立春後 四日에 生하니 木이 연약하며 天氣가 寒凝하다. 庚金이 나타

나서 祿을 얻고 丑土가 가까이서 申을 生하니 木嫩金堅하다.

年干의 丙火가 나타나서 三陽을 開泰하고 萬物이 回春하니 妙하다. 丙火가

219.
乙丑
丙申
丁酉

用神으로 金을 攻擊해야 한다。初運 辛卯壬辰에 丙火를 傷하니 學業이 不振하였고、이어 南方火運地에 丙火가 祿旺하므로 名利兩全하고 申運에 不祿하였다。

220.
庚戌
己卯
甲寅
丁卯

辛巳 壬午 癸未 甲申 乙酉

甲木이 仲春에 生한다。甲木이 祿에 生하고 刃을 만났다。木이 旺하고 金이 衰하니 土로써 用한다。初運 庚辰辛巳에는 財物이 풍성하였으며 未運에 벼슬길에 나아가고 甲申乙酉運에는 金이 得地하니 벼슬길이 높아 州牧 올랐다。一氣相生이 되고、五行이 모두 갖추어졌다。科甲聯登하여 觀察使에 올랐다。

221.
庚戌
甲申
甲戌
乙丑

乙酉 丙戌 丁亥 戊子 己丑 庚寅

甲木이 孟秋에 生하고 財가 生하니 殺이 旺하다。비록 天干에 甲乙이 나타났으나 地支에 不載하니 木潤金銳하므로 土를 用하여 殺에 從한다。戊運에 武甲에 나아가고 丁亥運에는 木을 生하고 金을 剋하니 刑耗가 많았으며、戊子己丑에는 殺이 旺하여 副將에 올랐다。오직 丙戌運에는 金水가 모두 傷하니 不利하였고 나머지 運은 모두 順坦하였다。

222.
辛酉
庚子
甲子
丙寅

己亥 戊戌 丁酉 丙申 乙未 甲午

甲木이 仲冬에 生하여 木衰金寒하다。火를 用하여 暖해야하며 金 역시 制하여야 한다。時에 祿을 만나 旺하여 一陽이 解凍한다。소위 寒을 得氣하면 暖을 만나야 發한다고 하였다。寅木이 火를 얻으면 生한다

하였으니 科甲聯登하여 侍郎에 올랐다。

一、坎離

◉ 坎離宰天地之中氣、成不獨成、而有相持者在。

坎離는 天地의 中氣는 주재하는 것이니, 홀로는 이룰수 없는 것이고、서로 依持해야 存在하는 것이다。

[原註] 天干에 壬癸가 透出하고 地支에 離가 屬한 것은 旣濟이니 天氣가 下降함을 要한다 (天干透壬癸、地支屬離者、乃爲旣濟、要天氣下降) 天干에 丙丁이 透出하고 地支가 坎에 屬한 것은 未濟이니 地氣가 上升함을 要하는 것이다。(天干透丙丁、地支屬坎者、乃爲未濟、要地氣上升) 天干이 모두 水이고 地支가 모두 火라면 交媾이니 身强이면 富貴할수 있는 것이다。(天干皆水、地支皆火、爲交媾、交媾身强則富貴) 天干이 모두 火이고 地支가 모두 水이면 交戰이니 身弱하면 어찌 富貴할수 있으랴! (天干皆火支地皆水、爲交戰、交戰身弱、豈能富貴) 坎이 外에 있고 離가 內에 있으면 소위 未濟이니 主가 喜하는 바가 離에 있으면 水가 竭하는것을 要한다 (坎外離內、謂之未濟、主之所喜在離、要水竭) 主가 기뻐하는 바가 坎에 있으면 離가 나약하기를 要하고 (主之所喜在坎、則不祥)、離가 外에 있고 坎이 內에 있으면 소위 旣濟이니 (難外坎內、謂之旣濟)、主의 喜하는 바가 坎에 있으면 (主之所喜在坎)、離가 降함을 要하며 (要離降)、主의 기뻐하는 바가 離에 있으면 (主之所喜在離)、木火를 要한다 (要木火)。天干에

水火가 相見하는데 火가 위주로 되면 (水火相見於天干、以火爲主) 水가 盛해야 存在한다 (而

水盛者存)。

坎離가 地支에 相見하는데 坎이 喜神일때는 坎이 旺해야 번창하는 것이다 (坎離相見於地支、

喜坎而坎旺者昌)。 子午卯酉는 專氣이니 서로 制하고 서로 依持하는 勢力이 있으니 마땅히 살

펴야 한다 (天子午卯酉 專氣也、其相制相持之勢宜悉辨之)。 만약 四生과 四庫의 神이 모두 한

무리가 되어서 子午卯酉를 돕는 것이니 그 理致를 옳게 미루어 보아라 (若四生四庫之神、皆所

以黨助子午卯酉者、其理亦可推詳)。

[解說] 坎을 陽이며 先天位는 右요、 數는 七인 故로 陽이라 함이요、 離는 陰이니 先天位는

左이며 三인 故로 陰이라 한다。

坎은 中男이니 天道가 내려오는 故로 一陽이 北에서 生하는 것이요、 離는 中女이니 地道는

上行하는 故로 二陰이 南에서 生하기 때문이다。 一潤一暄하니 水火가 相濟하며 男女가 媾精하여 萬物

離를 日體라 하고 坎을 月體라 한다。

이 生化하는 것이다。

대개 坎離는 日月을 正體로 하기 때문에 無消無滅하고 天地의 中氣를 주재하는 것으로 獨成

이 不可하고 반드시 相持할때 妙함이 있는 것이다。

相持하는 理致가 다섯가지로 있으니 [升降和解]이다。

[升]이란 天干의 離가 衰하고 地支에서 坎이 旺하면 地支에서는 반드시 木을 얻어야 地氣

가 上升하게 되는 것이다。

[降]이란 天干에 坎이 衰하고 地支에서 離가 旺하면 반드시 天干에서 金이 있어야 天氣가 下降하게 되는 것이다.

[利]란 天干이 모두 離이고 地支가 모두 坎이면 行運에서 木을 얻어야 相戰을 막으니 和하게 된다.

[解]란 天干이 모두 坎이고 地支가 모두 離이면 行運은 반드시 金運을 만나야 解함을 얻게 된다.

[利]란 干支에서 坎離가 交戰하면、반드시 行運에서 强을 制하여야 됨을 말한 것이다.

따라서 坎離의 作用이 이러하니 獨性의 勢가 없으면 禮知의 性이 相持하는 것이다.

223.

丙子
己亥
丙寅
戊子

庚子
辛丑
壬寅
癸卯
甲辰
乙巳
丙午
다.

丙火가 孟冬에 生하고 丙子를 만났다. 天干의 離가 衰하고 地支의 坎이 旺하니 寅을 用해서 升해야 한다. 壬寅運東方木地에 發福하여 觀察使에 올랐

224.

壬午
壬寅
壬戌
庚戌

癸卯
甲辰
乙巳
丙午
丁未
戊申

壬水가 孟春에 生하고 支가 전부 火局이다. 비록 年月에 比肩이 같이 나타났으나、모두 根이 없다. 天干의 坎은 衰하고 地支의 離은 旺하니 庚金을 用하여 降해야 한다. 아까운 것은 運途가 東南行으로 五旬前까지는 한가지로 成就하지 못하였고 申運에 庚金이 生旺을 만나니 大富를 이루었다.

225.

丙子
丙申
丙子
丙申

丁酉
戊戌
己亥
庚子
辛丑
壬寅

地支에 兩申에 兩子이니 水가 生旺하다。天干에 四丙이 있으나 地支에 恨이 없어 離는 衰하고 坎는 旺하다。따라서 木運을 만나야 和가 된다하였으니 木이 用神이다。五十餘年동안 西北金水運으로 行하니 刑傷과 顚沛가 많았으며 五旬以後부터 東方木地에는 財物이 興旺하였다。

226.

癸巳
壬戌
壬戌
壬寅

辛酉
庚申
己未
戊午
丁巳
丙辰

壬水가 戌月에 生하고 天干에 모두 坎이있고、地支는 모두 離가 있다。이러한때는 반드시 金을 만나야 解함을 얻는다하니 金이 用神이 된다。初運 辛酉庚申에는 衣食이 豊足하였으나, 己未運에는 刑耗가 많았으며 戊午運에는 財殺이 並旺하니 盜賊에게 橫死하였다。

227.

壬子
丙午
壬子
丙午

丁未
戊申
己酉
庚戌
辛亥
壬子
癸丑

干支가 水火交戰하였으나 火가 當令하므로 水는 休囚되었다。기쁜것은 土가 없어서 日主가 剋당하지 않는다。初運丁未의 戊午流年에는 天剋支冲하고 財殺이 兩旺하므로 父母가 모두 죽고 他鄕에서 구걸하였다。申運에 申子拱合으로 發興하기 시작하여 己酉運에는 큰 財物을 얻어 成家하였다。

二部、六 親 論

一、夫 妻

◉ 夫妻因緣宿世來、喜神有意傍天財。

夫妻의 因緣은 前生에서 온것이니 喜神으로 곁에 있으면 天財라 한다.

[原註] 妻와 子는 한가지인 것이다。(妻與子一也。局中有喜神、一生貴在于是 妻子在于是) 局中에 喜神이 있으면 一生동안 富貴가 있고 妻子가 이에 있는 것이다。(妻與子一也)、가령 喜神이 財星이 되면 (如喜神卽是財神) 대체로 財星을 妻로 삼는 것이니 (大率依財看妻)、가령 喜神이 財星과 더불어 그 妻가 아름답고 富貴한다 (其妻美而且富貴)。喜神이 財星과 더불어 妬忌하지 않아도 역시 좋은 것이다 (喜神與財神、不相妬忌亦好)。그렇지 않은즉 妻를 剋하고 或은 不美스럽거나、또는 欠和가 있을 것이다 (否則剋妻、亦或不美、或欠和)。財神을 볼때 活法을 따를 것이며 (然看財神、又須活法)、가령 財神이 薄하면 用神이 財星을 돕고 (如財神薄、須用助財) 財가 旺하고 身이 弱하면 比劫을 기뻐하고 (財旺身弱 又喜比劫)、財神이 印을 傷할때는 (財神傷印者) 官星을 要한다 (要官星)。財가 薄하고 官이 많으면 傷官을 要하고 (財簿官多者 要傷官)、財氣가 未行할때는 冲이 必要하면 冲하고 (財氣未行 要冲者冲)、洩할때는 洩하여 財氣를 流通시키고 (洩者洩、財氣流通)、合이 必要할때는 合이 있고 庫가 要하면 庫가 있고、만약 財神이

洩氣가 太重하면 比劫이 透露하여야 한다 (要合者合 庫者庫、 若財神 洩氣太重比劫透露)。 身旺한데 財星이 없는것은 (及身旺無財者) 반드시 夫婦가 아름답지 못한다 (必非夫婦全美者也)。 身財가 旺하고 身이 强하면 반드시 富貴하고 妻・妾이 많다 (至於財旺身强者 必富貴而多妻財)。 마땅이 그 輕重여하를 깊이 따질것이다 (看者當番辨輕重何如)。

[解說] 子平의 法에서 財는 妻로 한다. 財는 내가 剋하는 것이며 사람이 財物을 가지고 나를 기다리는 理致로써 바른 理論이라 할수 있다. 그러나 財를 父라고 하는 것은 그릇된 말이다. 아비와 婦가 같은 친척일수가 없으며 윗사람을 犯하는 理致는 없는 것이다.

六親의 法을 定하면,

我를 生함은 父母이니 偏正印綬이며

我가 生하는것은 子女이니 食神傷官이며

我가 剋하는 것은 婦妾이니 偏正財이며

我를 剋하는 것은 祖父이니 官鬼이며

我와 同流者는 兄弟이니 比劫이니

이 理致는 바른 順序이며 不易의 法이다.

財를 妻로하여 財神이 淸하면 內助의 功이 있으며 財神이 濁하면 사나운 妻이니 內助의 功이 없다。 淸이란 財神과 不爭不妬하는 것을 말하며 濁이란 財神이 壞印하거나 殺을 生하거나 爭妬하여 無情한 것을 말한다.

舊書에서는 日主의 衰旺을 論하지 않고 陽刃、 劫財를 만나면 무조건 妻를 剋한다고 한것은

-251-

잘못된 것이다。

日主의 衰旺과 喜忌와 四柱의 配合을 보아서 論해야 한다。

財神이 輕하고 官이 없으면서 比劫이 많으면 財神이 重하고 身弱한데 比劫이

없으면 妻를 剋하고 官殺이 旺하고 印을 用하는데 財를 보면 妻는 陋하며 剋한다。官殺이 **輕**

하고 身旺한데 財星을 보고 比劫을 만나면 妻는 아름다우나 剋한다。

劫刃이 重하고 財星이 輕한데 食傷이 있으면서 梟神을 보면 妻는 凶死한다。

財星이 微弱하고 官殺이 旺한데 食傷이 없고 印綬가 있으면 妻는 病弱하다。

劫刃이 旺하고 財가 없고 食傷이 있을때 妻가 賢하면 반드시 剋하고 妻가 陋하면 不剋한다。

劫刃이 旺하고 財는 輕하고 食傷이 있을때 妻가 賢하면 不剋하고 妻가 陋하면 반드시 死亡

한다。

身强殺洩한데 殺을 滋助하거나、官이 輕하고 傷官이 重한데 財星이 傷官을 化하거나 印綬가

重重한데 財星이 得氣하면 妻는 賢明하고 아름답다。그렇지않으면 妻를 얻고나서 致富한다。

殺이 重한데 身이 輕하거나 財星이 殺의 무리를 도우거나、官이 많으면서 印을 用할때 財星

이 印을 壞하거나 傷官佩印할때 財星이 得局한것은 妻가 현숙하지 않고、陋하거나 妻로 因하

여 禍를 입는다。

日主에 財가 앉았고 財가 喜神、用神이면 妻나 財物을 얻고 日主가 財를 기뻐하는데 財神을

閑神이 合化하여 財가 되면 妻의 힘을 얻는다。

日主의 財가 喜神인데 財神을 閑神이 合化하여 忌神으로 變하면 妻는 外情이 있다。

만약 財星이 浮泛하면 財庫가 收藏해야 하고 財星이 深伏되었으면 冲動으로 引助해야 하니 세밀히 살펴야 한다.

228.

癸卯
乙丑
庚申
丁丑

甲子
癸亥
壬戌
辛酉
庚申
己未
戊午

寒金이 祿에 앉았고、印綬가 當權하니 火를 用하여 차가움을 대적해야 한다. 그러나 年干의 癸水가 丁火를 剋하니 病이 되었으나 乙木財星이 根에 通하고 水는 洩하여 火를 生하니 喜神이 되었다. 다시 기쁜것은 財星이 合을 만나니 소위 財來就我이니 妻는 賢淑하고 근면하였으며 三子가 모두 登科하였다.

229.

丁未
乙巳
丁酉
癸卯

甲辰
癸卯
壬寅
辛丑
庚子
己亥
戊戌

丁火가 孟夏에 生하고 梟、劫이 當權하였다. 一點癸水가 있으나 相制하기가 不足하다. 기쁜것은 日支의 酉金이 卯木을 冲去하니 癸水가 生起한다. 出身은 貧寒하였으나、癸運에 入學하고 또 妻財를 얻고、壬運에 登科하였다가 辛丑運에 知縣에 올라 郡守에 이르렀다. 이 局에서 만약 酉金이 없었다면 妻財가 없을뿐 아니라 功名 역시 이루지 못했을 것이다.

·230·

乙亥
庚辰
丙申
壬辰

己卯
戊寅
丁丑
丙子
乙亥
甲戌

丙火가 李春에 生하고 印綬가 根에 通하여 生旺하다. 日主가 財에 앉았고、時干에 또 壬水가 나타나니 반드시 乙木이 用神이 된다. 嫌惡하는 것은 乙庚으로 化金하여 殺을 生하고 印을 무너뜨린다. 그 妻가 不賢하고 질투가 많고 독살스럽다. 子息이 없었으니 財의 害가 두려운 것을 알 것이다.

一、子 女

● 子女根枝一世傳、喜神看與殺相連。

子女는 뿌리와 가지로써 한 世代를 傳하는 것이고、喜神과 더불어 서로 연결되는지 살펴야 한다.

[原註] 대체로 官星을 子로 보는 것이니 (大率依官看子)、가령 喜神이 官星이면 子가 賢俊하고 (如喜神即是官星其子賢俊)、喜神과 官星이 서로 妬忌함이 없어도 역시 좋은데 (喜神與官星不相妬、亦好) 그렇지 않으면 無子거나 不消하고 或은 剋하기도 한다 (否則無子、或不消、或有剋) 그러나 子女는 官星으로 보는것이 活法이다 (然看官星、又要活法). 가령 官이 輕하면 官星을 助함이 要하고 (如官輕須要助官)、殺이 重하고 身이 輕하면 印比를 要한다 (殺重身輕只要印比). 官星이 없으면 財로 論하고 (無官星只論財)、만약 官星이 막혔으면 生扶하거나 冲發해야 하고 (若官星阻滯、要生扶冲發)、官星을 洩氣함이 太重하면 (官星洩氣太重) 會合으로 도와야 하며 (須合遙會)、또 殺이 重하고 身이 輕한데 制함이 없으면 딸이 많다 (若殺重身輕而無制者多女).

[解說] 官을 子息이라고 하는 說은 세밀히 硏究하면 위에서 犯하는 것으로 嫌惡한다. 官이란 管이니 조정에서 官을 設致하여 國民을 다스리는 것을 주관하는 것이다. 國民은 가벼

운 行動을 하지 못하고 法規를 지키는 것처럼 家庭에서도 반드시 尊長이 주관하기 때문에 모든 行實은 祖父母의 가르침을 받는 것이다.

官廳의 다스림을 不服하면 賊憲와 같고 祖父의 敎訓을 받지 아니하면 不孝가 된다.

命은 理致를 말하는 것이니、官이 子息이라면 위에서 犯하는 것이라 子息이라 할수 없는 것이다。

官이 子息이라면 父가 반대로 子息의 다스림을 받은 理致가 된것이니 옳지 않은 것이다。그러니 食傷을 子息으로 定한다。

書에 이르기를 食神이 있으면 長壽하고 妻와 子息이 많다고 하고 또 時에 殺을 만나면 본래 아들이 없으나 食神이 制하면 子息이 있다는 말은 맞는 말이나。이 또한 연구하여 보면 死法인 것이다。

局中에 食傷이 없고 또 官殺이 없다면 어떻게 論할수 있겠는가？고로 命의 理致는 한곳만 을 잡어서 論함은 不可하다。

총론하면 通變이 가장 重要한 것으로 먼저 食傷을 認定한 後에 日主의 衰旺과 四柱의 喜忌 를 보아야 한다。故로 喜神이 殺과 서로 연결된 것을 보고 通變을 論해야 한다。

・日主가 旺하고 印綬가 없고 食傷이 있으면 아들이 반드시 많을 것이며、日主가 旺하고 印綬가 重하고 食傷이 輕하면 子는 稀少하고、日主가 旺하고 印이 重하고 食傷이 輕한데 財星이 많으면 자식이 많고 또 賢明하다。

日主가 旺하고 印이 重하고 食傷이 없으면서 財星이 있으면 子息이 많고 모든것을 잘한다。

日主가 弱하고 印이 있고 食傷이 없으면 子는 반드시 많고、

日主가 弱하고 印이 輕하고 食傷이 重하면 子는 적고、

日主가 弱하고 印이 輕하고 財星이 있으면 子는 없고、

日主가 弱하고 食傷이 重한데 印綬가 없으면 子息이 없다。

日主가 弱하고 食傷이 輕하고 比劫이 없고 官星이 있으면 子는 반드시 없다。

日主가 弱하고 官殺이 重하고 印은 輕한데 財星이 微伏되었으면 딸이 많다。

日主가 弱할때 七殺이 重하고 食傷이 輕하면서 比劫이 있으면 女는 많고 子息은 적다。

日主가 弱하고 官殺이 重한데 印比가 없으면 無子이고、日主가 旺하고 食傷이 輕한데 印綬가 있고 財星을 만나면 子息은 적고 孫은 많다。

日主가 旺하고 印綬가 重한데 官殺이 輕하고 財星이 있으면 子息을 剋하나 孫은 있다。

日主가 旺하고 印綬가 重한데 官殺이 輕하고 財星이 印을 破하면 子는 반드시 거역한다。

日主가 弱하고 食傷이 旺하고 印星이 있는데 財星이 印을 破하면 子는 반드시 거역한다。

日主가 旺하고 印綬가 없고 食傷이 伏하고 官殺이 있으면 子는 많다。

日主가 旺하고 比劫이 많고 印이 없는데 食傷이 伏되면 子는 반드시 많다。

그리고 母多滅子의 뜻은、

木多火熄이면 金剋木하여 火를 生하고、

火多土焦이면 水剋火이니 土를 生하며、

土重金埋이면 木剋土하니 金을 生하며、

金多水滲이면 火剋金하니 水를 生하며、

水多木浮이면 土剋水하니 木을 生한다。

이때 官殺을 子息으로 보는것을 이르는 말이며、 그러나 官殺이 비록 子息이나 內로는 食傷이

子息인 것이다。 格局이 逆하고 있을때 반대로 剋하면 서로 生하는 法과 같다。

官殺은 子息이 아니며、 대체로 身旺하면 財星이 子息이요、 身이 衰하면 印星을 아들로 보는

것으로 내가 시험한바 자세이 추리하면 맞지 아니함이 없다。

231.

辛丑
己亥
庚子
戊戌

대운: 乙未 甲午 丙申 丁酉 戊戌 辛酉 癸丑

日主가 旺하고 比劫이 많다。 年月의 傷官이 並透하여 根에 通한다。 丑은 濕土로써 能히 金을 生하고 水를 蓄한다。 戌은 火의 庫이며 日主가 臨하니 寒凍에 이르지 않는다。 家業이 富裕하였고, 다시 기쁜것은 運이 西方으로 不悖한 다。 나는 子息이 많다고 論하였으나 그 數를 定하지 못했다。 十六歲에 子를 生하여 年에 一子씩 十六子를 生하였다。 命의 아름다움은 印星이 不現하고 金이 明潤하여 木火가 不雜된 妙함에 있다。

232.

癸亥
甲子
丁酉
癸卯

대운: 癸亥 壬戌 辛酉 庚申 己未 戊午

殺官이 當令하였다。 天干의 甲木때문에 棄命從殺이 안되며 殺重用印格이다。 天干이 有情하니 家業은 豊富하였으나 卯酉冲으로 甲木의 旺地를 去함을 꺼린다。 地支는 不協하기 때문에 妻妾의 十六名에서 子息을 生하였으나 無子하였다。

233.

己未
辛巳
戊戌
丁巳

庚　己　戊　丁　丙　乙　甲
辰　卯　寅　丑　子　亥　戌

戊土가 巳月에 生하고 火土가 旺하다。辛金이 露出되었으나 根이 없고、丁火가 나타나서 辛金을 剋한다。그리고 濕氣가 全無하고 天干의 乙木이 火를 도우니 熾烈하다。兩妻를 剋하고 十二子를 生하였으나 現在二子만 살아 있다。

234.

戊子
癸亥
壬戌
甲辰

庚　己　戊　丁　丙　乙　甲
午　巳　辰　卯　寅　丑　子

壬水가 孟冬에 生하고 기쁜것은 金이 없고 食神이 獨透한다。丙寅運에 대궐에 입궐하고 十子息을 기르고 妻와 和合하였다。그러나 벼슬길은 여의치 않았으니 이것은 地支에 寅卯가 없기 때문이다。이 命은 戊土를 寅卯와 바꿔졌다면 靑雲의 뜻을 폈을 것이다。

235.

辛卯
辛亥
丙戌
庚寅

癸　壬　辛　庚　己　戊　丁
巳　辰　卯　寅　丑　子　亥

辛金이 戊月에 生하고 印星이 當令하였으나 寅戌拱合으로 天干의 丙을 生하고 天干의 比劫은 亥水를 生하지 못하고 亥卯拱合으로 財官으로 이루어진다。二子를 生하였으나 모두 剋하였다。기쁜것은 秋金이 當令한 故로 家業은 隆盛하였다。

236.

丁酉
丁未
戊戌
丁巳

丙午
乙巳
甲辰
癸卯
壬寅
辛丑

土가 夏令에 生하고 印綬가 重疊하였다。四柱에 水氣가 全無하고 燥土가 火를 洩하지 못한다。三妻五子를 剋하였다가, 丑運에 濕土가 晦火生金하고 또 金局을 이루니 一子를 두어 代를 이었다。

관찰하건데 食傷을 자식으로 보는것이 명확하다。子息의 數를 알수있는 다섯가지가 있는데 水一火二木三金四土는 五名인 것이다。當令하면 倍로 加算하고 休囚者는 半滅한다。

237.

辛卯
己丑
辛卯
甲辰
丁卯

庚寅
己丑
戊子
丁亥
丙戌
乙酉
甲申

春木이 雄壯하다。春金이 나타났으나 根이 없고 기쁜것은 丁火가 나타나서 辛金을 制한다。戊己丑運에는 아들을 키우지 못하고 財物의 소모가 많았다。丁亥運은 地支가 亥卯로 拱木하고 干에 火가 나타나서 利롭고 丙戌運 역시 마찬가지였다。五子를 生하고 家業이 日增하였다。

八字의 用神이 子星이 된다。用神이 火라면 반드시 아들은 木火運에 얻을 것이며、或은 木火流年에 아들을 얻는다。만약 木火運中에 아들을 낳으면 아들의 命中에 木火가 많을 것이다。그렇지 않으면 禍를 招來할 것이요、그렇지 않은즉 不肖한다。

一、父 母

◉ 父母或隆興或替、歲月所關果非細。

父母가 或 隆盛하고 或 替하는 것은 歲月에 關係되는 바가 적지아니하다。

[原註] 子平의 法에는 財를 父로하고 印을 母로하여 (子平之法、以財爲父、以印爲母) 그 吉凶을 斷定하는 것인데 (以斷其吉凶)、十中九는 歲月로 보는 것이 緊要하다 (十有九驗、然看歲月爲緊)。歲氣가 月令을 돕고 歲月이 喜神을 傷함이 없으면 (歲氣有益于月令者、及歲月不傷夫喜神者) 父母는 반드시 번창하며 (父母必昌)、歲月의 財氣가 時干을 傷하게 하는 것은 父를 먼저 剋하고 (歲月財氣躭喪於時支者先剋母)、모름지기 局中의 大勢를 보고 판단함이 活法으로 (又須活看其局中之大勢) 財星과 印星만을 보는 것은 不可하다 (不可專論財印)。中間에 興亡의 기틀이 숨은것도 있고 나타난것도 있으니 (中間有隱露其興亡之機) 반드시 財와 印綬에만 있는것이 아니다 (而不必在於財印者)。財를 生하고 印綬를 生하는 神의 損益舒配를 볼것이며 (與財生印生之神而損益舒配得所)、陰陽의 많고 적음을 보고 論해야 함을 증험함이 있다 (及陰陽多寡之論、無有不驗)。

[解說] 父母는 身을 生하는 根本으로 歲月에 聯關되며 興替가 같지않는 것이다。이것이 正理이며 不易의 法이다。

原註에 財印을 父母에 속하여 나누어 論하는 것은 황당무계한 그릇된 말이다。夫母를 剋하는 理致는 없는 것으로 年月에 官印이 相生함에 日時에서 財傷이 不犯하면 祖上의 德을 입고、아래로는 자식의 榮華를 받는다。

年月에서 官印이 相生하고 日時에서 刑傷冲犯하면 祖業을 破蕩하고 家門을 더럽힌다。

年官에 月印이거나 月官에 年印이면 祖上이 淸高하고 日主가 官을 喜하는데 時日에서 財를 만

나거나、日主가 印을 喜하는데 日時에서 官을 보면 조업을 더욱 번창시킨다、

日主의 喜神이 官인데 日時에서 傷官을 만나거나 日主의 喜神이 印綬인데 時日에서 財를 만

나면 반드시 祖業을 破하고 辱되게 한다。

年에 財이고 月에 印이면서 日主가 印을 喜하는데 時日에서 官印을 만나면 父의 도움으로

興家한다。

年에 傷官、月印에 日主가 印을 喜하는데 日에 官을 만난것은 父는 創業한 사람이다。

年印月財에 日主는 印을 喜하는데 時上에서 官을 보면 父母가 破敗한 사람이다。時日에 印을

만나면 自守成家한다。

年官月印에 日主가 官을 喜하는데 時日에 財를 만나면 出身은 富貴하며 家業을 지킨다。

年傷月劫이거나 年印月劫일때 日主가 財를 喜하는데 時日에서 財를 만나거나 傷을 보면 出

身은 寒微하나 創業한다。

年劫月財에 日主가 財를 喜하면 遺業이 豊隆하며 日主가 劫을 喜하면 淸高하나 貧寒하다。

年官月傷에 日主가 官을 喜하는데 日時에서 官을 만나면 부유하고 日時에서 劫을 만나면 破

敗한다。

총론하면 年月의 財官印綬가 日主의 喜神이면 父母가 貴할뿐 아니라 貴하며 日主의 忌神이

되면 貧할뿐 아니라 역시 賤하니 세밀히 살펴야 한다。

238.
癸卯 甲子
癸亥 丙火가 丑月에 生하여 弱한데 時에 있는 己丑傷官이 旺盛하다。癸水官星이 退

(무번호)

壬戌　乙丑　丙子　己丑

大運：戊午　己未　庚申　辛酉

氣를 만나 格局이 破敗하다。用神인 印綬가 月干에 나타나서 官을 보호한다。年月에 官印이 相生하면 出身家門이 좋다 하였으나 亥運까지 官職하였다。戊運에 喜神인 水가 通根되지 않아 파란곡절이 많았다가 酉運에 이르러 財星이 壞印하므로 國刑을 받고 一生을 마쳤다。

239.

乙卯　丁巳　戊午　丙辰

大運：庚辰　辛巳　壬午　癸未　甲申　乙酉　丙戌

戊土가 孟夏에 生하고 官印이 雙淸하여 祿을 만나고 財는 官에 臨한다。日元 역시 旺에 臨하고 生을 만났다。四柱가 純粹하고 五行이 生化有情한다。喜神用神 모두 有情하다。行運 역시 局을 破하지 않으니 官家出身에 科甲連登하고 五子를 生하였다。

240.

戊午　戊子　辛亥　丁巳

大運：庚戌　己酉　戊申　丁未　丙午　乙巳　甲辰

四柱에 三火二土이니 旺相하다고 하나 亥子가 當權하여 印을 冲壞하니 火土가 虛脫하다。祖上은 大富하였으나 父親代에 破家하였다。初運 西方地에 旺水를 生助하니 半生이 不運하다가 南方運에 用神이 得地하여 大富가 되었다。

241.

乙亥

大運：己卯　庚辰

丙火日主가 巳月에 生하고 時支에 祿을 얻고 乙木이 有氣하여 旺한것 같다。

辛巳　戊寅
丁丑
丙辰
癸巳　乙亥
甲戌

乙木은 巳中에 通根된 辛金에 壞당하고 巳亥冲으로 火를 去하니 반대로 金水 가 得勢하여 變弱이 되었다。 木火가 失勢하고 辰土가 命主元神을 弱하게 하 고 時干癸水가 蓄頭되어 巳火를 傷한다。

初運木運에 家門이 豊厚하였고 丑運에 生金洩火하니 刑剋이 異狀하다가 丙子運에 火가 不通 하니 破耗가 많았다가 夫婦 모두 死亡하였다。

一, 兄 弟

◉ 兄弟誰廢與誰與、提用財神看重輕。

兄弟는 무엇으로 廢하고 무엇으로 興하는가를 알려면 拱剋된 用神이 財星이라도 輕重을 보아라。

[原註] 敗財와 比肩과 羊刃은 모두 兄弟로 한다 (敗財比肩羊刀、皆兄弟也), 提綱된 神이 있음이 重要하며 (要在提綱之神), 財神과 喜神의 輕重을 비교하여야 한다 (與財神喜神、較其 重輕)。 財星이 弱한데 三者가 나타나고 壞奪의 자취가 있으면 兄弟는 반드시 强할 것이고 (財官弱 三者顯其壞奪之迹、兄弟必强) 三者가 나타나고 主를 돕는 功이 있으면 兄弟는 반드시 아름다울 것이며 (財官旺、三者出其助主之功 兄弟必美) 身主와 財官이 平한데 三者가 隱伏되고 나타나 지 않으면 兄弟는 반드시 貴할 것이고 (身與財官兩平而三者伏而不出 兄弟必貴), 比肩이 重한

데 傷官과 財殺이 역시 旺하면 兄弟는 반드시 富할 것이요 (比肩重而傷官財殺亦旺者 兄弟必富)

身弱한데 三者가 나타나지 아니하고 印綬가 있으면 兄弟가 반드시 많을 것이요 (身弱而三者不

顯 有印而弟必多)、 身旺하고 三者가 나타났는데 官星이 없으면 兄弟가 반드시 衰할것이다 (

身旺而三者又顯無官而弟必衰)。

[解說] 比肩을 兄으로 하고 劫財를 弟로 하며 祿刃도 역시 兄弟로 본다。

官殺이 旺한데 食傷이 없고 印綬도 없을때 劫財가 있어 合官 해주면 弟의 힘을 크게 얻게되

며、 殺이 旺한데 食傷과 印綬가 弱하고 財星이 있을때 比肩이 있어 敵殺하면 兄의 德을 얻게

되는 것이다。 官星은 弱하고 食傷이 重한데 比劫이 食傷을 生하면 制殺이 太過한 것이니 兄弟

로 인한 累을 입게된다。

財星은 輕한데 劫財가 重하고 印綬가 있어서 食傷을 剋하면 가난함을 면하기 어렵다。

財星과 官星이 失勢한 四柱에 劫刃이 肆逞하면 兄弟간에 不和가 있다。

財가 殺을 도와 무리를 이루었는데 比劫이 幫身하면 兄弟간에 友愛가 깊다。

日主가 弱하고 殺은 重한데 印綬가 없고 食傷도 隱伏되었다면 平生 興함이 없이 한탄만 하

게 된다。

身이 輕하고 殺이 旺한데 印綬가 隱伏되고 比肩도 無氣하면 弟는 비록 공경하나 兄이 衰한

다。

官旺한데 印綬가 輕하고 財星이 氣를 얻으면 兄은 弟를 사랑하나 弟는 成功함이 없다。

日主가 비록 衰하나 印綬가 月令에 提綱되면 兄弟가 모두 成功한다。

身旺한데 梟印을 만나고 劫財가 重하고 官星이 없으면 獨自主持하고、財星은 輕하고 劫財는

重한데 食傷이 劫을 化하면 가난함이 없을 것이요、財星이 輕하고 劫財가 있는데 官星이 有

力하게 나타나면 兄弟間의 다툼은 있으나 出世한다.

梟印과 比肩을 거듭 만날때 財가 輕하고 殺이 伏되면 兄弟는 힘이 되지 못하며、主는 衰하

나 印綬가 있고 財星이 있어도 劫財가 制伏시키면 兄弟는 다투어 出世한다.

대체로 日主의 愛憎과 提綱과 喜忌를 살펴서 판별함이 옳은 것이다.

242·

丁亥
辛丑
庚子
己亥
丙子
戊戌
丁酉
丙申

丙火가 春初에 生하니 相火의 불꽃이 있으나 旺論으로 볼수 없다. 月干의 壬

水가 亥子에 通根하여 殺이 旺하나 丁壬으로 合木한 것이 기쁘다. 時支財星이

官을 生하고 印을 壞하나 丁火가 蓋頭한 것이 妙하다. 七兄弟가 모두 出世하

고 友愛 또한 깊었다.

243·

癸巳
丁巳
戊午
丙辰
乙卯
丙午
甲寅
庚寅
癸丑
壬子

羊刃이 當權하고 生旺을 만났다. 또 戊癸合으로 火가 되어 財를 衆劫이 爭奪

하고 있다. 兄弟는 모두 工夫를 잘했으나 成功함이 없었다. 時가 壬辰時인 造도

六名의 아우가 있었으나 出世한 형제는 早亡하였고 나머지는 不肖하고 破家하

였다. 총론하면 劫刃이 太旺하고 財官의 氣가 없으면 兄弟가 적고 있어도 없

는것 같은 것이다. 또 官殺이 太旺하여 制함이 없으면 淺하다. 반드시 身財가 並旺하고 官印

이 通根하면 돈독한 友愛가 있는 것이다.

一、何知章

◉ 何知其人富、財氣通門戶。

그 사람의 富함을 어떻게 알 것인가? 財氣가 門戶를 通한 것이다.

[原註] 財旺身强하고 (財旺身强)、官星이 財를 保護하고 (官星衛財)、忌神인 印星을 財가 能히 壞하고 (忌印而財能壞印)、印綬가 喜神인데 財가 能히 官을 生하고 (喜印而財能生官)、傷官이 重하면 財神이 能히 流通시키고 (傷官重而財神流通)、財神이 重한데 傷官이 막혀 있고 (財神重而傷官有限)、財가 없는데 財局을 暗成하고 (無財而暗成財局)、財가 露出되었는데 傷 역시 露出하면 (財露而傷亦露者)、모두 財氣門戶에 通한 것이므로 (此皆財氣通門戶) 富할 수 있는 것이다 (所以富也)。대개 財를 妻로 더불어 論하는 法은 相通함이 있으나 (夫論財與論妻之法可相通也)、賢妻가 있는데 가난하거나 (然有妻賢而財薄者) 富함이 있으면서 妻를 傷하는 경우는 (亦有財富而妻傷者) 刑冲會合을 볼 것이다 (看刑冲會合)。단、財神이 淸하고 身旺하면 妻는 아름답고 (但財神淸而身旺者、妻美) 財神이 濁하고 身旺하면 家庭은 풍부할 것이다 (財神濁而身旺者家富)。

[解說] 身弱하고 財旺한데 官이 없다면 반드시 比劫이 있어야 하고、身旺하고 財旺하고 食傷이 없으면 官殺이 있음을 要하고、身旺하고 印旺하고 食傷이 輕하며는 財星이 得局해야 하며、身旺하고 官이 衰하고 印綬가 重하면은 財星이 當令하거나、身旺하고 劫旺할때 財印이 없으면 食傷이 있거나、身弱하고 財重할때 官印이 없으면 比劫이 있거나、하면 모두 財氣가 門戶에

通한 것이다.

財를 妻라고 하는것은 通論이다. 만약 淸하면 妻가 아름답고 濁하면 家庭이 富라고 한것은

비록 올바르나 깊은 理致는 아니다.

身旺하고 印이 있으면 官星을 洩氣한다. 이때 食傷을 보지않고 財星을 얻으면 官을 生하나

食傷이 없으니 財星 역시 淺하다. 이러면 妻는 아름다우나 財는 薄하다.

身旺하고 印이 없고 官이 弱할때 食傷을 보면은 이때 財星을 얻어 食傷을 化하고 官을 生하

면 妻는 아름다울뿐 아니라 富 또한 크다.

身旺하고 官이 弱하고 食傷이 重見하면 財星이 官과 通하지 못하니 집은 비록 富하나 妻는

반드시 陋하다.

身旺하고 官이 없고 食傷이 有氣하면 財星이 劫財에 劫奪 당하지 않는다. 印이 없는 즉 妻

와 財 모두 아름답다. 만약 印이 있으면 財(物)는 旺하나 妻는 傷한다.

이 네가지를 세밀히 研究하라.

244.

丁丑

甲申　戊寅
丙子　己卯
壬寅　庚辰
辛亥　辛巳
　　　壬午

壬水가 仲冬에 生하고 羊刃이 當權하였다. 年月에 있는 木火의 根이 沖破 당

하니 平常의 造라 할수 있다. 기쁜것은 日의 寅과 時의 亥가 木火의 生地이며

寅亥合한즉 木火의 氣가 두텁다. 子申이 會局하여 食神을 生하니 소위 財氣가

門에 通하였으니 巨富의 命이다.

壬申
戊申
丁未
癸亥
丙午
辛亥
己酉
庚戌
戊午
壬子
癸丑

癸水가 仲夏에 生하고 午時를 만나니 財官이 太旺하다。그러나 기쁜것은 日元

이 得地하고 다시 妙한것은 年干의 劫財가 長生에 앉았으니 財星이 有氣하였
다。

木이 없으니 水가 不洩하여 火를 돕지 않으니 壬水가 用神이다。行運이 西北

의 金水地로 行하니 遺業은 비록 없었으나 自手成家하여 大富가 되었다 一妻四

妾에 平生 파란없이 잘 지냈다。

◉ 何知其人貴、官星有理會。

그 사람의 貴함을 어떻게 알것인가? 官星이 理會함이다。

[原註] 官旺身旺하고 (官旺身旺)、印綬가 官星을 保護하고 (印綬衛官)、劫財가 忌神인데
官星이 制劫해주고 (忌劫而官能去劫)、財神이 旺한데 官星이 通達하고 (財神旺而官星通達)、
官星이 旺한데 財星이 有氣하며 (官星旺而財神有氣)、官星이 없으면 官局으로 暗成되고 (無
官而暗成官局) 官星이 藏하였으면 財神 역시 藏하면 (官星藏而財神亦藏者)、모두 官星이 理
會됨이 있으니 貴하게 되는 것이다。(此皆官星有理會所以貴也) 대개 官을 子로 보는 法이 相
通됨이 있으나 (夫論官與子之法 可相通也)、子는 많은데 官星은 없거나 (然有子多而無官者)、
官運은 큰데 子息이 없는 경우가 있으니 (身顯而無子者) 刑冲會合을 잘 볼것이다 (亦看刑冲會
合)。단 官이 淸하고 身이 旺하면 반드시 貴하고 (但官星淸而身旺者必貴)、官星이 濁하고
身旺하면 반드시 子가 많다 (官星濁而身旺者必多子)。象을 얻고 氣를 얻고 局을 얻고 格을 얻

은 자는 妻子가 富貴兩全할 것이다 (至於得象得氣得局得格者 妻子富貴兩全).

[解說] 身旺하고 官이 弱하면 財星이 能히 官을 生하고,

官旺하고 身弱하면 印綬가 能히 身을 生하고,

印旺하고 官衰하면 財星이 能히 壞印하고,

印旺하고 官旺하면 財星이 나타나지 않아야 하고,

印衰하고 官旺하면 財星이 能히 劫을 去하고,

劫重하고 財가 輕하면 官星이 能히 劫을 去하고,

財星이 壞印하는데 官星이 印을 生하여 通關하고,

官을 用하는데 財 역시 藏해야 하고,

印을 用하는데 印綬와 官星이 같이 나타나면, 모두 官星理致의 모임 있으니 貴가 큰 것이다.

身旺官旺하고 印 역시 旺하면 格局이 제일 淸하나, 四柱에 食傷財가 나타나지 않으면 官星의

情이 印에 흐르고 印의 情이 日主에 의지하니 自己만을 아는 사람이며, 벼슬은 하지만 자식은

두기 어렵다.

食傷運이 와도 旺하고 印星이 剋을 하니 子息을 두어도 키우기 어렵다. 또 身旺官旺한데 印

綬가 弱하고 食傷이 暗藏되어 官星을 剋하지 아니하고 印綬로부터 受剋도 없으면 벼슬도 높고

자식도 둘수 있다.

身旺官衰한데 食傷이 有氣하면 印綬가 있으나 財星으로 부터 壞印되거나 財星이 없고, 暗으

로 財局을 이루면 貴하지는 못하지만 子息은 많고 반드시 富를 이룰수 있다.

가령 身旺官衰하고 食傷은 旺하나 財星이 없으면 子息은 있으나 반드시 가난하다.

身弱官旺하고 食傷이 旺한데 印綬가 없으면 자식도 없고 가난하며、이때 만약 印綬가 있더라도 財星이 같이 있으면 가난하며 無子한다。

246.

```
癸卯　壬戌
癸亥　辛酉
丁卯　庚申
辛亥　己未
　　　戊午
　　　丁巳
```

官殺이 乘權하여 두렵다。그러나 기쁜것은 支가 拱印하여 會局되므로 水勢를 流通시키니 官星이 理會되었다。初運 庚申辛酉는 殺을 生하고、印을 壞하여 發達이 없었고 己未運에는 亥卯未의 局으로 印이 되며 干에 食神이 나타나니 벼슬이 尚書에 올랐다。命은 運을 얻는것에 있으니 만약 運을 만나지 못하였다면 일개의 寒儒에 不過하였을 것이다。

247.

```
癸酉　丙辰
丁巳　乙卯
丙午　甲寅
壬辰　癸丑
　　　壬子
　　　辛亥
```

丙火가 孟夏에 生하고 祿에 앉아서 旺에 臨한다。기쁜것은 巳酉拱金으로 財가 官을 生하면 官을 劫을 制하고 다시 妙한것은 時에 나타난 壬水가 官星을 도우니 旣濟를 만들었다。三旬後 北方의 水地에 登科하여 名利雙輝하였다。官殺混雜 되어서 嫌惡하다고 하지 않아야 한다。

248.

```
甲午　丁卯
丙寅　戊辰
辛酉　己巳
戊戌　庚午
```

財가 旺地에 臨하고 官이 長生을 만나며 日主는 祿에 앉았고 印綬는 通根되었다。天干의 四字가 地支에 모두 祿旺을 만났고、水가 없으니 淸하고 純粹하다。春金이 비록 弱하나 기쁜것은 時의 印이 通根하여 用神이 된다。庚運에 幇身

己丑
辛未
壬申

하므로 癸酉年에 登科하였으며 午運에는 殺이 旺하여 病과 刑喪이 있었고 辛

運己卯年에 직급이 오르고 末年의 金水地에서 無限한 祿을 누렸다.

249.

乙巳
己卯
辛巳
庚辰

丁丑
丙子
乙亥

庚金이 立夏前 五日에 生하니 土가 當令하여 火는 可權되지 않았다. 庚金이

辰에 生함을 받고 時의 祿을 만나니 身强殺淺하다.

嫌惡한것은 財가 露出되어 根이 없고 劫을 만난것이다. 소위 出身은 貧寒하였

으나 丁運에 官星의 元神이 發露하여 戊寅己卯兩年에 財星이 得地하므로 喜用

이 함께 와서 科甲聯登하였다.

書에 이르기를 殺化權이면 定顯寒門貴客이라 한것은 이것을 말한 것이다.

◉ 何知其人貧, 財神反不眞.

그 사람의 가난함을 어떻게 할 것인가?   財神이 반대로 참되지 아니함이다.

[原註] 財神이 참되지 아니한 것은 (財神不眞者) 洩氣되거나 劫財의 被害를 입는것 뿐만아

아니다 (不但洩氣被劫也)。 傷官이 輕한데 財神이 重하면 財氣가 淺하고 (傷輕財重氣淺), 財

가 輕하고 官重하면 財氣가 洩되고 (財輕官重財氣洩), 傷이 重하고 印이 輕하면 身弱하고 (

傷重印輕身弱), 財가 重하고 劫이 輕하고 身弱하면 (財重劫重身弱), 모두 財神이 참되지 않

은 것이다 (皆爲財神不眞也)。 그러나 局中에 한가닥의 淸氣가 있으면 賤하지는 않는다. (中

有一味淸氣, 則不賤)

〔解說〕 財神이 不眞한것을 九가지가 있다.

一、 財輕하면 食傷을 喜하는데 印이 旺하거나

二、 財輕劫重할때 食傷이 不現한 것。

三、 財多喜劫하는데 食傷이 劫을 制하거나

四、 印을 喜하는데 財星이 壞印하거나

五、 印을 忌하는데 財가 官星을 生하거나

六、 財를 喜하는데 財가 閑神과 合하여 忌神이 되거나

七、 財를 忌하는데 閑神과 財가 合하여 財神이 되거나

八、 官殺이 旺하여 印을 喜하는데 財星이 得局하거나

九、 財重하고 食傷이 많은 것。

以上 九가지는 財神이 不眞이니 바른 理致이다。

그러나 貧者는 많으나 富者는 적다。그런 故로 가난하여도 차등이 있고、富에도 차등이 있으니 대략으로 定하는 것은 不可하다。

貧한 가운데 貴함이 있고、貧한 가운데 正함이 있고 貧한 가운데 賤함이 있으니 잘 分辨해야한다。

가령 財輕官衰하고 食傷을 만났을때 印綬를 보거나 或는 印을 喜하는데 財星이 壞印할때 官星을 얻어 解하면 貴하나 貧하다。

官殺이 旺하고 身弱할때 財星이 官殺을 助하는데 印이 있으면 한번 기회를 잡을수 있고、印

이 없으면 늙을때까지 儒冠으로 지낸다.

이것들은 모두 淸貧의 格이다.

財多하면 반드시 貪慾이 있고 官旺하면 心事는 求할려는 欲心이 過하다.

非合이면서 合이 되고 不從이면서 從이되며 合이 不化되며 從이 不眞되는 것은 富貴를 보면

아첨을 잘하고 財利를 만나면 恩義를 忘却하니 소위 貧賤하다. 즉 僥倖으로 致富한다 하드라

도 역시 貴는 不足하다.

대개 敗業破家의 命을 처음에 볼때는 아름다운 것이다.

財官雙美나 殺印相生이면 무조건 好命이 인것이 아니라 財가 旺地에 臨해야 하며, 干支가

雙淸되야 한다. 그러나 財官이 비록 養命榮身이라하나 반드시 먼저 要하는것은 日主가 旺相해

야 能히 財官에 臨할수 있는 것이다.

만약 大過不及되면 모두 不眞되니 散耗가 있고 종내 富貴를 이룰수 없는 것이다. 이런 格局

은 가장 많아서 열거하기 어려우니 자세이 연구하는 것이 좋을 것이다.

250.

壬子
戊申
戊戌
辛酉

己酉
庚戌
辛亥
壬子
癸丑
甲寅
乙卯

戊土가 孟秋에 生하고 支에 西方을 만나니 秀氣流行한다. 格局은 本來 아름다

워서 富者집에서 出生하였다. 嫌惡한것은 年干의 壬水가 通根하여 會局을 이

루니 財星이 반대로 不眞된 것이다. 兼하여 運이 西北의 金水地로 달리니 財

를 輕히 알고 義理를 重히 하였다. 散耗가 많았다가 戊運에 入伴하였으나 辛

亥壬子運에는 가난이 극심하였다.

251.

癸卯　壬子
甲寅　辛亥
丁巳　庚戌
己酉　己酉
　　　戊申
　　　丁未

財가 藏하고 殺이 露出되니 殺印相生이다。天干이 聯珠相生하여 貴格같이 보인다。祖業이 많았으나 年干의 殺이 根이 없고 印綬에 洩氣당하니 癸水가 用이 아니다。用은 반드시 西金에 있으며 己土가 有情하나 木이 旺하여 土虛하고 相火가 生을 만나니 巳酉가 不會한다。그러하므로 財가 不眞된다。壬子運은 金을 洩하고 木을 生하니 한번 敗하여 재산을 날리고 亥運은 印이 長生을 만나니 餓死하였다。

252.

庚午　癸未
壬午　甲申
丙寅　乙酉
庚寅　丙戌
　　　丁亥
　　　戊子
　　　己丑

여름의 火가 金을 만나서 財滋弱殺格이다。兩支가 不雜하고 殺刃이 淸하여 名利雙輝한다고 定하나、地支가 全部 木火이므로 天干의 金水가 不載하니 火를 制하기가 不能하며 反對로 財星의 氣를 洩한다。夏月의 庚金이 敗絕이므로 財가 不眞된 것이다。早年의 癸未 甲申乙酉의 土金地支에는 衣食이 豊足하였다가 丙戌運은 支가 全部火局이므로 刑妻剋子하고 丁亥運은 壬寅과 化木하여 孤苦끝에 죽었다。

253.

乙卯　甲申
乙酉　癸未
壬午　壬午
庚寅　辛巳
戊寅　庚辰
　　　己卯
　　　戊寅

秋金이 秉令하였으나 財官이 並旺하고 食神이 吐秀하여 크게보면 富貴의 命이다。財星이 太重하고 官星이 寅午拱局하니 日主가 반대로 弱하여 財官에 住하지 못한다。劫刃에 依持하나 卯와 冲하고 午가 剋한다。破耗가 많았다。

時干의 壬水가 있으나 火를 剋하기 不能하고 반대로 日元의 氣를 洩하고 있으니 財星이 不眞됐다。 初年 甲申運은 祿旺하니 入伴하였으나 後의 南方運에 가난이 극심하였다。

辛丑
丙申
癸巳
庚申

乙未
甲午
壬辰
辛卯
己巳
庚寅

財星이 祿을 얻고 一殺이 獨淸하여 아름다운것 같다。 嫌惡하는 것은 印星이 太重하여 丑土가 生金洩火한다。 丙辛合으로 水로 化하여 財가 다시 不眞된 것이다。

初運의 乙未甲午運은 木火가 並旺하니 祖業이 자못 豊足하였으나 癸巳運에는 申과 合하니 一敗하여 모두 亡하고 구걸하였다。

庚辰
乙酉
丁丑
乙巳

丙戌
丁亥
戊子
己丑
庚寅
辛卯

丁火가 時의 旺地를 만나고 兩印이 身을 生하니 火焰金疊으로 富格같이 보인다。 그러나 月干의 乙木은 庚과 合하여 金으로 되며 地支의 巳도 會金局이 되니 四柱가 모두 財로 變하여 財가 不眞된 것이다。

祖業은 豊足하였으며 丙戌丁亥運은 比劫이 幫身하니 有餘하였다。 戊子己丑運은 生金晦火하니 財散人離하고 마침내 굶어 죽었다。

◉ 何知其人賤、官星還不見。

그 사람의 賤함을 무엇을 보고 알것인가? 官星이 도리어 보이지 않는 것이다。

[原註] 官星이 없는 者는 失令되고 傷함을 입는 것만을 말하는 것이 아니다 (官星不見者、不但失令被傷也)。 身輕한데 官은 重하고 (身輕官重)、官輕한데 印이 重하고 (官輕印重)、

財重한데 官이 없고 (財重無官)、官重한데 印이 없는 것은 (官重無印者) 모두 官星이 不見된 것이다 (皆是官星不見也)。局中에 한가닥 濁財라도 있으면 가난을 면하는 것이다 (中有一味濁財則不貧)。 用神이 無力한데 忌神이 太過하면 (至于用神無力而忌神太過)、敵은 受降하지 않는다 (敵而不受降) 旺을 돕고 弱을 欺하면 (旺助欺弱)、主는 失에 당연히 從하니 (主從失宜) 歲運에서 輔하지 않으면 (歲運不輔者)、貧 아니면 賤하다 (旣貧且賤)。

[解說] 原註에 省略하였으나 貴한 가운데 賤한 것이 있고 賤한 가운데 貴한 것이 있는 것이니 [賤] 字는 하나이나 쉽지 않다。

가령 身弱官旺할때 印綬가 合化되어 用이 되지 않거나 反對로 傷官이 强制하거나、身弱印輕할때 官星이 印을 生하지 않고 財星이 壞印하거나、財重身輕한데 比劫이 幫身하지 못하거나、반대로 比劫이 忌神인데 財를 奪하면 이 格들은 聖賢의 말은 잊어버리고 祖父母의 積德을 생각지 않으니 災殃이 發生하여 子孫까지 미친다。

身弱印輕할때 官旺하고 財가 없거나、身旺官弱할때 財星이 나타나지 않은 것은 처지는 貧困하나 그 절개만은 곧고 富貴보다는 뜻을 중요시하며 義나 禮가 아니면 쫓지 않고、行하지도 않는다。그런 까닭으로 財를 貪하면 戮 (辱) 을 볼 것이다。

그러므로 한주먹 밥과 한바가지 물을 즐거워하고 헤진옷을 입어도 고맙게 生覺하면 千秋에 이름을 날릴것이다。

官星不見의 理致를 三等分으로 나누며 貧賤에도 차등이 있다고 하나 역시 分別하기는 그리 쉽지 않다。

官輕하고 印星한데 身旺하거나、官重하고 印重한데 身弱하거나、官印이 兩平하고 日主가 休囚된 것은、첫째 官星不見이며、官輕하고 劫重하고 財가 없거나、官殺이 重한데 印이 없고、財도 重하고 劫도 重한데 官星이 隱伏된 것은 두번째 官星不見이다。

官이 旺하고 印을 기뻐하는데 財星이 壞印하거나、官殺이 重하고 印이 없는데 食傷이 强制하거나、官多하여 財星을 꺼리는데 財星이 得局한 것이나、官星이 喜神인데 他神이 合去하거나

官星이 忌神인데 他神이 合化하여 官星이 되면 모두 세번째 官星不見인 것이다。

256.

丁丑
壬子
丁亥
甲辰

丁火가 仲冬에 生하고 壬水가 干에 나타나고 支에 全亥子丑 北方으로 官星이 旺한 格이다。辰은 濕土이니 水를 制하기가 不能하며 반대로 火를 어둡게 한다。日主는 虛弱하고 甲木을 凋枯하니 自己를 돌아볼 한가로움이 없다。濕木은 火를 生하기가 能하지 못하니 淸枯의 象으로 官星이 不眞된 것이다。기쁜 것은 金이 없어서 氣勢가 淸純하여 爲人의 學問이 깊었고 處世 또한 바르고 가르침이 뛰어났다。淸貧으로 一生을 지냈다。

257.

丙辰
辛卯
壬辰
丁酉

財가 絕에 있으며 根이 없고 官 역시 氣가 없다。兼하여 運 또한 東南의 地이니 幼年에 父喪을 입고 母를 따라 繼父의 姓을 썼으나 數年안에 母가 죽고 牧童일을 보다가 대장간으로 옮겨간 후 두눈이 失明되니 대장간 일을 못하게 되어 求乞로 活路를 찾았다。

丁卯　癸卯
壬寅　甲辰
辛丑　辛亥
庚子　癸巳
己亥　丁巳
戊戌
丁酉

春金이 火를 만나 理致로 보면 印을 用하여 殺을 化하여야 하나 財星인 木이 壞印하며 癸水가 丁火를 剋한다。亥水가 巳를 冲하여 殺을 制함이 有情하게 보인것 같으나 春의 水는 休囚된다。

木火가 並旺하니 火를 剋하지 못할뿐 아니라 반대로 木을 生하고 金을 洩한다。

財官이 본래 榮身이라하나 日主가 任하지 못하여 마음으로는 求할려는 欲心은 있으나 이익이 있게 거둘수 없는 것이다。

初運에 학업에 열중하다가 그만두고 官人을 따라 다녔다。본시 영리하여 主人은 따른지 數年만에 큰 財物을 벌고난뒤 主人을 背信하고 損納으로 從九品의 벼슬을 얻었으나 威嚴과 福은 없는것 같았다。後에 일을 잘못 저질러 死刑당하였다。

◉ 何知其人吉、喜神爲輔弼。

어떻게 그 사람이 吉한것을 아는가、吉神이 輔弼하기 때문이다。

[原註] 柱中에서 喜神이 左右에서 처음부터 끝까지 힘이 있는 者는 (柱中所喜之神、左右終始 皆得其力者) 반드시 吉할 것이다 (必吉)。大勢가 平順하고 內體가 堅厚하고 (然大勢平順 內體堅厚)、主가 마땅한 대로 좇은다면 (主從得宜) 한두가지 忌神이 功擊한다 하더라도 (從有一二忌神、適來功擊) 凶함이 없을 것이니 (亦不爲凶) 비유하건데 나라안이 便安하고 和平하니 (譬之國內安和) 外部의 도적을 근심하지 않는다 (不愁定冠)。

[解說] 「喜神」은 日主의 用神을 돕는것을 말한다。八字를 볼때 먼저 用神과 喜神을 가

려내야 함은 이미 말한바 있다。 그러나 四柱八字를 보면 用神을 있는데 喜神이 없다거나, 喜

神은 있는데 用神이 없을 경우가 많은데, 이러한때는 歲運에서 忌神을 만나지 말아야 害가 없

는 것이다。

忌神을 만나면 凶禍가 더욱 클것이다。

가령 戊土日主가 寅月에 生하여 寅木이 用神이 되었다면, 忌神은 庚辛申酉의 金이 될것이며,

이때 戊土의 元神이 두터우면 壬癸亥子等이 喜神이 된다。이때 金을 만나면 金은 水를 生하고

水는 다시 木을 生하니 木을 剋하지 못하여 큰 害가 없다。日主戊土의 元神이 薄弱할때는 丙

丁巳午等의 火로써 喜神이 될것이니 印綬가 有力하면 忌神인 金을 만나도 金은 木을 剋할수

없으니 별로 害가 없는 것이다。

가령 身弱하면 寅中의 丙火를 用神으로 하고 天干에 나타나면 기쁘고 水가 忌神이 되며 比

劫이 喜神이 된다。

官을 用할때와 印을 用할때의 分別이 있다。官을 用神으로 할때는 身旺하면 財星이 喜神이

며 身弱하고 劫이 있으면서 印을 用神으로 할때는 官星이 喜神이 되며, 財星을 劫財가 去하면

印綬를 傷하지 않으니 官星의 도움이 이때는 필요없다。

原局에 用神이 있고 喜神이 없어도 用神이 得時 秉令하면 氣象이 雄壯하고 大勢가 堅固하니

四柱가 편안하고 和平하다。

用神이 緊貼되고 不爭不妬한 것은 忌神을 만나더라도 凶을 입지 않는다。

가령 原局에 喜神이 없고 忌神이 暗伏되거나 出現되거나, 用神이 忌神과 緊貼되어 爭妬하거

나、用神이 當令하지 못하거나、歲運에서 忌神을 引出하여 忌神을 도우거나하면 비유하건데 國家에 奸臣이 있어 外寇과 私通하여 兩面에서 夾攻하는거와 같다。

土를 論함에 이러하니 나머지로 이와같이 推理하라。

259.

```
甲子    丁卯
丙寅    戊辰
戊寅    己巳
己未    庚午
        辛未
        壬申
        癸酉
```

春初에 土가 虛하며 殺이 旺하고 財를 만났다。丙火가 用神이며 기쁜것은 財印이 서로 떨어져 生生不悖한다。또 妙한것은 未時가 幇身한다。四柱가 純粹하고 主가 得宜에 한바에 따르니 早年에 科甲하고 일생 凶함이 없었고 觀察使에 올랐다。

260.

```
丙申    庚子
己亥    辛丑
庚辰    壬寅
戊寅    癸卯
        甲辰
        乙巳
        丙午
```

庚金이 火를 기뻐하고 時支에 寅을 만나 火가 불꽃이 있다。財殺을 用하니 반드시 身旺을 要한다。妙한것은 年支에 祿이 있고 三印이 貼生한 것이다。亥水가 當權하고 申金이 生을 貪하니 冲을 잊어버린다。土凍金寒하고 木이 없으면 水旺火虛할 것이니 火가 用神이며 木火의 兩字中에 하나라도 없으면 不可하다。일생이 無凶無險하고 登科하여 벼슬길이 순탄하였고 後裔 역시 모두 아름다웠고、壽도 八旬까지 살았다。

◉ 何知其人凶、忌神輾轉攻。

그 사람의 凶함을 어떻게 알것인가? 忌神이 輾轉으로 功擊하기 때문이다。

[原註] 財官이 無氣하고 用神이 無力하면 발달이 없을 것이다 (財官無氣 用神無力 不過無

所發達而已). 역시 刑凶도 없을 것이라 (亦無刑凶也).

忌神이 太多하고 或 刑冲하고 歲運에서 도우면 (至於忌神太多、或刑成冲、歲運助之) 輾轉으

로 攻擊한다 (輾轉攻擊). 局內에 방비하는 神이 없고 (局內無備禦之神) 또 主를 따를 만한 것

이 없다면 (又無主從), 刑傷破敗를 免할수 없는 것이고 (不免刑傷破敗), 犯罪와 難을 입을

것이며 (犯罪受難) 늙도록 不吉할 것이다 (到者不吉).

[解說] 忌神은 體用의 神을 傷하는 것이다. 故로 八字는 먼저 喜神이 있는 것이 重要하고

忌神은 勢가 없어야 한다.

忌神은 病이고 喜神은 藥이며 [有病有藥] 하면 吉하고, 有病이면서 藥이 없으면 凶하여 일

생 吉이 적고 凶이 많음은 忌神이 得勢한 연고이다.

가령 寅月生이 甲木을 用하지 않고 戊土를 用하면 甲木이 當令하여 忌神이 될 것이다. 日主

의 意向을 보아서 或 火를 기뻐하면 化하고 或 金을 用하여 制하면 安頓하니 좋을 것이다. 또

歲運에서 喜神을 扶하고 忌神을 抑하면 역시 凶이 吉로 변하는 것이다.

그러나 歲運에서 喜神을 扶하고 忌神을 抑하지 않거나, 忌神이 무리를 이루면 終身토록 碌

碌하고 發達함도 없을 것이다.

만약 火가 없어 化를 못하고 金이 없어 制하지 못하고 水를 만나거나 또 歲運에서 忌神을

만나면 我의 喜神을 傷하니 凶禍가 많으며 늙도록 不吉하다.

本論이 이러하니 다른것도 이와같이 推命한다.

261

丁丑 乙亥
丙子 戊寅
乙亥 丙子
甲戌 甲午
癸酉
壬申

丙火가 寅月에 生하고 印星이 當令하였다. 時에 刃을 만나니 旺하다. 甲乙이 並旺하여 나타나고 四柱에 金이 없다. 寅亥合으로 木으로 化하고 子水의 沖破로 官星이 用神이 되지않고 반드시 月干의 戊土가 用神이 된다. 忌神은 甲木이며 亥子水는 반대로 木을 生한다. 소위 忌神이 輾轉하여 攻擊한다. 初運 丁丑에 用神을 生助하니 祖業이 많아서 즐거움이 많았다가 丙子運에 火가 通根이 안되니 父母 모두 死亡하고 破産하였다. 乙亥運도 水木이 並旺하니 三妻四子를 剋하고 亡하였다.

262·

己丑 辛巳
戊子 庚寅
丁亥 丙戌
丙戌 己丑
乙酉
甲申

丙火가 寅月에 生하여 木이 어리므로 아직 旺하지 않는다. 生時가 丑時이니 命主의 元神을 도적질하므로 寅木이 用神이다. 嫌惡한 것은 庚金이 當頭하여 忌神이 된다. 木이 연약하여 金을 만나고 丙火는 洩되어 虛하다.

初運의 戊子己丑은 金을 生하고 火를 洩하니 父母가 死亡하여 孤苦가 堪했다. 丁亥丙戌運에는 西北에 있는 火이므로 忌神을 去하기가 不能하여 風霜이 많았으나 家業은 조금 이루었다. 이어 乙酉運에 干支가 모두 忌神으로 化하니 刑妻剋子하고 水厄으로 死亡하였다.

◉ 何知其人壽、性定元神厚。

그 사람의 壽함을 어떻게 알 것인가? 性定元神이 두텁기 때문이다.

[原註] 靜하면 壽할 것이니 柱中에 冲함도 없고 合함도 없고 (靜者柱中無冲無合)、결함

도 없고 貪함도 없는것을 性定이라 한다 (無缺無貪則性定矣)。元神이 厚한것은 精氣와 神氣가

온전한것을 이루는 말이다 (元神厚者、不特精氣神氣皆全之謂也) 官星이 不絕하고 財神不滅

하고 (官星不絕、財神不滅) 傷官이 有氣하고 身弱해도 印旺하고 (傷官有氣 身弱印旺) 提綱

이 主를 輔하고 (提綱輔主)、用神이 有力하고 時上에서 根을 生하고 (用神有力 時上生根)、

運에서 絕地가 없으면 (運無絕地) 모두 元神이 厚한 곳이다 (皆是元神厚處)。자세히 연구하면

(細究之)、甲乙寅卯의 氣가 冲戰洩傷과 偏旺浮泛을 만나지 않고 (大率甲乙寅卯之氣、不遇冲

戰洩傷、偏旺浮泛) 安頓을 얻는 바가 있으면 반드시 壽한다 (而安頓得所者必壽)。木을 仁에

屬하고 仁者는 壽하는 것을 얼마든지 증험할 수 있는고로 감히 필설로 다할수 없다 (木屬仁

仁者壽每每有驗故敢施之於筆)。만약 貧賤한 사람이 壽를 한것은 (若貧賤之人而亦壽者) 한가

락의 身旺을 얻었기 때문이다 (以其禀得一個身旺)。或은 身弱이라도 運이 生地로 가는 경우

이나 小小에 不過하고 他食祿이 결함되지 않는 연고이다 (或身弱而運行生地、小小與他食祿不

缺故耳)。

[解說] 「仁靜寬德厚」는 모두 壽를 뜻한다。

四柱가 得地하여 五行이 均停되며 閑神을 合하여 用神으로 化하고、忌神을 冲으로 去하고

喜神이 머물렀거나 四柱에 缺陷이 없거나 偏枯함이 없는 것을 性定이라 한다。

私欲이 없고 구차하지 않고 爲人이 寬厚하고 平和하고 仁德이 있으니 富貴福壽한다。

元神이 厚하다고 하는 것은 官이 弱할때 財를 만나거나、財가 輕할때 食을 만나거나、身旺한

데 食神이 發透하고, 身弱한데 印綬가 當權하거나, 喜神은 提綱에서 得令하고, 忌神은 失令되거나, 提綱과 함께 時支가 有情하거나, 行運에서 喜用神이 不悖하면 모두 元神이 厚하다고 한다.

淸하고 純粹한것은 반드시 富貴하고 壽를 누리며 濁하고 混雜한것은 반드시 貧賤하나 壽는 한다.

263.

辛丑
癸巳
甲子
丙寅

壬辰 辛卯 庚寅 己丑 戊子 丁亥

巳火에서 源頭가 일어나 接屬相生하고 各元神이 得祿하여 厚하다. 四柱가 通根하고 生旺하니 左右上下가 모두 有情하다. 爲人이 剛柔가 兼備하고 人德을 兼하였다. 富貴하고 壽는 百歲에 이르고 疾病이 없었다.

264.

己酉
乙亥
丙寅
戊子

甲戌 癸酉 壬申 辛未 庚午 己巳

酉金이 源頭하여 接屬相生하여 元神이 모두 厚하다. 鄕榜出身에 官職이 觀察使使에 올랐다. 爲人의 品行이 단정하고 九子에 二四名의 孫子까지 두고 富貴를 누리고 壽 역시 百二十歲까지 이르렀다.

265.

己酉
辛未
壬寅
壬寅

庚午　己巳　戊辰　丁卯　丙寅　乙丑　甲子

未土가 源頭로써 接屬相生하니 生化有情하며 元神이 厚하고 純粹하다. 또한 기쁜것은 火가 藏하여 露出되지 않는것이다. 早年에 科甲하고 벼슬은 三品에 이르렀다. 爲人의 品行이 方正하고 謙和仁厚하였다. 八子에 十九孫을 두었고 壽는 九六歲에 이르렀다.

266.

丁未
庚戌
庚辰
丙子

己酉　戊申　丁未　丙午　乙巳　甲辰　癸卯

丁火가 源頭로써 土를 生하고 土가 金을 生한다. 庫에 財가 藏하니 身旺에 官을 用한다. 中年의 行運이 不背하니 名利雙輝하였다. 爲人이 剛直明快하고 刻薄欺瞞의 뜻이 없다. 아까운것은 木이 없으니 元神이 不足하다. 그래서 子息을 損傷할 우려가 있다.

267.

庚辰
乙卯
戊寅
乙未

辛未　壬申　癸酉　甲戌　乙亥　丙子　丁丑

支에 東方이니 曲直仁壽格이다. 大勢을 보면 財官이 有氣하여 名利裕如하다 하나 火가 不透하니 財의 元神이 虛脫하다. 寅卯辰 東方木氣이니 官根 역시 薄하다. 一生 벼슬도 못했으며 가난했으나 義를 重히 알고 財를 輕히 하였다. 爲人이 교만하지 않고 淸貧하였으나 壽는 九十四歲까지 살았고 子息은 四子가 모두 出世하였다.

癸丑
甲寅
戊戌
庚申

戊戌
辛亥
己酉
戊申

戊戌日元이 庚申時를 만나니 食神이 有力하고、殺旺하여 印이 없으니 족이 强制한다。八、九名의 子息가운데 三、四子가 貴하여 一品의 職立에 올랐으니 土

金의 情이 있는 妙함이다。

爲人은 貪惡하였으니 化殺이 없기 때문이다。淫摩無禮한것은 火가 나타나지 않고 水가 得地한 연고이다。寅申冲하니 丙火가 반드시 壞당하고 丑戌의 刑으로 丁火 역시 傷하고 癸水가 나타난즉 日主가 合할려하나 돌아보지 않고、寅戌의 藏火는 暗中에서 剋盡당한다。그래서 爲人이 無禮하고 無所不爲하였다。年干의 癸水가 丁火로 바꿔졌다면 仁德이 있었을 것이다。그의 富貴福壽는 모두 時의 申의 힘이다。그래서 祖上의 德으로 이런 福을 누렸으나 後에 낙상하여 머리에 종기를 얻어 죽었으니 精惡이 많아 天罰을 받은 것이다。

戊辰
庚申
己卯
戊辰

辛酉
壬戌
癸亥
甲子
乙丑
丙寅
丁卯

土金傷官에 丑財인 癸水가 庫에 歸하고 申中의 壬水인 丑財가 生을 만난다。土氣가 金氣에 洩盡당하고 傷官이 劫을 化하여 暗處에서 財를 生한다。兼하여 獨殺이 나타나니 爲人이 權謀가 特出하고 地支가 모두 陰濕의 氣이므로 일을 만듬에 詭譎이 많았다。인생에 財를 重히 알고 仁義는 적었으며 四旬까지 子息이 없었고、兩妾을 娶해도 子息이 없었다。壽는 九旬까지 살았으나 死後에 家業이 分奪되어 모두 없어졌다。財가 流行되지 않으면 秋金이

자세이 硏究하면 財星이 藏蓄되어 流行되지 않는 연고이다。

土를 만나 더욱 堅固하여 生하는 뜻이 없어진다. 대개 財物을 厚하고 無子한것은 이런 格과

같다. 故로 子息이 없는 사람은 그 性情이 반드시 鄙吝하다.

◉ 何知其人夭、氣濁神枯了。

그 사람이 夭함을 어떻게 알것인가? 氣가 濁하고 神이 고갈됨이 다한 것이다.

[原註] 氣가 濁하고 神枯의 命은 (氣濁神枯之命)、 쉽게 볼수 있으나 (極易看) 印綬太旺하

고 日主가 根이 없고 (印綬太旺 日主無着落)、 財殺이 太旺하고 日主가 依倚할때가 없고 (財

殺太旺 日主无依倚) 忌神이 喜神과 混雜되어 싸우고 (忌神與喜神雜而戰)、 用神이 반대로 絕

이 되고 (四柱與用神反而絕) 冲으로 不和하고 (冲而不和) 旺한데 制가 없고 (旺而無制)、 濕

하여 막히고 (濕而滯) 燥하여 답답하고 (燥而鬱) 精은 흐르고 氣는 洩하며 (精流氣洩) 月은

悖하고 時는 虛脫하면 (月悖時脫)、 모두 壽할수 없는 사람이다 (此皆無壽之人也)。

[解說] 氣濁神枯의 命은 쉬운 가운데 보기가 어렵다.

氣濁은

日主가 失令하고

用神이 淺薄하고

忌神이 深重하고

提綱과 함께 時支가 不照하고

年支와 日支가 不和하고

冲을 喜하는데 不冲하고

合을 忌하는데 반대로 合하고

行運이 喜用神과 無情하고

反對로 忌神과 結黨하면、비록 壽는 못하지만 子息은 있다。

神枯란

身弱한데 印綬가 太重하거나

身旺한데 剋洩이 없거나

印을 用하는데 財星이 壞하거나

身弱한데 印이 없고 食傷이 重疊하거나

金寒水冷한데 土濕하거나

火焰土燥한데 木枯하면은 모두 夭하며 子息이 없다。

270.

乙丑
甲申
癸未

三印이 身을 生하고 辰酉合으로 冲하지 못하고 四柱에 水가 없어 中格 같이

乙酉
壬午

보인다。

丙辰
辛巳

支가 모두 濕土로써 晦火生金하며 辰內에 木의 餘氣가 있으나 辰酉合으로 財

辛卯
己卯
庚辰

가 되어 木이 의지할데가 없다。

戊寅

天干의 兩乙은 地支에 不載하여 弱하다。日元이 虛弱하니 午運에 金을 破하여

一子을 得하였다。辛巳運은 全會金局하여 印을 壞하므로 元氣가 크게 傷하여 夫婦 모두 死亡

271.

己丑　丁卯
戊辰　丙寅
辛亥　乙丑
戊戌　甲子
　　　癸亥
　　　壬戌
　　　辛酉

厚土가 重重하니 金이 埋藏되어 연약하다. 木이 나타나지 않아서 土를 疎通시킴이 없다. 一點亥水가 剋絕되고 支에 甲乙이 藏하였으나 引助함이 없다. 初運東方木地에 父母德으로 豊足하였으며 一子를 얻었다. 乙丑運에 土가 通根하니 夭折하였다.

272.

壬寅　癸卯
壬寅　甲辰
甲寅　乙巳
壬申　丙午
　　　丁未

春木이 祿을 거듭 만나고 支에 申時를 얻으니 時殺이 清한것 같이 보인다. 그러나 木旺金缺하니 반드시 要하는 것은 土가 있어야 아름다울 것이다. 天干의 三壬이 寅中의 丙火를 受剋하니 神枯함을 알것이다. 丙運에 三壬이 回剋하니 家業이 敗亡하고 죽었으며 子息이 없었다. 무릇 水木이 並旺할때 土가 없으면 제일 忌하는 것은 火運이다. 身을 傷하지 않으면 刑耗가 이상하다. 俗論에 金을 用神으로 하여 丙火가 金을 剋한 연고 탓이라 하였으나, 가령 丙火가 金을 剋하여 害가 됐다면 前의 乙巳運에는 申金을 緊剋하고 또 三刑이니 어찌 반대로 아름다울수 있을 것인가!

273.

辛丑　庚子
己亥　己亥

濕土가 重重하고 寒金이 거듭 많다.

辛丑　　戊戌
癸酉　　丁酉
癸丑　　丙申
　　　　乙未
　　　　甲午

癸水가 濁하고 丑을 얻었으니 소위 陰이 甚하고 寒이 至極하다. 한치의 生發의 氣가 없으니 氣濁神枯의 命이다. 爲人이 愚昧하고 一事無成하였다. 戊戌運에

癸丑
丙申
乙未
甲午

生金剋水하니 夭하였다. 俗論에 兩干不雜에 金水雙淸이다.

地支三朋이며 殺印相生이니 아름답다하여 貴格이라고 定한 것이다. 前造는

春木이 嫩金을 帶同하여 斲削하니 大器라 하여 名利兩全한다고 하였다. 그러나 夭命을 알지

못하였으니 모두 이 格과 같다. 學者는 깊이 硏究하기 바란다.

一、女命章

◉ 論夫論子要安祥、氣靜平和婦道章、三奇二德虛好語、成池驛馬半推詳。

夫子를 論함에 安祥됨을 要하고 氣가 靜하고 平和스러움은 婦道의 章이요, 三奇와 二德은

허망스런 말이요, 驛馬와 成池는 半만 推詳하다.

[原註] 局中에 官星이 明順하면 夫는 吉하고 貴하니 自然의 理致이다 (局中官星明順、夫貴

而吉、理自然矣)。 만약 官星이 太旺하면 傷官이 夫로 되고 (若官星太旺、以傷官爲夫) 官星이

太微하면 財로 父를 삼고 (官星太微 以敗爲夫)、 比肩이 旺하고 官이 없으면 傷官이 夫도 되

며 (比肩旺而無官 以傷官爲夫)、 傷官이 旺하고 財가 없으면 印을 夫로 하며 (傷官旺而無財者

以印爲夫)、 滿局이 官星이면서 日主를 기만할때 喜神인 印綬가 있으면 夫는 身을 剋한다 (滿

局官星欺日主者、喜印綬而身不剋夫也)。

滿局이 印綬로써 官星의 氣를 洩할때 喜神인 財星을 보면 身이 夫를 不剋한다 (滿局印綬洩官星之氣者、喜財星而身不剋夫也)。

대체로 男命에 있어서 子를 論함이 貴를 論하는 理致와 비슷한 것이니 (大體與男命論子論貴之理相似) 局中에 傷官이 淸하게 나타났으면 (局中傷官淸顯)、子는 貴하고 親하여 말로써 다할수 없다 (子貴而親、不必言也)。 만약 傷官이 太旺하면 印이 子이며 (若傷官太旺以印爲子)、傷官이 太微하면 比肩이 子이며 (傷官太微比肩爲子)、印綬가 旺하고 傷官이 없으면 財가 子요 (印綬旺而無傷官者、以財爲子也)、財神이 旺하여 食傷을 洩하면 比肩이 子이니 (財神旺而淺食傷者、以比肩爲子也) 반드시 官星을 잡고서 夫라고 하며 食傷을 잡고서 子라고 하는것은 아니된다 (不必專執官星而論夫、專執傷食而論者)。

단 安祥順靜하면 貴할것이니 (但以安祥靜靜爲貴) 二德과 三奇는 論할 必要가 없고 (二德三奇不必論)、驛馬와 咸池는 많은 경험을 하였으나 (咸池驛馬縱有驗) 총론하면 그 理致가 不長하고 硏究하여 보니 옳은바가 없었다 (總之干理不長、其中究論、不可不祥)。

[解說] 女命은 夫星의 盛衰을 보아서 貴賤을 알고 다음으로 格局의 淸濁을 보아 賢愚을 살핀다.

淫邪嫉妬는 四柱의 情에서 定해지는 것이며 貞靜端莊은 五行의 理致에 있는 것이니 세밀히 살펴야 한다.

二德三奇가 있으면 好事하다고 하는 말은 망녕되며、驛馬咸池도 後人의 그릇된 말이다。 不孝

翁姑는 財輕한데 劫重하는 것이요、 丈夫에 不敬하는 것은 官弱한데 身强의 원인이며、 官星이

明顯하면 夫는 崢嶸하고、 氣가 靜하고 和平하면 婦道는 柔順하다。

만약 官星太旺하고 比劫이 없으면 印이 夫요、

比劫이 있고 印綬가 없으면 傷食이 夫요、

官星이 太弱하고 傷官이 있으면 財가 夫이며、

財星이 없고 比劫이 旺하면 역시 傷食이 夫요、

滿盤이 比劫이고 印綬와 官星이 없으면 傷食이 夫요、

滿局이 印綬에 官과 傷이 없으면 財가 夫요、

傷官旺하고 日主가 衰하면 印이 夫요、

日主가 旺하고 食傷이 많으면 財가 夫요、

官星이 輕하고 印綬가 重하면 역시 財가 夫요、

財는 夫의 恩星이니 女命이 身旺하고 官이 없드라도 財星이 得令하거나 得局하면 上格으로

치는 것이다。

만약 刑傷을 論할때 生剋의 理致가 있는 것이니 官星이 微弱하면서 財星이 없고、日主가 强

하고 傷官이 重하면 반드시 夫를 剋한다。

官星이 微弱하고 財星이 없고 比劫이 旺하면 반드시 夫를 기만한다。 官星이 微弱하고 財星

이 없고 日主가 旺하고 印綬도 重하면 夫를 속이고 剋한다。

官星이 弱하고 印綬가 많고 財星이 없으면 반드시 夫를 剋하며、比劫이 旺하고 官星이 없는

데 印이 旺하고 財가 없으면 반드시 夫를 剋한다.

官星이 旺하고 印綬가 輕하면 剋夫하며, 比劫이 旺하고 官星이 없고 傷官이 있을때 印綬가

重하면 반드시 夫를 剋한다.

食神이 많은데 官星이 微弱하고 印綬가 있을때, 財星을 만나면 반드시 夫를 剋한다.

무릇 女命에서 夫星은 用神이며 子星은 喜神이 되는 것이며 官星을 夫라하고 食神을 子라고

專論함은 不可하다.

日主에 傷官旺하고 無印綬에 有財星이면 子多하고 貴하며, 日主旺에 傷官旺하고 財印이

없으면 子는 많고 強하다.

日主旺에 傷官이 輕할때 印綬가 있고 財局을 얻으면 子는 많고 富하다.

日主旺에 食傷이 없고 官局을 얻으면 子는 많고 賢하다.

日主旺에 食傷이 없고 財星이 있으면서 官殺의 星이 없으면 子는 많고 能하다.

日主弱에 食傷이 重한게 印綬가 있으면서 財星이 없으면 반드시 子는 많고 能하다.

日主弱에 食傷이 重하고 印綬가 있으면서 財星이 없으면 반드시 子息이 있다.

日主弱에 食傷이 輕하고 財星이 없으면 반드시 子가 있다.

日主弱에 官星이 旺하고 財星이 없고 印綬가 있으면 반드시 子息이 있다.

日主旺에 官星이 없고 傷劫이 있으면 반드시 子息이 있고、

日主旺에 印綬가 있고 財星이 없으면 子息은 있고、

日主旺에 比肩이 많고 官星이 없으면서 印綬가 있으면 子息은 많지 않다.

日主旺에 印綬가 重하고 財星이 없으면서 印綬가 있으면 子는 반드시 적고、

日主旺에 印綬가 重하고 財星이 없으면 無子한다.

日主弱에 傷官이 重하고 印綬가 輕하면 無子하며,

日主弱에 財星이 重하고 印綬를 만나면 無子한다。

日主弱에 官殺이 旺하면 必無子이며,

日主弱에 食傷이 旺하고 印綬가 없으면 必無子한다。

火炎土燥도 無子이며

土金濕滯도 無子이며

水泛木浮도 無子이며

金寒水冷도 無子이며

重疊印綬도 無子이며

財官太旺도 無子이며

滿局食傷도 無子한다。

以上은 無子이나 子가 있으면 반드시 夫를 剋하고 夫를 剋하지 않으면 夭折한다。淫邪는 四

柱에서의 神을 硏究함에 있는 것이다。

日主旺하고 官星이 微弱하고 無財星이면 日主는 官의 敵이 된다。

日主旺하고 官星이 微弱하고 傷食重하고 財星이 없으면 日主는 官을 업신여긴다。

日主가 旺하고 官星이 微弱할때 日主의 氣가 他神을 生助하여 官星을 去하거나,

日主가 旺하고 官星이 弱할때 官星의 氣를 日主가 合하여 化가 되거나,

日主가 旺하고 官星이 弱할때 官星의 氣가 日主의 勢에 依持하거나,

日主旺에 財星이 없을때 食傷이 있으면서 印綬를 만나면 日主가 자기만을 돌아보거나,

日主旺에 財星이 없고 官星이 輕하고 食傷이 重하면 官星이 依持할때가 없거나,

日主가 旺하고 官이 根이 없을때 官星을 돌아보지 않고 財星을 合하여 去하거나,

日主弱에 傷官이 重하고 印綬가 輕하거나,

日主弱에 食傷이 重할때 印綬가 없으면서 財星이 있거나,

食傷이 當令하고 財官이 失勢하거나,

官弱하고 財滋할때 比劫이 食傷을 生하거나,

滿局이 傷官이고 財가 없거나,

滿局이 官星이면서 印이 없거나,

滿局이 比劫이면서 食傷이 없거나,

滿局이 印綬이면서 財가 없으면, 모두 淫賤의 命이다.

總論하면 傷官이 重하면 마땅하지 않다. 傷官이 重하면 美貌는 있으나 輕薄하고 淫亂함이 많다.

傷官身弱에 印이 있고, 身旺有財하면 聰明美貌하고 貞潔하다.

女命을 볼때 연계되는 것이 적지 아니하니 淫邪하다고 경솔히 단정하면 神을 모독하니 怒할 것이다.

하나의 例만 말하는 것은 命에는 不可한 것이니 淫邪하지 않으면, 祖宗이 妾의 소생이거나,

家內의 運이 變하거나, 丈夫와 不肯하거나, 母姑와 不和하거나 어렸을때 가르침을 받지 못했

거나、 習慣이 좋지 않거나 게으르고 목욕 깨끗이 않거나、 禮가 없거나、 절에 香을 피우거나、男女와 混雜하거나、 有始無終하거나 등으로 나타나는 것이다。

274.

戊申
甲寅
壬午
丁未

癸丑
壬子
辛亥
庚戌
己酉
戊申

壬水가 孟春에 生하고 土虛하고 木盛하다。制殺이 太過하고 寅申의 冲으로 본시 木을 剋하나 木旺金缺하니 金이 반대로 傷함을 입는다。戊土는 根이 없어 의지할 곳이 없으며 日主의 壬水는 財星의 勢力에 쫓으니 自然이 從財格이 된다。夫가 傷하고 業을 敗하니 子息을 버리고、사람을 따라 改嫁하였다。

275.

丁未
乙巳
甲午
丁卯

丙午
丁未
戊申
己酉
庚戌
辛亥
壬子

甲午日元이 巳月에 生하고 支가 南方이며、丙丁이 나타나니 丁火의 勢가 猛烈하다。局中에 水가 없어 洩氣가 太過하니 比劫이 用神이 된다。初運火地에 夫를 剋하고 守節하지 못하였다。美貌에다 聰明하였으나 輕薄했다。戊申運에 木火가 爭戰하니 말로써 다할수 없는 苦生이 많았다。

276.

丙戌
己未
乙巳
丙戌

戊午
丁巳
丙辰
乙卯
甲寅

滿局傷官이며 木이 없다。格은 順局을 이루니 사람이 美貌에다 聰明하였다。四柱에 金이 없고 土의 燥厚함이 過하다。辛金의 夫星이 墓의 戌에 있으니 淫亂이 많았고、夫는 凶死하였다。그리고 사람을 따라 도망하였으나、二、三年

戊戌
癸丑

後에 또 剋하였다。 乙卯運에 이르러 旺土를 犯하니 自殺하였다。

277.

戊戌
戊午
乙丑
戊戌
丙辰
己未
庚申
辛酉
壬戌
癸亥
甲子

戊土가 丑月에 生하고 火土가 많아 身旺하다。 木(乙)을 用할려 하나 凋枯되고、丑내에 辛金이 伏藏되어 託根할수가 없다。 다시 嫌惡하는것은 辰戌의 冲으로 藏官(乙)을 去한다。 그리고 印綬가 身을 生하니 日主는 족히 官을 업신여긴다。 夫의 자리가 法度의 바깥에 있다。中運西方의 金地에 淫亂하고 賤함이 극심했다。

278.

己亥
丙寅
丁亥
庚戌
丁卯
戊辰
己巳
庚午
辛未
壬申
癸酉

丁火가 寅月에 生하니 木이 當權하였다。 火가 旺相을 만나니 반드시 亥水가 夫星이다。 年支亥水는 寅과 合하여 木이 되며、日支의 亥水는 반드시 生扶함을 要하나、庚金이 隔絶되어 生扶의 意向이 없다。 또 戊土를 만나 緊剋 당하니 日主의 情은 庚金에 向한다。 淫賤함이 至極한 命이다。

279.

丁未
癸丑
庚子
戊午
丁巳
丙辰
乙卯
甲寅

寒金이 火를 기뻐하나 혐오하는 것은 支에 亥子丑 北方을 만나고 月干의 癸가 丁을 剋한다。 丑未冲으로 丁火의 餘氣를 去하고 五行木이 없으니 生化의 情을 얻지 못하였

丁亥
己未
庚申

다。 時干의 丁이 **虛脫**하고 根이 없으니 庚金을 **管理**할수 없다。 日主의 情이 丁火를 돌아보지 않으니 花柳界에 나갔다。

280.

乙酉
庚子
癸丑

甲寅
乙卯
丙辰
丁巳
戊午
己未
庚申

庚金이 季冬에 生하고 時에 **陽刃**을 만났다。 印綬가 當權하므로 火를 用하여 寒을 對敵한다。 月干癸水가 祿에 通根하여 丁火를 剋絕하니 意向은 족이 官을 欺瞞한다。 時에 乙木을 만나 合을 기뻐하니 情은 財로 向한다。 夫를 去하고 **淫穢**가 극심했다。

281.

丁丑
壬子
辛巳
丙申

己未
戊午
丁巳
丙辰
乙卯
甲寅
癸丑

壬水가 丁火의 殺을 去하며 丙火의 官星이 日支에 祿을 얻어 好命인것 같이 보인다。

出身이 名家집에 美貌가 菁媚하여 楊貴妃와 견줄만하다 하였다。 十八歲에 선비의 妻가 되었다。 夫는 學門을 좋아하고 부지런하였으나 사랑에 빠져 學門을 廢할 정도였다。

마침내 허로 病으로 죽었다。 夫가 죽은후 **淫穢**가 많아 소문이 자자하였고、依託할데가 없어 自殺하였다。 이러한 이유는 合이 많은 연고다。 丙辛合으로 官이 傷官으로 되어 소위 「貪、合忘官」이 된것이다。 또 巳申合 역시 傷官으로 하고 丁壬合으로 財星을 化하니 丙火의 位置가 法度의 바깥에 있는 것이니、 情은 반드시 丁壬의 一邊으로 向한다。 干支가 모두 合이 되면 自己의 뜻대로 할수 없기 때문인 것이다.

282.

戊子　丁巳
戊午　乙卯
癸酉　甲寅
壬子　癸丑
戊午　辛亥
庚戌

癸水가 午月에 生하니 財官이 並旺하다. 日支에 印綬가 있고 年支에 祿을 얻

그러나 天干에 三戊가 나타나서 癸와 爭合한즉 日主의 情이 定見이 없다. 地支의 兩午가 金을 壞한다. 財官의 勢가 强하니 日主의 情이 자연히 財勢에 依持하여 去하는 것을 도운다.

283.

壬午　乙未
癸未　辛巳
甲申　乙亥
乙酉　丙戌
丙戌
丁亥
戊子

年干의 正夫는 財勢가 없고 月時의 兩干의 官을 對敵하지 못하니 正夫를 돌아보지 않는다. 乙卯運에 木이 火를 生하여 月時의 兩土는 生扶를 얻으나 年干의 土는 化하는 것이 없어 尅를 당한다. 그래서 夫는 疾病으로 死亡하고 그후에 淫穢가 많았다.

壬午年月日의 六字를 보면 乙木이 巳月에 生하여 傷官이 當令하였다. 제일 기쁜 것은 坐下의 亥印이 巳의 傷官을 冲制하며 日主를 滋扶할뿐 아니라 辛金을 護衛하니 소위 傷官用印格에 獨殺이 淸하다. 美貌에다 書畫 모두 能하였으나 嫌惡하는것은 戌時가 亥水를 緊尅하며 丙火가 나타나서 辛金을 傷하니 夫子의 宮이 不利하다.

284.

丁巳　己酉
庚戌
乙亥　丙戌
戊子

官星과 食神이 祿에 坐하고 印綬가 當令하고 生을 만났다. 財가 官을 生하여

287.　　　　　286.　　　　　285.

己巳　　　　　辛酉　　　　　丙寅　戊申
癸酉　　　　　壬辰　　　　　甲辰　癸丑
　　　　　　　丁巳　　　　　癸酉　乙卯
　　　　　　　甲辰　　　　　己亥

甲戌　　　　　癸巳　　　　　庚辰　辛亥
乙亥　　　　　甲午　　　　　己卯　壬子
丙子　　　　　乙未　　　　　戊寅　癸丑
　　　　　　　丙申　　　　　丁丑
　　　　　　　丁酉　　　　　丙子
　　　　　　　戊戌　　　　　乙亥
　　　　　　　己亥　　　　　甲辰

旺하니 印綬를 傷하지 못하며 印綬는 當令하여 족이 身을 扶助한다. 食神이 得地하고 一氣相生하며 五行이 停均하며 純粹하다. 夫榮子貴하고 一品의 職에 封하였다.

八月의 官星을 財星이 돕고、寅時에 生하였다. 年時의 兩支에 生과 祿을 얻고 火水가 干에 나타났으나 相剋의 勢가 없어 生化의 情이 있다. 財星이 得地하고 四柱에 通根하여 五行이 不悖한다. 氣는 고요하고 화평하니 生化의 情이 있어서 純粹하다. 夫榮子貴에 一品의 職에 封하였다.

傷官이 비록 旺하나 酉와 合하여 金으로 化하니 官星의 元神이 더욱 두텁다. 時에 나타난 印綬가 日主를 도우니 光輝하며 辰土傷官을 制한다. 소위 木不枯하니 火不烈하며 水不涸하니 土不燥하여 金이 不脆한다. 氣靜和平의 象이다. 夫榮子貴하고 一品에 封하였다.

秋水가 通源하고 印星이 秉令하였다. 官殺이 비록 旺하나 制化合하고 다시 妙한 것은 時에 나타난 甲木이 殺을 制하며 吐秀한다.

壬辰
丁丑

甲辰
己卯

壬辰
戊寅
己卯
庚辰

純粹의 氣가 있어 品行이 端正하고 時書에 뛰어났다. 기쁜것도 運行도 火生이 아니므로 官을 도우지 아니하고 印을 傷하지 않는다. 夫星의 貴가 뛰어나고 子도 아름다웠다.

288.

庚辰
壬午
乙亥
癸未

辛巳
庚辰
丁丑
丙子
乙亥

木이 午月에 生하고 火勢가 猛烈하여 金이 柔弱하게 보인다. 기쁜것은 壬癸가 通根하여 火를 制하며 辰土가 洩火生金하니 火土가 燥烈하지 않으며 水木이 枯涸하지 않으니 接續相生한다. 淸하며 純粹하니 女子中에서도 群鶴一鶴이다. 三子를 生하고 夫는 京官에 任했다. 家道는 淸寒하였으며 家庭에서 子息을 가르켜서 二子가 登科하고 一子는 계속 벼슬이 높았다. 夫 또한 地位가 높았으며 子는 御史까지 지냈다.

289.

庚辰
丙子
乙酉
壬午

丁丑
丙子
乙亥
甲戌
癸酉
壬申
辛未
庚午

乙木이 春初에 生하니 木嫩金堅하다. 제일 기쁜것은 午時가 殺을 制하여 身을 지키는 것이다. 寒木이 陽으로 向하고 官印이 雙淸하며, 財星이 官을 生하여 印綬를 壞하지 않아서 純粹安和하다. 夫의 벼슬이 二品에 오르고 五子에 二十三孫을 두었으며 一生이 편안하고 疾病이 없었다.

以上은 모두 官이 夫星이 된 것이다.

丙辰　癸巳　丁丑　甲辰

壬辰　辛卯　庚寅　己丑　戊子　丁亥　丙戌

丁火가 巳月에 生하고 癸水夫星이 淸透하였다. 時干의 甲木의 印綬가 濁淸하니 品格이 端莊하고 貞潔하였다. 丙火가 太旺하여 傷官을 生助하니 鏡破釵分하였다. 그러나 기쁜것은 巳丑拱金으로 財星을 얻어 用이 된다. 身旺으로 財는 子이다. 子息을 가르쳐 兩子가 모두 貴하고 三品에 封하였다.

丙寅　辛卯　癸酉　戊午

庚寅　己丑　戊子　丁亥　丙戌　乙酉　甲申　癸未

癸水가 仲春에 生하여 洩氣되며 兼하여 財官이 並旺하니 日元이 柔弱하다. 그래서 印이 夫가 된다. 淸하여 用神이 되니 性品이 端莊하고 勤儉하여 紡織(베쌈)도 하였다. 丑運에 이르러 火를 洩하고 拱金하니 二子를 生하고 戊子運中에는 午火를 冲去하니 酉金을 傷하지 못한다. 夫君이 登科하여 職位가 올랐으며 丁亥運은 寅木과 合하여 木이 되니 旺神을 助하고 丁火가 緊尅(辛金)하니 不祿하였다.

辛丑　辛卯　丙子　癸巳

壬辰　癸巳　甲午　乙未　丙申　丁酉　戊戌

丙火가 仲春에 生하여 卯月은 相이 되므로 旺하다. 그래서 中和의 象을 얻었다. 年月에 나타난 財星이 地支의 己酉의 拱金으로 財가 旺하여 官을 生하고 官星은 祿을 得하니 소위 印星이 夫星이 된다. 소위 眞神을 얻어 用神이 된다. 性品이 勤儉하여 紡績을 하면서 글을 읽으니 시부모의 歡心을 샀다. 甲午運에 幇身하고 印을 護衛하니 夫君의 벼슬이 계속 높아갔다.

酉運에 會合하여 卯를 冲하니 不祿하였다.

293.

丁酉
癸卯
丙午
丙申

甲辰
乙巳
丙午
丁未
戊申
己酉
庚戌

丙火가 仲春에 生하고 官이 나타나고 財가 藏하였다. 印星이 秉令하고 比劫이 幫身(封身)하니 旺相한 것같이 보인다. 第一嫌惡한 것은 卯酉가 冲을 만나고 癸丁이 相尅하여 木火가 損傷되므로 金水가 旺하다.

비록 時干의 丙火가 助하나 丙이 申位에 臨하니 自己를 돌아볼 여가가 없다. 申辰中에 餘氣가 蓄藏하고 있으며 一點의 微弱한 苗가 春令에 있어 用이 된다. 爲人이 端莊하고 書에 通達하였다. 四旬後 戊申運에 洩火生金하여 不祿하였다.

前造과 比較하면 똑같이 다시 弱하여 印星이 夫가 된다. 丙運에 酉金을 破하니 夫가 登科하고 二子를 生하였다.

294.

己未
庚申
戊午
癸丑

辛酉
壬戌
癸亥
甲子
乙丑
丙寅
丁卯

戊土가 孟秋에 生하였으나 劫刃이 거듭 있어서 秉令한 食神이 夫가 된다. 洩氣菁華하고 다시 기쁜것은 潤土養金하고 秀氣流行한다.

人品이 端莊하고 大義를 알았다. 비록 出身이 農家出生이나 가난한 가운데 紡績으로 夫를 돕고 시부모에 孝道하였다. 夫가 癸亥運에 甲榜에 登科하여 벼슬이 높았다. 비록 夫는 貴하였으나 自己의 긍지를 느끼며 家門에서 검소하게 행세하였다.

四子를 生하고 모두 뛰어났다. 丙運에 奪食하니 不祿하다.

295.
癸未
庚申
戊戌
己未
丁卯　丙寅　乙丑　甲子　癸亥　壬戌　辛酉

前造와 未戌二支만 바꿔졌고 나머지는 모두 같다. 未戌이 모두 土나 午가 戌로 바꿔져 金을 用한다.

火의 去하는 것이 없어서 大勢를 보면 前造보다 나은 것같으나 반대로 미치지 못한다. 그 이유는 丑은 北方의 濕土로써 能히 生金晦火하고 能히 蓄水한다.

未는 南方의 燥土이니 能히 金을 연약하게 하고 火를 助한다. 또 水를 메마르게 한다. 前造의 午는 土를 만나 貪生하며 戌은 비록 土이나 火를 藏하니 더욱 燥하다.

다행히 秋金이 用事하니 貴格이다. 出身은 貧寒하나 人品이 端正하고 勤儉하였다. 夫는 벼슬이 縣令에 오르고 二子를 生하였다.

296.
己酉
癸酉
甲戌
壬申
壬申　癸酉　甲戌　乙亥　丙子　丁丑　戊寅

土榮夏令에 金을 만나 吐秀한다. 다시 기쁜것은 木이 없어서 富貴의 格이다. 酉運에 夫星이 祿旺하니 出身은 名家집이며 詩書에 能하고 禮敎에 밝았다. 一子를 生하고 夫는 登科하였다.

甲戌運은 刑冲하여 丁火가 나타나서 夫가 죽고 守節하였다. 子息의 敎育을 잘 하여 子運에 登科하여 郡守에 올랐고 寅運에는 不祿하였다.

297.
丁亥
壬子
癸丑
甲寅
壬子　癸丑　甲寅　乙卯　丙辰

癸水가 仲令에 生하고 支가 全部 亥子丑의 北方一氣이므로 그 勢가 泛濫하다. 一點丁火는 根이 없고 제일 기쁜것은 寅時가 水를 거둬들여 洩其菁華하는 것

299.　　　　　　　　298.

癸丑
戊午
丁巳
甲寅　己未　庚申

이다。甲木夫星이 祿에 坐하니 爲人이 聰明하고 美貌에다 날씬하였다。다시 妙한 것은 運 또한 東南의 地이니 夫榮子秀하여 福을 누렸다。

乙卯
丙戌
乙卯
丁亥　癸巳　壬辰　辛卯　庚寅

乙木이 季秋에 生하였으나、四柱에서 兩祿을 얻고 亥卯拱合으로 木局을 짓는 木을 洩하고 土를 生한다。財星이 夫이다。기쁜것은 丙丁이 並透하여 爲人이 端莊和順하고 夫는 벼슬길에 나아갔고 三子를 生하였다。壬運에 丙를 剋하니 壽를 마쳤다。

戊寅
甲寅
丁未
辛丑　癸丑　壬子　辛亥　庚戌　己酉　戊申　丁未　丙午

丁火가 春令에 生하고 印綬가 太重하다。제일 기쁜것은 丑時로써 坐下의 未庫를 冲하여 比印을 去하니 財星이 生起을 얻는다。辛金이 夫이며 丑土는 子이다。初運 北方水地에는 洩金生木하니 出身이 貧寒하였다가、庚戌己酉戊申運 三十年間은 土金의 地이므로 財物이 풍성하고 五子를 얻어 모두 貴하였다。

소위 棄印就財이니 夫가 子의 도움을 얻으니 後嗣가 發榮한다。

300.

壬辰
辛酉
辛丑
癸巳

戊申 丁未 丙午 乙巳 甲辰 癸卯 壬寅

辛金이 仲秋에 生하고 支가 金局이며 木이 없다. 巳火는 金으로 변하니 官이 用이 되지 않는다. 기쁜것은 壬癸가 並透하여 洩其精英한다. 爲人이 聰明하고 詩禮에 밝았다. 아까운 것은 十九 (庚戌) 歲運이 丁未南方으로 土를 生하고 水를 逼한다. 庚戌流年에 大運歲運의 支가 모두 水를 剋하니 無子하고 夭折하다.

301.

甲午
丙寅
乙卯
己卯

癸亥 壬戌 辛酉 庚申 己未

旺木이 火를 만나 通明의 象이다. 妙한것은 金水가 없으니 純淸하고 不雜하다. 爲人이 聰明하고 品行이 方正하였다. 丙火가 夫이다. 아까운것은 運이 北方의 水地로써 壽 역시 길지않고 三子중에 一子만 生存하였다. 壬運에 丙火를 剋하니 死亡하였다. 兩造가 運이 모두 順行하였으면 長壽할뿐 아니라 男命이라면 名利兩全할 것이며 女命 역시 夫榮子貴하였을 것이다.

302.

丁未
壬寅
乙卯
己卯

癸卯 甲辰 乙巳 丙午 丁未 戊申 己酉

春木이 빽빽하니 旺이 極하다. 時干의 己土는 根이 없어서 丁火가 夫이다. 丁壬合으로 水를 去한것이 妙하나 木으로 化한것이 마땅치 않다. 出身은 貧寒하나 運이 南方火地로 가니 夫를 도울뿐아니라 家門도 일어나고 子息 역시 많았다. 申運에 이르러 壬水가 生을 만나 死亡하였다. 前造보다는 命이 不及하나 行運이 不背하지 않으니 좋았던 것이다. 命 좋은것이 運좋은 것보다 못하다는 것을 男女 모두 같다。

一、小兒

◉ 論財論殺論精神、四柱和平易養成、氣勢收長無長断喪、殺關雖有不傷身。

財와 殺을 論하는 것을 精神을 論하는 것이며、四柱가 和平하면 養成이 쉽고、氣勢가 收長하면 斷喪함이 없으며、殺과 연관되더라도 身을 傷하지 못한다。

[原註] 財神이 七殺과 무리를 이루지 아니하고 (財神不黨七殺) 主가 旺하면 精神이 貫足하며 (主旺精神貫足) 干支가 安頓和平하고 (干支安頓和平)、또 氣勢를 보는것이 重要하니 (又要看氣勢) 가령 氣勢가 日主에 있고 (如氣勢在日主)、日主가 雄壯하면 (日主雄壯者) 氣勢가 財官에 있으면 (氣勢在財官)、財官은 日主에 背叛하지 않는다 (而財官不叛日主)。氣勢가 東南에 있으면 (氣勢在東南) 五、七歲前에는 西北으로 行하지 아니하고 (而五七歲之前不行西北) 氣勢가 西北에 있으면 (氣勢在西北)、五、七歲의 以前에는 東南으로 行하지 않아야 한다 (五七歲之前不行東南) 行運에서 断喪을 만나지 않으면 (行運不逢斷喪)、이것은 氣勢가 收長하니 (此爲氣勢收長) 비록 殺과 有關함이 있더라도 (雖有關殺) 身을 傷하지 못한다 (亦不傷身)。

[解說] 小兒의 命을 매번보면 清奇하고 사랑을 많이 받으면 기르기 쉽지않고 混濁하고 사랑을 받지 못한 애는 쉽게 자란다。비록 家門의 氣數와 關聯이 있더라도 역시 根源의 淺深을 보아야 한다。

小兒의 命은 과일의 싹이 처음 자란것 같으니 마땅히 培植해야 좋은것이다。 그러나 生하기

前에 父母가 房事를 삼가하지 않으면 胎中에 毒을 입는다。

出生後에 사랑이나 슬픔이 너무 過하거나 飮食을 가리지 않거나、或은 寒暖이 不調하면 이로

因하여 疾病이 많아 成事함이 매번 없다。

小兒의 命은 淸奇하고 純粹하면 기르기가 어렵다。 그러나 이것을 알지 못하고 墳墓의 陰陽

의 忌함과 關係가 있다하여 옮기거나 다시 고치면 夭亡할 것이다。 故로 小兒의 命은 보기가

어렵다。

이것을 除한 연후에 命을 論한 것이니

四柱和平하고、

不偏不枯하고、

無冲無剋하고、

月支에 通根하고、

生時에 氣가 貫하고、

殺旺하면 印이 있고、

印弱하면 官이 있고、

官衰하면 財가 있고、

財輕하면 食傷이 있고、

生化有情하고、

流通不悖하고、

一神이 得用하고、

始終 서로 依託하고、

兩쪽의 뜻과 情이 通하고、

상호서로 庇護하며、

아직 運이 오직 않을때 流年이 平順하고、

運途가 安祥하면、

이 모두는 소위 氣勢가 收長하니 自然히 쉽게 養成할수 있는 것이다。이와 反對면 養育이

어렵다。 關聯된 殺이 많으나 모두 謬妄된 것이니 一切 취하지 않는다。

303.

辛丑　壬辰　丙火가 巳月에 生하여 비록 建祿이나 生하는 木이 없고、干에 財官이 나타나

癸巳　辛卯　서 地支에 酉子를 보고 또 金局을 지으니 巳火의 祿은 日干에 있지 않다。비

己丑　庚寅　록 丁火가 幇身하나 癸水가 傷하니 소위 財多身弱이다。兼하여 官星이 또 旺

丙子　己丑

丁酉　戊子　하니 日主가 虛弱한것이 至極하다。

　　　丁亥

初 壬運은 殺을 만나고 辛亥流年에서 丙丁을 剋하고 地支의 亥가 巳를 冲하여 祿을 破하므로

根이 꺽이니 病疾로 死亡하였다。

-309-

癸丑
己未
丙寅
辛卯

戊午
丁巳
丙辰
乙卯
甲寅
癸丑

前造는 財官이 太旺하니 夭亡에 이른다 하였다. 이 造는 日이 長生에 앉았고 또 夏令에 生하니 財官이 用이 된다. 傷官이 喜神으로 財를 生하고 財는 官을 生하여 生化有情하는 것같이 보인다. 前造는 財多身弱하여 官이 殺로 되었으며 이 造는 財絕官休하며 癸水官星이 未月에 生하니 火土가 燥乾하고 있다. 丑에 餘氣가 있어 蓄水藏金한다. 그러나 己土가 當頭하여 癸를 傷하고 丑未의 冲으로 金水의 根源을 去하고 있다. 또 時上의 辛이 絕에 臨하니 있으나 없는 것같아 떨어져 金을 生하지 못한다. 運 또한 東南의 木火의 地이니 祖業을 지키지 못한다.

庚寅
壬午
丙戌
己亥

癸未
甲申
乙酉
丙戌
丁亥
戊子
己丑
다.

丙火가 壬殺을 用한다. 身強殺淺하니 殺이 權으로 化하였고 기쁜것은 財滋弱殺하니 마땅히 名利雙全하여야 할것이나 아까운 것은 支가 全火局이며 寅亥合木으로 火를 生하니 月干의 庚壬이 根이 없는 것과 같다. 八歲인 丁巳年에 巳亥冲으로 壬水의 祿을 去하고 丁壬合으로 壬水의 用을 去하니 痘症으로 죽었다.

壬申
戊申
壬申
己酉
庚戌
辛亥
壬子
癸丑

壬水가 秋令에 生하고 地支가 모두 長生에 坐한다. 天干에 兩戊兩壬으로 大勢를 보면 支全一氣이며 兩干不雜하고 殺印相生이라 大貴의 命이라 한다. 그러나 金多하면 水濁하고 母多하면 子病이다. 四柱에 火가 없어 金을 剋하지

戊申
甲寅
乙卯

않아서 金이 반대로 水를 生하지 못한다. 戊土의 精華는 金에 淺盡 당하니 소위 偏枯의 象이다. 반드시 養育이 어렵고 名利 모두 虛하다. 三歲 (甲戌)

에 죽다.

307.
壬申
甲辰
戊申

乙巳
丙午
丁未
己酉
辛亥

壬水가 季春에 生하여 殺印相生같이 보인다. 地支에 長生을 만나 食神이 殺을 制하니 殺이 權이 된것같아 貴格같이 보인다. 그러나 春土는 氣가 虛하고 月干의 甲木은 辰土를 制할뿐 아니라 時干의 戊土 역시 剋한다. 또 火가 없으니 生生의 妙가 없어서 母多子病으로 偏枯의 象이다. 반드시 키우기 어려우니 出生後 痘症으로 죽었다.

308.
癸丑
壬戌
丁亥
壬寅

辛酉
庚申
己未
戊午
丁巳
丙辰

丁火가 深秋에 生하니 陰柔하다. 殺官이 重疊하면 養育하기가 어렵다 한다. 그러나 官殺이 비록 旺하나 妙한것은 戊月에 身이 通根하고 水를 制한다. 다시 妙한것을 金이 없으니 時支의 寅木이 傷하지 않는다. 氣가 生時에 通하니 족이 納水한다. 養育이 쉬울뿐 아니라 工夫도 잘했다. 官殺은 한 種類이니 官은 喜하고 殺은 憎이라 하지 말아야 한다. 身弱하면 官은 모두 殺이 되고 身旺하면 殺은 모두 官이 된다. 다만 要하는 것은 財가 없으면서 印이 있으면 이 造와 같이 佳命이 된다. 寅中의 甲木을 丁의 嫡母가 되는 것이지 왜 死라고 하는가! 무릇 陰干은 生地에서 死가 되고 死地가 生이라고 하는것은 모두 가령 丁火가 寅에 死가 된다고 하는것은 그릇된 말이다.

잘못된 理論이다。

幼年에 疾病이 없었고 聰明이 過人하였다。 甲戌年에 入伴하고 南方의 火土運에 制殺扶身하니 福이 限이 없었다。

309.

壬戌　乙巳
甲辰　丙午
丁酉　丁未
己酉　戊申
　　　己酉
丁火　庚戌
　　　辛亥

대개 이르기를 木이 月干에 나타나서 春木이 족이 火를 生하고、年干의 壬水가 木을 生하고 日時에 長生이 坐하였으니 旺論으로 말한다。 아까운것은 地支의 土金이 太重하니 天干의 水木의 根이 반드시 淺하다。水木의 氣가 없으니 丁火의 陰이 군세지 못한다。

甲木이 季春에 生하면 退氣이며 辰酉合으로 金으로 化하니 甲木의 餘氣가 絕된다。 戊土에 막혀 있어서 金이 水를 生하기가 不能하며 戊土가 족이 水를 制한다。 그래서 水를 生하지 못하고 辰酉合으로 木을 剋하니 日主의 根源이 군세지 못하는 것을 알것이다。

소위 酉에서 丁火가 長生되면 顚倒된 것이다。 酉中의 辛은 純全하며 雜氣가 없어 水를 生하는 것이지 火를 生하는 理致가 없는 것이다。 火가 酉位에 이르면 死絕의 地가 된다。 다시 嫌惡하는 것은 時干의 己土가 命主元神을 도적질하며 生金洩火하니 水木火의 三字가 모두 虛하다。

癸酉年 (十二歲) 에 夭折하였다。 이러한 연유로 小兒의 命은 보기가 어려운 것이다。

一、才 德

◉ 德勝才者、局合君子之鳳。 才勝德者、用顯 多能之象。

德이 才를 이기는 것은 局과 合한 君子之鳳이요, 才가 德을 이기는 것은 쓰임에 多能之象·이 나타난다.

〔原註〕清和平順하고 日主가 마땅한 도움을 얻어 合한 바는 正神이요 (清和平順、主輔得宜 所合者正神)、用한바는 모두 正氣이니 마디외에 생긴가지는 必要하지 않고 (所用者皆正氣、不必節外生枝) 弄假로 이뤄진 眞은 不必要하다 (不必弄假成眞)。 財官이 喜神이 되면 모두 그 生을 平和롭게 마침을 족하게 생각하고 (財官喜神、皆足以了其生平)、貪戀의 私情을 不生하고 (不生貪戀之私)、度量이 너그럽고 커서 (度量寛宏) 반드시 正을 베풀것이니 (施爲必正) 모두 君子之風이라 한다 (皆君子之風也)。 財는 薄하고 힘이 넘치면 (財薄而力量)、貪함이 많고 (足以貪之) 官이 輕하면 心志는 欲求가 많으니 (官輕而心志必欲求之) 混濁의 害를 입는다 (混濁被害)。

日主가 弱하면 輔強해야 되는데 (主弱輔強) 邪神이 爭合하고 (爭合邪神)、三四의 用神이 있으면 모두 心事가 奸邪하고 貪欲이 있어 (三四用神皆心事奸貪) 일을 하는데 僥倖을 바라니 (作事僥倖) 모두 多能의 象이라 한다 (皆爲多能之象)。 대개 陽이 內에 있고 陰이 外에 있어 激亢하지 않는 것은 德이 才를 이기는 것이다 (大率陽在內、陰在外、不激不亢者爲德勝才)。

-313-

가령 丙寅戊辰은 月日에 （如丙寅戊辰月日） 己卯癸卯는 年時에 있는 것이다 （己卯癸卯年時者

是）。 陽은 外에 있고 陰이 內에 있으면 （陽在外、陰在內）、勢가 利를 쫓는것을 두려워하니

（畏勢趨利者） 才가 德을 이기는 것이다 （爲才勝德）。己卯己巳가 月日에 있고 （如己卯己巳月

日） 年時에 丙寅戊寅이 있는 것을 말한다 （丙寅戊寅年時者是）。

［解說］ 善惡邪正은 모두 五行의 理致에 벗어나지 아니하고 君子나 小人도 모두 四柱의 情

을 떠날수 없는 것이다。 陽氣가 動하여 열리면 光享의 義를 볼수 있으며 陰氣가 靜하여 달리

면 理致를 包含하니 奧妙하다。

和平純粹하고 格이 正하고 局淸하며」、不爭不妬하고、모든 偏氣를 合하여 去하고、化하여

나타난 것이 모두 正神이거나、官을 喜하는데 財가 生하고、財를 喜하는데 官이 能히 劫을 制

하거나、忌神인 印을 財가 壞하거나、印을 喜하는데 官이 生하거나、陽盛陰衰하거나、陽氣가

當權하거나、 用하는바가 모두 陽氣거나、喜하는 것이 모두 陽類이거나하면、上下에 驕諂함이

없으면 모두 君子之風이라 한다。

偏氣雜亂하거나、

집은 弱한데 用은 强하고、

多爭多合하거나、

모든 正氣를 合하여 去하거나、

化神이 나타난 것이 모두 邪神이거나、

官을 喜하는데 劫地에 臨하거나、

財를 喜하는데 印位에 있거나,

印을 忌하는데 官星이 印을 生하거나,

印을 喜하는데 財星이 印을 壞하거나,

陰盛陽衰하거나,

陰氣가 當權하거나,

用하는 바가 모두 陰氣이거나,

喜하는 것이 모두 陰類이면,

左右로 財勢에 좇으니 모두 多能之象이라 한다. 氣勢가 和平하고 用神이 分明하면 반드시 正을 베푼다.

310.

癸酉　丁巳
　　　丙辰
戊午　乙卯
庚寅　甲寅
丁丑　癸丑
　　　壬子
　　　辛亥
　　　丁酉（二十五歲）

庚金이 仲夏에 生하고 正官은 祿을 얻었다. 日主가 年時의 酉丑에 通根하니 中和의 象을 얻었다. 寅午財官이 拱合하니 財가 印을 壞하지 못한다. 그리고 官이 印을 生하여 財官印三字가 生化不悖한다. 癸가 戊와 合하여 從하니 陰濁의 氣를 去한다. 品行이 端正하고 法道가 있었다. 丁酉（二十五歲）年에 登科하였으나 벼슬길을 떠나 安貧樂道하여 後學을 위하여 敎育에 힘썼으니 이를 行運이 不利한 탓이다.

311.

丙寅　辛丑
　　　壬寅

己土가 仲冬에 生하니 寒濕의 體다. 水冷木潤하고 또 金이 剋木生水하니 混濁

庚子　癸卯
己亥　甲辰
甲戌　乙巳
　　　丙午
　　　丁未

한것 같이 보인다. 妙한것은 丙이 나타나서 一陽이 解凍한다.

庚金의 濁을 去하고 己土는 和暖을 기뻐하고 甲木 역시 發榮을 기뻐한다. 다시 妙한것은 戊時의 燥土가 泛濁한 水를 막으니 凋枯한 木을 培養한다. 日主의 根元 역시 군세다. 甲己는 中和之合이라 處世가 바르고 謙恭和厚하니 君子之風이다. 그러나 水勢가 太旺하므로 功名은 높지 않았다.

丙戌　壬寅
己卯　癸卯
辛丑　甲辰
甲子　乙巳
　　　丙午
　　　丁未
　　　戊申

水冷金寒하니 土凍木凋한다. 年干에 透한 丙火가 一陽이 解凍하니 佳美한것 같이 보인다. 그러나 丙辛合으로 化水하니 陽이 變하여 陰이 된다. 반대로 寒濕의 氣를 증가 시킨다.

陽正의 象이 반대로 陰邪의 種類가 됐다. 爲人이 貪欲이 많고, 奸謀가 뛰어나 勢에 아부하고 財를 좇아 富貴에 아첨하니 소위 多能之象이다.

一、奮鬱

◉ 局中顯奮發之機者、神舒意暢、象內多沈埋之氣者、心鬱志灰。

局中에 분발의 기틀이 나타난것은 神을 펴나가고 意을 暢達할 것이고, 象內에 沈埋의 氣가 많은것은 마음은 답답하고 그뜻은 흩어질것이다.

〔原註〕陽月이 用事되고 用神이 得力하고 天地交泰하면 (陽明用事、用神得力、天地交泰)

神은 나타나고 情은 通하여 반드시 많은 분발이 있고 (神顯精通必多奮發), 陰晦用事하면 情
은 私戀이 많고 (陰晦用事情多戀私), 主는 弱한데 臣은 强하며 (主弱臣强) 神은 藏하고 精은
洩하면 (神藏精洩) 사람은 困鬱함이 많다. (人多困鬱) 만약 純陽의 勢에 (若純陽之勢) 身이
旺하고 財官이 旺하면 반드시 분발하며 (身旺而財官旺者必奮), 純陰의 局에 (純陰之局) 身弱
하고 官殺이 많으면 困鬱이 많다 (身弱而官殺多者多困).

[解說] 抑鬱함이 없고 舒暢함은 太過나 缺陷이 없고 用神이 得氣하거나, 喜神이 得力한 것
이다. 忌神이 時나 勢를 얻지 못하거나, 閑神이 忌神과 作黨하지 않거나, 반대로 喜神을 有
益하게 하거나, 合을 忌하면 冲하고, 冲을 忌하면 合하는 것을 말한다.

體는 陰이고 用은 陽인 故로 一陽이 北에서 生하며 陰生즉 陽成하는것을 亥中의 甲木을 이
른 말이다.

歲運에서 格用을 輔助하면 반드시 奮發이 많다.

舒暢이 적고 抑鬱함이 많은 것은,

局中에서 或 大過하거나 缺陷이 있거나

用神이 失令되거나

喜神이 無力하거나

忌神이 時나 勢를 얻거나

閑神이 劫占하거나

喜神이 반대로 忌神의 무리를 도우거나

合을 喜하는데 冲하거나

合을 忌하는데 合을 만나거나

體는 陽이고 用을 陰인 고로 二陰이 南에서 生하고 陽生則陰成은 午中의 己土를 이른 말이

다.

歲運에서 喜神을 돕지 못하거나 忌神을 制去하지 못하면 困鬱함이 많다.

局이 비록 陰晦해도 運途에서 陽明을 配合하면 能히 舒暢하고 局이 비록 陽明이라해도 運에

서 陰晦하면 역시 主는 困鬱하므로 運을 세밀히 살펴야 한다.

가령 用神이 亥中의 甲일때

天干에 壬癸가 있으면 運途는 戊寅己卯가 좋고,

天干에 庚甲이 있으면 運途는 丙寅丁卯가 좋고,

天干에 丙丁이 있으면 運途는 壬寅癸卯가 좋고,

天干에 戊己가 있으면 運途는 甲寅乙卯가 좋고,

또 用神이 午中의 己土일때는

天干에 壬癸가 있으면 運途는 戊午己未가 좋고,

天干에 庚辛이 있으면 運途는 丙午丁未가 좋고,

天干에 甲乙이 있으면 運途는 庚午辛未가 좋다.

이러한 論은 藏神을 지칭했으나 支에 나타난 用神 역시 같은 理致이다.

가령 天干에서 木을 用할때, 地支에서 水가 旺하면 運은 丙寅丁卯를 만나야 하고、 天干에

水가 있으면 運은 戊寅己卯를 만나야 한다.

地支에 金이 많으면 甲戊乙亥가 있어야하고 天干에 金이 있으면 運은 壬寅癸卯를 만나야 한다.

地支에 土가 많으면 運은 甲寅乙卯를 만나야 하고 天干에 土가 있으면 運은 甲子乙丑을 만나야 한다.

地支에서 火가 많으면 運은 甲辰乙巳를 만나야 하고 天干에 火가 있으면 運은 壬子癸丑을 만나야 한다.

이와같이 配合에 다툼이 없으면 制化의 情이 있고 이와반대면 아름답지 못하니 세밀히 연구하라.

313.

戊辰
甲子
壬子
辛亥

乙丑 丙寅 丁卯 戊辰 己巳 庚午 辛未

壬水가 仲多에 生하고 三個의 祿旺을 만났다. 그래서 소위 崑崙之水는 可順而不可逆이다.

기쁜것은 子辰이 拱水한즉 戊土의 根이 굳세지 않다. 月干의 甲木이 用神으로써 泛濫한 水를 洩氣하면 局中에 奮發의 機가 나타난다. 丙寅丁卯運에 이르러 寒木이 火를 얻어 發榮하며 陰寒한 금을 없앤다. 早年에 發甲하고 이름이 높았다. 戊辰運에 水의 性을 거역하므로 죽었다.

314.

甲申
丁丑
戊寅
戊寅

癸水가 仲多에 生하고 旺支를 만나니 勢가 注洋하다. 기쁜것은 甲丙이 같이

情은 있으나 生扶의 意向이 없으니 벼슬길이 어정거리고 뛰어나지 못했다.

丙子
己卯
癸亥　辛巳　庚辰
癸亥　壬午
癸亥　癸未

나타나며 支中에서 絶處逢生한 것이다. 甲丙이 서로 護衛하고 金이 流行하며、

水를 溫和를 얻으니 木은 發榮한다.

火는 生扶를 얻으니 用神을 반드시 甲木이다.

奮發의 機가 있어 戊寅 己卯運에 名利가 높았으나 庚辰辛巳運은 비록 制化의

315.

壬寅　丁丑
丁亥　丙子
庚午　乙亥
甲申　甲戌
　　　癸酉
　　　壬申
　　　辛未

天干의 四字가 地支에 모두 앉았다。日主가 祿에 當令하니 能히 財官에 任한

다。淸하고 厚하니 精은 足하고 神은 旺하다.

東西南北運이 모두 凶이 없다。出身이 부유하고 早年科甲하여 方伯에 올랐다.

一妻、四妾、十三子에 늙도록 富貴를 누리며 九旬까지 살았다.

316.

癸丑　甲子
乙丑　癸亥
癸丑　壬戌
癸丑　辛酉
　　　庚申
　　　己未

天干에 三癸가 있고 地支는 一氣이다。食神이 깨끗이 나타나며、殺印相生으로

모두 名利兩全格이라 한다。그러나 癸水는 陰이 至極하고 또 季多에 生하고

支는 모두 濕土이다。土濕하면 水는 弱하니 소위 더러운 개천의 물이다。또

水土가 냉동되며 陰晦濕滯하니 生發의 氣가 없다。그러므로 名利가 모두 空虛

하였다.

무릇 富貴의 命은 寒暖이 造化되어야 精神이 奮發하는 것이다. 陰寒濕滯한 偏枯之象은 富貴

할수 없는 것이다。壬申年에 父母 모두 죽고 工夫도 별로 신통치 못하고 祖業을 못지켰다。사

람이 또 陰弱하여 한가지도 이루지 못하고 老人이 되었다。

一、恩 怨

◉ 兩意情通中有媒、雖然遙立意尋追、有情却被人離間、怨起恩中死不灰。

두마음의 情이 通하면 가운데에 中媒가 있어야 하는것이다。멀리 떨어져 있으면 뜻에 따라

찾아야 하며 情은 있으나 사람에게 離間의 被害를 당하면 恩惠가운데 원한이 일어나 죽은것과

같다。

〔原註〕 喜神과 合하는 神은 두 情이 相通하고 (喜神合神、兩情相通) 또 사람이 있어 用神

을 이끌어주면 中媒와 같은 것이다 (又有人引用生化、如有媒矣)。비록 떨어져 있으나 (雖足隔

遠分立) 그 情이 서로 和好하면 (其情自相和好)、곧 恩惠는 있고 怨이 없다。

合神이 喜神이면 비록 情은 있으나 (合神喜神、雖有情) 忌神이 離間하거나 (而忌神離間) 合

을 求하나 얻지 못하면 (求合不得)、終身토록 怨望이 많다 (終身多怨)。憎神은 멀리 떨어져

야 妙한 것이고 (至干可憎之神遠之爲妙)、愛神은 가깝게 있음이 요구된다 (可愛之神、近之尤

切) 또 한가닥의 邂逅相逢이 있으면 (又有一般邂逅相逢者)、그 즐거움을 이기지 못할것이나

(得之不勝其樂) 私情을 偸合한것을 (私情偸合者) 去해야 역시 足하니 奇한 것이다 (去之亦足

爲奇)。

[解說] 恩怨은 喜忌를 말한다。日主의 喜神이 떨어져 있을때、合神을 얻어 接近시키면 소위 兩意가 情通하니 [中有媒] 라 한다。

喜神이 遠隔되었으면 旁神이 引通하여 서로 和好시키면 恩이 있고 怨은 없는 것이다。

閑神忌神이 있고 喜神이 없으면 閑神忌神을 合化하여 喜神이 되면、소위 [邂逅相逢] 이라 한다。

喜神은 遠隔되면 日主가 비록 情은 있으나 閑神忌神에 隔絶된다。이러하면 日主가 喜神을 돌보지 않으니 이때 閑神忌神이 會合하여 喜神이 되면서 소위 [私情牽合] 이라 한다。다시 喜神이 日主나 緊貼되어 情이 있으면 [有情] 이라 이른다。合化되며 忌神을 만나면 喜神이 日主와 不緊貼하여 日主의 情이 떠나니 忌神이 隔占함이 있는 것이다。

或 喜神과 閑神이 合하여 忌神을 助하면 사람에게 離間을 입으니 [死不灰心] 이라 한다。

日主가 丙火를 喜하는데 時干에 있고 月에 壬水가 나타나면 忌神이 된다。이때 年干에 丁火가 壬을 合하면 化木이 된다。이러면 忌神을 없앨뿐 아니라 喜神을 生助한다。

日主가 庚金을 기뻐하는데 月干에 乙木이 있어 庚을 合하면 遠立된다。이때 年干에 乙木이 있어 庚을 合하면 가까워지며 閑神이 化하여 喜神이 되면 이것을 [中有媒] 라 한다。

日主가 火를 기뻐하는데、局內에 火가 없고 반대로 癸水의 忌神이 있다면 戊土가 있어 癸水를 合化하여 喜神이 되면 이것을 [邂逅相逢] 이라 한다。

日主가 金을 喜하는데 年支에 酉가 있으면 遠隔된다。巳火는 日主의 忌神되어서 緊貼하면 이럴땐 丑을 얻어 會局하면 喜神으로 변한다。이것을 소위 [私情牽合] 이라 한다。나머지로

317.

丁　癸卯
甲辰　辛丑
戊戌　庚子
戊午　戊戌

厚土가 重重하고 甲木이 退氣를 만나니 疎土하기가 不能하다。 그러하니 土의 情을 반드시 年支의 酉金에 있고 洩하는 것이 菁華하다。 金이 火를 만나지만 火는 日主를 生할려는 欲心만 있고 金과 遠隔되어 있어 서로 뜻이 通한다。 기쁜것은 辰酉合으로 가까워지니 〔中有媒〕이다。 初運 癸卯壬寅運은 喜神을 離間하니 功名이 어쩌정하고 困苦함이 많았다。 辛丑運에 酉와 會合하고 火를 어둡게 하니 登科하였고 庚子己亥戊戌의 西北의 土金의 地에 尙書에 올랐다。

318.

丁酉　甲辰
乙巳　癸卯
丁丑　壬寅
丙午　己亥

丁火가 巳月에 生하고 午時이니 比劫이 並旺하다。 또 木의 도움을 만나니 그 勢가 猛烈하다。 年支의 酉金은 본래 日主의 喜하는 바와 멀리 떨어져 있고 丁火가 蓋頭하여 劫한다。 그래서 無情한것 같이 보인다。 그러나 제일 기쁜것을 日支의 丑土로써 烈火가 濕土를 만나니 生育하는 慈愛之心을 이룬다。 巳酉合으로 金局을 이루어 庫에 歸한다。 情이 서로 和好하여 財가 와서 身을 도우며, 또 能히 洩火吐秀하니 能히 發甲하고 名利雙全하였다。

319.

癸酉　丁巳
戊午　乙卯
丙辰　甲寅
甲午　癸丑
　　　壬子
　　　辛亥

丙火가 年月에 生하고 時에 午를 만나니 旺함을 알 것이다. 一點癸水는 본래 濁하지 않으나 戊土와 合하여 火烈을 도운다. 年支의 酉金은 본래 辰合으로 情이 있으나 午火가 離間시킨다.

合을 求할려하나 얻지 못하여 소위 恩중에서 怨이 일어난 것이다. 兼하여 運도 東南의 火木의 地다.

一生 刑傷破耗가 많았고 三妻, 七子를 剋하고 寅運에 이르러 死亡하였다.

一、閑神

◎ 一二閑神用去魔、不用何妨莫動他、半局閑神任閑着、要緊之場作自家。

한두개의 閑神이 쓰일바가 없으면 쓰이지 않은들 무엇이 움직이지 못하게 방해할수 있으랴, 半局에 할일이 없으면 要緊한 곳에 自己집을 짓는데 마땅하다.

[原註] 喜神이라도 많은것은 必要하지 않다.(喜神不必多也) 하나의 喜神이라도 열가지를 防備할수 있는 것이다 (一喜而十備矣)。忌神도 많은것은 必要하지 않다 (忌神不必多也)。 하나의 忌神도 열가지를 害할수 있는 것이다 (一忌而十害矣)。喜忌神外에 (自喜忌之外) 喜神이 되기로 不足하고 (不足以爲喜), 忌神이 되기도 不足하면 (不足以爲忌), 모두 閑神이 되는 것이다 (皆閑神也)。 가령 天干을 用하여 (如以天干爲用) 氣合을 이루는데 (成氣成合) 地支의 神이 虛脫無氣하면 (地支之神虛脫無氣), 冲合을 마음대로하여 升降의 情이 없다 (冲合自適升降

無情) 가령 地支를 用하여 助合을 이루면(如以地支爲用、成助成合) 天干의 神이 游散浮泛되어

(天干之神 游散浮泛) 日主를 막지 못한다 (不礙日主)。 主가 陽에 陽이 輔하고 (主陽輔陽)

陰氣가 停泊하면 (而陰氣停泊)、冲動도 아니하고 合助도 아니한다 (不冲不動 不合不助) 主가

陰에 陰이 輔하고 (主陰輔陰)、陽氣가 停泊하면 冲動도 아니하고 合助도 아니한다 (而陽氣停

泊、不冲不動、不合不助) 日月이 有情하고 (日月有情) 年時가 돌아보지 않아도 (年時不顧) 日

主는 害가 없다 (日主無害)。 日主가 氣가 없고 情이 없는데 (日主無氣無情) 日時에서 得所하

고 (日時得所) 年月이 돌아보지 않아도 (年月不顧) 日主는 害가 없다 (日主無害)。 日主가 冲

도 없고 合도 없으면 (日主無冲無合) 비록 閑神이 있어도 (雖有閑神) 他가 動하는것을 去할수

없다 (只不去動他)。 要緊한곳에 스스로 울타리를 만들고 (但要緊之地、自結營塞) 運道를 만나

면 自家의 邊界이니 역시 足할것이다 (至於運道 只行自家邊界、亦足爲奇)。

[解說] 喜神은 格을 輔하고 用을 助하는 것이다。 忌神은 格을 破하고 用을 損한것을 말한

다。 그리고 喜神忌神외에는 모두 閑神이다。 閑神이 많이 있으면 半局이라 稱한다。

閑神은 體用을 不傷하고 喜神을 不礙하며 他神은 不必要하게 動하지 않아야 한다。

한가로이 任務를 맡다가 歲運에서 格을 破하고 用神을 損하면 喜神은 格을 輔할수 없다。 이

때 閑神이 格을 保護하면 소위 [要緊之場] 이라 한다。

閑神이 歲運의 凶神이나 忌物을 制化하면 格局을 匡扶하는 喜用이 된다。 格을 輔하고 用을

助하면 나의 한가족의 일원이 되는 것과 같다。

이 章의 本文에서 重要한것은 끝문구에서의 [要緊之場은 作自家]란 말이다。

原註에 그릇된 것이 있으니 비록 閑神이 있으나 他神을 動하여 去할수 없다는 말이다. 閑神

도 合化하여 喜用을 도우면 自己집을 짓는것과 같고 忌神이 되면 賊鬼가 提防을 쌓은것과 같

다.

가령 木을 用할때 木이 有餘하면 火는 喜神이며 金은 忌神이 되고 水는 仇神이며 土는 閑神

이 된다.

木이 不足할때는 水는 喜神이며 土는 忌神이 되고 金은 仇神이며 火는 閑神이 된다. 그래서

用神은 반드시 喜神이 도와야하고 閑神의 도움이 있으면 用神은 勢가 있어 忌神을 두려워하지

않는다. 木論이 이와같으니 나머지로 가히 알것이다.

320.

庚寅
己丑
甲木이 子月에 生하여 陽이 進氣이며 印이 旺하여 身을 生한다. 支에 三寅이

戊子
庚寅
辛卯
있으니 松柏의 體로써 旺하고 굳세다. 一點의 庚金은 絕에 臨하니 木을 剋하

甲寅
壬辰
癸巳
기가 不能하다. 그래서 반대로 忌神이 된다.

丙寅
甲午
寒木이 陽으로 向하고 時干의 丙火가 깨끗하게 나타나서 寒凝을 敵하며 洩하

는 것이 菁英하다. 用神이 되며 多火는 본래 虛하여 寒木이 喜神이 된다. 月干의 戊土는 能히

水를 制하고 또 金을 生하니 閑神이 되며 水는 仇神이 된다. 卯運은 洩水生火하여 科甲하고

壬辰癸巳運은 閑神이 制合하여 벼슬길이 平坦하였고 甲午乙未運은 火旺의 地이니 尙書에 올랐

甲子
戊辰
己巳
丁卯　庚午
甲寅
辛未　壬申
甲午
癸酉

甲木이 仲春에 生하고 支에 祿刃을 만났다。干에 比肩이 나타나니 旺이 極하다。時上의 庚金은 根이 없어 忌神이 되고 月干의 丁火가 用神이 된다。通輝의 氣象으로 早年에 科甲하여 觀察使에 올랐다。壬申運에 이르러 金水가 體用을 함께 傷하므로 禍를 免할수 없다。이것은 戊土의 閑神이 없는 탓이다。

◉ 出門要向天涯遊、何事裙釵恣意留。

문을 나서면 하늘 끝까지 놀거늘、어찌 女人의 방자한 뜻에 머무를 것인가?

[原註] 본래 奮發하고자 하나 (本欲奮發有爲者也) 日主가 合하여 用神을 돌아보지 않고 (而日主有合、不顧用神) 用神이 合이 되어 日主를 돌아보지 않으면 (用神有合不顧日主)、

貴하고자 하나 貴하지 못하고 (不欲貴而遇貴)、

祿을 바라나 祿을 만나지 못하고 (不欲祿而遇祿)、

合을 바라나 合을 만나지 못하고 (不欲合而遇合)、

生을 바라나 生을 만나지 못하니 (不欲生而遇生)、

이 모두 有情한것 같으나 반대로 無情한 것이라 (皆有情而反無情) 女子가 머물러 있는것 같아 去할수 없다 (如裙釵之留不去也)。

[解說] 이것은 [貪合不化]를 말하는 것이다。 合化하여 喜神이 되면 名利自如하고 化한것이 忌神이 되면 災咎가 반드시 온다。

「合而不化」는 소위 同伴하여 連이어 머물러 있을때 이것을 貪하면 다른쪽이 忌神이 되니

큰 뜻이 없는 것과 같은 것이다.

日主가 合하였는데 用神이 願하지 않거나,

用神이 合하였는데 日主가 願하지 않거나,

合이 眞이 되어 化格이 되었거나,

日主가 休囚되어 從格이 되었는데 不從이 되면,

모두 有情하면서도 반대로 無情하니 女人의 방자한 뜻에 머문것과 같다.

322.

乙未
戊寅
丁丑
丙子
乙亥
甲戌

己卯
庚辰
戊辰
丙辰

戊土가 季春에 生하고 乙木官星이 나타나서 未에 盤根한다. 그리고 辰에 餘氣가 있어 본래 用神이 된다. 그러나 嫌惡하는것은 庚이 合하는 것이다. 소위 合 庚金 역시 用을 할 수 있으나 또 丙火가 當頭하여 剋한다. 二十一歲(乙卯)에 小試에 失敗하여 學業을 버리고 酒色에 빠졌다. 뜻은 컸으나 一生에 한가지로 이루지 못하였다.

323.

丁丑
壬寅
辛丑
庚子
己亥
戊戌
丁酉
丙申

癸卯
丙戌
辛卯

丙火가 仲春에 生하고 印正官淸하니 족이 官을 用한다. 嫌惡하는 것은 丙辛一合하여 我를 輔하는 用神을 돌보지 않는다. 辛金은 柔軟하여 丙火를 만남을 怯낸다. 柔하면 能히 剛함을 制할수 있으나 貪合을 버리지 못한다. 다시 嫌惡하는 것은 卯戌合으로 劫으로 化한 것이다. 幼年에 자못 工夫를 잘하였으나 後에

酒色에 빠져 學門을 버리고 財産을 탕진하였다.

◉ 不管白雪與明月、任君策馬朝天闕。

白雪과 더불어 明月을 主管하지 아니하고 말을 달리는 것을 君에 맡기고、大闕에 조회한다.

[原註] 日主가 用神을 타고 달리면 (日主乘用神而馳驟) 私私로운 뜻을 견제할 수 없는 것이고 (無私意牽制也)、用神이 日主를 타고 달리면 (用神隨日主而馳驟)、私私로운 情을 묶어 맬수가 없는 것이니 (無私情羈絆也) 족이 그 뜻을 이룰수 있다 (足以所其大志)。이는 情이 없는것 같으나 情이 있는 것이다 (是無情而有情也)。

[解說] 本文은 冲이 되여 有力함을 말한 것이다。冲하면 動이요 動하면 馳 (달린다) 다。局中에 用神喜神을 除한 나머지를 日主가 他神과 貪戀할때는 用神喜神이 그 貪戀하는 他神을 冲去하면 日主는 그 私私로움에 끌림이 없다。이것이 喜神의 勢를 타고 달리는 것이다。局中에 用神喜神이 他神과 貪戀할때는 日主가 能히 冲剋하여 去하면 喜神은 私情의 羈絆이 없는 것이며、喜神은 日主를 따라서 달리는 것이다。

이것이 無情하면서도 반대로 有情한 것이다。가령 丈夫의 意志같이 私情에 구애됨이 없으면 큰 뜻을 이룰수 있는 것이다。

324.

丁卯　庚戌
己酉　辛亥
戊申　丁未

殺이 비록 秉令하였으나 印綬 역시 旺하다。兼하여 比劫이 같이 나타나서 身旺하니 족이 殺을 用한다。殺을 用하면 合殺이 마땅치 않고、合하면 나타나지

辛金이 身에 가까이 있으므로 日主의 情은 반드시 貪戀하여 羈

絆한다. 그러나 기쁜것은 丁火가 辛金을 劫去하니 日主로 하여금 貪戀의 私情

이 없게한다. 申金이 寅을 冲動하여 日主의 牽制의 뜻이 없게하고 다시 妙한

것은 金이 殺을 滋助한다. 日主가 喜用神에 依持하여 달린것이다. 戊甲運에 이르러 登科하여

큰 뜻을 이루었다.

丙寅　丙午
丙申　乙巳
　　　甲辰

않은 것이다.

325.

辛巳　乙未
丙申　甲午
壬寅　癸巳
庚戌　壬辰
　　　辛卯
　　　庚寅
　　　己丑

壬水가 申月에 生하여 비록 秋水가 通源하였으나 財殺이 並旺하여 申金이 用

神이다. 天干의 丙辛과 地支의 巳申이 모두 合한다. 合하니 能히 化하여 封·

身한다. 合이 不化하면 反對로 羈絆이 되어 日主를 돌아보지 않는다. 기쁜것

은 我의 用神이 當令한 것이다. 火가 通根하여 貪戀의 私情이 있으나 化合의

뜻은 없다. 妙한것은 日主가 스스로 丙火를 剋하여 丙火로 하여금 辛과 合할

여가가 없다. 寅을 申金이 冲動하여 없애서 丙火의 根이 반대로 껴인다. 그래서 日主의 壬은

군세어 牽制의 私情이 없다. 用神이 日主에 따라서 달린다. 癸巳壬辰運에 連登發甲하여 觀察

使에 올랐다.

一、從象

◉ 從得眞者只論從、從神又有吉和凶。

從의 참된것을 從이라 論하고 從神을 또 吉한것이 凶으로 和하는것도 있는 것이다.

[原註] 日主가 孤立되어 無氣하고 (日主孤立無氣)、 天地人元이 絕地가 되어 티끌만큼의 生扶함이 없고 (天地人元絕無一毫生扶之意)、 財官이 強力하면 (財官強甚)、 從의 眞格이 되는 것이다 (乃爲眞從也)。 이미 從이 되면 從하는 神을 마땅히 따를 것이다 (既從矣、當論所從之神)。 가령 從財면 (如從財) 財星으로 主를 삼는 것이니 (只以財爲主) 財神이 木이면서 旺하면 (財神是木而旺) 意向을 보아서 (又看意向) 或 火를 要하거나 或 土를 要하거나 或 金을 要하거나 (或要火要土要金) 할때 行運에서 得所하면 吉하고 (而行運得所者吉)、 아니면 凶하다 (否則凶)。 나머지도 이와같다 (餘皆傍此)。 金이 木을 剋하는 것은 不可하다 (金不可剋木) 木을 剋하면 財가 衰한다 (剋木財衰矣)。

[解說] 「從象」은 한가지가 아니며 財官만을 論하지 아니한다。 日主가 孤立되어 無氣하고 四柱가 生扶하는 것이 없을때 官星이 滿局하면 官에 從하고、 財星이 滿局하면 財에 從하는 것이다。

가령 日主가 金이고 財가 木인데 春令에 生하고 또 水가 木을 生하면 소위 太過하다。 이럴땐 火로 行하면 좋다。 夏令에 生하면 火가 旺하여 木을 洩氣하니 水가 生함을 기뻐한다。多令에 生하면 水多木泛하니 土로 培養하면 기쁘고 火로 暖한즉 吉하다。 이와 反對면 반드시凶하다。

[從旺] [從强] [從氣] [從勢] 의 理致가 있어서 從財官과 比較하여 推算하는데 어려움이 있다.

이 四從은 諸書에 기재되지 않은 것이며, 내가 말한것이다. 試驗하여 보니 確實하며 虛妄된 말이 아니다.

〔從旺〕은 四柱가 모두 比劫이면서 官殺의 制가 없는 것이다. 印綬의 生이 있으면 旺이 極하다. 比劫印綬의 地도 行하면 吉하며 가령 印綬가 輕하면 食傷運도 좋다. 官殺運은 旺神을 犯하니 凶禍가 일어난다. 財運은 群劫이 相爭하니 九死一生이다.

〔從强〕은 四柱에 印綬가 重重하고 比劫도 疊疊한 것이다. 日主가 또 當令하거나, 財星官殺의 氣가 티끌만치도 없는 것이다. 소위 二人同心으로 强이 至極하여 可順而不可逆이다. 比劫運으로 順行하면 吉하고 印綬運 역시 좋다. 食傷運은 印綬가 있어 冲剋하니 반드시 凶하여 財官運은 强神을 觸怒하므로 大凶하다.

〔從氣〕는 財官印綬食神等을 不論하고 氣勢가 木火에 있으면 木火運을 要하고 氣勢가 金水에 있으면 金水運으로 行함을 바란다. 이와 反對면 凶할 것이다.

〔從勢〕는 日主가 根이 없고 四柱에 財官食傷이 並旺할때는 强弱을 分別하지않고 또 日主를 生하는 劫印이 없고 一神에 從하는 것을 없애지 못하면 오직 和解하는것이 可하다. 財官食傷중에서 어느 一神이라도 홀로 旺하면 旺者의 勢力에 따르지만 三者가 均停하면 强弱을 分別하지 말고 財로써 通關하면 좋다.

이는 食傷을 引通하여 官을 도우는 것이다. 官殺運과 食傷運은 次吉이며 比劫印綬는 반드시 凶하다.

戊戌
丙辰
乙未
丙戌

丁巳 戊午 己未 庚申 辛酉 壬戌 癸亥

乙木이 季春에 生하고 未에 蟠根하며 辰에 餘氣가 있다。그래서 財多身弱으로 말하나 四柱가 모두 財이니 그 勢는 財에 從한다。春土는 氣가 虛하나 丙火를 얻어 實하나 火는 木의 秀氣이며 土는 火를 秀氣하여 三者가 모두 있다。다시 기쁜것은 南方의 火地로 秀氣流行하여 名利를 이루었다。

壬寅
壬寅
庚寅
戊寅

癸卯 甲辰 乙巳 丙午 丁未 戊申

庚金이 孟春에 生하고 支가 모두 寅이다。戊土가 비록 生이나 死나 다름없다。기쁜것은 兩壬이 年月의 干에 나타나서 庚金을 引通한다。그리고 嫩木을 生하니 從財格이다。역시 秀氣流行하고 다시 기쁜것은 東南運으로 不悖하고 木 역시 敷榮을 얻는다。早年에 科甲하여 벼슬이 높았다。

丙寅
庚寅
壬午
乙巳

辛卯 壬辰 癸巳 甲午 乙未 丙申

丙火가 孟春에 生하니 木이 當令한다。火가 生을 만나고 一點의 庚金이 絕에 臨한다。그리고 丙火가 能히 煆煉하니 從財格이다。登科發甲하고 侍郞에 올랐다。무릇 從財格은 食傷이 吐秀하는것이 重要하다。그러면 功名顯達할뿐 아니라 一生이 큰 起倒 凶災가 없다。대개 從財格은 제일 꺼리는 것은 比劫이나 柱가운데 食傷이 있으면 能히 比劫을

化하는 妙함이 있다。만약 食傷이 없으면 成就함이 없고 比劫을 만나면 生化의 情이 없으니 반드시 起倒刑傷이 일어난다。

329.

丁卯
壬寅
庚午
丙戌

庚이 寅月에 生하고 支가 全部 火局이다。財가 殺을 生하여 旺하므로 더구나 壬의 生扶의 뜻이 없다。干의 壬水가 丁壬合으로 木이 되어 火勢에 從하니 모두 殺의 무리를 이룬다。眞從象이다。知縣에 올랐으며 酉運에 어려움이 있었고 丙運에 계속 職位가 올랐다가 申運에 잘못으로 落職하였다。

330.

辛巳
辛丑
乙酉
乙酉

乙木이 季冬에 生하였으나 地支가 全部 金局이다。干에 兩辛이 나타나니 眞從殺格이다。戊戌運에 계속하여 벼슬이 오르고 丁酉丙申運은 西方地이므로 名利가 좋았다。乙未運에는 金局을 冲破하고 木이 蟠根하니 不祿하였다。

331.

癸卯
乙卯
甲寅
乙亥

甲木이 仲春에 生하고 支에 兩卯를 만나니 旺하다。寅을 祿이며 亥는 生이고、甲木이 도우며 癸의 印이 있으니 旺이 至極하다。從旺格으로써 初年의 甲寅은 工夫를 잘하고、癸丑運은 濕土이지만 北方의 水로 論하니 登科發甲하였다。壬子運은 印星이 照臨하고 辛亥運은 金이 通根되지 않으며 支에 生旺을 만나므로 벼슬이 높았다。庚戌運을 土金이 並旺하여 旺神을 觸怒하니 凶을 免할수 없을 것이다。

332.

乙未
丙午
丙午
甲午

辛丑　庚子　己亥　戊戌　丁酉　丙申

丙火가 仲夏에 生하고 四柱가 모두 刃이며 天干에 甲丙이 나타나서 强旺이 至極하므로 可順而不可逆이다. 初運乙未는 安樂하였으며 丙運에 登科하고 申運은 큰 病厄을 겪었으며 丁運은 發甲하고 酉運은 어려움을 겪었고、戊戌、己運은 벼슬길이 平坦하였다. 亥運은 旺神을 犯하니 軍에서 死亡하였다.

333.

壬戌
癸亥
庚申
癸酉
丁亥

戊辰　丁巳　戊午　己未　庚申　辛酉

庚金이 孟多에 生하여 水勢가 當權하였으며 金도 祿旺을 만났다. 時干의 丁火는 根이 없어 局中의 氣勢는 金水에 있으니 金水에 從하는 것이며 丁火는 반대로 病이 된다. 初運 癸亥는 病을 去하니 安樂하였고 壬戌運은 入學하였으나 喪服이 많았다.

丙辰 이것은 土가 水를 制한 이유이다. 辛酉庚甲運은 登科發甲하였다. 己未運은 南方으로 火土가 함께 오니 잘못으로 落職하였다가 戊午運에 破耗하고 死亡하였다.

334.

甲寅
癸巳
壬辰
丙戌

癸巳　壬辰　乙未　甲午　丁酉　丙申

癸水가 季春에 生하고 柱중에 財官傷 三者가 같이 旺하다. 印星이 엎드려 있으나 氣가 없고 日主는 休囚되고 根이 없다. 官星이 當令하므로 官星의 勢에 따른다. 기쁜것은 坐下의 財星이 傷官의 氣를 引通하는 것이다. 甲午運은 火局을 이루어 官을 生하여 職位가 높이 오르고 乙未運 역시 같았으며 申酉運은 丙丁이 蓋頭하니 벼슬길이 平坦하여 觀察使에 올랐다. 亥運은 封帛

身하고 巳火를 冲去하니 不祿하였다。 소위 極者는 不可益이다。

그래서 不祿하였다。

335.

```
癸酉　甲子
癸亥
乙丑　壬戌
丙申　辛酉
丙申　庚申
　　　己未
```

丙火가 丑月에 生하고 申에 臨하니 衰絕하다。酉丑의 拱金으로 月干乙木이 凋枯하며 根이 없다。官星이 財에 앉았고 傷官을 財가 化하니 金水의 勢를 이룬다。癸亥運은 入學하고 辛酉庚申運은 印을 없애고 官을 生하니 縣令에서 州牧으로 승진했다。己未運은 五行으로 土이지만 南方의 燥土이므로 劫을 도운다。

二、化 象

◉ 化得眞者只論化、化神還有幾般話。

化의 참된것은 化로 論하나 化神에는 도리어 몇가지 말이 있을 것이다。

[原註] 甲日主가 四季月에 生하여 (如甲日主生於四季) 하나의 己土를 만나 (單遇位己土) 月이나 時上에서 合이 되고 (在月時上合之) 壬癸甲戊를 만나지 않고 (不遇壬癸甲戊) 一辰字가 있으면 (而有一辰字)、化格의 眞이 된다 (乃爲化得眞)。 또 丙辛이 多月에 生하고 (又如丙辛生於多月) 戊癸가 夏月에 生한 것과 (戊癸生於夏月) 乙庚이 秋月에 生하고 (乙庚生於秋月) 丁壬이 春月에 生하여 (丁壬生於春月) 스스로 相合하고 (獨自相合) 또 行運에서 辰을 얻으면 (又得龍以運之)、이것은 참된 化이니 (此爲眞化矣) 化格을 이룬다 (旣化矣)。 또

化神은 論할때 (又論化神) 가령 甲己化土는 (如甲己化土) 土가 陰寒하면 火氣가 昌旺함을 要

하고 (土陰寒要火氣昌旺) 土가 太旺하면 또 水의 財를 取함이 要한지、木의 官인지 金의 食傷

인지 (土太旺 又要取水爲財、木爲官、金爲食傷) 그 意向에 따라 (隨其所向) 喜忌를 論해야

한다 (論其喜忌)。 다시 甲乙을 만나도 (再見甲乙) 爭合妬合으로 論하지 않는 것이니 (赤不作

爭合妬合論) 대개 참된 化格은 (蓋眞化矣) 烈女가 다시 二夫를 따르지 않는 것과 같다 (如烈

女不更二夫)。 歲運에서 만나더라도 (歲運遇之) 모두 閑神이다 (皆閑神也)。

[解說] 본문은 合化格을 말하는 것으로써 合의 根源은 옛날 黃帝께서 언덕에 올라 하늘에

제사를 지낼때 하늘에서 十干을 내리니 大撓에게 命하여 十二支를 만들어 짝을 짓게 하였다.

故로 日干은 天干이며 그곳에서 合한즉 天一地二天三地四天五地六天七地八天九地十의 뜻에

依하여 數를 推理한즉 甲一乙二丙三丁四戊五己六庚七辛八壬九癸十이 된것이다.

洛書에서 가운데에 五가 居하므로 一을 얻어 五爲六인 故로 甲己合이 되고 二를 얻어 五爲

七인 故로 乙庚合이 되고 三을 얻어 五爲八이라 丙辛合이 되고、五를 얻어 五爲十인 故로 戊

癸合이 된다。 合한즉 化가 되고 化하면 반드시 五土를 얻은 後에야 成함이 있다。 五土는 辰이

며 辰은 春에 居하고 時는 三陽에 있어 物을 生하는 體다。 氣가 열리면 動하고 動한즉 變하고

變한즉 化가 된다.

十干의 合은 五辰의 位 (자리)에 이르러 化氣의 元神이 發露한다。

甲己는 甲子에서 起頭하여 五位인 戊辰을 만나야 化土되고、

乙庚은 丙子에서 起頭하여 五位인 庚辰을 만나야 化金되고、

丙辛은 戊子에서 起頭하여 五位인 壬辰을 만나야 化水되고、

丁壬는 庚子에서 起頭하여 五位인 甲辰을 만나야 化木되고、

戊癸는 壬子에서 起頭하여 五位인 丙辰을 만나야 化火되니、

이것이 相合의 참된 源因이다。

근세에 들리는 바로는 龍을 만나 化되는 것만 알고 五를 만나 化되는 것을 알지 못한것 같다。

辰龍의 說을 함께 들어보면 辰은 참된 龍이라 한다。 그러면 辰年生 사람은 龍이 되어 가히 비를 오게하고 寅年生 사람은 호랑이니 사람을 상할것이 아닌가! 이 說은 믿을바가 못된다。

化象의 作用도 역시 喜忌配合의 理致가 있으니 소위 化神에도 도리어 몇가지 말이 있는 것이다。 化格만 이루면 기쁘다고 하는것은 잘못된 것으로 이것 역시 한가지 理論이 있다。 化象

역시 衰旺을 窮究하고 虛實과 喜忌를 세밀히 살피면 吉凶이 증험되어 否泰가 확실히 나타난다。

가령 化神이 旺하여 有餘하면 化神을 洩氣하는 것이 用神이 되며 化神이 衰하면 不足하니

마땅히 化神을 生助하는것이 用神이 된다。

甲己化土하고 未戌月에 生하면 土燥하고 旺하다。 또 干에 丙丁이 있고 支에 巳午가 있으면

소위 有餘하니 再次 火土運으로 行하면 太過하여 不吉하다。 따라서 意向에 따라서 柱中에 水

가 있으면 行運에 金을 要하고 柱中에 金이 있으면 水運으로 行하기를 要하고 金도 水도 없이

土勢가 太旺하면 반드시 金의 洩을 要한다。 火土가 過燥하면 水를 帶한 金으로 潤澤함을 要하

고 (甲己合) 丑辰月에 生하면 土가 濕하여 弱이 되니 火가 비록 있어도 虛하다。

水가 본래 없으면 實하고 或干支에 金水가 混雜되면 소위 不足하니 그 意向에 따라야 한다.

柱中에 金이 있으면 火運으로 行함을 要하고, 柱中에 水가 있으면 土運으로 行함을 要하고,

金水를 같이 보면 虛濕이 過於하니 火를 帶한 土運의 實함을 要하여 化神을 助起하면 吉이 된다.

「爭合妬合」의 說은 그릇된 理論이다. 이미 合하여 化가 되어 貞婦가 義로운 夫를 짝지어

죽을때까지 따라서 그 마음은 변하지 않은것과 같다.

戊己를 보면 저쪽의 同類이며 甲乙을 만나면 나의 本氣인지라 서로 사양하는 뜻이 있어 合而不化한다.

戊己를 많이 보면 爭妬의 바람이 일어나고 甲乙의 무리를 보면 强이 弱의 性質이 된다.

甲乙의 合이 이와같으니 나머지도 이와같이 추리하라.

336.

乙丑
甲申
甲辰
己巳

癸未
壬午
辛巳
庚辰
己卯
戊寅
다.

年月의 兩干에 甲乙이 있으나, 申金이 當令하고 丑內의 辛金이 각각 制하니

爭妬가 일어나지 않는다. 時干의 己土가 旺에 臨하여 日主와 親하게 合한다.

合神이 眞實하니 소위 眞化格이다. 단 秋金이 當令하나 化神의 洩氣가 不足하

午運에 化神을 도우니 中鄕榜에 올랐고 辛巳運은 金火土가 並旺하니 직위가 계속 올랐으며

庚辰運은 乙을 合하고 比劫을 制化하니 最高의 직위에 올랐다.

340.   339.   338.   337.

337.

戊辰
壬戌
甲辰
己巳

癸亥 甲子 乙丑 丙寅 丁卯 戊辰 己巳

甲木이 季秋에 生하니 土가 旺하고 乘權하였다。壬水를 剋去하고 또 比劫이 없으니 合神이 다시 참되어 化氣가 有餘하다。그러나 아까운 것은 運이 東北의 水木의 地다。功名과 벼슬길이 前造에 미치지 못한다。丑運丁酉年에 暗會하여 全局이 되어 化神을 洩하여 吐秀한다。登科하여 이듬해 戊戌運에 州牧에 올랐다。

338.

己卯
壬午
丁卯
甲辰

丙寅 乙丑 甲子 癸亥 壬戌 辛酉 庚申

壬水가 仲春에 生하니 化象이 眞이다。甲木元神이 나타나니 化氣가 有餘하다。壬水가 마땅히 洩해야 하고、化神이 吐秀하니 기쁜것은 日支의 午火이다。

甲木이 季秋에 生하여 秀氣가 流行한다。少年에 科甲하여 이름이 날렸다。아까운 것은 中運의 水의 旺地때문에 發達하지 못하고 제자리에 머물렀다。

339.

己卯
丁卯
己卯
癸卯

丙寅 乙丑 甲子 癸亥 壬戌 辛酉

前造와는 一卯字만 바꼈을뿐이다。化象이 참되며 化神이 다시 有餘하다。嫌惡하는것은 癸가 爭財하는 것이다。年干의 己土는 根이 없고、떨어져 있으니 癸水를 없애기가 不能하다。그래서 午火의 流行됨이 能하지 못하다。癸水는 이 化格의 奪標之客이 되어 벼슬길에 나아가지 못했다。

340.

丙戌
壬午

己亥 庚子 癸卯 壬戌

癸水가 季秋에 生하고 丙火가 나타나서 通根하니 化火格이 참되다。嫌惡하는

戊戌　辛丑
壬戌　壬寅
癸巳　癸卯
壬戌　乙巳
이다.

것은 時에 透出한 壬水가 剋한것이다。卯運에 壬水가 絶地되어 知縣에 올랐

으나 三次나 歷任하고서도 승진하지 못하였다。이것 역시 壬水가 奪財한 연고

이다。

一、假從

◉ 眞從之象有幾人、假從亦可發其身。

眞從은 몇사람이나 될것인가? 假從 역시 發할수 있는 것이다。

[原註] 日主가 弱하고 財官이 強하면 (日主弱矣、財官強矣) 從하지 않을수 없다 (不能不

從) 局中에서 比劫이 暗으로 生하면 (中有比助暗生)、從이지만 참되지 않다 (從之不眞)。歲

運에 이르러 (至於歲運) 財官이 地를 얻으면 (財官得地) 비록 假從이라도 (雖是假從) 역시 富

貴를 取할수 있다 (亦可取富貴)。단 그 사람은 禍을 免하기가 어렵고 (但其人不能免禍) 或은

心術이 있기도 하다 (或心術不端耳)。

[解說] 「假從」이란 사람이 根이 淺하고 힘이 薄하여 自立할수 없는것과 같다。局中에

비록 劫刃이 있으나 스스로를 돌아볼 여가가 없고 日主 역시 依持할데가 어려워 그 勢에 따른

다。그 象이 같지 아니하며 財官만을 專論하지 않는다。眞從과 大用小異하다。

日主가 虛弱無氣할때 비록 比劫이나 印綬의 生扶가 있더라도 柱中에서 食神이 있어 財를 生

하거나 或은 官星이 있어 劫을 制하면 日主는 依持할때가 없고、財官에 依持하는 勢를 얻는다。

財의 勢가 旺하면 從財하고、

官의 勢가 旺하면 從官해야하고、

從財는 食傷이나 財旺의 地로 行해야하고、

從官은 財官의 鄕으로 行하면 發興할 것이다。 그 意向을 보아서 行運에서 配遇하면 假從의

象이다。다만 行運이 安頓하기를 要하고 假從이라도 眞運을 만나면 역시 富貴를 取할수 있다。

소위 眞運이란 무엇인가?

가령 從財에 比劫이 있어 分爭하면 官殺運으로 行하면 반드시 貴할것이고、食傷運이면 富

를 이룬다。印綬가 있어 暗生하면 財運으로 行함을 要한다。官殺이 있어 財의 氣를 洩하면 食

傷運으로 行함을 要한다。

從官殺에 比劫이 있으면 官運을 만나면 名聲이 높고、食傷이 있어 官을 破할때 財

運으로 行하면 祿이 重할것이며、印綬가 있어 官을 洩하면 財運으로 行하여 印을 破함을 要한

다。

소위 假從이라도 行運이 眞이면 富아니면 貴할것이며 이와 반대면 凶하다。或은 勢에 아첨

하면 義를 꺼리고 心術이 있다。만약 能히 歲運이 不悖하고 假를 抑하고 眞을 扶하면 비록 寒

微한 出身이라도 家業을 일으킨다。이것은 源源淸의 象이니 깊이 硏究하라。

341.

癸巳
癸丑　甲寅
壬子　乙卯

春土가 虛脫하고 殺勢가 當權하였다。財가 旺支를 만나고 기쁜것은 巳亥의 冲

破로 印을 破한 것이다。格은 棄命從殺이다。그러나 酉가 卯殺을 冲하고、巳酉半會

己亥
辛亥
癸酉
己酉
戊申

酉牛會로써 金局을 만드니 眞從은 아니다。그래서 出身은 寒微한 집이나 妙한 것은 局中에 亥水가 사이에 있어 소위 源濁流淸이다。그래서 家業을 일으키고 일찍 기반을 잡았다。壬子運중에 登科하여 觀察에 올랐다。亥運은 金이 虛하고 水는 實하니 相生不悖하여 벼슬길이 平坦하였으나 앞으로 庚戌運은 土金이 並旺하여 水木이 모두 다치니 風疲을 免할수 없을 것이다。

342.

丁丑
壬寅
丙申
壬辰
辛丑
庚子
己亥
戊戌
丁酉
丙申

丙火가 初春에 生하니 火虛木嫩하다。木이 金을 만나 가까이서 相冲하니 木의 根이 拔盡한다。申金이 辰土의 生扶를 얻어 殺勢가 더욱 旺하다。格은 從殺을 이룬다。財를 用하여 다시 妙한것은 年支丑土가 生金晦火하는 것이다。故로 出身은 官家生이며 早年에 登科하였다。運이 西北의 金水地로 달리니 觀察에 올랐다。

343.

乙卯
丁丑
己卯
戊辰
癸亥
壬申
戊寅
丁丑
丙子
乙亥
甲戌
癸酉

戊土가 仲春에 生하고 木이 바르게 當權하였다。日支에 辰土가 있으나 蓄水養木하고 四柱에 金氣가 없고 또 亥時를 얻어 水旺生木한다。그리고 火의 生化가 없으니 格은 從官을 取한다。身弱을 論하지 않는것이니 주의하기 바란다。비록 科甲出身은 아니나、丙子乙亥運에 계속 벼슬이 올라 제후까지 이르렀다。癸酉運에 落職하고 死亡하였다。

344.

丁卯
丙寅
辛亥
庚寅

乙丑
甲子
癸亥
壬戌
辛酉
庚申

辛金이 孟春에 生하고 天干에 丙丁庚辛으로 陰陽이 相剋한다. 地支의 寅木이 當令하여 金絕火生한다. 日時의 寅亥는 合으로 化木하니 格을 從殺을 取한다. 運이 水地로 달리니 木을 도와서 火를 生하므로 凶處가 없다. 連登甲榜하여 郡守에 올랐으며 三子를 生하였다.

345.

丁卯
己未
乙卯
癸亥

甲寅
癸丑
壬子
辛亥
庚戌
己酉
戊申

己土가 仲春에 生하고 木이 當令하여 會局한다. 時干의 丁火는 癸水로부터 剋去당한다. 또 未土는 또 會木하니 從殺格이 되지 않을 수 없다. 科甲出身에 觀察에 올랐다.

一、假化

◉ 假化之人、亦多貴、孤兒異姓能出類。

假化格로 역시 貴가 많으니 孤兒나 異姓이라도 能히 出勢한다.

[原註] 日主가 孤弱한데 참된 合神을 만나면 化하지 않을 수 없으나 (日主孤弱而遇合神眞、不能不化) 단 日主를 暗扶하고 合神이 또 虛弱하고 (但暗扶日主)、合神又虛弱運에서 龍을 만나지 못하면 (及無龍以運之)、참된 化格이 아니다 (則不眞化)。歲運에 이르러 (至於歲運)

合神을 도와주고 （扶起合神） 忌神은 制伏하면 （制伏忌神） 비록 假化라도 （雖爲假化） 富貴를

取할수 있다 （亦可取富貴） 。 그리고 異姓孤兒라도 （雖是異姓孤兒） 그중에서 나타나 拔萃할수

있다 （亦可出類拔萃） 。 단 그 사람은 막히는 일이 많고 偏拗하고 （但其人多執滯偏拗） 일을 하

는데 망설이고 骨肉에 欠이 있을 것이다 （作事遲、骨肉欠遂） 。

[解說] 假化의 局은 그 象이 하나가 아니다.

合神이 眞인데 日主는 孤弱하거나，

化神이 有餘한데 日이 根苗를 帶同하거나，

合神이 眞이 아닌데 日主가 根이 없거나，

化神이 不足한데 日主가 無氣하거나，

이미 化神이 合하였는데 日主가 劫印의 生扶를 만나거나，

이미 合化하였는데 閑神이 와서 化氣를 傷하는 것들이다. 假化나 眞化는 구별하기가 어려우니

다시 세밀히 연구해야 한다.

무릇 假化의 機을 얻은 것으로 말하면，「甲己의 合」에 丑戌月에 生하면 合神이 비록 眞이

나 日主가 孤弱하고 도움이 없으면 化하지 않을 수 없다. 단 秋令의 氣가 翕寒하고 또 金氣가

있어 暗洩하면 歲運은 반드시 火를 만나 그 寒濕의 氣를 去하여야 氣가 和暖할 것이다.

辰未月에 生하면 化神이 비록 有餘하나 辰내에 木의 餘氣가 있고 未는 身이 庫에 通根하니

根이 없다고 할수 없는 것이다.

단 春夏의 氣는 關暖하고 또 水木이 根에 감추어 있어서 歲運은 반드시 土金의 地로 向하여

木의 根苗를 去하여야 分爭이 없는 것이다.

[乙庚의 合]에 日主가 木이면서 夏令에 生하면 合神은 참된것이 아니다. 日主가 洩氣되어 根이 없고 土가 燥하면 金을 生할수가 不能하니 歲運은 반드시 水를 帶同한 土運으로 行하여야 한다. 그러면 能히 火를 洩하고 金을 養育하는 것이다.

多令에 生하면 金이 洩氣를 만나니 不足하다. 木은 水를 納하지 못하고 氣가 없으며, 따라서 土는 凍하여 金을 生하기도 水를 止하지도 못한다. 이러하면 歲運은 반드시 火를 帶同한 土運으로 行하여야 解凍이 되어 氣가 調和를 갖춘다. 金이 生을 얻으면 不寒한 것이다.

[丁壬의 合]에 日主가 丁이면서 春令에 生하고 壬水가 木이 根이 없으면 반드시 丁合에 從한다. 木이 旺하면 스스로 火를 生하는 고로 丁火는 반대로 壬이 木으로 化한것에 따르지 않는다. 或 比劫의 도움이 있으면 歲運은 반드시 水를 만나서 火를 受制하여야 木이 成함을 얻는다.

[丙辛의 合]에 日主가 火이면서 土가 있어 化神을 損傷하기 때문이다. 濕土는 水를 止하기가 不能하고 水가 混濁하고 淸하지 않으면 歲運에서 金土를 만나면 氣가 流行하여 水를 生한다. 이러면 化神이 스스로로 참된 것이다.

多令에 生하고 金水가 거듭있다면 이미 合이되어 化가 된 것이다. 柱中에 土가 있어 化神을 損傷하기 때문이다. 濕土는 水를 止하기가 不能하고 水가 混濁하고 淸하지 않으면 歲運에서

이와같이 配合하여 假가 眞이 되면 能히 名利雙全할 것이다.

總論하건데 格象이 眞이 아니려는 어렸을때 孤苦하고 早年에 뛰어나지 못한다. 이와같지 않으면 偏執되고 傲慢하고 運滯가 많으며 疑心도 많다. 歲運에서도 假를 抑하고 眞을 扶하지 못하면 一生하는 일마다 머뭇거리고、名利無成할 것이다.

346.

己卯
甲戌
甲子
己巳

天干에 丙甲이 兩己를 만나 각자 서로 合한다。地支에서 卯戌의 合이 있다。
化된 火가 土를 生하기는 不能하나 卯를 合하니 爭妬의 뜻이 없다。
비록 假化이나 有情하고 不悖한다。未運에 子水를 剋하여 中鄕榜에 올랐고 庚
午己巳運에는 化神을 도우니 벼슬이 높았다。

347.

甲子
丙子
甲申
己巳

甲木이 仲冬에 生하며 印綬가 當權한다。본시 殺印相生이지만 坐下가 絕이며、
虛가 極하여 水의 生을 받지 못한다。己土를 보아 貪合하여 合神이 비록 眞이
나 失令하였다。반드시 丙火의 生에 의하여 寒凝의 氣를 解한다。嫌惡한것은
旺水가 秉令하니 火가 역시 虛脫하여 生扶하기가 不能한것이다。化神이 假로
써 不淸하니 人品이 端正치 못하고 庚辰運 甲午年에 木을 剋하고 土를 生하니 中鄕榜에 나아
갔으나 벼슬은 얻지 못하였다。

348.

甲寅
丁丑
甲戌
己巳

戊寅
己卯
庚辰
辛巳
壬午
癸未
甲申

甲木이 丑月에 生하고 己土가 通根하니 旺에 臨하였다。年에 祿比를 만났으나
丁火를 보니 서로 生하는 옳음이 있다。爭妬의 勢가 없어 비록 假化이나 有情
하고 悖함이 없다。戊寅丁火運에 계속 직위가 오르고 辛巳壬午運은 南方火地으로 化神을
도우니 名利有餘하였다。

甲寅　壬申
辛未　癸酉
癸亥　甲戌
戊午　乙亥
　　　丙子
　　　丁丑
　　　戊寅

癸水가 季夏에 生하고 木火가 並旺하다. 月干의 辛金은 氣가 없어 水를 生하기가 不能하다. 時干의 戊土와의 合神이 되며 또 旺하나 日主의 合神이 眞象이 아니다. 日主는 비록 旺地에 臨하였으나 火土가 亥水를 양쪽에서 逼迫한다. 初運 壬申癸酉에는 金水가 並旺하니 孤苦가 甚했으며 甲戌運에 이르러 支에 火局을 이루니 外國에 나가 成功함이 있었다. 그 亥運은 水를 만나나 木이 洩하고 支에 會局을 얻으니 財帛이 豊盈하여 이름이 높았고 丙子運은 火가 通根이 아니되니 잘못으로 落職하였다가 壬子年에 不祿하였다.

350.

甲辰　戊辰
丁卯　己巳
壬辰　庚午
辛亥　辛未
　　　壬申
　　　癸酉
　　　甲戌

壬水가 仲春에 生하고 時에 祿印을 만났으나 化神이 當令하였다. 또 年干에 元神이 나타나고 時干의 辛金은 根이 없고 絶에 臨한다. 丁火의 合神이 족히 辛金을 剋하니 金은 水를 生하기가 不能하며, 亥水는 壬의 祿旺이 아니되고 甲의 長生이 된다. 日干은 合에 따르지 않을수가 없으니 化格이 된다. 南方火運에는 승승장구하였다가 壬申癸酉運에 金水가 破局하니 벼슬길이 막히고 刑傷破耗를 많이 겪었다.

一、順局

◉ 一出來只見兒、吾兒成氣構門閭、從兒不管身强弱、只要吾兒又得兒。

한번 門을 나와서 아이를 보니 내아이가 氣를 이루고 門을 갖추었다면 身이 强이든 弱이던

關係할바 없이 아이를 從한다。 단지 내아이가 또 아이를 만났는가를 要한다。

[原註] 이것은 成象、從傷官과 같지 아니하니 (此與成象從傷官不同) 다만 내가 낳은것을

兒로 할뿐이다。(只取我生者爲兒) 가령 木이 火를 만나 氣象을 이루고 (如木遇火、成氣象)、

가령 戊己日이 申酉戌을 만나 西方의 氣를 이루고 (如戊己日遇申酉戌、成西方氣)、 或은 巳酉

丑의 金局을 이루면 (或巳酉丑金會金局) 日主의 强弱을 不論하고 (不論日主强弱)、 또 金은

能히 水氣를 生하여 (而又看金能生水氣) 生育의 뜻이 돌아 이루면 (轉成生育之意) 이는 流通

이 되는 것으로 (此爲流通) 반드시 富貴한다 (必然富貴)。

[解說] 「順者」란 我가 生하는 것이고、 [見兒]는 食傷이 많다란 것이며 [構門間者]

란 月建에 食傷을 만난 것을 말한다。月은 門戶이니 반드시 食傷이 提綱에 있음을 바라는 것

이다。[不論身强弱者]란 四柱에 比劫이 있으나 食傷을 生하여 去한다는 것이며、[吾兒又得

兒者]란 반드시 局中에 財가 있어야 함을 바라며 生育의 뜻을 이룬다하였다。

一身이 용렬하여 하는일이 없다가 子孫의 昌盛함을 얻으면 家聲이 振動하는 것이다。또 行

運이 財地로 行하여야함을 바란다。兒가 孫을 生하여 孫의 榮華를 享有하는 것이다。故로 順

局이라 한다。 從兒格과 從財官格과는 같지 않다。

食神生財하면 돌아서 生育함을 이루니 秀氣流行하여 名利를 모두 取하는 것이다。故로 食傷

은 子息이며 財는 孫이 된다。孫이 祖(官)를 剋하지 못하니 榮華를 享有하는 것이다。

가령 官星을 보면 孫이 또 兒를 生함인데 이러면 曾祖(日主)는 반드시 傷함을 입는다。故

로 官殺을 보면 몸에 害을 입는다고 하였다。

印綬를 보면 我의 父이다。父가 能히 我를 生하고 我는 스스로 있음에 子를 容納하지 않는다

子는 반드시 災殃을 만나며 生育의 뜻이 없는 故로 禍가 일어난다。이것을 보아서 從兒格은

제일 꺼리는것은 印運이고、次忌는 官運이다。官은 能히 財를 洩하고 또 日主를 剋하며 食傷

은 官星과 不睦하여 生育의 뜻을 잊어버려 爭戰의 바람이 일어난다。이러하면 사람은 傷하지

아니하며는 財物이 흩어진다。

351.

丁卯　辛丑
壬寅　庚子
癸卯　戊戌
丙辰　丁酉
　　　丙申

癸水가 孟春에 生하고 支가 全、寅卯辰東方一氣이다。格은 水木從兒를 이뤘다。

時干의 丙火가 用神이며、소위 兒가 또 兒를 生한 것이다。

혐오하는 것은 月干의 壬水가 病이지만 기쁘게도 丁火가 合하여 化木이 되어

丙火를 生하니 轉成生育의 뜻이 있다。早年에 科甲하여 諸候직까지 올랐으나

申運에는 木火의 絕地라서 不祿하였다。

352.

丁巳　壬寅
癸卯　辛丑
癸卯　庚子
丙辰　己酉
　　　戊戌
　　　丙申

癸水가 仲春에 生하고 木은 旺하고 乘權하였다。四柱에 金이 없어 역시 水木

從兒格이다。

寅運에는 支가 東方이며 甲戌年에 入泮하고 丙子年에 中郷榜에 올랐으나 前造

에는 미치지 못한다。이 이유는 月干의 癸水가 財를 다투고 制合의 아름다움

이 없다。다만 財星이 勢가 있어서 벼슬길은 亨通하였다。

353.

己未
丁丑
丙戌
戊戌

丙子
乙亥
甲戌
癸酉
壬申
辛未
庚午

丙火가 季冬에 生하고 局에 모두 土가 있다。格은 火土從兒이다。丑中에 辛金이 用神이 된다。소위 一個의 玄機가 丑에 存在하고 있다。嫌惡하는것은 丁火가 蓋頭하며 未戌에 通根한것이다。忌神이 深重하니 뛰어난 발전은 없다。妙한것은 中運의 壬申癸酉에는 喜用神이 함께오니 벼슬길이 순탄하였다。

354.

己未
辛未
丙戌
戊戌

庚午
己巳
戊辰
丁卯
丙寅
乙丑
甲子

丙火가 季夏에 生하고 局에 土가 많이 있어서 格은 從兒格이다。月干의 辛金이 홀로 나타나니 소위 從兒又見兒이다。大象을 보면 前造보다 나은것 같으나 功名富貴는 반대로 미치지 못하였다。이유는 前造는 金이 비록 나타나지 않았으나 丑內에 蓋藏하였으며 三多의 濕土는 能히 晦火養金한다。그러나 이 辛金은 顯露하였으나 九夏의 鎔金으로 根氣가 굳지 못하다。그리고 未戌에 丁火가 當權하니、소위 忌神(凶物)이 深藏한 탓이다。兼하여 運도 東南의 木火地다。비록 中鄉榜에 올랐으나 平生 발전이 없었다。

355.

甲午
丁丑
甲午
丙寅

戊寅
己卯
庚辰
辛巳
壬午
癸未

甲木이 季冬에 生하여 火가 虛하나 다행히 通根하여 불꽃이 있다。格은 從兒를 取한다。木이 進氣를 만나고 또 祿比를 만나 幇身한다。그러나 從兒는 身의 强弱을 論하지 아니한다 하였으니 身弱으로 論하지 않는다。前造는 燥烈이 過하였고 이 造는 濕土가 燥를 만나니 地潤天和하며 生育

356.

辛丑
辛丑
戊戌
壬子

庚子 己亥 戊戌 丁酉 丙申 乙未

辛土가 季冬에 生하고 辛金이 並透하여 通根한다。坐下의 申金과 壬水가 生을 만나 旺하니 純粹함을 알수 있다。亥運의 北方에 安樂하였다가 戊戌運은 燥土가 通根하여 壬水는 奪去한다。丙寅年에 壬水의 根인 申金을 冲去하여 體用이 모두 傷하니 不祿하였다。

357.

庚子
戊辰
庚辰
辛酉

辛巳 壬午 癸未 甲申 乙酉 丙戌 丁亥

戊土가 季春에 生하고 局中에 庚辛이 많이 있다。格은 從兒를 取한다。기쁜것은 支에 財가 會局하여 生育하니 有情하다。前造와 大同小異하나 이 造는 中年의 土金運에 財星을 生助하니 郡守에 올랐다。前造와의 차이는 運의 向背에 있다。

358.

壬寅
辛亥
辛亥
壬辰

壬子 癸丑 甲寅 乙卯 丙辰 丁巳 戊午 己未

辛金이 孟冬에 生하니 壬水가 當權하였다。財가 生旺에 逢하고 金水가 모두 通하니 格은 從兒를 取한다。학문을 열심히하여 甲寅運에 登科하여 發甲하고 乙卯運에 계속 직위가 올랐다。丙辰運에 이르러 官印이 함께 오며、戊戌年에 乙卯運에 印綬를 冲動하고 傷官을 破하니 不祿하였다。

四柱 / 大運

壬子
辛亥　壬子
辛卯　癸丑
辛卯　甲寅
　　　乙卯
　　　丙辰
　　　丁巳
　　　戊午

辛金이 孟多에 生하여 水勢가 當權하였다。天干에 三個의 辛金이 나타났으나 地支의 絶에 臨하여 從兒格을 取한다。早年에 入伴하고 甲寅乙卯運에 계속 벼슬길이 順坦하였다。丙辰運에 落職하고 戊年에 旺土가 水를 剋하므로 死亡하였다。

무릇 從兒格은 行運이 不背하고 財를 만나면 富貴한다。秀氣流行하면 聰明이 나타나고 學問이 뛰어난다。

一、反局

● 君賴臣生理最微、兒能救母洩天機、母慈滅子關頭異、夫健何爲人怕妻。

임금이 신하에 의해서 生하는 理致는 가장 세밀한 것이요。兒가 能히 母를 救하는 것은 天機를 누설하는 것이며、母의 사랑이 子를 滅하니 머리에 관련되는 것이 다르며、夫가 健壯한 데 어찌 妻를 두려워 하겠는가!

[原註] 木은 君이며 土는 臣이다 (木君也、土臣也)。水가 泛하면 木은 浮하니 (水泛木浮) 土가 水를 止하면 木을 生하는 것이요 (土止水則生木)、木이 旺하여 火가 熾하면 (木旺火熾) 金이 木을 伐한즉 火를 生하고 (金伐木則生火)、火가 旺하여 土가 焦하면 (火旺土焦) 水가 火를 剋한즉 土를 生하고 (水克火則生土)、土가 重하여 金이 埋하면 (土重金埋) 木이 土를

剋한즉 金을 生하고 (木克土則生金)、 金이 旺하여 水가 濁하면 (金旺水濁)、 火가 金을 剋한 즉 水를 生하니 (火克金則生水) 모두 君賴臣生이라 한다 (皆君賴臣生也)。 그 理致가 가장 妙한 것이다 (其理最妙)。

[解說] 「君賴臣生」이란 印綬가 太旺하다는 뜻이다.

이것을 就하여 日主를 論하면 日主의 木을 君으로 하고 局中의 土는 臣이다. 四柱에 壬癸亥子를 거듭 만나면 水勢가 泛濫하니 木氣가 반대로 虛할 것이다. 그러면 木은 生하지 못할뿐 아니라 木역시 水를 거두기가 不能하여 木은 반드시 浮泛한다. 반드시 土를 用하여 水를 그치게 하면 木은 가히 根에 依託한다. 이러면 水는 能히 木을 生하고, 木역시 水를 받아들인다. 印을 破하여 財를 就하는 것이므로 上을 犯하는 뜻이 있어서 反局一이라 한다.

비록 日主를 就하여 論하였으나 四柱 역시 이 論과 同一하다. 가령 水가 官星이고 木이 印綬이면 水勢가 太旺하니 역시 木이 浮泛한다. 따라서 土를 보면 能히 木이 水를 받아 들인다. 이것이 反生의 妙함으로 理致의 세밀한 妙함이다. 火土金水로 모두 이와같이 論한다.

360.

壬辰　癸丑
壬子　甲寅
甲寅　乙卯
戊辰　丁巳
　　　戊午
　　　己未

甲木이 仲冬에 生하고 日支가 祿支에 앉았으니 浮泛에 이르지 않는다. 水勢가 太旺하나 기쁜것은 戊土가 나타난 것이다. 辰은 비록 水를 蓄하며 木의 餘氣가 있으나 족이 水를 막으므로 戊土가 根에 의지한다. 소위 君賴臣生이다. 早年에 科甲하고 이름이 높았다. 다시 妙한것은 南方의 火土運으로 달리니 더욱 名利雙輝하였다.

361.

壬戌
壬子
甲子
戊辰

癸丑
甲寅
乙卯
丙辰
丁巳
戊午
己未

甲木이 仲冬에 生하며、前造는 寅에 坐하여 이 造는 子에 坐하니 虛하다。그러나 기쁜것은 年에 火를 대동한 土(戊)를 만난 것이다。前의 辰土와 比較하면 力量이 보다 크다。蓋頭한 戊土의 根이 굳세어 족이 日主의 虛함을 도운다。

362.

己巳
戊辰
辛酉
己亥

丁卯
丙寅
乙丑
甲子
癸亥
壬戌
辛酉

行運 역시 동일하여 功名을 이루고 尙書에 올랐다。

辛이 辰月에 生하고 土가 비록 重疊하였으나 春土는 아직 木의 餘氣가 있다。亥中의 甲木이 生을 만나고 辰酉가 轉輾相生한다。그리하여 반대로 木의 根原을 助한다。己火를 遙冲하여 戊己의 土를 生하지 못하게 하니 역시 君賴臣生이다。木의 元神이 不透하여 學門으로는 成功하지 못하였다。그러나 生化不悖함을 기뻐하니 武職으로 最高의 職까지 올랐다。

363.

戊午
丁巳
己卯
庚午

戊午
己未
庚申
辛酉
壬戌
癸亥
甲子

戊己土가 孟夏에 生하고 局中에 印星이 當令하여 火가 旺하고 土焦하다。또 能히 木을 焚한다。庚子年에 대궐에 들어갔다。그 이유는 金을 대동한 水인지라、족이 火烈을 制한 까닭이다。기外에는 뛰어남이 없었고、벼슬길도 어쩌 정하였으니 이는 局中에 水가 없는

연고이다。

［原註］木은 母이며 火는 子일때（木爲母火爲子） 木이 金에 傷함을 입으면（木被金傷） 火가 金을 剋한즉 木이 生한다（火克金則生木）。 火가 水克을 만나면（火遭水克）， 金이 木을 剋하면 土를 生하고（金克木則生土） 金이 火의 煉을 逢하면（金逢火煉）， 水가 火를 剋한즉 金을 生한다（水克火則生金） 水가 土의 塞을 만나 困하면（水困土塞） 木이 土를 剋한즉 水를 生한다（木克土則生水）。 모두 兒가 母를 生하는 뜻이다（皆兒能生母之意）。 이 뜻은 能히 天機를 奪하는 것이다（此意能奪天機）。

［解說］「兒能生母」의 理致는 時候를 分別하여 論함이다。

［木被金傷］이란 木이 多令에 生하면 寒凋하다。 이때 金水를 만나면 반드시 凍하여 金은 水을 克하지 못하고 水 역시 木을 克하는 것이다。 이때는 火가 金을 剋해야 凍을 解하고 木은 陽和을 얻어 生을 發한다。

［火遭水克］이란 春初나 多盡일에 生하면 木嫩火虛한다。 火는 水를 꺼릴뿐 아니라 木역시 水를 꺼린다。 이때는 반드시 土가 와서 水를 止하면 木의 精神을 培養하고 火가 生을 만나니 木 역시 發榮한다。

［土遇木傷］이란 春末이나 多初에 生하면 木堅土虛하다。 火가 있으나 濕土를 生하기가 能하지 못하다。 이때는 金을 用하여 木을 伐한즉 火가 불꽃이 있어 土가 生함을 얻는다。

［金逢火煉］이란 春末이나 夏初에 生하면 木旺火盛하다。 이때는 水가 와서 火를 剋하면 또 濕木이 土를 潤하니 金이 生을 얻는다。

〔水因土塞〕이란 秋多에 生하면 金多水弱하다. 土는 坤方에 入하니 能히 水를 막는다. 이 때는 반드시 木이 土를 疏通한즉 水勢가 通達하여 막힘이 없다. 이것을 母子가 서로 依持하는 情과 같은 것이라 한다.

만약 木이 夏秋에 生하고 火가 秋多에 生하고 金이 多春에 生하고 水가 春夏에 生하면 休囚의 자리이며 스스로의 餘氣가 없다. 이럴때 我를 生하는 것이 用神이 되며 我를 剋하는 것은 用神이 되지 않는 것이다.

日主를 就하는 理論이 이와같으니 나머지로 이와 동일한 理論이다.

364.

甲申
丙寅
甲申
庚午

丁卯
戊辰
己巳
庚午
辛未
壬申
癸酉

春初이므로 木이 어리며、寅祿을 雙冲하고 있다. 또 時干에 庚金이 나타나니 木嫩金堅하다. 金은 丙火에 의해 制를 당하며 生旺을 만나니 根이 굳세다. 더욱 妙한것은 水가 없다. 소위 兒能救母이니 庚金이 甲木을 傷하지 못한다.

巳運은 丙火祿地로써 中鄕榜에 올랐고 庚午運에 發甲하고, 辛未運은 縣宰에 올랐다. 그러나 庚金이 蓋頭한 이유로 더이상 발전은 없었다. 壬申運은 벼슬길이 어쩌정했을뿐 아니라 不祿하였다.

365.

甲申
丙子
己卯
乙酉

丁丑
戊寅
己卯
庚辰
辛巳

乙木이 仲多에 生하여 비록 相이라하나 아직 겨울이므로 茂盛하지 않고, 또 支가 西方으로 財殺이 肆逞하고 있다. 기쁜것은 丙火가 같이 나타나니 金이 不寒하고 水가 不凍하여 木이 陽으로 向한 것이기에 兒能救母이다. 性情이 慷

丙戌
壬午
癸未

慨하고 비록 經營의 規模는 적으나 큰 財物을 모았다。 學問이 不利하였던 것은 戊土가 殺을 生하고 印을 壞한 까닭이다。

366.

丙辰　丙申
乙未　丁酉
壬辰　戊戌
甲辰　己亥
　　　庚子
　　　辛丑
　　　壬寅
　　　癸卯

壬水가 季夏에 生하여 休囚의 地다。 기쁜것은 三個의 辰에 身이 庫에 通根한 것이다。 辰土는 能히 蓄水養木한다。 甲乙이 並透하고 根에 通하니 土를 制하므로 兒能生母이다。 丙火가 木을 洩하고 土를 生하는 것을 嫌惡한다。 功名은 크지 않았으나 中晚運이 東北의 水木의 地로 向하니 財政職으로 벼슬을 하여 富 또한 컸다。

367.

辛未　甲寅
乙卯　癸丑
己卯　壬子
癸卯　辛亥
　　　庚戌
　　　己酉
　　　戊申

己土가 仲春에 生하니 四殺이 當令한다。 그래서 日元의 虛脫이 지극하다。 다시 기쁜것은 濕土가 能히 木을 生하나 木盛함이 두렵지 않다。 妙한것은 未土에 通根이 有餘하니 족이 辛金을 用하여 殺을 制한다。 癸酉年에 辛金이 得祿하여 中鄕榜에 오르고、庚戌運에 縣令에 이르렀다。

〔原註〕 木은 母이고 火는 子이다 (木母也火子也) 慈母가 太旺하면 (太旺謂之慈母) 反對로 火가 熾烈하여 焚滅하니 (反使火熾而焚滅) 이것을 滅子라 한다。 (是謂滅子) 火土金水도 역시 같다 (火土金水亦如之)。

〔解說〕 「母慈滅子」의 理致는 君賴臣生의 뜻과 비슷하다。 그러나 세밀히 窮理하면 印이

旺한것 같지만 연결된 머리부분이 다르다.

君賴臣生은 局中에서 印綬가 비록 旺하지만 財星이 有氣하여 用이 되면서 印을 破하는 것이다.

母慈滅子는 財星이 無氣하여 財星이 印을 破함이 없어야 順母의 性을 얻어 子를 도우는 것이다.

歲運이 比劫의 地로 行하면 庶母의 사랑이 子息을 便安하게 하는 것이다. 財星食神을 보면 逆母의 性이므로 養育의 뜻이 없어 災咎를 반드시 免할 수 없다.

368.

癸卯　壬子
甲寅　辛亥
丁卯　庚戌
甲辰　己酉
丙午　戊申

俗論에는 소위 殺印相生이라고 하며 身强殺淺이므로 金水運에는 名利雙收한다 고 하였다.

그러나 癸水는 甲木에게 奪盡되고 甲木에 地支가 全部寅卯辰에 木多火熾이므로 母慈滅子라 한다. 癸丑壬子運은 木을 生하고 火를 尅하니 刑傷破耗가 많았고 辛亥庚戌己酉申運은 土의 生함을 받은 旺한 金이 木의 旺神을 觸犯하니 顚沛가 異常하였다가 六旬以後 丁未運부터 日元을 助起하니 順母의 性으로 妾을 取하여 丙子를 生했다. 丙午運 二十年까지 財物을 크게 모았다.

369.

戊戌　丁巳
丙辰　戊午
己未　金埋한다.

辛金이 季春에 生하고 四柱가 모두 土이다. 丙火官星은 元神이 洩盡하며 土重金埋한다.

庚申
辛酉
戊戌
癸亥

初運火土에는 刑喪破敗하였다가 庚申運에 日元을 助起하니 順母之性으로 큰 橫財를 하였으며 辛酉運에 辰丑과 拱合하여 財政職을 얻었으며 壬戌運에는 土가 得地하니 잘못으로 落職하였다.

370.

丙戌
戊戌
辛丑
戊戌

己亥
庚子
辛丑
壬寅
癸卯
甲辰
乙巳

前造와는 一戊字만 바꿔졌다. 初運己亥庚子辛丑에는 丑土가 金을 養育하니 出身이 富貴하고 辛運에 벼슬을 얻었다. 壬寅運에 水木이 함께오니 犯母之性이다. 土가 重할때 木을 만나면 반드시 좋다고 하였으니 배경의 힘으로 벼슬길에 나아갔으나 잘못을 저질러 이때 落職하였다.

371.

壬子
壬寅
甲申
壬申

癸卯
甲辰
乙巳
丙午
丁未
戊申
己酉

俗論에는 木이 孟春에 生하고 時에 殺이 獨淸하여 名高祿重한다 하였다. 그러나 春初에는 木이 연약할뿐 아니라 氣 또한 塞凝하여 水를 거두기가 不能하다. 그러나 時支의 申金은 壬水의 生地이며 子申으로 拱合하니 母多滅子이다. 아까운것은 初運 癸卯甲辰運은 母에 順하고 子를 도우니 父母의 덕으로 안락하였으나 乙巳運 南方에 父母가 모두 死亡하고 財物은 없어지고 肉親과의 다툼이 많았다. 丙午運은 水火가 서로 싸우니 家業이 亡하고 죽었다.

[原註] 木이 夫이면 土는 妻가 되는데 (木是夫也、土是妻也) 木이 비록 旺하나 土가 能히

金을 生하여 木을 克하여 (土能生金而克木) 이것을 夫健怕妻라 한다 (是謂夫健而怕妻) 火土金

水로 이와같다 (火土金水如之)。

烈火는 水를 만나야 土를 生하고 (其有水逢烈火而生土)、寒金은 火를 만나야 水를 生하는

것이며 (火逢寒金而生水) 水生金이란 (水生金者) 地가 燥烈할때 윤택하게 함을 말하고 (潤地

之燥) 火生木이란 (火生木者) 天이 凍한것을 解함을 말한다 (解天之凍)。木이 火에 焚하면 水

는 메마르고 (火焚木而水喝) 水가 土에 滲되면 木枯한다 (土滲水而木枯)。모두 反局이니 學者

는 그 元妙함을 자세히 살펴라 (學者細須詳其元妙)。

[解說] 木이 夫이면 土는 妻가 된다。木旺土多라고 金이 없으면 두려울것 없으나、庚辛申

酉字를 하나라도 보면은 많은 土가 生하여 金이 木을 剋한다。이것을 소위 [夫健怕妻]라 한

다。歲運에서 金을 만나도 역시 같다。

甲寅、乙卯日元이면 소위 [夫健] 이라 한다。

四柱에 土가 많으면서 局內에 또 金이 있거나、或 甲日寅月이나 乙日卯月일때 年時에 土가

많고 干에 庚辛이 나타나면 소위 [夫健怕妻] 라 한다。

木의 氣가 없고 土가 많고 金이 없으면 夫가 衰하고 妻旺하니 역시 妻를 두려워한다。

五行이 모두 이와같은 理論이다。

水生土란 火의 烈을 制하는 것이요、

火生水란 金의 寒을 敵하는 것이요、

水生金이란 土의 燥함을 潤하는 것이요、

火生木이란 水의 凍을 解하는 것이다。

火가 旺하여 燥土를 만나면 金은 위태로우니 火는 能히 水를 克하여 土는 燥하며 金重함을 만나면 水滲하니 土는 能히 木을 克한다。

水狂하여 木盛함을 얻으면 火熄하니 水는 土를 克한다。衆하여 火烈함을 만나면 土焦하니 木은 能히 金을 剋한다。이는 五行의 심오한 顚倒된 理論인 것이다。고로 이것을 「反局」이라 한다。

學者는 元妙의 理致를 세밀히 窮究하다。

372.

己亥
戊辰
辛未

丁卯
丙寅
乙丑
甲子
癸亥
壬戌

甲寅日元이 季春에 生하고 四柱에 土가 많다。時에 나타난 辛金을 土가 生하여 金이 木을 剋한다。소위 夫健怕妻라 한다。初運木火運에 土金을 去하니 安樂하여 連登科甲하였고 甲子癸亥運은 印이 旺하여 生을 만나니 日元이 족이 財官에 任한다。벼슬이 높았다。

373.

己巳
戊辰
甲子
辛未

丁卯
丙寅
乙丑
甲子
癸亥
壬戌
辛酉

甲木이 季春에 生하여 木의 餘氣가 있다。坐下의 印綬가 있어 中和의 象이다。財星이 重疊하여 當令하고 時에 官星이 나타나서 土旺生金으로 夫健怕妻이다。初運木火에는 土金을 去하니 早年에 入伴하여 科甲連登하였으나 벼슬은 뛰어나지 못했다。그 이유는 土의 病때문이다。前造는 亥가 있고 寅祿에 앉아서 이 造보다는 健康하다。前造는 寅이 能히 土를 制하고 이 造는 子未의 相穿으로 印을 壞하기 때문이다.

374.

乙亥　　庚辰
己卯　　辛巳
戊寅　　丁巳
丁丑
丙子　　庚戌
乙亥
甲戌

丁巳日元이 孟夏에 生하고 月時에 庚辛이 支에 生助를 만났다. 巳亥의 冲으로 火를 去하고 金이 在立하니 夫健怕妻라 한다. 기쁜것은 運이 東方의 木으로 달려서 印이 扶身하므로 登科하여 이름이 높았다. 子運에 兩巳을 受制하므로 不祿하였다.

375.

癸亥　　癸亥
甲子　　壬戌
戊戌　　辛酉
癸丑　　庚申
　　　　己未
　　　　戊午

戊戌日元이 子月에 生하고 年이 亥가 있다. 月에 甲木이 나타나서 生을 만나니 水가 木을 生하고 木이 土를 剋하니 夫健怕妻이다. 제일 기쁜것은 戊의 燥土에 丁火의 印綬가 藏하니 財가 비록 旺하나 印을 破하기가 不能하다. 소위 玄機가 안에 存在한 것이다. 그러나 嫌惡하는 것은 支가 北方으로 財勢가 太旺한 것이다. 비록 方伯에 올랐으나, 財物을 豊足하지 않았다.

376.

癸亥　　壬戌
癸亥　　辛酉
戊午　　庚申
甲寅　　己未
　　　　戊午
　　　　丁巳

戊午日元이 亥月에 生하고 年에 亥가 있다. 時에 甲寅을 만나니, 殺이 旺하며 財殺이 肆逞하다. 아까운 것은 財星이 印綬를 損傷하여 學門은 不足하였다. 다행히 寅午의 拱合으로 殺을 化하니 武職의 最高까지 올랐다.

◉ 天戰猶自可、地戰急如火。

天戰은 오히려 可한바가 있고 地戰은 急하기가 불과 같다。

[原註] 干頭에 甲乙庚辛을 만나면 소위 天戰이라고 하며 (干頭遇甲庚乙辛、謂之天戰) 이

때 地支에 順靜함을 얻으면 害가 없는것이다 (而得地支順靜者無害)。

地支에서 寅申卯酉는 地戰이라고 하며 (地支寅申卯酉謂之地戰), 이때는 天干은 爲力을 발

휘할수가 없으니 (則天干不能爲力) 그 凶이 빠르게 나타난다 (其勢速凶)。 대개 天은 動을 主

事하고 (蓋天主動) 地는 靜을 主事하기 때문이다。 (地主靜故也) 庚申甲寅乙卯辛酉의 種類는

(庚申甲寅乙卯辛酉之類是也) 모두 보면 소위 天地가 交戰이라하여 (皆見謂之天地交戰) 반드

시 凶이 되니 의심할바 없다 (必凶無疑)。 이때 歲運에서 合이나 會를 만나면 그 勝負를 보아

서 (遇歲運合之會之、親其勝負) 存이나 發이 可한것이다 (亦有可存可發者)。 또 一冲에 兩冲

이 있으면 (其有一冲兩冲者) 그 中 하나를 合하는 神을 얻으면 有力하고 (只得一個合神有力)

혹은 無神、庫神、貴神이 動氣를 걸어들이고 爭氣를 쉬게 한다면 (或無神、庫神貴神、以收其

動氣、息其爭氣) 역시 아름답다 (亦有佳者)。 만약 喜神이 伏藏되거나、 死絕되면(至于喜神伏

藏死絕者) 冲動으로 生發의 氣를 引用해야 한다 (又要冲動引用生發之氣)。

[解說] 天干의 氣는 專으로 地支가 安靜되면 制化가 쉬워서 天戰는 [猶自可] 라고 한다。

地支의 氣는 雜하므로 天干이 비록 順靜한다 해도 制化가 어려워 地戰은 [急如火] 라 한다。

天干은 動해야 마땅하고 靜함은 마땅치 않다。動하면 用이 있고 靜한즉 더욱 專이 된다。

地支는 靜해야 마땅하고 動하면 마땅치 않으며 靜한즉 用이 있고 動하면 根이 꺾인다。

반드시 合神의 有力함을 얻거나 會神이 局을 이루면 動한 氣가 쉬거나, 或은 庫神이 動神을 거둬들이면 靜神이 편안하니 소위 動한 가운데 靜을 도운다。이러면 凶도 변한다。

甲寅庚申、乙卯辛酉、丙寅壬申丁卯癸酉의 種類로써 天地가 交戰한다。이럴때 비록 合神、會神이 있어도 動氣를 쉽게하지 못하니 凶이 速히 나타난다。

소위 둘이 하나를 冲하지 못한다는 것은 그릇된 말이다。兩寅을 一申이 冲하여 一寅을 去하면 一寅이 남는다는 것이다。가령 兩申이 一寅을 만나 冲이 되지 않는다 하더라도 金多木少하여 能히 克盡하는 것이다。天干은 剋이라하고 地支는 冲이라 하지만、冲은 克인 것이다。

用神이 伏藏되거나、或은 用神이 被合되거나、柱中에서 引用할 神이 없으면 반대로 冲해야 動하는 것이니 能히 用神이 發한다。그래서 合이 마땅한것도 있고 마땅치 않는것도 있는것같이 冲 역시 같은 理致다。

377.

癸酉		甲寅
乙卯		癸丑
丁未		壬子
辛亥		辛亥
		庚戌
		己酉
		戊申

丁火가 仲春에 生하고 支가 木局을 이뤘다。癸가 酉에 坐하여 財가 弱殺을 滋하고 殺印이 相生하는 것처럼 보인다。그러나 卯酉의 冲으로 印局을 破하고 天干의 乙辛이 交戰하니 印의 元神이 傷한즉 財殺이 肆逞하다。辛運壬子年에 財殺을 또 만나니 國法을 어겨 死刑당하였다。

378.

癸酉
辛酉
乙卯
己卯

庚申
己未
戊午
丁巳
丙辰
乙卯
甲寅

天干에 乙辛己癸가 있고 地支에 兩卯兩酉가 있다。金銳木潤하고 天地가 交戰한다。金이 當令하고 己土의 生이 있으며、木은 休囚되고、癸水는 生扶하기가 不能하다。中運 南方運에는 殺을 制하니 知縣에 올랐다。辰運에 金을 生하여 殺을 助하니 刑을 받고 죽었다。

379.

壬申
壬寅
辛丑

癸卯
甲辰
乙巳
丙午
丁未
戊申
己酉

天干의 三壬에 地支에 兩申이 있다。春初에는 木嫩하고 兩申이 夾冲한다。火가 없어 制火의 情이 적으며 다시 嫌惡하는것은 丑時濕土가 金을 生하니 소위 氣濁神枯의 象이다。初運 癸卯甲辰은 木의 不足을 도우니 父母德으로 有餘하였고 乙巳運은 刑을 보니 刑喪破敗가 있었으며 丙午運은 群比爭財하므로 破産하고 죽었다。이것은 天干에 木의 化함이 없는 연고이다。

380.

乙亥
辛巳
戊申
甲寅

庚辰
己卯
戊寅
丁丑
丙子
乙亥

天干은 乙辛甲戊이며 地支는 寅申巳亥로써 天地가 交戰하고 있어 不美한것같이 보인다。그러나 天干의 乙辛은 官星의 混雜을 去하고 地支의 申은 殺의 방자함을 制한다。巳亥의 冲으로 印이 본래 기뻐하지 않으나 기쁜것은 立夏後 十日生으로 戊土가 可令되어서 亥水가 반대로 制를 당하므로 巳火는 傷함을 입지 않는다。中年運 木火가 印을 도우니 聯登甲第하여 郡守에 올랐다。子運에 이르러 亥水를 돕고 殺을 生하고 印을 壞하니 不祿하였다。

一、合 局

◉ 合有宜不宜、合多不爲奇。

[原註] 喜神에 合이 되어 마땅함도 있고 마땅하지 아니함도 있으며 合이 많은 것은 奇하지 않다.

喜神에 合이 되어 돕는것이 있으니 (喜神有能合而助之者) 가령 庚金이 喜神이라면 (如以庚爲喜神) 乙木이 合이되어 돕는 경우를 말하며 (得乙合而助金)、凶神에도 合이 되어 버리는 것이 있으니 (凶神有能合而去之者) 가령 子午가 서로 冲할때 (如子午相冲) 丑을 얻어 合이 되면 靜하다 (得丑合而靜)。生局에 合이 되므로 成함이 될때가 있으니 (生局有能合而成者) 가령 甲木이 亥를 만나 生인데 (如甲生于亥) 寅이 合하여 成함이 되는것이 모두 이와같다 (得寅合而成皆是也)。 만약 凶神을 돕는 合이 있으니 (若助起凶神之合) 가령 己土가 凶神인데 甲이 合하여 己土를 돕는 경우이고 (如己爲凶神、甲合之則助土)、喜神을 얽매는 合이 있으니 (羈絆喜神之合) 가령 乙이 喜神인데 (如乙是喜神) 庚이 合하여 羈絆이 되는 것이다 (庚合之則羈絆) 喜神을 掩蔽하는 合이 있으니 (掩蔽動局之合) 丑未가 喜神인데 (丑未喜神) 子午가 合하여 閉하는 것이며 (子午合而則閉) 生局을 돕는 合이 있으니 (助其生局之合) 甲木이 기뻐하지 않는데 (不喜甲木) 寅亥合으로 木을 도우면 (寅亥合之則助木) 모두 마땅하지 않는 것이다 (皆不宜也)。 대체로 合이 많으면 流通할수 없는 것이고 (大率多合則不流通)、舊發할수 없는 것이다 (雖有秀氣亦不爲奇矣)。

[解說] 合은 아름다운 일이다. 그러나 合을 기뻐하는데 合이 되면 제일 아름답고 合을 忌하는데 合이 되면 제일 아름답고 合을 忌하는 것이다 (不舊發)。 或 秀氣가 있더라도 역시 奇할수 없는 것이다. 그러나 合을 기뻐하는데 合이 되면 제일 아름답고 合을 忌

하는데 合이 되면 冲하는 것보다 더욱 凶하다。

그 이유는 冲이 合을 얻으면 靜하는 것으로 쉽고、合이 冲을 얻으면 動하는 것으로 어렵기

때문이다。故로 喜神을 合하여 도우면 아름다운 것이다。

가령 庚이 喜神인데 乙木을 얻어 合이 되어 도운 것이다。凶神을 合하여 去하는 것도 아름답

운 것이니 가령 甲이 凶神인데 己合을 얻어 버리는 것을 말한다。

閑神과 凶神이 合化되어 喜神이 되는것은 가령 癸는 凶神이고 戊는 閑神인데 戊癸合으로 火

의 喜神이 된것을 말한다。

閑神과 忌神이 合이 되어 喜神으로 化한것은 가령 癸는 凶神이고 戊는 閑神인데 戊癸合으로

火의 喜神이 된것을 말한다。

閑神과 忌神이 合이 되어 喜神으로 化한것은 가령 壬은 閑神이고 丁은 忌神인데 丁壬合으로

木으로 化하여 喜神이 된것이다。또 子午가 冲하는데 喜神이 午에 있을때 丑이 合하거나 寅申

이 冲할때 喜神 寅에 있을때 亥의 合을 얻거나 하면 모두 이와같은 것이다。

가령 忌神이 合이 되어 도우는 것은 己土가 忌神인데 甲이 와서 合하여 土가 되는 것이다。

乙이 喜神인데 庚이 와서 合하면 戀凶의 合이 된다。

喜神과 閑神이 合하여 忌神으로 化한것이 있으니 丙은 喜神이고 辛은 閑神일때 丙辛合하여

水의 忌神으로 化한 것이다。

閑神과 忌神이 合하여 凶神으로 化한것은 壬을 閑神이고 丁은 忌神일때 丁壬合으로 木의 凶

神으로 化한것이다。가령 卯酉가 冲할때 喜神이 卯에 있는데 辰合을 얻으면 化한 金이 木을

剋하거나、巳亥가 冲하고 喜神이 巳에 있을때 申合을 얻으면 化한 水가 火를 剋한것은 모두 이와같이 마땅치 않다。 대체로 忌神은 合하여 去하고 喜神은 合하여 化가 오고、만약 忌神을 合하여 不去하면 기뻐함이 不足하고 喜神을 合하여 不來하면 아름다움이 不足하다。 반대로 羈絆되어 貪戀하면 用神이 없는 것이다。

來도 不來가 있는즉 化도 不化가 있으니 세밀히 살펴야 한다。

381.

辛亥
己丑
庚寅
丁亥
丙子
乙戌
乙未
甲申

丙子 日元이 春初에 生하여 火虛木嫩하다。 用神은 木에 있고 忌神을 金에 있다。

제일 기쁜것은 亥水가 金性을 流通하고 寅과 合하여 木을 生한 것이다。 時支의

未土는 盤根된 乙木의 制함을 받으니 去濁留淸으로 中和純粹하다。 爲人이 寬

厚和平하고 一生 벼슬직이 편안하였다。

382.

戊子
辛酉
壬戌
庚申
癸亥
壬寅
甲子
辛丑
丙寅
丁卯

壬寅 日元이 孟秋에 生하니 秋水가 通源되었다。 印綬가 重重하고 戊丑의 土가

能히 金을 生하니 水를 制하기가 不能하며 用이 되지 않는다。

다만 順水의 性을 얻으니 寅木이 用神이 된다。 癸運에 이르러 洩金生木하니

入伴하고 亥運에 支가 北方이며 丑土의 濕滯의 病을 去하고 또 寅과 合하여 木

木을 生하니 科甲連登하여 이름이 높았다。

그러나 嫌惡하는 것은 寅申의 冲으로 秀氣가 傷함이다。 그러므로 벼슬길은 높지 않았다。 甲子運은 水木이 함께오니 平安하였고 乙運은 庚과 合하여 忌神을 도우니 罷職당했다。 丑運에

金을 生하니 不祿하다。

383.

丁亥
壬寅
丙午
辛丑

辛丑 庚子 己亥 戊戌 丁酉 丙申

丙午日元이 寅月에 生하고 天干에 丙丁이 나타나니 旺하다。壬水가 亥에 通根하여 殺印相生이다。嫌惡하는 것은 丁亥와 寅亥合으로 忌神으로 變한 것이다、그리고 劫刃이 肆逞하니 群劫爭財한다。初運北方金水運은 遺業이 豊盛하였고 戊戌運은 또 火局이 모이니 金水를 剋盡한다。破家하고 죽었다。

384.

己亥
甲戌
戊寅
丙辰

癸酉 壬申 辛未 庚午 己巳 戊辰

戊土生이 季秋가 可令하고 劫印이 같이 나타나니 日主가 旺한것 같다。그러나 甲木이 進氣이며 長生祿을 支에 만났다。辰은 木의 餘氣이며 洩火養木하고、甲木의 制함이 없으니 殺勢가 旺하다。그러나 기쁜것은 甲己合으로 日主를 剋함이 없다。다시 妙한것은 中年이 土金으로 制化合이 있어서 名高祿重하였다。

385.

己巳
甲戌
戊寅
丙辰

癸酉 壬申 辛未 庚午 己巳 戊辰

前造와 一亥字만 바꿔졌다。土가 水의 潤함이 없어 養木이 不能하다。甲己合이 마땅치않고 殺이 氣勢가 없으며 劫이 肆逞하다。壬申運은 약간 형편이 좋았으나 中運에 또 土金을 만나서 妻子를 剋하고 家業이 점점 기울어졌다가 巳運에 卒하였다。

386.

壬寅
壬寅
甲子
丙寅

辛丑 庚子 己亥 戊戌 丁酉 丙申

甲木이 寅月에 生하고 寅時이다。木嫩하여 氣는 虛하여 內火가 解凍하고 敵寒하니 用神이 된다。

甲子　戊戌
丙寅　丁酉
丙申

壬水가 丙火를 剋하여 忌神이 되나 기쁜것은 丁壬의 合으로 木으로 化하니 반
丙火를 生하는 것이다. 癸酉歲年은 본래 不吉하다. 그러나 大運이 己運
으로 能히 癸水를 剋하여 大闕에 나아가고 戊運의 卯年에 發甲하였다. 아까
운것은 大運을 만나지 못하여 큰 그릇이 빛을 보지 못하였다.

387.

丁亥　辛丑
庚子　壬寅
己亥　戊戌
甲戌　丁酉
甲子　丙申

甲이 寅月에 生하여 得時當令하여 丁火를 用할려하나 壬水가 合去하고 戊土를
用할려하나 寅亥合하여 戊土를 剋하니 一生成敗가 같지 아니하였다. 中運에
는 다소 安樂하였으니 合이 마땅한것은 名利裕如하고 合이 마땅치 않는것은
刑傷破敗가 있는 것이다.

一、君　象

◉ 君不可抗也、貴乎損上以益下。

君에게 抗하는것은 不可한 것이다. 위로는 덜해주고 아래로는 더해주어야 貴하게 되는 것
이다.

〔原註〕日主를 君으로 하고 (日主爲君)、財를 臣으로 하는 것이니 (財神爲臣) 가령 甲乙
日主에 (如甲乙日主) 滿局이 모두 木인데 (滿局皆木) 局中에 한두개의 土氣가 있으면 (內有
一二土氣)、君은 盛하고 臣은 衰하니 (是君盛臣衰) 臣을 도와 주어야 할것이다 (其勢要多方

以助神） 火로 生하여 土를 實하게 하여주고 (火生之土實之)、 金으로 護衛해준다면 아래로는 온전함을 얻고 위로는 편안할 것이다 (金衛之、庶下全而上要)。

[解說] 君에게 항거함은 不可하니 上을 洩함을 말함이지 剋制가 아닌것이다。上을 犯하는 理致는 없는것이다。上을 損하는것은 上을 洩하여 아래가 받아서 利益이 됨이다。가령 甲乙이 君이고 모두 木이라서 滿局인데 局內에 다만 하나둘의 土氣가 있으면、君은 旺하고 臣은 衰가 至極하다。그러면 그 勢를 어떻게 하여야 할 것인가? 오직 君의 性에 順해서 火로써 行하여 야 한다。火로써 行한즉 木이 洩하며 土는 生扶를 얻으니、上을 損하여 아래는 利益을 보는 것이다。그러니 上을 尢하는 것은 不可할 것이다。

만약 金이 護衛하면 君에 抗拒하는 것이다。그러나 木이 盛하면 金은 스스로 缺하니 君에 오 히려 抗拒할수 없고 반대로 觸怒하는 것이다。그리고 臣이 다시 洩氣되어 利益이 없고 害만 있을따름으로 어찌 上이 便安하고 아래가 安全할수 있겠는가?

388.

甲戌　丁卯
丙寅　戊辰
甲戌　己巳
乙亥　庚午
　　　辛未
　　　壬申
　　　癸酉

甲이 寅月에 生하고 또 亥의 生을 얻으며 比劫의 도움이 있다。그리고 年日의 兩支의 戌土가 虛弱하니 소위 君盛臣衰하다。제일 기쁜것은 月에 나타난 丙火 로써 君의 性에 順하며 戊土가 生拱의 情을 얻었다、그래서 上安하고 下全하 다。

己巳運은 火土가 並旺하여 科甲連登하였고 庚午辛未運은 火가 得地하여 金은 根이 없다。또 丙火가 回光하니 庚辛이 君에 抗拒함이 不能하다、壬申運은 寅을 冲하고 丙을

剋하여 君의 性에 逆하므로 不祿하였다。

389.

甲子
甲戌
甲寅
乙亥

乙亥
丙子
丁丑
戊寅
己卯
庚辰

甲寅日元이 季秋에 生하여 土를 用한다。 앞의 命의 兩戌은 春土로써 虛하나 丙火의 나타남이 기쁘고 이 命은 亥時에 生하고 天干은 모두 木으로 君盛臣衰한 것이다。 嫌惡하는 것은 局中에 火가 없어서 群比爭財하고 臣은 利益되게 하는것이 없어서 上은 不安하고 下는 安全하기가 어렵다。 初運을 北方水旺으로 君의 勢를 助하므로 刑喪破耗가 있었고 祖業을 지키지 못하다가 丁丑運은 火土가 함께오니 漸漸 家業이 興하였고 戊寅己卯運은 土가 根이 없고 木이 旺에 臨하니 刑妻剋子하고 卯運에 死亡하였다。

一、臣 象

◉ 臣不過也、貴乎損下而益上。

臣은 지나침이 不可하다 아래는 덜어주고 위로는 더해줘야 貴하다。

[原註] 日主가 臣이면 (日主爲臣) 官星이 君이 되는 것이니(官星爲君) 가령 甲乙日主에 (如甲乙日主) 木이 局에 滿盤이고 (滿盤皆木)、局內에 한두개의 金氣가 섞여 있다면 (內有一二金氣) 臣은 盛하고 君은 衰한 것이니 (是臣盛君衰) 金을 돕는 것이 重要하다 (其勢要多方以助金) 土를 帶同한 火로써 用해야 (用帶土之火) 木氣를 洩하고 (以洩木氣) 火를 帶한 土로써 用하면 (用帶火之土)、金神을 生하니 (以生金神) 君은 平安함을 얻고 臣은 온전할 것이

다 (庶君安臣全)。 만약 木火가 또 盛하다면 (若木火又盛), 어찌할 도리가 없이 (無可奈何)

存한 君의 子인 (則當存君之子) 水氣가 적게 쓰임이 된다면 (少用水氣) 行運이 火라도 (一路

行火地) 發祿할 것이다 (方得發祿)。

[解說] 臣은 過함이 不可하며 따라서 化하면 德을 이룬다。 무릇 臣이 順하면 君은 安全한

것이니 甲乙日主에 滿局이 木이고 局內에 一二의 金氣가 있다면 臣은 盛하고 君은 衰하다。

만약 金運이 와서 臣을 制하면 衰한 勢가 威令을 行하니 반드시 上을 犯하는 뜻을 갖게 마련

이다。

따라서 火를 帶한 土運을 보면 木이 火를 보아서 서로 生하니 臣의 마음은 順하며 金은 土

를 만나니 益을 열게되어 君의 마음은 편안할 것이다。

만약 水木이 並旺하고 火土를 보지 않으면 君의 子가 當存하니 水木의 運으로 行하면 君

은 便安할 것이다。 만약 木火가 並旺하면 마땅히 臣에 順하는 마음이니 火運으로 行하면 역

시 君은 便安할 것이다。 소위 臣盛하면 性이 順하여 君衰하면 仁慈하니 역시 上安하고 下全

한다。

만약 用神을 土金이 激하면 上을 便安하지 못하고 下는 安全치 못할 것이다。

390.

戊寅　乙卯　甲寅日元에 年月이 모두 寅이며 滿盤에 모두 木이다。 時上의 庚金이 根이

甲寅　丙辰　없어 臣盛君衰하다。 기쁜것은 午時가 木性은 流通하며 戊土가 弱하나 根이

甲寅　丁巳　있어 臣의 마음은 順하다。 丙辰丁巳戊午己未運은 土를 帶한 火이니 生化不

戊午

393.

甲寅 戊午
癸丑 戊午
壬子 戊午
辛亥 甲寅
庚戌
己酉
戊申

（위 배열은 393의 것이 아니며 정정: 아래 참조）

391.

庚午
己未
庚申

은 悖한다。臣은 順하고 君은 安全하므로 早年科甲하여 侍郞에 올랐다。庚申運은 臣이 받아들이기가 不能하니 不祿하였다。

392.

癸卯　甲寅
乙卯　癸丑
甲寅　壬子
辛未　辛亥
　　　庚戌
　　　己酉
　　　戊申

甲寅日元에 年月이 모두 卯가 있고 乙癸가 나타났다。未는 南方의 燥土지만 木의 庫根으로 金을 生하지 않아서 辛金은 無能하다。그래서 當存한 君의 子인 癸水를 用神으로 한다。甲寅癸丑運은 遺業으로 豊盛하였고 壬子辛亥運은 名利兩全하였다가 庚戌運은 土金이 並旺하니 臣이 받아들이기가 不能하여 死亡하였다。

393.

戊午　己未
戊午　庚申
戊午　辛酉
甲寅　壬戌
　　　癸亥
　　　甲子
　　　乙丑

戊午가 三個나 있으며、時殺은 비록 祿에 앉았으나 局中에 水가 없다。火土가 燥烈하여 臣盛君衰하다。그리고 寅午가 拱火하여 火勢에 따르며 日主를 다시 生하니 君의 思惠가 비록 무거우나 日主의 意向은 甲木의 생각과는 다르다。故로 酉方金運에 功名이 크게 빛났다。運이 水旺을 만났을때 君의 子가 不能하니 災難이 있을 것이다。

己酉　丁丑
丙子　戊寅
甲寅　己卯
己酉　庚辰
　　　辛巳

己酉日元이 仲冬에 生하였다。甲寅의 官이 있으며 財星인 子가 當令하니 財旺하여 官을 生한다。時에 印綬가 있어 소위 君臣이 모두 盛하다。妙한것은 月干에 丙火가 나타나서 寒土가 陽으로 向한다。돌아서 日主를 生하니 君의

己巳

壬午

癸未

恩惠가 무겁다。早年에 科甲하여 이름이 높았다。坐下의 酉金이 支의 巳時

와 拱會하며、火가 生하고 金이 護衛하며 水를 養育한다。日主는 족이 力量

이 있어 財를 剋할수 있다。故로 官이 財보다 重하므로 君의 恩惠를 잊어버린다。

一、母 象

◉ 知慈母恤孤之道、始有瓜瓜無疆之慶。

어머니의 恤孤의 慈愛의 道를 알게되면 비로소 자손의 무궁한 경사가 있을 것이다。

[原註] 日主는 母이며 (日主爲母) 日主가 生하는 것이 子이다 (日之所生者爲子)。가령
甲乙日主에 (如甲乙日主) 柱에 모두 木이 있고 (滿柱皆木) 局中에 一二의 火氣가 있으면 (
中有一二火氣) 이것은 母旺子孤하니 (是母旺子孤) 그 勢는 子孫을 生하는 方向으로
감을 要한다 (其勢要多方以生子孫)。縣縣이 계속 이어져 흘러서 千世까지 갈 것이다 (成瓜
瓜之縣縣、而後流發于千世之下)。

[解說] [母象子孤] 하면 子는 母勢에 의지 할뿐아니라 母의 情 역시 子에 依持하는 것
이다。故로 子母二人은 모두 損抑이 不可하고 子勢를 도우는 것을 얻어야 母의 慈愛로움이
子孫을 益昌하게 하는 것이다。

가령 日主인 甲乙이 母이고 局內에 一、二의 火氣가 많고 나머지 모두가 木이면 이것

이 母多子病인 것이다。이러면 첫번째는 水를 보는것이 不可하니 水를 보면 子는 반드시 傷

하기 때문이다。

두번째는 金을 보는것이 不可하니 金을 보면 母性을 觸하니 母子가 不和하여 子勢는 더욱

욱 외롭다。

오직 火를 帶用한 土運으로 行하면 母性은 必히 慈愛로와 그 性은 子로 向한다。子는 母

의 意向에 順하여 孫을 生하는 것이다。계속 이어지는 慶事가 千世까지 이루어진다。

만약 水를 帶한 土運으로 行하면 母情은 變하여 반대로 子를 不容한다。

394.

戊午
甲寅
乙卯
己卯

乙卯
丙辰
戊午
己未
庚申
辛酉

己卯

乙卯日元이 寅月에 生하고 卯時이니 滿盤이 모두 木이다。다만 年支에 午火

가 있다。母旺子孤하며 기쁜것은 子(午)가 拱會하니 母의 性이 子로 向하

며 子 역시 能히 母의 뜻에 쫓아 戊土의 孫을 生한다。다시 기쁜것은 運이

火土運이다。

少年에 科甲하여 侍郞에 올랐다。庚申運은 母의 性을 觸하여 不祿하였다。

395.

乙亥
甲寅
丙辰
癸卯

己酉
庚戌
辛亥
壬子
癸丑
甲寅
乙卯

甲寅日元이 季春에 生하고、支에 東方木이 있으며、또 亥時가 있다。一點丙

火가 虛露하니 母衆子孤하다。辰은 濕土이니 晦火養木하며 또 癸水가 干에

나타나고 亥時를 만났다。고로 母는 慈愛의 마음이 없고 반대로 子를 滅하

는 뜻만 있다。甲寅乙卯運은 子을 사랑하는 情이 있어서 安樂하였으며 癸丑

運은 水를 帶用한 土運이라서 母의 마음은 반드시 變하니 子는 安全할수가 없는 것이다。破

敗가 있었고 壬子運은 子를 剋絕하여 家業이 破하고 自殺하였다。

一、子 象

◉ 知孝子奉親之方、克諧成大順之風。

孝子가 父母를 받드는 방도를 알면 기롱을 이기어 大順之風을 이룰것이다。

[原註] 日主를 子로하고 (日主爲子)、局中에 一、二個의 水氣가 있다면 (中有一二水氣) 子

乙木이 滿局하고 (如甲乙滿局皆是木)、局主를 生하는 神을 母로 한다 (生日者爲母) 가령 甲

는 重하고 母는 衰하다。(爲子衆母衰) 其勢는 母가 便安한 方으로 감을 要하며 (其勢要多方以

安母) 金으로 水를 生하고 (用金以生水) 土로써 金을 生하면 (用土以生金) 母子의 情을 이루

어 大順할 것이다 (則成母子之情爲大順矣) 或 金이 없으면 水神은 木에 依持할수 밖에 없으

니 (設或無金、則水之神依乎木) 木火金의 盛地로 가더라도 역시 可하다 (而行木火金盛地亦

可)。

[解說] [子衆母衰]하면 母의 性이 子에 依持하는것을 말하는 것으로 母의 마음을 便安하

하게 하여야 하고、子의 性을 逆하는 것은 不可하다。

甲乙의 日主에 滿局이 모두 木이고 一、二의 水氣가 있으면 子衆母衰하여 母의 情은 子에

依持하는 것이다。

반드시 母의 마음을 便安하게 하는 것이니

첫째로 土를 보는것은 不可하다。土(財)를 보면 子는 婦人을 사랑하며 母를 돌보지 않으니 母가 不安하는 것이요。

둘째는 金을 보는것이 不可하다。金을 보면 母勢가 强하여 子를 容納하지 않으니 子는 반드시 逆하는 것이다。

오직 水를 帶用한 金運으로 行하면 金은 木을 克하지 않고 水를 生하니 母의 情은 반드시 子에 依持한다。그리고 子의 情 역시 母에 順하니 大順의 風을 이룬다。만약 土를 帶用한 金運으로 行하면 婦性이 반드시 독살스러워 母子 모두 安全치 않으니 人事는 모두 같지 않음이다。火土金水로 모두 이와같다。

396.

癸亥
乙卯
甲寅
乙亥

甲寅 甲寅日元이 仲春에 生하고 卯亥寅亥가 拱合한다。滿局이 모두 木이다。年干의 癸水가 있으나 勢가 없다。子旺母孤하여 情은 木에 依持하고 木의 性 역시 水에 依持하니 소위 母子가 情協하다。初運 甲寅 癸丑에는 父母의 德으로 安樂하였고 壬子運에 鄕榜에 오르고 辛亥運에는 金水가 相生하니 省牧에 올랐다。庚戌運은 土金이 並旺하니 母子가 不安하다。잘못으로 落職하고 死亡하였다。

397.

乙亥
丁丑
戊寅

甲寅日元이 仲春에 生하고 滿局이 모두 木이다。亥卯拱合하고 時支의 子水는

己卯 丙子
乙亥
甲寅 甲戌
甲子 癸酉
　　 壬申

襄極하므로 그 情은 다시 木에 依恃하나 日主는 己土를 사랑하여 私情에 얽

매여 母를 돌아보지 않는다.

丁丑運에 火土가 함께 오니 반대로 母를 不容한다. 諺에 이르기를 婦가 不賢

하면 家庭이 不和한다 하였으니 破耗가 많았다. 丙子運에는 火의 根에 通하

지 않으니 平安하고 甲戌運에는 또 土旺을 만나 破耗가 있었다가 乙亥癸酉運은 生化不悖하여

家業이 크게 번성했다. 壬申運은 晩年으로 더욱 榮華로웠으니 金水가 相生한 연고이다.

一, 性情

◉ 五氣不戾、性情中和、濁亂偏枯、性情乖逆。

五氣가 어그러지지 않으면 性情은 中和이며 濁亂偏枯하면 性情은 乖逆할 것이다.

[原註] 五氣가 天에 있으면 (五氣在天) 곧 元亨利貞이 되어 (則爲元亨利貞) 사람에게 賦

與되면 (賦在人) 仁義禮智信의 성질이 되고 (則仁義禮智信之性) · 五氣가 不戾하면(五氣不戾) 性이 存在하여 (則其存

의 情이며 (惻隱差惡辭讓是非誠實之情) · 측은、差惡、사양、시비 성실

之而爲性) 情이 發하는 것으로 (發之而爲情) 中和하고 하며 (莫不中和矣) 이와반대면 乖戾하

다 (反此者乖戾)。

[解說] 五氣는 先天洛書의 氣를 말한 것으로 陽은 四正에 居하고、陰은 四隅에 居하며 土

는 艮坤에 寄居한다. 이것은 後天의 定해진 位置이다.

東方은 木에 屬하고 時는 春이며 사람으로써는 仁이다.

南方은 火에 屬하고 時는 夏이며 사람에게는 禮이다.

西方은 金에 屬하고 時는 秋이며 사람에게는 義다.

北方은 水에 屬하고 時는 冬이며 사람에게는 智다.

艮民은 土이며 坤은 西南에 居하여 火가 土를 生하고 土는 金을 生하는 것이다.

民은 東北에 居하고 萬物의 主는 모두 土이며, 겨울이 다하면 봄이 오는 것이다. 土가 아니면 水를 막지 못하고 土가 아니면 木을 栽培하지 못하는 것이다.

仁義禮智의 性은 信이 아니면 이루지 못하는 故로 聖人은 쉽게 艮을 東北으로 한것이다. 즉, 信이 있어야 이루어짐이 있는 것이므로 사람에게 賦與한 것이다. 따라서 五行이 不戾함을 要하고, 中和純粹하면 側隱辭讓, 誠實의 情이 있고 만약 偏枯混濁하거나 大過하거나 不及하면 是非, 乖逆, 驕慢의 性品이 있는 것이다.

398.

己丑　乙丑
丙寅　癸亥
甲子　壬戌
戊辰　辛酉
　　　庚申

甲子日元이 孟春에 生하고 木이 當令하였으나, 太過하지 않다. 火가 相에 居하여 不烈하고 土가 비록 많으나 不燥하고 水가 비록 적으나 不涸하다. 金은 본래 없으나 暗으로 모여 있으니 火의 剋을 입지않고 土의 生을 얻는다. 爭戰之風이 없고 相生의 아름다움이 있으므로 爲人이 구차하지 않고 驕陷刻薄함이 없이 謙恭仁厚하였다.

○

己酉
丁卯
己卯
乙丑

己卯日元이 仲春에 生하고 土가 虛하여 信이 적다. 木多金缺하며 陰火는 濕土를 生하기가 不能하니, 禮義가 모두 없었다. 八字가 모두 純陰으로 勢에 아부하고 마음은 사람에게 損害를 입히는 自己만을 아는 일만 하였다. 그러므로 災禍가 많았다.

○

甲午
乙未
丙戌
戊子

丙火가 季夏에 生하니 火焰土燥하다. 天干의 甲乙의 枯木이 火烈의 도우고 다시 嫌惡하는 것은 子水가 炎火를 冲激하니 偏枯混亂의 象이다. 性品이 虛勢가 많고 驕慢에다 急하기가 불과 같았다. 家業이 亡하고 남은것이 없었다.

⦿ 火烈而性燥者、遇金水之激。

火가 猛烈하여 性燥한 것은 金水를 만나면 激動하게 된다.

火가 猛烈하면 그 性質에 順해야 반드시 明順할 것이다.(火烈而能順其性、必明順) 오직 金水로써 격동하면 燥急하니 막는 것은 不可하다.(惟金水激之、其燥急不可禦矣)

【解說】火가 猛烈하면 炎土의 性質이니 濕土를 用하여 潤澤하게 하면、禮를 알아서 慈愛의 德을 이룬다. 만약 金水를 만나서 激動하면 火勢는 더욱 熾烈하므로 禮를 알지 못하고 災禍가 반드시 生하는 것이다.

濕土는 丑辰을 말하여 光彩를 어둡게 하고、熾烈을 거두면 밝게 나타나는 것이다.

丙戌
乙未
丙午
丁酉
甲午
戊戌
丙午
己亥
己丑
辛丑

丙午日元이 午月에 生하고 月에 甲丙을 나니 猛烈이 至極하다。그러나 제일 기쁜것은 丑時이며 干支가 모두 濕土이니 丙火의 烈을 能히 거두어 들인다。그리고 午의 光彩을 어둡게 하여 性에 順하니、悅의 情은 아래는 능멸하지 않는다。威嚴은 있으나 猛烈하지 않고 嚴하나 不惡하였으며 名利雙輝하였다。

癸巳
辛巳
壬辰
甲午
辛卯
丙子
庚寅
甲午
己丑
戊子

丙火가 午月에 生하고 午時이다。木이 火勢에 쫓으니 烈이 至極하다。土의 順하는 性이 없고 金 역시 根이 없고 水 또한 無源으로 猛烈한 性을 激動한다。그래서 어렸을때 父母를 잃고、兄嫂와 살았다。勇猛을 좋아하고 身體가 크고 힘이 넘치니 拳棒을 배워 건달들과 사귀어 放宕하였다。後에 호랑이를 잡으려 다 오히려 죽었다。

◉ 水奔而性柔者、全金木之神。

水가 狂奔한데 성질을 柔하게 하는것은 오로지 金과 木兩神뿐이다。

[原註] 水가 盛하여 奔하면 (水盛而奔) 그 성질이 至極히 剛하고 急하게 되는데 (其性至剛至急) 오직 金으로 生하고 木으로 水를 거두면 (惟有金以行之木以納之) 柔하게 되는 것이다 (則柔矣)。

[解說] 水의 性은 본래 柔하지만 衝奔의 勢가 있다。剛急이 最高이니 만약 火와 충돌하거

나 土의 激을 만나면 그 性質을 거역하므로 다시 剛해진다。

[奔]이란 旺極의 勢를 말한다。金을 用하여 勢에 順하거나 木으로써 淤塞을 疏通하면 소

위 旺勢에 좇아 狂神을 받아들이면、그 性은 반대로 柔하게 된다。

剛 가운데 德이 있는 것이니 나아가기는 쉽고 물러가기는 어렵다는 뜻이 있어 비록 智巧는

많이 能하나、仁義의 情도 잃지 않는다。

403.

癸亥	癸亥
壬戌	甲子
辛酉	壬申
庚申	庚午
己未	
戊午	

壬申日元이 子月에 生하고 年時에 亥子를 만났다。干에 癸庚이 나타나서 勢

가 衝奔하므로 막는것은 不可하다。月干에 甲木이 있으나 凋枯하고 金에 征

伐당하니 水를 받아들이기가 不能하다。반대로 庚金이 用神이 되어 勢에 順한

다。爲人이 剛柔가 相濟하고 德과 學問을 쌓아도 名譽를 求함이 없었다。初運

癸亥에는 旺神을 따르니 父母德으로 安樂하였고 壬戌運에는 水가 根에 通하지 않고 土가 激하

니 刑喪破耗가 있었다。辛酉庚申運에 넉넉함이 넘쳤고、四子를 生하고 家業은 매일 증가되었

다。己未運에 衝奔하여 勢를 激하니 三子를 연속 剋하고 破耗가 많았다가 戊運에 이르러 死亡하

였다。

404.

壬寅	癸丑
壬子	甲寅
壬辰	乙卯
	丙辰
	丁巳

天干에 四個의 壬이 있고 子月에 生하여 衝奔의 勢이다。제일 기쁜것은 寅時

가 辰土의 淤塞을 疏通시키고、壬水의 旺神을 거둬들인다。그래서 驕慢하지

않고 배움이 뛰어나서 甲寅運에 入伴하고 乙卯運에 登科하여 벼슬길에 나아갔

405.

四柱 (年·月·日·時):

癸未
癸亥
壬子
戊申

大運:

壬戌　辛酉　庚申　己未　戊午　丁巳　丙辰

壬子日元이 亥月에 生하고 甲時이다。年月에 癸水가 나타나므로 勢에 順하여야 하며 그 흐름을 逆하는 것은 不可하다。嫌惡하는 것은 未戊의 兩字로써 水를 激하는 것이다。그래서 爲人이 是非를 잘 일으키고、일을 함에 바르지 않았으며、남의 지탄을 받았다。初運 壬戌에 土의 旺을 만나므로 父母가 모두 죽고 辛酉庚申運은 洩土生水하니 비록 나쁜 짓을 하였으나 다행히 凶咎를 免하였다。己未運에 土를 助하고 水를 激하여 一家族이 모두 燒死하였다。丙辰運은 旺水를 衝激하니 不祿하였다。

● 木奔南軟怯。

木이 南으로 달리면 怯을 내어 부드러워진다。

[原註] 木의 性質은 火를 보면 仁慈하며 (木之性見火爲慈) 南으로 달리면 仁의 性으로 (奔南則仁之性) 禮를 行하니 (行於禮) 그 性이 軟怯하다 (其性軟怯)。中和를 얻은 者는 (得其中者) 側隱辭讓심이 있고 (爲側隱辭讓) 偏枯한 者는 枯息하고 繁縟할 것이다 (偏者爲枯息爲繁縟矣)。

[解説] 木이 南으로 달리면 洩氣가 太過한 것이다。柱中에 金이 있으면 반드시 水를 얻어서 通關하면 火는 不烈하다。가령 金이 없으면 반드시 辰土를 얻어서 火氣를 收斂하면 中和를 얻는 것이다。

이러하면 爲人이 공손하여 禮가 있고 中節을 지킨다。水가 없으면서 土를 濟하여 土가 火를 晦하면 洩이 太過하다。그러면 聰明을 자랑하나 變遷이 많고 떳떳치 않은 것이니 婦女의 仁과 같은 것이다。

406.

```
庚辰    癸未
壬午    甲申
        乙酉
甲午    丙戌
        丁亥
丙寅    戊子
```

甲午日元이 午月에 生하니 木이 南方으로 달린다。비록 時에 祿을 만났으나 丙火의 生地이며、寅午의 拱合으로 火가 된다。이래서 日主가 없는것 같다。제일 기쁜것은 月에 나타난 壬水가 火를 다스리며、庚金이 生하고、辰土가 있기 때문이다。만약 辰土가 없었다면 水를 生하기가 不能하였을 것이다。이 造의 제일 妙한것은 辰이다。晦火하고 養木하고 蓄水하므로 火가 不烈하고 木이 不枯하며、金이 不銹하고、水가 不涸한것은 辰字를 얻음으로 中和의 象이 된것이다。申年에 壬水가 生을 만나고 乙酉運에는 旺한 金이 水를 生하여 人伴하고 鄕試에 뽑혔다。丙戌運은 火土가 並旺하니 喪이 많았고、丁亥運은 壬水가 得地하여 벼슬길에 나아가 백성을 改化하는데 힘썼다。

407.

```
丙戌    乙未
甲午    丙申
        丁酉
甲申    戊戌
        己亥
丙寅    庚子
```

甲申日元이 午月에 生하고 丙火가 兩透하였다。支에 火局을 會하니 木이 南方으로 달린다。燥土는 金을 生하기가 不能하고 水가 없어서 申金이 克盡당한다。柔軟함이 至極하므로 爲人이 私恩에 빠지고 의심이 많고 決斷力이 不足하였다。大義을 버리고 小利을 貪하니 한가지도 이루지 못하였다。

● 金見水以流通。

金은 水를 보므로써 流通이 된다.

[原註] 金의 性質은 가장 方正하고 (金之性最方正) 끊고 맺고 굳세다 (有斷制執毅). 水를 보면은 義의 性이 智로 行하니 (見水則義之性行而爲智) 智의 元神이 滯하지 아니하므로 流通이 된다 (智則元神不滯故流通). 氣의 바름을 얻으면 (得氣之正者), 是非가 구차하지 않고 (是非不苟) 斟酌하여 變化한다 (有斟酌有變化). 偏氣를 얻으면 (得氣之偏者), 반드시 범람하여 방탕하게 흐른다 (必泛溢流蕩).

[解說] 金은 剛健한 가운데 正의 體가 있어서 能히 大事에 임할수 있으며, 또 大謀를 決行할수 있는 것이다. 水를 보면 剛毅의 性을 流通시키니 智를 用한다.

氣의 正을 얻은 것은 旺한 金이 水를 만난 것이다. 그 사람은 外圓內方하고 處世를 잘하고 中庸을 지킨다. 氣가 한편으로 치우친 것은 金衰하고 水가 旺한 것이다. 그 사람은 일을 함에 荒唐하고 言行이 不一致하며 남을 속이는데 能하다.

408.

甲申　甲戌　庚金이 酉月에 生하고 또 年時에 申酉가 있다. 秋金이 날카롭지만 기쁜것은
乙酉　乙亥　子水가 日支에 앉았고 癸水元神이 나타나서 金性이 流通된다.
癸酉　丙子
庚子　丁丑　洩이 精華하므로 爲人이 能히 大事를 감당할 수 있으며 主張이 煩雜치 않고
乙酉　戊寅
己卯　자기를 잘 다스려 사람에게 도움을 줬다.

壬申
癸丑
甲寅
乙卯
壬子
丙辰
丁巳
庚辰
戊午
丙子
己未

庚이 仲多에 生하고 天干에 壬水가 兩透하였다。支도 水局을 會하니 金衰水旺하다。본래 偏象에 屬하며 다시 嫌惡하는 것은 時에 丙火가 나타나서 混局된 것이나 金은 義와 方을 主宰하고 水는 智와 圓을 可令한다。金多水少하면 智圓은 方으로 行한다。水泛金衰하니 方正의 氣는 絕이 되며 圓智의 마음은 盛하다。中年運火土에는 壬水의 性을 衝激하므로 刑傷破耗가 있었고 財物은 흩어지고 사람들과 離別하였다。半生이 奸詐하고 사람은 誘惑하여 財物을 모았다。君子의 樂은 君子를 만남에 있는 것이며 小人의 왕림은 自己와 같은 小人이다。

◉ 最拗者西水還南。

가장 꺽기는 곳은 西方의 水가 南으로 돌아갈 때다。

[原註] 西方의 水는 發源이 가장 길고 (西方之水發源最長)、그 勢가 最旺하여 (其勢最旺) 土의 制함이 없거나 木의 거둠이 없거나하면 (無土以制之木以納之) 浩蕩의 勢는 順으로 行하지 않고 (不順行) 반대로 南方으로 行하면 (反行南方) 그 性을 逆하니 (則逆其性) 강제로 꺽거나 制하기가 어려운 것이다 (非强拗而難制乎)。

[解說] 西方의 水는 發源이 崑崙이니 그 勢는 浩蕩하여 막는것은 不可한 것이다。그러니 그 性에 順하는 것이 可하다。木을 用하여 納한즉 智性은 仁으로 行하는 것이다。만약 土을 用하여 制할때 만약 그 情을 얻지 못하면 반대로 衝奔의 患이 있다。그 性이 强拗하며 南으로 돌아이르면 衝激의 勢이므로 더욱 막기가 어려워 强拗가 異常하며、仁禮의 性

이 전부 없는 것이다.

410.

癸亥　己未
庚申　戊午
壬申　丁巳
甲辰　乙卯
　　　丙午
　　　甲寅

壬申日元이 亥年과 申月에 生하였다. 亥는 天門이고 申은 天關이니 天河의 入口이다. 西方의 水는 發源이 最長하다. 제일 기쁜것은 時干의 甲木이 辰土를 얻어 通根하여 木을 양육한다. 그래서 족이 納水한즉 智의 性이 仁으로 行하니 禮역시 갖추었다. 中年의 南方의 火運은 甲木이 生化하여 名利兩全하였다.

411.

癸亥　己未
庚申　戊午
壬子　丁巳
丙午　丙辰
　　　乙卯
　　　甲寅

壬子日元이 申月과 亥年에 生하였다. 西方의 水는 浩蕩한 勢로써 歸納할 곳이 없으며 時에 丙午를 만나 衝激하니 그 性에 逆하는 故로 爲人이 세고 예의가 없었다. 南方의 火土運에 家業이 破敗하고 午運에는 女人을 强姦할려다 맞아 죽었다. 俗論에 丙火가 用이라면 火土運에 아름답지 않았는가! [可順而不可逆]이다. 따라서, 甲寅乙卯의 木運에 이르렀다면、 生化有情하니 凶災는 免하고 사람 역시 禮을 알았을 것이다.

◉ 至剛者東火轉北。

지극히 剛한것은 東火가 北으로 갈때이다.

[原註] 東方의 火는 氣焰하여 炎上할려는 欲心이 있다 (東方之火其氣焰欲炎上). 局中에 土가 없으면 收斂하지 못하고 (局中無土以收之), 水로써 制하면 (水以制之) 어찌 焚烈의 勢

가 便安하겠는가 (則逆其性矣) 그런즉 能히 剛暴하는 것이다 (能不剛暴耶).

[解說] 東方의 火는 木의 勢力에 구속받지 않으니, 炎上의 性質이 있어 防禦하는것은 不可

하다. 그래서 剛烈한 性에 順해야 하는 것이다.

濕土를 用하여 收斂하면 剛烈한 性質은 慈愛의 德으로 化하는 것이다.

一轉하여 北方으로 行하면 焚烈의 勢를 制할수 없으니 반드시 剛暴無禮한다. 만약 土가 收

斂하지 않고 木火의 運으로 行하면 氣勢에 順하는 것이니 역시 慈讓惻隱한 마음을 잃지 않는

다.

412.

丙寅　乙未
甲午　丁酉
丙午　己亥
己丑　辛丑

丙午日元이 午月에 生하고 年에 寅이 있다. 또 甲丙이 나타나서 뜨거운 炎上의 勢이므로 막는것은 不可하다. 제일 妙한것은 支에 丑時가 있어서 猛烈한 性質은 收斂하는 것이다. 爲人이 容貌가 단정하고 驕諂하지 않았다. 土金運을 만나 丑土가 化하니 科甲連登하여 郡守에 올랐다.

413.

丁卯　乙巳
丙午　甲辰
丙午　癸卯
庚寅　壬寅
　　　辛丑
　　　庚子

丙午日元이 午月에 生하고 年時에 寅卯가 있다. 庚金은 根이 없어 用神이 안되며 格은 炎土을 이룬다. 局中에 土가 없어 吐秀하지 못하니 學問은 不利하였다. 行伍出身으로 卯運에 장교가 되었으며 壬運에 失職하였다. 寅運에 功을 세워 다시 벼슬에 나아가고 辛丑運은 生化하여 凶이 없었으며 庚子運은

午刃을 衝激하고 또 甲子年에는 雙衝하니 軍中에서 死亡하였다.

◉ 順生之機、遇擊神而抗。

順生의 기틀은 擊神을 만나면 抗拒하게 된다.

[原註] 가령 木生火 火生土의 차례로 그 性情에 따라 順하면(如木生火、 火生土、 一路順其性情次序) 和平한데 (自相和平) 중간에 擊神을 만나면 (中遇擊神) 그 順生의 性質을 따르지 아니하니 (而不得遂其順生之性) 抗拒함이 勇猛하다 (則抗拒而勇猛)。

[解說] 「順則宜順이요 逆則宜逆」 하면 和平하고 性이 順할 것이다.

가령 木이 旺할때 火를 얻어 流通하면 順이라하고 土로 行하면 生이라하며 金水의 擊을 만나는 것은 不可하다.

木이 衰할때 水를 얻어 生하는 것을 [反順] 이라 한다. 金이 水를 助하면 逆 가운데 生이 되니 火土의 功擊을 보는 것은 마땅치 않다.

我가 生하는 것은 順이며 我를 生하는 것 逆이라 하며 旺하면 마땅히 順하고 衰하면 마땅히 逆하여야 性情이 正和할 것이다.

만약 擊神을 만나면 旺은 勇急하고 衰는 懦弱하다. 가령 格局이 順逆의 차례를 얻으면 그 性情이 본래 和平하다. 그러나 歲運에서 擊神을 만나면 强弱이 變하는 것이니 세밀히 살펴야 한다.

-391-

己亥
丙寅
甲寅
壬寅
　甲子
　癸亥
　壬戌
　辛酉
　庚申

甲寅日元이 寅月에 生하고 木이 旺을 얻는다。丙火가 나타나니 順生의 기틀로 通輝의 象이므로 學門이 뛰어났다。年干의 己土는 虛脫하여 水를 制하기가 不能하다。嫌惡하는 것은 時에 金水의 功擊을 받는것 이다。初運의 北方의 水地 에 功名을 이루기 어려웠을 뿐아니라、刑傷破耗가 많았다。辛酉運에 이르러 水의 功擊을 도우며 丙火를 合하여 去하니 死亡하였다。

庚寅
戊寅
甲午
壬申
　己卯
　庚辰
　辛巳
　壬午
　癸未
　甲申

甲午日元이 寅月에 生하고 戊土가 透出하였다。寅午의 拱火로써 順生의 기틀 이되니 德性이 慷慨하고 人品이 뛰어났다。그러나 嫌惡하는것은 金水의 功擊을 받으니 學業은 중도에 그만두고 破耗가 많았다。兼하여 中運에는 不齊하 니 뜻을 펴기가 어렵다。기쁜것은 春金이 旺하지 않으므로 火土運에는 體用이 傷하지 않는 故로 後에 계속 興하였다。

◉ 逆生之神、見閑神而狂。

逆生할때 閑神을 보면 날뛸것이다。

[原註] 가령 木生亥에 戊酉申을 보면 氣가 逆하여(如木生亥見戊酉申則氣逆) 性에 맞는 편 안함이 아닌데 (非性之所安) 하나의 閑神을 만나서 (一週閑神) 巳酉丑을 逆하면 (若巳酉丑逆 之) 반드시 發하여 狂猛할 것이다 (則必發而爲狂猛)。

[解說] [逆則宜逆]이요 [順則宜順] 하면 性情이 正和할 것이다。木이 旺極하면 水를 얻어

生하니 逆이라 하는 것이다. 金이 成하면 逆의 生함을 도우는 것이며, 己丑의 閑神을 보는 것은 마땅하지 않는 것이다. 木이 衰極하면 반대로 火를 얻어 行하여야 [反逆]이 된다. 土로써 化하면 逆가운데 順함이 있으며 辰未(木의 根)의 閑神을 보는 것은 마땅치 않다.

이것은 旺極衰極과 從旺從弱의 理致인 것이다.

416.

壬子
辛亥
甲寅
甲子

戊午 丁巳 丙辰 乙卯 甲寅 癸丑 壬子

甲寅日元이 亥月에 生하여 水旺木堅하니 旺이 至極하다. 一點 辛金은 水의 勢에 따르니 그 勢에 不逆한다. 逆으로 차례로 生하며 다시 妙한것은 土가 없어서, 水를 逆하지 않는것이다. 初運 北方에 入伴하고 登科하였다. 甲寅乙卯運에 旺神에 從하니 職位가 높아지고 丙辰運은 拱合의 情이 있어 비록 落職하였으나 凶咎는 免하였다. 丁巳運은 閑神이 冲擊하여 性의 차례를 逆하니 卒하였다.

417.

壬寅
辛亥
甲寅
己巳

己未 戊午 丁巳 丙辰 乙卯 甲寅 癸丑 壬子

甲寅日元이 亥月에 生하고 年에 寅이 있다. 辛金이 水에 順하여 木性을 不逆한다. 逆으로 차례로 生하며 嫌惡하는 것은 閑神인 巳時이다. 火土가 逆의 性을 冲剋하며 또 水를 制하기가 能하지 않다. 初運 壬子運에는 遺業이 豊盈하였고 癸丑運은 閑神이 結黨하니 刑耗가 많았으며 甲寅乙卯運은 財物을 쌓았으며 丙辰運은 火土를 도우니 妻子 모두 傷하고 미친병으로 물에 빠져 죽었다.

戊午
己未
甲寅
己巳

丁巳
庚申
辛酉
壬戌
癸亥

甲寅日元이 巳月에 生하여 丙火가 司令한다。비록 祿에 坐하였으나 그 精은

洩盡당하는데 있다。火旺木焚하며 기쁜것은 土가 있다。이것은 衰極하면 弱

에 從하는 理致에 따라 初運의 戊午己未에는 火土의 性에 順하여 祖業이 자못

豊盛하였다。庚申運은 火의 性을 逆하며 土의 氣를 洩한다。癸亥年에 이르러

火勢를 冲激하니 死亡하였다。

● 陽明遇金、鬱而多煩。

陽明局이 金을 만나면 우울하고 煩悶이 많다。

[原註] 寅午戌을 陽明인데 (寅午戌爲陽明)、金氣가 內에 伏되면 (有金氣伏於內) 우울하

여 煩悶이 많다 (則成其鬱鬱而多煩悶)。

[解說] 陽明의 氣는 본래 暢遂함이 많다。가령 濕土에 감춰진 金이면 火가 克하기가 不能

하고 또 水를 生하기가 不能하여 憂鬱함을 만든다。

一生 뜻을 얻는 것은 적고 뜻을 펴지 못한것은 많으니 마음은 답답하고 뜻은 재가 되어 煩

悶이 많다。

반드시 陰濁의 運을 純行하여 金水의 性은 引通하면 所願을 이룰수 있는 것이다。

419.
乙丑
乙酉
丙戌

乙酉
甲申
癸未

丙火日主가 支에 全部 寅午戌이며 食神이 生旺하니 眞神을 얻어 用神이 된다。

格局이 最高로 佳美하다。初運 乙酉甲申에 丑內의 감춰진 金을 引通하여 家業

丙午
庚寅　辛巳
壬午

이 자못 豊富하였다。嫌惡하는 것은 支에 火局이 會한 것이며, 時上의 庚金이 絕에 臨하고 또 比肩이 爭奪하여 用을 하기에는 不能한 것이다。南方火運에 四妻五子를 剋하고 晚年에 이르러 一身이 孤貧하였다。

壬戌　丁未
丙午　戊申
丙寅　己酉
己丑　壬子

丙寅日元이 午月에 生하고 支가 全部火局이라 陽明의 象이다。劫刃이 當權하며 壬水가 根이 없어 用이 되지 않는다。前造보다 不及한 것이 많다。丑中에 辛金이 답답함이 있으나 기쁜것은 運이 西北의 陰濁의 地다。出身이 官吏 집안이며 財物이 豊盛하여 州牧에 올라 名利兩全하였다。

◉ 陰濁藏火、包而多滯。

陰濁하고 火를 藏하면 안아줌이 있어도 滯함이 많다。

[原註] 酉丑亥는 陰濁하고 (酉丑亥爲陰濁) 內에 火氣를 藏하면 (有火氣藏於內) 發輝하지 못하고 滯함이 많다 (則不發輝多滯)。

[解說] 陰濁의 氣는 본래 舊發하기가 어려운 것이다。가령 濕木이 藏火를 만나면 陰氣가 太盛하니 불꽃이 없는 火는 生하기가 不能하다。그래서 濕滯의 患을 이루는 故로 마음은 欲心이 過하여 뜻을 이루기 어렵고 일에 臨함에 決斷力이 적다。그리고 心性은 疑心이 많다。따라서 陽明의 運으로 行하면 木火의 氣를 引通하여 自然이 通達할 것이다。

421.

癸亥　庚申
辛酉　己未
癸丑　戊午
壬戌　丁巳
　　　丙辰
　　　乙卯

癸水가 仲秋에 生하고 支가 全部 酉丑亥의 陰濁이다. 天干에 三水에 一辛이 있고 戌時를 만나 陰濁에 火를 藏한다. 亥中에 濕木이 있으나 불꽃이 없는 火를 生하기가 不能하다. 기쁜것은 運이 東南의 陽明의 地에 包藏된 氣를 引通하여 科學에 올라 뜻을 發輝하였다.

422.

丁丑　庚戌
辛亥　己酉
癸亥　戊申
癸亥　丁未
　　　丙午
　　　乙巳
　　　甲辰

地支에 三亥一丑이 있다. 天干은 二癸一丁이니 陰濁이 至極하다. 年干의 丁火는 包藏되지 않았으나 虛하고 불꽃이 없으며 亥中의 甲木을 引助함이 없다. 기쁜것은 運이 南方의 陽明의 地을 만나고 또 丙寅丁卯年에는 科甲連登하여 觀察에 올랐다.

423.

辛丑　戊戌
己亥　丁酉
辛酉　丙申
癸巳　乙未
　　　甲午
　　　癸巳

支가 全部 丑亥酉에 月干의 濕土를 만나고 辛亥 만나니 陰濁의 氣다. 時支의 巳火는 본래 局을 暖하게 하여 前造보다 아름다운것 같다. 그러나 巳酉丑의 金局으로 亥中의 甲木이 傷함을 입는다. 巳火의 官과 丑의 梟神과 合이 되어 劫을 生하는 故로 運이 火土라도 引出이 不能하여 出家하여 僧이 되었다.

◉ 羊刃局、戰則逞威、弱則怕事、傷官格、淸則謙和、濁則剛猛、用神多者、情性不常、時支枯者、虎頭蛇尾。

羊刃局은 戰하면 逞威하고 弱하면 일을 두려워 한다。傷官格은 淸하면 謙和하고 濁하면 剛猛하다。用神이 많으면 性情이 不常하다。時支가 枯한 것은 호랑이의 머리에 뱀의 꼬리다。

[原註] 羊刃局에 무릇 羊刃이란 (羊刃局、凡羊刃) 가령 午火에 干頭에 丙이 透出한 것이며 (如是午火干頭透出) 支에 또 戌이나 寅이 會하거나 (支會戌會寅) 或은 卯를 얻어 生하면 모두 旺한 것이다。(或得卯以生之皆旺) 丁이 나타나면 露刃이라 한다 (透丁爲露刃)。子가 冲하여 戰이 되거나 (子冲爲戰) 未가 合하여 藏이 되거나 (未合爲藏) 再次 亥水의 剋을 만나거나 (再逢亥水之克) 壬癸의 水가 制하거나 (壬癸水之制) 丑辰의 土로 洩하거나、辰土之淺) 하면 弱이 된다 (則弱矣)。傷官格에 가령 支에 傷官이 會하고 (傷官格、如支會傷局) 干에 傷官이 化한것이 不重出하고 (干化傷象不重出) 食神의 混雜이 없으면서 (無食神) 身이 旺하고 財가 있거나 (身旺有財) 身이 弱하고 印이 있으면 (身弱有印) 소위 淸이라 한다 (謂之淸)。이와 반대면 濁이다 (反是則濁)。여름의 木이 水를 보거나 (夏木之見印)、겨울의 金이 火를 얻으면 (多金之得火) 淸秀하는 것이니 (淸而且秀) 富貴가 非常할 것이다 (富貴非常)。

[解說] 羊刃局에 旺하면 마음은 높고 뜻은 傲慢하며 戰하면 勢를 믿고 방자하다。弱하면 疑心이 많아 일을 두려워하고 合하면 感情을 다스려 다른길로 나선다。가령 丙日主이면 午는 羊刃이고 干에 나타난 丁火는 露刃이며 支에 寅戌이 會하고 或은 卯를 만나 生하거나 干에 甲乙이 나타나거나 或은 丙의 도움이 있거나하면 모두 소위 旺이라 한다。

支에 子의 冲을 만나거나、亥申의 制를 보거나 丑辰의 洩을 얻거나、干에 壬癸가 나타나 剋하거나 己土의 洩을 만나면 모두 소위 弱이라 한다。이럴때 未의 合을 얻거나 巳의 幇을 만나면 中和라 한다。

傷官은 [眞假]로 나누워진다。

[眞]은 身弱하면 印이 있는 것인데 財를 보지 않아야 淸하다。

[假]는 身旺한데 財가 있으며 印을 보지 않아야 貴하다。

眞은 月令이 傷官이거나、或은 支에 傷局이 없으면 天干에 나타난 것이다。

假는 滿局이 比劫이면서 官星의 制함이 없거나、비록 官星이 있어도 氣力이 敵하기가 不能하면 柱中에서 食神傷官을 論하지 않고 모두 用神으로 할수 있다。다만 印을 보는것이 마땅치 않으니 印을 보면 傷官을 破하니 凶災가 따른다。

무릇 傷官格은 淸하면서 用神을 얻으면 爲人이 恭順하고 禮節이 있고 人才가 卓越하고 學問이 깊다。

이와 반대면 驕慢하고 無禮하며 남을 잘 속이며 勢에 아부하고 利에 따른다。

用神이 많으면 적은 뜻을 지니고、遷變하는 마음이 많다。

時支가 枯하면 여우의 疑心과 같고 決斷力이 적어 始勤終怠하다。

夏木이 水를 보면 반드시 金이 먼저 있어야 한다。그러면 水의 源近이 되는 것이다。

多金에는 火를 만나고 身旺하고 木이 있으면 木이 火를 生하여 불꽃이 되니 富貴한다。다만

夏水에 金이 없거나 多火에 木이 없으면 淸枯하여 名利가 모두 虛하다。

丙寅
　　乙未
丙申

丙火가 午月에 生하니 羊刃局이다。寅申을 寅午의 拱合과 比劫의 도움을 만나

425.

甲午
丙申
壬辰

丁酉
己亥
辛丑

…니 旺함을 가히 알것이다。 제일 기쁜것은 辰時이며 壬水가 나타난 것이 다시 妙하다。 申辰이 火를 洩하고 金을 生하며 拱合하여 水가 된다。 旣濟를 얻으니 早年에 科甲하여 刑權을 장악하는 生殺을 大權을 취었다。

壬辰
丙寅
甲午
丙申

辛丑
庚子
己亥
戊戌
丁酉
丙申
乙未

前造와 人字가 모두 同一하나 前造는 坐下에 申金이 있어 壬水가 情이 있으랐으나 以後 일시 길이 막혔던 것은 前造와 차이가 있던 것이다。

前造와 命은 申이 年支에 떨어져있고 比劫에 奪함을 입는다。 申運에 이르러 殺을 生하고 甲子流年에 殺局을 會하며 羊刃을 冲하여 去한다。 中鄉榜에 올…

426.

戊子
戊午
戊戌

己未
庚申
辛酉
壬戌
癸亥
甲子
乙丑

丙日이 午月에 生하였으나 子의 冲과 戌의 洩함에 弱함을 알것이다。 天干의 三戊는 日主의 精華를 도적질하며 兼하여 運도 西北의 金水의 地인 故로 羊刃이 다시 敵를 맞아 들인다。 功名이 어쩌정하였을 뿐아니라 財物도 적었다。 甲寅年에 火局을 會하여 厚土를 疏通하니 科甲을 하였다。

427.

乙酉
庚午

戊子
丁亥
丙戌

庚이 仲秋에 生하고 支에 官星이 三個나 있으며 酉金陽刃을 制하고 土가 없으니 弱하다。

一

乙酉　戊子
庚午　己丑
壬午　庚寅
　　　辛卯
　　　壬辰

기쁜것은 時上의 壬水가 輔하여 秀氣를 吐한다。聰明하여 權勢는 좋았으나 財物을 사랑하는 欲心이 過하였다。이것은 月干에 乙木이 透露한 것으로 財를 연모하여 爭合한 것이며 財는 刃地에 臨하고 日은 官鄕에 있어 官은 能히 刃、을 制한다。財는 반드시 官을 生하여 官의 君象이다。庚寅運에 金이 絕地를 만나고 官이 寅午의 拱合이 生한다。財는 官으로 歸納한다。이것을 보건데 財는 사람을 害하는 物件이라 뉘우쳐도 이미 지나간 일이다。

428.

己丑　乙亥
丙子　甲戌
壬申　癸酉
戊申　壬申
　　　辛未
　　　庚午

壬水가 子月에 生하고、官殺은 並透하여 根에 通하였다。支에 水局을 이루며 羊刃이 도우니 殺과 刃이 서로 旺하다。아까운 것은 木이 없어서 秀氣를 吐하지 못하니 出身이 貧寒한 家庭이다。기쁜것은 丙火가 寒을 解凍한다。爲人이 寬厚和平하고 行伍出身이나 癸酉運은 刃을 도와 장교로 올라가고 壬申運은 벼슬이 높이 올랐다。未運은 刃을 制하고 丁丑年은 火土가 並旺하다。또 子를 合하여 克하니 不祿하였다。

429.

己丑　甲午
乙未　癸巳
甲子　壬辰
庚午　辛卯
　　　庚寅
　　　己丑
　　　戊子

甲子日元이 未月에 生하고 午時다。소위 夏木이 水를 만나면 傷官佩印이다。기쁜것은 卯木이 未土를 剋한즉 子水가 傷함을 입지 않으니 족이 午를 冲한다。天干의 甲乙庚辛이 門戶에 각각 서있으니 混論有病得樂으로 去濁留淸하다。이 아니다。印의 喜神이 滋助하고 다시 妙한것은 運이 東北의 水木地로 달리므로 體用이 合하니 一生 벼슬길이 平順하였다.

430.

庚午
壬午
甲戌
庚午

癸未 甲申 乙酉 丙戌 丁亥 戊子 己丑

甲木이 午月에 生하고 支에 三午一戌이 있어서 火焰土燥하다. 傷官이 肆逞하고 月干壬水가 根이 없어서 庚金에 의지하여 水를 번성하게 한다. 科甲하였으나 벼슬길은 뛰어나지 못하였다. 그 원인은 地支가 모두 火이며 木은 地에 뿌리가 없어서 神은 有餘하고 精은 不足한 탓이다.

431.

甲子
丙子
庚辰
庚辰

癸未 壬午 辛巳 庚辰 己卯 戊寅 丁丑

金이 仲多에 生하여 金水가 寒冷하다. 月干의 丙火가 年의 甲木의 生扶를 받어서 寒凍의 氣를 解하니 소위 多金이 火를 얻은 것이다. 단 子辰의 雙拱으로 日元이 반드시 虛하다. 用神은 丙火에 있는 것이 아니라 辰土에 있다. 庚辰辛巳運에 벼슬길이 계속 올라갔다.

432.

丁酉
辛巳
壬子
丁巳

丁午 壬子 辛亥 庚戌 己酉 戊申 丁未 丙午

辛金이 仲多에 生하여 金寒水冷하고 洩氣가 過하므로 時의 酉時에 의지하여 辛金의 拱合으로 도운다. 天干의 丁火는 寒을 解凍하는 것에 不過한 것이지 火가 用神이 아니다. 用神은 酉金에 있어 土金의 運에 벼슬길이 뛰어났으며 丁未運에 敗하였다. 무릇 多金이 火를 取하는 것은 局을 暖함에 있는 것이지 用神으로 하는 것이 아니다.

一、疾 病

◉ 五行和者、一世無災。

五行이 和平하면 一生동안 災殃이 없다。

[原註] 五行이 和란것은 (五行和者) 반드시 결함이 없는 것만을 말하는 것이 아니고 (不特全而不缺) 生하고 克은 없고 (生而不克) 온전할 것은 온전하고 (只是全者宜全) 缺할것은 缺되고 (缺者宜缺)、生할 것은 生이 되고 (生者宜生) 剋할것은 剋된다면 (剋者宜剋) 和가 되니 (則和矣) 主는 一生 災殃이 없다。(主一世無災)

[解說] 天에는 五氣가 있으니 [靑、赤、黃、白、黑] 이며 地에는 五行이 있으니、[木、火、土、金、水] 이며 사람에는 五藏이 있으니 [肝 心 脾 肺 腎] 으로 구분되는 것이다。사람을 萬物의 靈이라함은 五行을 全部 갖추어 겉의 頭面은 하늘의 五氣를 象徵하고 안의 藏腑는 땅의 五行을 象徵하는 까닭으로 小天地라 한다。다시 藏腑에는 五行이 陰陽으로 配屬되어 있다。

[腑] 는 陽에 屬한 故로 [甲丙戊庚壬] 이 되며 [藏] 은 陰에 屬한 故로 [乙丁己辛癸] 가 된다。

或 不和하거나、太過하거나、不及하면 病이 나타나 [風熱濕燥寒] 의 症勢가 있을 것이다。

이때는 必히 五味의 調和를 얻어야 症勢가 울린다。

五味는 「酸苦甘辛鹹」이다.

[酸]은 木에 屬하며 多食하면 節을 傷하고,

[苦]는 火에 屬하며 多食하면 骨을 傷하며,

[甘]은 土에 屬하며 多食하면 肉을 傷하며,

[辛]은 金에 屬하며 多食하면 氣를 傷하고,

[鹹]은 水에 屬하며 多食하면 血을 傷한다.

이것은 五行이 서로 剋하는 것이다. 故로 五行이 和平하면 일생 災殃이 없는 것이다.

八字五行이 和平하면 臟腑五行도 역시 和平하고、八字五行이 和平하면 歲運도 和平하고 臟腑五行도 和平하면 五味도 和平한 것이다. 和란 解의 뜻과 같다. 만약 五行이 和平하면 五味가 고르게 되어서 災病이 없는 것이다.

故로 五行의 和平은 生과 剋이 아니며, 全體的으로 缺陷이 없으면 和平한 것이다.

重要한것은 旺神을 洩함에 있는 것이다. 旺神을 瀉하는것이 有餘하면 不足한 弱神은 益함을 받는 것이다. 이것을 소위 和라고 한다.

만약 旺神을 強制하면 그 性을 觸하여 怒한다. 旺神은 損하기가 不能하니 반대로 弱神이 傷함을 입는다. 그래서 旺神이 太過하면 마땅히 洩해야하고 旺神이 太過하지 않으면 마땅히 剋해야 하는 것이다.

弱神이 根이 있으면 마땅히 扶해야하고 根이 없으면 반대로 당연히 傷해야 한다. 무릇 八字가 一神의 有力함을 얻고 制化合이 마땅하면 主人은 일생이 災殃이 없을 것이다.

전부 갖추지 않았더라도 缺陷이 없으면 아름답고 生하고 剋하지 않으면 和가 되는 것이다。

433.

癸未
癸丑
壬子
甲寅
辛亥
庚戌
己酉
庚申
戊申
丁未

戊가 寅月에 生하여 木旺土虛하다。기쁜것은 戊에 通根하여 족이 金을 用하여 殺을 制한다。庚金 역시 祿支에 앉아 能히 伐木한다。소위 太過하지 않으면 剋하는 것이 좋다하였다。비록 年干의 癸水가 殺을 生하나 未土가 癸水를 制하니 木을 生하지 못한다。喜神은 扶하고 憎神은 去하니 五行이 和되었다。그리고 運은 體用이 不背하니 九旬까지 살았고、耳目이 聰明하고、名利福壽를 누리고 子孫 역시 많았다。

434.

甲寅
辛申
壬申
庚午
癸酉
戊寅
甲戌
甲寅
乙亥
丙子
丁丑

局中에 七個의 殺이 있고、하나의 庚金은 根이 없으니 소위 弱神은 根이 없다。그래서 마땅히 去해야 한다。旺神이 太過하면 마땅히 洩해야 하며 午火를 用하여 和가 된다。기쁜것은 午火가 當令하고 水氣가 하나도 없는 것이다。木이 局을 破하나 해롭지 않아、비록 金水運이라도 災患이 없었고、木火運에 名利兩全하고 富貴福壽를 누렸다。이 原因은 神氣가 足하고 精氣가 스스로 生한 때문이다。

435.

甲子
丁丑
丙子
戊寅
己卯
庚辰

癸亥日元이 年月에 子가 있으니 旺함을 알 것이다。제일 기쁜것은 卯가 있어 洩其菁英하므로 안에서 겉으로 發한 것이다。

癸亥　辛巳
　　壬午
乙卯
　　癸未

火는 虛하나 木氣가 有餘하므로 用神이 된다。소위 精은 足하고 神은 旺하다。기쁜것은 土金이 없어 雜되지 않은 것이다。만약 土가 있으면 火를 洩하고 水를 막지도 못하며 반대로 木과 不和하게 된다。金이 있으면 木이 損傷을 입게되고 汪洋한 水를 돕게 되는 까닭으로 一生이 災殃이 없었던 것은 土金이 없었던 이유다。名利兩全하였으며 壽도 九十才까지 건강하게 지냈다。

⦿ 血氣亂者、生平多疾。

血氣가 混亂하면 平生에 疾病이 많다。

[原註] 血氣가 亂하다는 것은 (血氣亂者) 火가 水를 이긴다거나 (不特火勝水) 水가 火를 剋하는 것을 이른게 아니고 (水剋火之類)、五氣가 反逆되는 것과 (五氣反逆) 上下가 不通하는 것과 (上下不通) 往來가 不順한 것등을 (往來不順) 소위 亂이라 하니 (謂之亂) 主人은 病이 많다 (主人多病)。

[解說] 血氣가 亂하다고 하는것은 五行이 背反하여 不順한 것을 이르는 말이다。五行으로 論하면 水는 血이고、사람의 身體로 論하면 脈이 血이다。心의 胞는 血이 主인 故로 手足의 厥陰經으로 通한다。心藏은 丁에 屬하므로 心의 胞는 血이 主인 것이다。膀胱은 壬水에 屬하며 丁壬이 서로 合하는 故로 心藏은 腎과 下交한즉 丁壬의 木으로 化되어서 神氣가 스스로 足한 것이다。이러면 血脈이 流通하여 疾病이 없는 것이다。

故로 人字가 貴한것은 克處에서 生을 만나고 逆 한가운데 順을 얻으면 아름다운 것이다。만약 左右가 서로 다투고、上下가 서로 克하고 逆을 기뻐하는데 順을 만난다거나、順을 기뻐하는데 逆을 만나거나、[火旺水涸]하거나、[水能沈金]하거나 [土旺木折]하거나、[土旺晦火]하거나 [火能焚木]하거나、[水旺土蕩]하거나 [金能傷土]하거나 [木旺金缺]하거나 [木能渗水]하거나 하면 五行이 顚倒되어 相剋된 理致이다。이런 사람은 疾病이 많을 것이다。

436.

丙申
丁未
乙未
丁未
庚戌

丙申 丁酉 戊戌 己亥 庚子 辛丑

丁이 季夏에 生하고 未戌燥土는 火를 晦하기가 不能하고 金도 生하기가 不能하다。丙火는 족이 木을 焚하고 金을 剋하니 土는 더욱 燥烈하여 火를 洩하지 못한다。申가운데 壬水는 水涸하여 精은 필히 枯하다。故로 初運에 痰病이 있었고 亥運은 水를 火를 對敵하지 못하고 반대로 木을 生하여 火를 돕는다。火勢가 더욱 뜨거우니 吐血로 死亡하였다。

437.

壬寅
丁未
丙申
甲午
甲寅

戊申 己酉 庚戌 辛亥 壬子 癸丑

壬水가 未月에 生하고 午時다。壬水가 根이 없고、申金이 멀리 떨어져 水를 生하기가 不能하다。또 寅의 冲이 있고 午가 劫奪한즉 肺氣가 더욱 훼손 되었다。兼하여 丁壬相合하여 木으로 化하여 火에 따른즉 心火가 더욱 旺하다。腎水는 반드시 枯하니 病은 泄瀉病에 또 痰嗽까지 있었다。戊運에 이르러 火局을 會하여 肺가 더욱 絶이 되며 腎水는 燥하다。吐血로 죽었다。

甲辰　丁卯
戊辰
己巳
丙寅
丙寅　辛未
庚午
壬辰　壬申
癸酉

木이 當令하고 火가 生을 만났다。辰은 본래 濕土라 能히 水를 蓄하지만、丙
寅으로부터 剋을 당하였다。脾胃가 傷하니 肺金은 스스로 絕이 된다。木多滲
水하니 腎水가 역시 枯하다。庚運에 木旺金缺하고 金水를 아울러보니 木火金
이 肆逞하므로、吐血로 死亡하였다。이 命은 木火同心으로 可順而不可逆이다。

반대로 壬水는 忌神이 된다。

初運丁卯戊辰己巳는 막힘이 없었다。

◉ 忌神入五臟而病凶。

忌神이 五臟에 들면 病이 凶하다。

[原註] 柱中에 忌神을 制하거나 化함이 없고 (柱中所忌之神、不制不化) 冲이나 散하지도
아니하며 (不冲不散) 깊이 隱伏되고、五臟을 克하면 그 病은 凶할 것이다。(隱伏深固、相克五
臟則其病凶) 忌神인 木이 土에 入하면 脾病이며 (忌木而入土則脾病)、忌神인 火가 金에 入하
면 肺病이며 (忌火而入金則肺病)、忌神인 土가 水에 入하면 腎病이며 (忌土而入水則腎病)、
忌神인 金이 木에 入하면 肝病이며 (忌金而入木則肝病)、忌神인 水가 火에 入하면 心病이되
는 것이다 (忌水而入火則心病)。또 虛實을 보아 (又看虛實) 가령 木이 土에 入할때 (如木入
土) 土가 旺하면 脾가 有餘하여 生긴 病이며 (土旺者則脾自有餘之病)、四季月에 發生하고
(發於四季月) 土가 衰하면 脾가 不足하여 생긴 病이며 (土衰者則脾有不足之病)、春多月에
發生하니 (發於春多月) 나머지도 이와 비슷하다 (餘皆仿之)

[解說] 忌神이 五臟에 入한것은 陰濁의 氣가 地支에 埋臟된 것을 말한 것이다。陰濁이 深

伏되면 制化가 어려워 가장 凶하다。가령 喜神이 深伏되면 일생 災殃이 없고 忌神이 深伏되

면 平生病이 많다。

土는 脾와 胃이며、

하고 胃는 和를 기뻐한다。忌神인 木이 土에 入하면 和緩

되지 못하여 病이 생긴다。金은 大腸과 肺이며 肺는 收해야하고 大暢을 暢해야·한다。

忌神인 火가 金에 入하면 肺氣는 上逆하고 大腸은 暢하지 않아서 病이 생긴다。

水는 膀胱과 腎이며 膀胱은 潤해야 하고 腎은 堅해야 한다。忌神인 土가 水에 入하면 腎은

枯하고 膀胱은 燥하여 病이 생긴다。

木은 肝과 膽이며 肝을 條達해야 하고 膽은 平해야 한다。忌神인 金이 木에 入하면 肝은 急

하여 火를 生하고 膽은 寒하여 病이 생긴다。

火는 小腸과 心이며 心은 寬해야 하고 小腸은 收해야 한다。忌神인 水가 入하면 心은 不寬

하고 小腸은 緩해서 病이 생긴다。본래 脾는 濕을 꺼리고 胃는 寒을 꺼린다。만약 土濕이 有

餘하면 春多에 病이 發生하고、반대로 火의 燥함을 꺼리는데 土燥가 有餘하면 夏秋에 病이 發

生한다。

土濕이 不足하면 夏秋에 病이 發生하고 土의 燥함이 不足하면 多春에 病이 發生한다。대개

虛濕의 土는 夏秋의 燥를 만나야 하고 虛燥의 土는 春多의 土를 만나야 하는 것이다。木이

託根하여 더욱 茂盛하면 土는 그 剋을 받어서 더욱 虛하게 된다。

만약 虛濕의 土가 再次虛濕의 時를 만나거나 虛燥의 土가 虛燥의 時를 만나면 木은 반드시

虛浮하여 根이 자리잡기 不能하니 土는 反對로 그 剋을 두려워 하지 않으니 나머지도 이와 같다.

439.

庚寅
己丑
丙子
乙未

辛卯
壬辰
癸巳
甲午
乙未
丙申

丙火가 季多에 生하고 子水가 坐下에 있다。火가 虛하고 불꽃이 없다。用神은 木에 있다。木은 본래 凋枯하고 비록 陽의 곳에 있으나 어린싹으로 아직 動하지 않는다。庚은 나타나서 絶에 臨하여 病은 淺하나 嫌惡한 것은 月의 丑土로써 庚金이 通根하고, 丑내에 辛이 藏하니 忌神이 五臟에 깊게 入하였다。또 己土는 庚金의 嬌母로써 晦火生金하여 족히 寅을 破한다。子水는 腎이며 丑이 合하니 木을 生하기가 不能하고 반대로 金을 助한다。病患은 肝腎이 모두 傷하였다。卯運에 이르러 能히 丑을 破하여 名利를 갖추었고 乙運의 流年巳에 庚을 合하고 巳丑의 拱金으로 虛損의 症으로 不治病을 얻어 죽었다。

440.

丁亥
己酉
辛亥
壬辰

庚戌
辛酉
戊申
丁未
丙午
乙巳
甲辰

辛金에 孟多에 生하고 丁火가 比肩을 剋하니 日主가 孤立되고 도움이 없다。辛金이 나타나서 當令하여 命主元神을 도적질한다。用神은 土(未)에 있는 것이지 火에 있지 않다。未는 木의 庫根이며 辰은 木의 餘氣이며 藏한 乙木이 忌神이다。年月의 兩亥는 또 木의 生地이며 亥未의 拱木으로 忌神이 五臟六腑에 入하였다。이러한 理論으로 소위 脾는 虛하고 腎은 泄되니 그 病患은 頭眩과 遺洩症에 胃病이 있어 十日이 멀리

하고 平安하지 않았다。己酉運에 日主가 祿을 만나니 安樂하여 子를 얻고 戊運은 壬水를 去하

여 넉넉하였으며 申運은 壬水가 生을 만나 病勢가 더욱 重하다가 丁運에 日主가 傷함을 입어

죽었다。

兩造을 觀察하면 病은 八字와 五行의 理致에 있는 것으로 經驗하니 확실하다。마음 깊이 세

밀히 硏究하면 夭壽에 通할것이니 어찌 앞길을 모를리 있겠는가!

◉ 客神遊六經而災小。

客神이 六經에 놀면 災殃이 적다。

[原註] 客神은 忌神에 比하여 輕하나 (客神比忌神爲輕) 埋沒되지 않고 (不能埋沒) 六道에

서 놀면 반드시 災殃이 있다 (游行六道則必有災)。 가령 木이 土에 놀면 胃에 災가 있고 (如木

(游於土之地而胃災) 火가 金地에 놀면 大腸의 災가 있고 (火游於金之地而大腸災)、土가 水地

에 놀면 膀胱에 災가 있고 (土行水地膀胱災) 金이 木地에 놀면 膽에 災가 있고 (金行木地膽災)

水가 火地로 行하면 小腸에 災가 있다 (水行火地小腸災)。

[解說] 客神이 六經에 논다는 것은 虛한 陽의 氣가 天干에 떠있는 것을 말한다。

陽이 虛露하면 制化가 쉬워서 災殃이 반드시 적다고 하며 病이 곁에 있는 것과 같은 것이라、

外感은 쉽게 發散하기 때문에 大患에 이르지 아니하는 故로 災殃이 적은 것이다。

그 病의 原固을 따져서 硏究하고 陰陽五行에 依하여 臟과 腑를 分離하여 볼것이니 이것이

五臟을 論하는 法이다。

天干을 客神이라하여 虛하다고 論하지 말고 地支는 忌神이라하여 實하다고 論하지 말아야

한다。모름지기 虛한 가운데 實이 있고 實한 가운데 반대로 虛가 있다는 理致를 알면 그 災祥

이 명확하게 나타날 것이다。

441.

壬辰
乙巳
丙午
丁未

甲辰
戊申
己酉
庚午 •

戊戌
丙戌
辛亥

庚午日元이 辰月에 生하고 戌時다。春金이 殺旺하니 用神은 土에 있다。月干의 甲木은 客神이나 丙辰이 蓄水養木하여 六經에 놀뿐아니라 五藏에 入하였다。年干에 壬과 甲이 서로 生하여 丙火를 克하지 않는다。南方에 土를 生하여 脾胃의 病은 熬水煉金하여 弱한 症勢는 있었다。戊申運은 土金이 並旺하여 局中의 病神인 木을 金이 能히 剋하니 發財하였고 이어 己酉庚戌運도 계속 발전하였다가 辛亥運은 金이 通根하지 않고 木이 長生을 얻으니 홀연히 風疾로 죽었다。

442.

乙亥
己卯
庚辰
丙子

庚寅
丁丑
乙亥
甲戌

丙子日元이 季春에 生하여 濕土가 司令하였다。蓄水養木하니 用神은 木에 있다。亥의 長生을 얻으며 辰은 木의 餘氣이며 寅의 助가 있다。乙木이 庚과 合하나 不化한다。庚金이 天干에 浮露하니 客神이 되며 臟腑에 깊숙이 있지 않고 六經에 놀고 있다。水는 精이며 亥子를 같이 보고 辰이 또 拱水하여 蓄한 木氣는 春令에 有餘하고 寅亥가 合으로 生한다。火는 神이며 時는 五陽의 進氣가 年月에 通根하며 氣가 生時에 貫한다。精氣神三者가 모두 俱備하니 邪氣가 없으며 行運이 不背하므로 一生疾病이 없고 名利裕如하였다。

오직 土가 虛濕하고 또 金이 洩하면 脾胃가 虛寒하니 泄瀉의 病은 免하지 못하는 것이다.

◉ 木不受水者血病。

木이 水의 生을 받지아니하면 血病이니라.

[原註] 水가 東으로 흐르고 木이 冲을 만나거나 (水東流而木逢冲) 或 虛脫하면 (或虛脫)

모두 水를 받지않는 것이니 (皆不受水也) 主는 必히 血病이 있는 것이다. (必主血病) 肝은 木

에 屬하는 것이니 (蓋肝屬木) 血을 거둬들이며 不納하면 病이라 (納血不納則病).

[解說] 春木이 水를 받아들이지 않는것은 火의 發榮을 기뻐하기 때문이요, 多木이 水를 받

아들이지 않는것을 火의 解凍을 기뻐하기 때문이다.

夏木이 根이 있어도 水를 받어들이는 것은 火의 熱氣를 制去함으로써 燥烈함을 潤澤게 함이

요.

秋木이 得地하였어도 水를 받어 들이는 것은 金의 銳함을 洩하여 殺의 頑함을 化하기 때문

이다.

春多에 生하여 旺한 木은 衰함을 要하기 때문에 水를 받어들이고、夏秋에 生하여 休囚된 木

을 旺함을 要하기 때문에 水를 받어들인다.

이와반대면 水를 받아들이지 아니하면 血이 流通되지 않는 故로 血病이 되

는 것이다.

丁亥
丁巳
乙亥
己卯

丙午
乙巳
甲辰
壬寅
辛丑

乙木이 未月에 生하니 休囚의 자리다。年月에 丁火가 兩透하니 洩氣가 太過하다。제일 기쁜것은 時의 祿에 通根한다。그러니 亥水의 生을 받아들이고 燥烈의 土를 潤澤케 한다。다시 妙한것은 木局이 되어 封身하니 通輝의 象이다。甲辰運에 科甲聯登하였다。格은 食神用印이다。

丙戌
乙未
乙巳
丁亥

丙申
丁酉
戊戌
己亥
辛丑

乙木이 未月에 生하고 丙丁이 干에 나타나고 巳戌에 通根하였다。發洩이 太過하니 水의 生을 받지 아니한다。그러니 반대로 亥水가 病이다。格은 從兒에 順한다。初運 丙申丁酉에 丙丁이 蓋頭하니 平順하였으며、戊戌運은 亥水를 剋盡하여 名利를 얻었고 己亥造는 水地이니 팽창病이 들어 死亡하였다。원인은 四柱가 火旺하고 燥土를 만나 水가 돌아갈곳이 없는 것이다。

◉ 土不受火者氣傷。

土가 火를 받아들이지 않으면 氣가 傷한다。

[原註] 土가 冲을 만나 虛脫하면 (土逢冲而虛脫)、火를 받아들이지 아니하는 것이니 (不受火) 반드시 主는 氣病이 있다 (必主氣病)。脾는 土에 屬하니 火를 容納하고 (蓋脾屬土而容火) 不容하면 病이 되는 것이다 (不容則病矣)。

[解說] 燥實한 土가 火를 받어들이지 않는것은 水의 潤澤함을 기뻐하기 때문이다。虛濕한 土가 火를 받어들이지 않는 것은 水의 剋을 꺼리기 때문이다。

多土가 根이 있으면서도 火를 받어들이는 것은 天의 凍함을 解하기 때문이다.

秋土가 得地하여도 火를 받어들이는 것은 金의 有餘를 制하기 때문이다. 그리고 土의 洩氣를 輔하는 것이다.

燥가 過하면 地는 不潤하고 濕이 過하면 天이 不和하니 그래서 火를 不受하고 木을 不容하는 것이다.

燥가 過하면 반드시 氣가 어그러지고 濕이 過하면 반드시 脾가 虛하니 不受한즉 病이 된다.

445.

己巳
庚午
辛未
戊辰
戊戌
丁卯
己未
丙寅
乙丑
甲子

戊土가 未月에 生하고 厚土가 重疊하다. 기쁜것은 天干에 火가 없고 辛金이 나타난 것이다. 소위 裏發于表하여 그 精華는 모두 辛金에 있다. 己巳戊辰運은 金을 生하여 有情하여 名利裕如하였다가、丁卯運에 辛金이 傷하고 地支에 火土가 並旺하여 疏土가 不能하고 반대로 火勢에 따른다. 그런즉 더욱 土가 旺하다. 辛에 屬한 肺가 傷하니 血脈이 流通이 되지 않는다. 病患은 氣와 血이 傷하여 죽었다.

446.

庚辰
庚寅
己丑
辛卯
己亥
壬辰
壬申
癸巳
甲午
乙未
丙申

己亥日元이 丑月에 生하니 虛濕地다. 辰丑이 蓄水藏金하고 庚壬이 透出하여 通根하였다. 虛濕의 氣에 任한것을 얻었으니 水을 用神으로하여 財를 따른다. 庚寅辛卯運은 天干에 金生水하고 地支는 土를 剋하여、父母의 德이 있었고、壬辰癸運을 財業이 매일 增加되고 벼슬도 얻었다. 巳運은 妻를 剋하고 破財

하였다.

이 命은 四柱에 火가 없고 申時에 壬水가 生을 만난것이다. 格은 假從財를 이루는 故로 遺業이 豊厚한 것이다. 만약 하나의 火를 보았다면 財多身弱으로 한가지도 成功함이 없었을 것이다. 甲午運에 木이 根이 없고 火를 따르며 己巳年에 또 火土가 並旺하므로 氣血이 반드시 傷한다. 腸胃血症으로 죽었다.

◉ 金水傷官 寒則冷嗽、熱則痰火、火土印綬、熱則風痰、燥則皮癢、論痰多木火、生毒鬱火金、金水枯傷而腎經虛、水木相勝而脾胃泄。

金水傷官格에 차가우면 冷嗽가 있고 뜨거우면 痰症이 있다. 火土印綬에 熱하면 風痰이며 燥하면 皮癢이다. 木火가 많으면 痰으로 論할 것이고, 火金이 담담하면 毒을 生한 것이요, 金水가 枯傷하면 腎이 虛하고 水木이 서로 이길려고 하면 脾胃이니 泄瀉할 것이다.

［原註］무릇 이들은 五行이 不和되어서 생긴 病이니（凡此皆五行不和之病）그 病을 알고, 사람을 알면（而知其病、知其人）、그 吉凶을 판단할수 있을 것이다（則可以斷其吉凶）. 가령 木의 病이 어떠한가를 알려면（如木之病何如）木이 日主에 대하여 어떠한 神인가를 보는 것이지만（又看木是日主之何神）만약 木이 財인데 土의 病이 發生하였다면（若木是財而能發生土病）財가 衰한지 旺한지 판단할수 있는 것이다（則斷其財之衰旺）. 妻의 美惡과 父의 興衰가（妻之美惡父之興衰）반드시 나타나지 않으나（亦不必顯驗）六親과 事體에 應함이 있다（有可應而六親）. 또 相符하지 않으면（又不相符者）、病은 危殆로우나 災殃을 免할수 있다（殆以病而免其咎者也）.

〔解說〕金水傷官이 過하게 寒하면 그 氣가 辛涼하니 眞氣가 이지러진다。 그러면 主는 반드

시 冷嗽가 있을 것이다。

熱이 過한것은 水가 火를 이기지 못하니 火는 반드시 金을 剋하는 것이다。

水가 火를 이기지 못하면 心과 腎이 사귀지 못하여 火는 能히 金을 剋하니 肺가 傷함을 입

는 것이다。 多令에 虛火가 上炎하면 主는 痰火가 있다。

火土印綬格에 熱이 過하면 木이 旺한 火에 좇는 것이다。 火旺하면 木이 焚하고 木은 風에

屬하는 故로 主는 風痰이 있다。

燥가 過한것은 炎上土焦를 말한다。 土가 潤澤하면 血脈이 流行하여 營養이 調和를 이른다。

皮膚는 土에 屬하고 土는 煖을 기뻐하며 煖은 즉 潤澤을 말한다。 그래서 燥가 過하면 皮癢이

생기고 濕이 過하면 瘡病이 생기는 것이다。

夏土는 당연히 濕해야 하고 多土는 마땅히 燥해야 하는 것으로 사람에게 있으면 病이 없고

生物에 있으면 生發하는 것이다。 總論하면 火가 많으면 主는 痰이 있고 水가 많으면 主는 冷

嗽가 있는 것이다。

木火가 많아 痰이 많은것은 火가 旺하여 木을 만나면 木은 火勢에 從한즉 金은 木을 剋하지

못하여 水는 火를 이기지 못한다。 그래서 火는 반드시 金을 剋하니 肺가 傷하는 것이다。

그리고 腎水를 生하지 못하고 木은 또 水氣를 洩하니 腎水는 반드시 燥하다。 陰虛하고 火炎

하므로 痰病이 생긴다。

〔生毒鬱火金〕이란 火烈하면 水涸하니 火는 반드시 木을 태운다。 木은 火의 焚함을 입어서

土는 반드시 焦燥하다。燥土는 能히 金을 연약하게 하니 金의 內에 답답함이 있는 것이다。

脆金이 火를 만나면 肺氣는 上逆하고 肺氣가 逆한즉 肝腎 양쪽이 이즈러진다。肝腎이 이즈러진즉 血脈이 行하지 않으니 七情이 憂鬱하여 毒을 生한다。土燥하면 金을 生하기가 不能하고 火烈하면 스스로 水를 마르게 하니 腎經은 반드시 虛할 것이다。

土虛하면 水를 制하기가 不能하고 木旺하면 스스로 土를 剋하니 脾胃는 반드시 傷한다。대개 이것은 五行이 不和하여 생긴 病이니 자세이 연구하면 반드시 증험할수 있다。

그러나 人事와 相通하는 것이니 專執하여 論하는 것은 不可한 것이다。가령 病이 相符하지 않으면 六親의 吉凶과 事體의 否泰를 窮究하면 반드시 應驗함이 있을 것이다。

가령 日主가 金이며 木이 財星인데、 局中에서 火가 旺하면 日主는 財에 任하기가 不能하다。반드시 火를 生하여 殺을 助하니 반대로 日主의 忌神이 된다。

或 水가 있으면 水는 木을 生하니 金氣는 더욱 虛하다。金은 大腸과 肺이기 때문에 肺를 傷하고 大腸은 不暢한다。그래서 腎水를 生하기가 不能하다。木이 水를 洩하여 火를 生하니 主는 반드시 腎肺 모두 傷한다。그러나 病이 없으면 반드시 財의 破耗가 많고 衣食이 넉넉치 않으니 이것이 災殃인 것이다。또 病이 없고 財源이 旺하면 그 妻는 반드시 陋惡하고 子息도 반드시 不肖할 것이다。그리고 妻子 모두 賢하고 뛰어나며, 病이 없고 財物 또한 豊盛하면 歲運이 土金地에 行하는 妙함이 있기 때문이다。

局中에 金水와 木火가 勻停하면서도 肺腎의 病을 얻거나 財多破耗하거나 或 妻陋하고 子가 劣等한 것은 歲運이 木火運으로 行하여 金水가 傷한 연고이다。그러니 자세히 推理하여 한가

理論에만 메달리지 않아야 한다.

447.

壬辰
癸丑
辛酉
己丑

甲寅
乙卯
丙辰
丁巳
戊午

辛金이 仲冬에 生하여 金水傷官格이다. 局中에 火氣가 全無하여 金寒水冷하고 濕한 辰土를 얻었다. 初患은 冷嗽가 있었으나 傷官佩印格으로 格局이 純清하다. 學業에 힘써 早年에 入伴하였고 甲寅乙卯運에 水를 洩하여 家業이 크게 일어났다. 丙辰運에 水火가 서로 剋하니 疾病을 얻었다. 丙寅年에 火가 旺하여 水가 더욱 激動한다. 弱症으로 죽었다.

448.

己丑
乙亥
丙子
壬辰

甲戌
癸酉
壬申
辛未
庚午
己巳

金水傷官에 丙火가 나타나서 寒凝을 去한다. 故로 冷嗽의 病이 없다. 癸酉運에 入學하여 鄕里에 이름이 높았다. 누가 金水傷官格에는 官星을 기뻐하며 火運에 발복하는데 왜 金水運에 功名을 이룬 이유가 무엇이냐고 묻길래 나는 金水傷官格에 官星을 기뻐하는 것은 局을 따뜻하게 하기 위함이지 用神을 取하기 위함이 아니다 하였다.

火를 取한 用神은 十중에 一、二이고 水를 取할때는 十에 八九이다. 火를 取할때는 木火가 함께 오며 또 日元이 旺相하여야 한다. 이 命은 日元이 비록 旺하나、木이 적고 虛火가 根이 없다. 그래서 반드시 水가 用神이다. 壬申運에 知縣에 올랐고 辛未運 丁丑運에 火土가 並旺하고 壬水를 合하며 子水 역시 傷한다. 疾病으로 죽었다.

甲戌
丙子
丙戌

丁丑
戊寅
己卯
庚辰
辛巳
壬午
癸未

庚金이 子月에 生하고 丙火가 같이 나타났다。地支의 兩戌燥土는 丙의 庫根이다。또 甲木이 丙을 生하니 熱이 過하다。戊寅己卯運은 痰病이 있었고 庚辰運도 比肩이 幫身하고 支에 濕土를 만나니 病이 쾌유되어 벼슬길에 나아갔고 辛巳運은 長生地로써 名利兩全하였다。火를 用하지 않으니 身이 弱한 연고이다。

己巳
庚午
己亥
丙寅

己巳
戊辰
丁卯
丙寅
乙丑
甲子

己土가 仲夏에 生하여 火土印綏格이다。己는 본래 濕土이고 또 亥水가 坐下에 있다。丙火가 나타나 生에 逢하고 또 祿旺을 만나니 燥함이 아니고 熱이 過하다。寅亥化木으로 火를 生하니 여름이 가이 두렵다。兼하여 運도 東南의 木火地다。風은 木에 屬하니 風疾病이다。巳亥의 體는 陰이나 用을 陽으로 午의 助함을 얻으니 心과 大腸은 더욱 旺하며 亥는 寅의 洩을 만나니 庚金이 生하기가 不能하다。腎氣는 더욱 이즈러져 病은 遺泄症이다。다행히 몸을 잘 조절하여 病勢가 악화되지 않았다。乙丑運에 이르러 北方이니 病이 모두 나았고 甲子癸亥運 水地에 老益壯으로써 큰 재물을 모았다。

辛未
丙申
乙未
甲午

丁酉
戊戌
丙申
乙未
甲午

戊土가 戌月에 生하고 未戌이 모두 火를 帶同한 土이다。時에 丁巳를 만나니 火土印綏格이다。戌은 본래 燥土이며 또 印을 도우고 時에 季秋가 있다。이것은 熱함이 아니고 燥한 것이다。年干의 辛金을 丁火가 劫한다。辛金은 肺에

丁巳
壬辰
癸巳

屬하고 燥土는 金을 生하기가 不能하다.

初患은 痰症이었으니 肺가 傷함을 입었다. 大害가 없었던것은 運이 丙申丁酉의 西方의 金地로 달린 것이다. 乙未甲午運은 木火가 相生하여 土가 더욱 燥하므로 皮痒으로 苦生하였다가 癸巳運에 水가 根이 없어 火를 剋하기가 不能하고 오히려 焰을 激하니 疾病으로 죽었다. 火土가 癸水를 逼乾하니 腎傷한 것이다.

452.
己丑
乙亥
丁丑
甲戌
己亥
癸酉
乙亥
壬申
辛未

己土가 季多에 生하고 支에 三丑을 만났다. 日主는 본래 旺하나 寒濕이 過하다.
丁火는 根이 없어 寒濕의 氣를 去하기가 不能하다. 乙木은 凋枯하니 用이 되지 않는고로 學門을 이루기 어려웠다. 己土는 脾에 屬하고 寒濕이 많아서 幼年에 瘡毒을 앓았다.
癸酉壬申運에 財物은 豊隆하였으나 양다리는 瘡毒이 있어 數十年간 쾌유되지 않았으며 크게 傷하였으니 乙木이 凋枯한 탓이다.

453.
丙戌
庚子
己亥
辛丑
甲戌
壬寅
庚午
癸卯
乙巳
甲辰

丙火이 亥月에 生하여 印綬가 當令하였다. 四柱에 土가 많아 水를 剋하며 天干의 庚金은 根이 없고 亥水가 멀리 떨어져 있다. 戌中의 辛金이 憂鬱한 가운데 剋을 당하고 있다. 年에 있는 丙이 戌中의 丁火를 引出하며 亥水가 戌土로부터 制함을 입으니 火를 剋하기 不能하여 소위 鬱火金이다. 庚은 大腸이며

丙火가 剋하고、 辛은 肺이며 午火가 功擊한다。 壬水는 膀胱이며 戊土가 傷하니 火毒을 안으로 부터 攻擊받고 있다。 甲辰運에 木이 또 火를 生하고 戊中의 辛金이 冲出되어 午가 克하므로 폐암으로 死亡하였다。

454.

庚寅
癸未
甲午
甲戌

丙戌運에

木火傷官에 印을 用한다。 庚金이 貼身하여 癸水의 印을 生하니 純粹함을 알 수 있다。 學門에 뛰어났으나 애석한 것은 癸의 兩字가 地支에 不載한다。 다시 嫌惡한 것은 戊時가 火局을 會하니 金水가 枯傷될 뿐아니라 火가 能히 木을 熱하여 命主元神이 洩盡당하고 있다。 어렸을적에 몸이 弱하고 肺腎이 이즈러졌다。 水를 逼迫하고 金을 剋하여 死亡하였다。

455.

甲申
乙酉
丙戌
丁亥
戊子
己丑

甲寅
癸丑
壬子
辛亥
庚戌
己酉

春木이 當權하고 卯酉가 비록 冲하나 木旺金缺하니 土 역시 傷함을 입는다。 다시 嫌惡하는 것은 卯戌과 寅戌이 拱合하여 殺로 化한다。 본래 脾는 虛하고 肺는 傷하였으나 一生無病하였다。 단 酉가 弱하고 卯가 强하여 妻를 비록 剋하지 않았으나 말로 표현할 수 없는 惡妻였고 二子를 生하였으나 그들 역시 不肖하였던 故로 그 病을 免하였고 財物 역시 豊足하였다。

一、出 身

⦿ 巍巍科第萬等倫、一個元機暗裏存。

높높은 벼슬자리라는 차례가 있는 것이니 하나의 元幾가 숨어있어야 한다.

[原註] 무릇 命을 論함에 있어서 出身을 보기가 가장 어려운 것이니 (几看命看人之出身最難) 가령 出身은 格局이 淸奇하고 逈異하며 (如狀元出身、格局淸氣逈異) 숨은 것 같기도 하고、들어난 것 같기도 하므로 (若隱若露) 奇異하여 決定하기 어려워 (奇而難決者) 반드시 元機가 있으니 (必有元機) 자세이 살펴야 한다 (須搜尋之)。

[解說] 命을 論할때 出身을 보기가 제일 어려우나 벼슬을 할려면 元機가 있어야 한다.

元機란 格局이 淸奇逈異하거나 用神의 眞과 假가 分明하거나 따라서 支중의 藏神의 司命을 窮究하고、用神과 喜神을 감싸주고、閑神과 忌神으로 하여금 爭戰치 않고 반대로 生拱의 情이 있다.

또 格局이 特色이 없는데도 出世한 사람은 먼저 [世德]의 美惡을 보고 다음은 [山川]의 靈秀를 볼것이다. 그래서 鍾靈이 뛰어나고 世德이 따른자는 命을 論할 필요가 없는 것이다.

故로 [世德心田]이 첫째로 [山川]을 둘째로하고 命의 [格局]을 세번째로 한다.

그러나 命을 論함에 있어서 重要한 것은 殺印相生만을 貴로 하고 官印雙淸한 것만을 아름답다고 하는 것이 아니며、殺印財官이 나타나 사람의 마음과 눈을 움직이는 것만이 좋은 命造가 아니다.

456.

壬辰
癸卯
己未
丁未
戊辰
己酉

己土가 孟春에 生하여 官星이 當令하였다. 天干에 財星이 있어 官을 生한것이 有情하다. 그러나 春初의 己土는 濕寒하고 年干의 壬水가 庫에 通根하니 寅中의 丙火를 司令하여 用한다. 伏하여 寅의 生을 만나니 元機가 안에 있음이다. 丙運에 이르러 元神이 나타나고 戊辰年에 比劫의 도움과 함께 壬水를 剋去하니 丙火가 剋을 입지않는 故로 天下에 이름을 날렸다. 俗論에는 財輕劫重하여 소위 平常의 命이라 하였다.

457.

壬戌　乙巳
甲辰　丙午
甲戌　丁未
丙寅　戊申
　　　己酉
　　　庚戌

甲木이 季春에 生하나 木이 餘氣가 남아 있으며 또 比祿이 도운다. 時干의 丙火가 홀로 나타나서 通輝純粹하다. 年干의 壬水를 坐下의 燥土가 制하고 또 比肩을 (甲) 洩하여 展轉相生한다. 그래서 丙火가 다시 勢를 얻는다. 戊運에 이르러 戊의 元神이 나타나서 壬을 制한다. 壯元及第하였으나 벼슬길은 뛰어나지 못했다. 그 이유는 西方의 金地로써 土를 洩하고 水를 生한 연고이다.

458.

甲寅　戊寅
丁丑　己卯
　　　庚辰

丁火가 季冬에 生하나 局中에 印綬가 疊疊하다. 弱中에 變하여 旺이 되었으니 財를 用할려하나 庚金이 虛露하여 特色이 없으나 기쁜것은 丑내에 있는 辛을 用神으로 한다. 역시 元機가 안에 숨어 있는 것이다. 丑의 日元의 秀氣를 比肩

丁卯　辛巳
庚戌　壬午
　　　癸未

로 합격하였다.

이 와서 生하고 또 卯戌合으로 丑土를 傷하지 않는다. 그래서 과거에 三等으로

丁亥　辛亥
壬子　庚戌
庚子　己酉
辛巳　丁未
　　　丙午

庚金이 仲冬에 生하고 傷官이 太旺하다. 洩氣가 過하여 用神은 土에 있으며 火에 있지 않는다.

柱中에서 火는 局을 煖할 따름이다. 四柱에 土가 없어 巳中에 있는 戊를 取하여 用神으로 한다.

水旺하여 火를 剋하나 火는 能히 土를 生하니 역시 元機가 안에 숨어 있는 것이다. 戊運丙辰年에 火土가 相生하고 巳中의 元神이 並發한다. 역시 科學에 三位로 合格하였다.

◉ 淸得盡時黃榜客、雖存濁氣亦中式。

時에 淸을 得盡한 黃榜客은 비록 濁氣가 있더라도 發展이 있으리라.

〔原註〕天下의 命 가운데 (天下之命) 淸하지 못한 命이 科甲發展한 경우가 있는 것이다 (未有不淸而發科甲者) 淸得盡이란 (淸得盡者) 個個의 象을 이룬것과는 다르다 (非必二成象)、生化有情하고 (生化有情) 閑神忌神과 混雜되지 않으면 (不混閑神忌客) 科甲할수 있다 (決發科甲) 즉 한두개의 濁氣가 있더라도(即有一二濁氣) 淸氣가 或 一個의 體段을 이루면 역시 發達할 것이다 (而淸

五行이 盡出되었어도 能히 安放한곳을 얻고 (雖五行盡出而能安放得所)、

氣或成一個體段、亦發展）。

[解說] [清得盡]이란 一行의 象을 이룬것이 아니고 **兩氣**가 雙清된 것이다。 비록 五行이 盡出하였어도 清氣가 홀로 生旺함을 만나고 或은 眞神을 얻어 用이 되거나 或은 清氣가 深藏한것은 칙령을 내리는 벼슬자리다。

만약 清氣가 當權하거나 閑神忌神이 可令되지 아니하거나 歲運에서 制化을 만나면 發甲할 수 있다。

清氣가 當權하였는데 濁氣가 있더라도 安放한곳을 얻어 喜用神을 犯하지 않으면 비록 장원은 아니라도 科擧에 합격한다。

清氣가 當令하지 않았으나 閑神忌神이 濁氣와 무리를 이루지 않거나 清氣를 匡扶하거나 或歲運이 安頓하면 역시 급제는 한다。

460.

丙辰　己土가 卯月에 生하여 殺이 提綱에 旺하다。乙木의 元神이 나타나고 地支는
丁巳　東方이다。時干의 丙火가 生旺하고 局中에 金水가 不雜하여 清得盡을 얻었다。
戊午　만약 하나의 金을 보면、金이 木을 剋하기가 不能할뿐 아니라 金 역시 스스로
己卯
戊午
乙卯
丁巳
戊辰
庚申　傷한다。旺神을 觸하여 무리가 不和하므로 清得盡을 얻지 못한 것이다。
辛酉
丙寅
己未

461.

癸未　戊午
　　　丁巳
庚金이 未月에 生하여 燥土는 본래 金을 生하기가 어려우나 기쁜것은 日支에

己未
乙卯
丙辰

있는 子水의 元神이 年干에 나타났다。소위 三伏에 寒을 生하여 潤土養金한다。

庚子
甲寅
癸丑
壬子

그러나 土는 旺하고 水는 衰하며 妙한것은 申時와 拱水하고、또 申金이 土를 洩하고 水를 生하여 身을 도우는 아름다움이 있다。다시 妙한것은 火가 나타

나지 않아서 淸得盡을 얻었다。初運戊午丁巳丙에는 土를 生하고 水를 逼迫하니 功名이 어찌정

하고 家業의 散耗가 많았다。辰運은 金水局이 되니 鄕里의 科擧에 합격하였고、乙卯運에는 己

未를 制去하니 벼슬이 오르고 뛰어났다。

462.

壬辰
己酉
乙卯
乙卯
庚戌
辛亥
壬子
癸丑
甲寅
丙辰

癸卯日元이 食神이 太重하여 日元을 洩氣할뿐 아니라 制殺이 太過하다。기쁜

것은 秋水가 通源하고 印星인 酉를 얻어 用神이 되었다。다시 妙한것은 辰酉

合으로 金으로 化가 되어 더욱 굳건하다。局中에 火氣가 全無하여 淸得盡을

얻었다。早年에 科擧에 합격하였으나 아까운 것은 中運에 木을 만나니 벼슬길

이 뛰어나지 못하였다。

463.

己亥
甲戌
庚子
丙子
癸酉
壬申
辛未
庚午
己巳
戊辰
丁卯

庚金이 戌月에 生하고 地支에 兩子와 一亥가 있다。干에 丙火가 나타나서 剋

洩이 交加한다。기쁜것은 印星이 月에 提綱된다。그러나 甲木이 火를 生하고、

土를 剋하나 甲己合하여 土로 化하니 淸得盡을 얻었다。己巳流年에 이르러 印

星을 助하고 甲木의 長生인 亥水를 冲去하니 벼슬이 높았다。

乙亥　甲戌
丙子　癸酉
庚子　壬申
辛巳　辛未
　　　庚午

庚金이 仲冬에 生하고 地支에 兩子와 一亥가 있다。干에 丙火가 나타나 剋洩을 같이 본다。기쁜것은 己土가 나타나서 洩火生金한다。五行의 木이 없으니 淸得盡을 얻었다。己巳年에 印星을 助하니 翰苑에 이름이 높았다。그러나 不足한 것은 印星이 當令하지 않고 己土가 떨어지고 虛하니 知縣에만 올랐을 뿐이다。

丙申　癸巳
壬辰　甲午
丙子　乙未
壬辰　丙申
　　　丁酉
　　　戊戌
　　　己亥

丙火가 季春에 生하고 兩殺이 같이 나타나고 支에 殺局을 이뤘다。기쁜것은 辰土가 當令하여 殺을 制하고 辰中에 木의 餘氣있어 身을 生하나 病은 申金에 있다。이것은 淸得盡의 아름다움이 없으니 하늘의 베품이 사람에 過한 것이다。丁卯年에 殺을 合하고 印星이 得地하니 中鄕榜에 올랐고、辛未年에 子水를 去하고 木火가 모두 餘氣를 얻어 벼슬길에 들어섰으나 申金을 嫌惡하니 크게 쓰이지 못하고 歸鄕하였다。다시 嫌惡하는 것은 西方金地로써 酒色이 소일거리였다。

戊午　癸亥
壬戌　甲子
壬子　乙丑
乙巳　丙寅
　　　丁卯
　　　戊辰
　　　己巳

壬水가 戌月에 生하여 水가 進氣이다。坐下에 陽刃이 幇身하니 소위 身殺兩停格이다。病은 午에 있으나 水가 冲한다。嫌惡하는것은 巳에 있으나 子水가 막고 있으나 殺을 生하기가 不能한 것이다。戌中의 辛金이 暗藏하여 用神이 다。쌍둥이 兄弟가 모두 進士에 올랐다。

467.

庚戌
辛巳
乙卯
戊寅

壬午
癸未
甲申
乙酉
丙戌
丁亥
戊子

乙木이 巳月에 生하여 傷官이 當令하여 족이 官을 制하나 殺이 伏하여 있다. 坐下의 祿이 扶身하고 時에 寅이 있으므로 藤蘿繫甲이다. 庚辰年은 支가 東方이라서 中鄕榜에 올랐으나 科擧에 合格하지 못했다. 원인은 四柱가 印이 없고 戊土가 火를 洩하고 金을 生한 연고이다. 쌍둥이 命으로써 아우는 卯時다. 卯時는 寅 보다는 不及하다. 兄보다 늦게 己亥年에 印星이 生拱하여 中鄕榜에 올랐다.

468.

癸亥
乙卯
戊午
甲寅

甲寅
癸丑
壬子
辛亥
庚戌
己酉

戊土가 仲春에 生하고 官殺이 並旺하고 祿에 臨하였다. 또 財星이 得地하여 生扶한다. 비록 坐下에 午火印綬가 있으나 虛土라서 거둬들이기는 不能하다. 格은 棄命從殺格이다. 官殺이 한가지로 從하니 官殺混雜으로 論하지 않는다. 子運에 午火를 冲去하고 庚子年에 金이 水旺을 生하니 午火가 冲盡당한다. 中鄕榜에 올랐다.

469.

戊子
壬戌
庚寅
丙戌

癸亥
甲子
乙丑
丙寅
丁卯
戊辰

庚金이 戌月에 生하여 印星이 當令한다. 金 역시 氣가 있으므로 用神은 水에 있는 것이며 火에 있지 않다. 庚申流年에 이르러 壬水가 生을 만나고 또 土를 洩하니 대궐에 들어섰다. 嫌惡하는 것은 戊土元神이 天干에 나타나서 벼슬길이 不利하다. 兼하여 中運이 木火이므로 財物의 損財가 많았다.

470.

戊子　庚申
己未　辛酉
辛亥　壬戌
戊子　癸亥
　　　甲子
　　　乙丑

辛金이 季夏에 生하고 局中에 비록 燥土가 많으나 妙한것은 坐下의 亥水가 年

己未時에 子를 만나서 潤土養金한다. 能히 亥未의 拱木이 用神이 된다. 丁卯年에

이르러 全木局이 되니 有病得藥으로 대결에 들어섰다.

◉ 季才不是塵凡子、清氣還嫌官不起。

季才는 世上의 平凡한 사람을 말하는 것이 아니고 淸氣는 있으나 官星이 不起한 것을 嫌惡한다.

[原註] 季才의 命은 異路人、貧人、富人의 命과 (季才之命、與異路人貧人富人之命) 크게 다른바 없다 (無甚大別)。 그러나 한 種類라도 淸氣한 곳이 있는데 (然終有一種淸氣處) 다만 官星이 不起하는 故로 (但官星不起) 벼슬과 祿이 없는 것이다 (故無爵祿)。

[解說] 秀才의 命은 異路人、貧人、富人과는 큰 分別이 없으나 자세이 살펴보면 淸氣가 있다.

官星이 不起란 말은 官星이 나타나지 않은 것을 말하는 것이 아니다.

가령 官星이 太旺하고 日主가 弱하면 그 官星을 用하기가 不能할때와

官星이 太弱하여 官星이 日主를 剋할수 없을때와

또 官旺하여 印을 用할때 財를 보거나、

官衰하여 財를 用할때 劫을 만나거나,

印이 多하여 官을 洩氣하거나,

官多한데 印이 없거나,

官이 나타났는데 根이 없어서 地支에 不載하거나,

官이 傷官에 坐하거나,

傷官이 官의 자리에 坐하거나,

官을 忌하는데 財를 만나거나,

官을 기뻐하는데 傷官을 만나거나 하면 모두 官星이 不起된 것이라 한다. 비록 淸氣가 있다 하더라도 종신토록 조그마한 자리에 끝날 것이다.

富가 뛰어난 것은 身旺財旺하고 官星과 通하지 않는 것이며, 或은 傷官이 財를 돌보아주고, 官은 돌아보지 않는 것이다.

가난이 극심한 것은 身旺官輕하여 財星이 劫奪된 것이며, 或은 財官이 太旺하고 印星이나 타나지 않거나, 或은 傷官用印할때 財를 보면서 官을 보지 않는 것이다.

學問은 뛰어나는데 벼슬을 얻지 못하고 늙도록 寒儒가 된것은 이것 역시 淸氣는 있는 것이다. 格局은 원래 發透할수 있으나, 다만 運途가 오지 않아서 淸氣를 破하면 終身토록 얼굴을 펴기가 어렵다. 또 格局은 登科發甲할수 있으나 運途가 不齊하면 靑雲의 뜻을 펴기가 없다.

格局은 본래 特色이 없으나 能히 科甲連登한 것은 運路가 마땅히 合하여 淸한 官星을 도와 濁氣와 忌神을 制去해주는 연고이다.

471.

癸巳
壬戌
乙卯
戊寅

辛酉　庚申　己未　戊午　丁巳　丙辰　乙卯

乙卯日元이 季秋에 生하였으나 寅時의 도움을 얻으니 日主가 弱하지 않다。用神은 巳火로써 秀氣가 있다。戊土는 火庫이며、壬癸가 當頭하여 剋하니 格은 본래 特色이 없다。辛金이 司令되고 壬水가 進氣이며 通源되었다。다행히 時에 戊土가 나타나 去濁留淸한다。文望이 높았고 品行이 端正하였다。丙子年에 벼슬을 얻었으나 子水가 得地하니 淸雲의 꿈을 이루지 못하였다。

472.

乙亥
庚申
癸未

癸丑　甲寅　乙卯　丙辰　丁巳　戊午　己未

甲申日元이 孟秋에 生하고 庚金이 祿에 앉았으니 旺하다。기쁜것은 亥時를 만나 絶處逢生한다。殺을 化함이 有情하고 癸水의 元神이 나타나니 淸함을 알 것이다。단 嫌惡하는 것은 財殺이 太旺하고 日主가 虛弱한 것이다。假殺이 權이 되기가 不能하니 不起한 것이다。終身토록 넉넉하기만 하였다。

473.

壬午
甲辰
丁巳
己酉

乙巳　丙午　丁未　戊申　己酉　庚戌

丁火가 季春에 生하고 官星이 비록 있으나 坐下에 根이 없다。그 氣가 木에 돌아가 日主만 旺에 臨한다。時에 巳酉의 拱合이 情이 있어서 官星이 不通되지는 않는다。中年 土金運에 財星이 넘치고 官星은 損傷된다。功名은 낮았으나 財物은 자못 풍부하였다。만약 酉와 午가 바뀌었다면 名利雙輝하였을 것이다。

474.

癸未
乙卯
丙午
丁酉

甲寅
癸丑
壬子
辛亥
庚戌
己酉
戊申

丙午日元이 卯月에 生하고 局中에 木火가 兩旺하다。官이 傷에 坐하고 一點의 財星이 劫에 剋盡당한다。소위 財劫官傷한다。壬運에 비록 자리를 얻었으나 가난이 극심하였다。子運에 沖과 함께 未破를 만나니 妻를 剋하고 辛運은 丁火가 劫奪하여 子를 剋한다。亥運은 木局이 되어 火를 生하여 死亡하였다。

475.

戊申
庚申
壬申
甲辰

辛酉
壬戌
癸亥
甲子
乙丑
丙寅
丁卯

大象을 보면 殺生印、印生身하고 食神이 淸透하여 連珠相生한다。淸하며、純粹하니 學門이 뛰어나고 品行이 端正하였다。아까운것은 火가 없으니 淸함이 적다。土를 用한즉 金이 많아서 洩氣하고、木을 用한즉 金이 銳利하여 木이 여윈다。兼하여 運도 西北의 金水의 地다。책을 읽기를 六十年이 됐으나 벼슬에 나아가지도 못하고 가난이 심했다。弟子를 많이 가르쳐 登科한 자가 많았으나 自己는 낮은 자리도 얻지 못하였다。이것은 命에 있다。

476.

己亥
癸酉
壬申
戊申

壬申
辛未
庚午
己巳
戊辰
丁卯
丙寅

官殺이 並透하였으나 根이 없다。金水가 太旺하니 前造의 純粹함 보다는 不及하다。
기쁜것은 運이 南方의 火土로 달리니 精神이 족이 旺하다。未運에 入伴하고 己庚辛運에 科甲連登하였고 己巳戊辰運은 벼슬길이 光亨하였다。이것은 命에 있는 것이 아니고 實은 運에 있음이다。

◉ 異路功名莫說輕、日干得氣遇財星。

異路功名을 가볍게 말하지 말라。日干이 得氣하고 財星을 만났기 때문이다。

[原註] 刀筆로서라도 이름을 얻는것은 (刀筆得成名者) 成名한것과 서로 다른것이니 (與不成名者自異) 반드시 한가락의 財星이 門戶에 있고 (必是財星得個門戶) 官星과 通하여 (通得官星) 局中에 一種의 淸氣가 있는 관계로 出身하는 것은 (中有一種淸激之氣、所以得出身) 늙도록 刀筆로 出身하지 못하는 것은 (其老干刀筆而不能出身者) 財星이 官星과 相通하지 아니하기 때문이다 (終是財星與官不相通也)。

[解說] 異路功名이라는 것은 刀筆로 이름을 이루는 것과 損納으로 出身하는 사람을 말하는 것이다。

비록 分別이 있으나、總論하면 日干의 有氣함을 벗어나지 못하며 財官이 相通돼야 한다。

或은 財星을 얻거나

暗으로 官局을 이루거나

官은 伏한데 財鄕을 만나면 兩쪽의 情意가 通한 것이다。

或은 官衰한데 財를 만나서 兩神이 和協하거나、

或은 印旺官衰한데 財星이 印을 破하거나、

或은 身旺無官인데 食傷이 財를 生하거나、

或은 身衰官旺할때 食神이 官을 制하거나하면 반드시 一種의 淸純의 氣가 있으니 出身을 알수 있다。

-433-

벼슬의 높고 낮음은 格局의 氣勢을 窮究하고 運途의 損益을 알면 가히 알것이다.

出身이 不能한 것은

日干이 太弱한데 財官이 並旺하거나

財官이 비록 通하는데 傷官이 劫占하거나

財星을 얻어 用이 되는데 暗으로 劫局을 이루거나

印을 기뻐하는데 財을 보거나

印을 忌하는데 官을 만난것은 모두 出身이 不能하다.

477.

己巳
辛未
庚午
壬申
己巳
甲寅
戊辰
丁卯
戊辰
丙寅

甲木이 孟秋에 生하여 七殺이 當令하였다. 巳火는 己土를 貪生하여 申을 剋하는것을 잊어버린다.

嫌惡하는 것은 戊己가 並透하여 印을 破하고 殺을 生하는 것이다. 祖業이 없었고 學業을 이루지 못했다. 기쁜것은 秋水가 通源하고 日이 祿에 坐하여 旺한 것이다.

비록 冲剋이 나타났으나 暗으로 相生한다. 丙寅丁卯運에 身을 扶하고 殺을 制하니 觀察使에 올랐다.

478.

庚午
丁亥
戊子
丙戌
己丑
乙卯
庚寅

庚午戊子乙卯日元이 季秋에 生하고 丙丁이 並透하고 通根하였다. 水가 없으므로 庚金을 取할수 없다.

乙卯
辛卯
壬辰
丁丑
癸巳

제일 기쁜것은 財神이 庫에 歸한 것이며、木火通輝하였다。性格이 바르고 父母에 孝道하고 친구간에 友愛가 깊었다。벼슬이 州牧에 올랐다。學問이 不利한 것은 庚金이 丑에 通根한 연고이다。

479.

己丑
乙巳
庚午
丁卯
戊申
丙寅
癸亥
乙丑
甲子

戊土가 午에 生하여 印星이 秉令하였다。時에 癸亥를 만나니 日元이 得氣하고 財를 만난 것이다。단 金氣가 太旺하고 또 年支의 濕土가 晦火生金하여 日元이 반대로 弱하여졌다。印綬가 暗으로 傷하여 學門을 이루기 어려웠다。捐納出身으로 丁卯丙寅運에 木이 火勢에 從하니 生化不悖하므로 名利雙輝하였다。午火의 眞神을 얻어 用神이 되니 爲人이 忠厚和平하였다。乙丑運에 晦火生金하여 不祿하였다。

480.

壬子
乙巳
丙午
甲辰
戊戌
丁未
己酉
庚戌
辛亥
丙辰

戊戌日元이 季春에 生하고 時에 火土를 만나니 日元이 得氣하였다。비록 春時의 虛土지만 殺이 나타나서 通根하고 兼하여 壬水가 得地하고 가까이서 生하니 소위 身殺이 兩停하며 身强殺淺이 아니다。天干의 壬水가 丙을 剋하여 學門은 不利하였다。기쁜것은 初運에 南方이니 捐納出身으로 큰 邑을 다스리는 벼슬을 얻었다。단 財가 透露하여 殺을 生한 것이 病이다。西方의 金運에 水를 生하고 火는 絶이 된다。그러한 이유도 사치를 좋아하고 儉素하지 못했다。風波를 免하기 어려울 것이다。

癸巳　丙戌
甲寅　辛亥
丙戌　庚戌
癸丑　己酉
壬子　戊申
辛亥
庚戌
己酉
戊申

丙火가 孟春에 生하고 官이 나타나서 用神이 된다。
清하고 純粹하나 아까운 것은 金水가 멀리 떨어져 있어 相生의 뜻이 없다。또
木火가 並旺하고 金水가 根이 없으니 學門은 不利하였다。捐納出身으로 縣令
에 올랐다。窮究하면 財官이 門戶에 不通하고 大運인 戊의 丁丑年에 火土가
當權하여 疾病으로 죽었다。

壬辰　乙巳
甲辰　丙午
辛酉　丁未
丁酉　戊申
　　　庚戌
　　　辛亥

辛金이 季春에 生하고 支에 辰酉를 만났다。干에 丁壬이 나타나서 얼핏 보기
에는 아름다운 것 같다。
地支에 濕土가 金을 만나고 丁火는 根이 없어서 虛脫하다。甲木이 비록 火를
生하나 地支에 辰酉가 金으로 化하니 역시 스스로 돌아볼 여가가 없다。捐納出
身이었으나 財物의 破耗가 있었으니 藥을 얻지 못한 탓이다。壬水가 甲木을
生하니 遺業이 많았다。運이 土金運으로 달릴때 家業이 漸漸 기울어지고 子息이 없었다。

一、地 位

◉ 臺閣勛勞百世傳、天然清氣發機權。

대각의 공로가 百世를 傳하는 것은 天然의 清氣가 機權을 發하는 것이다。

〔原註〕 出身을 아는 것과 (能知人之出身) 地位의 大小를 아는 것은 쉬운일이 아니며 (至于地

位之大小、亦不易推) 만약 公卿大夫는 淸한 가운데 一種의 氣勢 나오는 것이니 (若夫爲卿淸中

又有一種權勢出入矣) 하나를 잡고서 論하지 말라 (不專在一端論)。

〔解說〕 臺閣宰輔 (官廳에서 宰相을 輔弼) 와 封疆에 任하는 것은 淸氣가 天然的으로 發生

하고 秀氣가 純粹하게 나오는데 있는 것이다。

四柱內에 모두 喜神과 有情하고、格局中에서 嫌物이 없으며 取用되는 것이 眞神이며、모든

喜神은 眞氣가 되는 것이다。이러한 것은 淸氣의 機權이 나타난 것이다。

이렇게되면 度量이 넓고、그릇이 크며 公私를 分明히 하여 德으로 百姓을 인도한다。맡은바

任務에 잔재주를 사용치 않는다。

◉ 兵權解豸弁冠客、刃熬神淸氣勢特。

兵權을 가지고 바르고 그른것을 판단하는 사람을 羊刃과 殺神의 淸氣가 뛰어날 것이다。

〔原註〕生殺權을 쥐고 그 風紀氣勢가 반드시 뛰어난 것은 (掌生殺之權、其風紀氣勢、必然

庚申　庚辰은 天然의 淸氣가 庚金에 있고、

甲子　丙寅　己丑은 天然의 淸氣가 丙火에 있으며、

壬申　壬寅　乙未는 天然의 淸氣가 乙木에 있으며、

己亥　丁卯　庚申　庚辰은 天然의 淸氣가 丁火에 있다。

超特) 淸한 가운데 精神이 特異하고 (淸中精神自異) 或은 刃과 殺이 같이 나타난 것이다 (又或

— 437 —

刀殺兩顯也)。

[解說] 生殺大權을 쥐고 兵刑의 重責을 맡은것은 精神이 淸氣하여 特별히 뛰어난 것이다。

반드시 刃旺하여 殺을 敵하여야 氣勢가 出入할수 있는 것이다。

局中에 殺旺하고 財가 없을때 印綬가 刃을 用하거나、或는 印綬가 없으면 羊刃이 있거나하

면 소위 殺刃의 神이 淸한 것이다。

氣勢가 [轉]이라함은 刃이 旺하여 當權한 것으로 반드시 文官이 生殺의 任務을 掌握한다。

가령 春의 甲이 卯刃을 用함이며 乙이 寅刃을 用하고、夏의 丙이 午刃을 用하며 丁이 巳刃을

用하며、秋의 庚이 酉刃을 用하고、辛이 申刃을 用하며 冬의 壬이 子刃을 用하며 癸가 亥刃을

用하는 것을 말한다。

만약 刃旺하여 敵殺하고 局中에 食神、印綬가 없고 財官이 있으면 氣勢는 特別하니 神氣가

淸하지 않는 故로 武將의 命이다。가령 刃이 當權하지 못하면서 殺에 敵하면 兵權을 掌握하지

못할뿐 아니라 貴 또한 나타나기 어렵다。이 사람은 疾病이 크다。

刃이 旺하고 殺이 弱해도 역시 傲慢할 것이다。

483.

壬寅　庚戌
己酉　辛亥
庚午　壬子
丙戌　癸丑
　　　乙卯
　　　甲寅

庚日에 丙時이며 支에 生旺을 만났다。寅이 壬水를 거두므로 制殺이 不能하다。羊刃이 當權하여 用神이 되며 全部酉金에 依持한다。寅木이 떨어져 있어서 金火局을 이루지 않는것이 妙하다。刃殺神이 淸하니 氣勢가 特別하다。早年에 科甲하여 兵刑의 生殺의 權을 맡는 刑部尚書에 올랐다。

-438-

486.   485.   484.

484.

庚戌
壬午
丙子
壬辰

癸未
甲申
乙酉
丙戌
丁亥
戊子
己丑

丙子日元이 月時에 壬水가 兩透하였다。日主가 三面으로 功擊당한다。柱에 木이 없고 반대로 庚金이 있어 水를 生하고 土를 洩한다。午火가 當權하여 用神이 되며 全部午火에 의지한다。기쁜것은 戌의 燥土가 水를 制하고 拱火하는 것이다。鄉榜出身으로 丙戌丁亥運에 벼슬이 按察에 이르렀다。

485.

乙卯
戊子
壬辰
戊申

丁亥
丙戌
乙酉
甲申
癸未
壬午

壬辰日元에 天干의 兩煞이 辰에 通根한다。年支의 乙木은 潤枯하여 能히 水를 洩하니 制土하기는 不能하며、剋洩이 交加한다。제일 기쁜것은 子水가 當權하여 局을 會하여 殺刃의 神이 淸하다。酉運에 이르러 生水剋木하고 能히 殺을 化한다。科甲連登하고 甲申癸運에 벼슬길이 빛나서 按察에 올랐다。未運에 羊刃을 制하니 不祿하였다。

486.

丙辰
辛卯
甲申
庚午

壬辰
癸巳
甲午
乙未
丙申
丁酉
戊戌

甲申日元이 仲春에 生하고 官殺이 並透하며 通根한다。日時가 死絕에 臨하니 반드시 卯의 羊刃이 用神이 된다。기쁜것은 丙火가 辛을 合하니 混殺이 되지 않을뿐 아니라、卯木이 制함을 당하지 않는다。刃殺神이 淸하다。南方의 火運에 名利兩全하였다。

● 分藩司牧財官和、淸純格局神氣多。

地方을 다스리는 牧民官은 財官이 和平하고 格局이 淸純하며 神氣가 많다。

[原註] 地方官은 財官을 重히 여기고 (方面之官財官爲重) 반드시 淸奇純粹하고 (必淸奇純粹) 格局이 온전하고 바른 局이 되고 (格正局全) 한가닥 精神이 있어야 한다 (又有一段精神)。

[解說] 地方의 長은 州나 縣을 맡아 다스리는 官을 말한다。비록 財官을 重히 여기나 반드시 格局이 淸純하고 다시 日元이 生旺하면 神은 貫하고 氣는 足한 것이다。그러한 후에 財官이 情協하면 精氣神의 三字가 足할 것이다。

또 官旺有印이거나、官衰有財하거나、財旺한데 無官이거나 印旺有財이거나、左右가 相通하거나 上下가 不悖하거나、年月에 通根하거나、氣가 日時에 통하거나、身殺兩停하거나、殺重逢印하거나、殺輕遇財한 것은 다 이와같다。

반드시 德政을 베풀고 百姓을 利롭게 다스린다。

487.

甲辰
癸卯
乙巳 壬寅
癸酉 辛丑
壬子 庚子
      己亥
丁丑 戊戌

癸水가 巳月에 生하고 火土가 비록 旺하나 妙한것은 支에 金局을 이룬 것이다。財官印三字가 모두 生助를 얻고、다시 기쁜것은 子時의 比劫이 幇身하므로 精神이 旺足하다。또 기쁜것은 中年運이 北方이므로 異路出身으로 郡守까지 올라 名利兩全하였다。七子를 얻어 모두 벼슬을 얻었다。

-440-

488

丙寅
丁酉
戊戌
己亥

己亥　戊戌　辛丑　壬寅　癸卯　甲辰

丁火가 戊月에 生하고 局中에 木火가 重重하다. 傷官用財格이다. 局이 본래 良好하여 縣令까지 올랐으나 柱에 水가 없고 戊은 燥土여서 金을 生하기가 不能한 것이 애석하다. 木이 火의 旺을 生하니 巳酉의 拱合한 情이 없어서 妻妾에서 열명의 子를 生하였으나 모두 剋하였다.

489

丙子
辛巳
庚寅
戊子

辛卯　壬辰　癸巳　甲午　乙未　丙申　丁酉

辛金이 寅月에 生하여 財旺이 食을 만났다. 官이 나타나 財를 만나며, 劫刃이 相扶하여 中和純粹하고 精神이 모두 足하다. 얼핏 보기에는 身弱같이 보이나 자세이 보면 木嫩火虛하다. 印星이 나타나서 通根하므로 日元은 족이 官을 用한다. 中年의 南方火運에 異路出身으로 벼슬이 높았다.

490

丁亥
丙午
戊寅
甲寅

乙巳　甲辰　癸卯　壬寅　辛丑　庚子

戊土가 午月에 生하고 偏官이 비록 旺하나 印星이 太重하다. 印星이 太重하여 木이 火勢에 從한다. 火는 반드시 木을 焚한다. 一點의 亥水는 木을 生하기가 不能하고 火 역시 剋하지 못한다. 癸運에 이르러 丁을 剋하고 甲를 生하여 連登科甲하였다. 辛運은 丙을 合하여 벼슬길이 順遂하였다가 丑運에 水를 剋하니 病으로 벼슬길을 물러났다.

己巳　丁卯

戊辰　丙寅

甲子　乙丑

辛未　癸亥

　　　壬戌

甲子日元이 季春에 生하나、木의 餘氣가 있다。坐下에 印綬가 있으며 官星이

子辰이 拱印하므로 有情하며 運이 東北의 水木의 地支로 간다。甲榜에 올랐으

나、子未로 印이 破하므로 벼슬길이 막혀서 늘도록 敎職만 맡었다。

● 便是諸司幷首領、也從清濁分形影。

모든 司命은 우두머리가 될수 있는것이니 清濁에 따라 形影을 分別하다。

[原註] 至極히 貴한것은 하늘만한 것은 없는 것이다。(至貴者莫如天也) 한가지의 清을 얻어

서 (得一以清) 윗자리가 된것이요 (而位乎上)、故로 한번의 榮華를 간직한 것은 清氣가 있어

야 한다 (故膺一命之榮莫不得清氣)。그래서 雜職이 或 首領이나 官을 보좌한다고 해서 (所以

雜職、或佐貳首領等官) 一段의 清氣가 있는것이니 (豈無一段清氣) 濁氣와는 스스로 區別된다

(而與濁氣自別)。그러나 清濁의 形影은 해석하기가 어려운 것이다 (然清濁之形影難解)。오로

지 財官印綬內에만 清濁이 있는 것이 아니다 (不專足財官印綬內有清濁)。무릇 格局、氣象、用

神、合神 日主의 化氣、從氣、神氣、精氣의 收藏된 차례에 따라 (凡格局、氣象、用神、合神、

日主化神、從氣、神氣、精氣、以序收藏) 發生意向과 節度性情、理勢原流가 主從間에 모두 있

는 것이다。(發生意向、節度性情、理勢原流、主從之間皆有之)。먼저 皮面에 그 形影을 찾아보

고 (先干皮面、尋其形影) 形影 가운데 精髓를 찾아 大小와 尊卑를 論해야 한다 (得其形而遂可以

尋其精髓乃論大小尊卑。

[解說] 命은 天地陰陽五行의 모임인 것이다。淸하면 貴하고 濁하면 賤하다。그래서 雜職이라도 貳等官을 보좌한것은 역시 한번의 榮華를 받은 것이다。비록 格正局淸과 眞神이 用을 얻는것과는 다르다。氣象格局의 가운데와 冲合理氣의 內에는 반드시 一點의 淸氣가 있는 것이다。

비록 淸氣와 濁氣의 形影을 分辨하기는 어렵다하나、總論하면 天은 淸하고 地를 濁한 理致에 벗어나지 못하는 것이다。天干은 天을 象微하고 地支는 地를 象微하고、地支가 天干에 上升하는 것은 淸氣는 輕하기 때문이며、天干이 地支에 下降하는것은 濁氣는 重하기 때문이다。

天干의 氣는 본래 淸하니 濁을 꺼린다。地支의 氣는 본래 濁하니 반드시 淸함을 要하는 것이다。이것이 命理의 貴한 變通이다。天干은 濁하고 地支가 淸하면 貴하고 地支가 濁하고 天干이 淸하면 賤하다。地支의 氣가 上升하면 影이라하고 天干의 氣가 下降하면 形이라 한다。이어서 升降의 形影과 冲合制化중에서 그 淸濁을 分別하고 輕重을 窮究하여 尊卑를 論함이 可할 것이다。

492.
```
壬 辰      癸 卯
壬 寅      甲 辰
戊 戌      乙 巳
丙 辰      丙 午
           丁 未
           戊 申
           己 酉
           庚 戌
```

戊土가 寅月에 生하여 木旺土虛한다。天干의 兩壬이 丙을 剋하고 寅을 生하므로 天干의 氣는 濁하다。財星이 印을 壞하니 學問이 不利하였다。기쁜것은 寅이 水를 거둬들여 火를 生하며 日主가 戊의 燥土에 앉아서 壬水로 하여금 冲奔하지 못하게 한다。淸함은 寅에 있다。異路出身으로 丙運에 縣令에 올랐다。

493.

壬午
癸丑
甲寅
丁卯

甲寅 乙卯 丙辰 丁巳 戊午 己未

甲木이 丑月에 生하며 水土가 寒凝하였다. 본래 喜神인 火가 敵寒하고 다시 妙한것은 日時에 寅卯의 氣가 旺하니 丁火가 吐秀한다. 그 淸함은 火에 있으며 嫌惡하는 것은 壬癸가 干에 나타나므로 丁火가 반드시 傷한다. 그러므로 學門을 이루기 어렵다.

異路出身에 戊午運은 癸를 合하고 壬을 制한다. 有病得樂하여 知縣에 올랐다.

그러면 地支에 水가 없어서 干은 비록 濁하나 支는 淸하게 있는 午火에 따른다.

494.

壬辰
乙巳
丙子
己丑

丙午 丁未 戊申 己酉 庚戌 辛亥 壬子

丙火가 巳月에 生하고 天地에 煞印이 淸하게 머물고 있다. 嫌惡하는 것은 丑時가 子水를 合去하니 壬水가 勢를 잃었다. 그리고 化土가 傷官을 助하여서 日元을 洩氣하여 一點의 乙木이 疏土하기가 不能하다. 異路出身으로 盜賊을 잡아서 功을 세웠지만 上司와 不和하니 職位가 오로지 못하였다.

495.

乙酉
丙戌
癸酉
丁巳

乙酉 甲申 癸未 壬午 辛巳 庚辰 己卯

癸酉日元이 戌月에 生하여 地支가 官印相生하니 淸함을 가히 알것이다. 嫌惡하는 것은 天干의 兩財가 得地하고 兼하여 乙木이 火를 도와 火가 金을 剋한것이다. 그래서 學門이 不利하였다. 기쁜것은 秋金이 有氣하여 異路出身이다.

巳運에 이르러 財가 壞印하여 父母喪을 입었다.

496.

甲申
戊辰
戊子
戊午

己巳 庚午 辛未 壬申 癸酉 甲戌 乙亥

戊子日元이 辰月에 生하고 午時다. 天干에 三戊가 있으니 旺함을 알것이다. 甲木이 退氣이며 絕에 臨하니 用神이 안되며 그 精氣는 地支의 申에 있다. 洩其精英하나 아까운것은 春金으로 旺하지 않는다. 다행히 子水가 午를 冲하니 潤土養金한다. 비록 捐納出身으로 補佐하는 職이었으나 벼슬길은 順坦하였다.

497.

癸巳
甲子
壬子
庚戌

癸亥 壬戌 辛酉 庚申 己未 戊午

壬子日元이 仲冬에 生하고 天干에 또 庚癸가 透하니 그 勢가 泛濫하다. 甲木은 根이 없어 水를 納하기가 不能하고 巳火는 衆水에 剋을 입어 用을 하기가 어렵다. 故로 數次 돈을 써 벼슬을 求할려 하였으나 失敗하였다. 비록 時支의 戊土가 汪洋을 막을 수 있으나 또 庚金이 洩한다. 兼하여 中運辛酉庚申에 洩土生水하여 劫刃이 肆逞하므로 뜻을 펴기가 어려웠다.

一、歲運

◉ 休囚係乎運、尤係乎歲、戰冲視其**孰降**、和好視其**孰切**、

休咎는 運에 메이고 더욱 歲運에 메인다. 戰冲은 어느 神이 항복하는가를 보고 和好는 어느 神이 간절히 願하는가를 보아라.

[原註] 日主는 비유하건데 吾身이며 (日主譬如吾身) 局中의 神은 비유하건데 마부와 뱃사

공 같은 사람이고 (局中之神、譬之舟馬引從之人) 大運은 비유하건데 自己가 다스리는 땅과 같

은 故로 (大運譬所位之地) 地支를 重히 여기나 (故重地支) 天干을 같이 보아야 하고 (未嘗無

天干) 太歲는 사람을 만나는 것과 같은 故로 (太歲譬所遇之人) 天干을 重히 여기나 (故重天干)

地支는 같이 보아야 한다 (未嘗無地支)。 반드시 먼저 日主에 대하여 (必先明一日主) 七字의

配合을 보고 (配合七字) 權勢의 輕重을 보아 (權其輕重) 기쁜 行運은 어떻고 꺼리는 行運은

어떠한가를 보는 것이다 (看喜行何運、忌行何運)。 가령 甲日이라면 氣機는 春으로 보고 (如甲

日以氣機看春) 人心은 仁으로 보고 (以人心看人)、 物理로선 木으로 보는것이니 (以物理看木)

대체로 氣機의 그 가운데 있는 것이다 (大率看氣機而餘在其中) 庚申辛酉를 만나면 (遇庚辛申

酉字面) 春이 秋로 行하면 生生之機를 伐할수 있으며 (如春而行之於秋尙伐其生生之機) 또 喜

와 不喜를 보아 (又看喜與不喜) 行運이 甲을 生한지 甲을 伐한지를 알면 (而行運生甲伐甲之地)

休咎을 가히 단정할 수 있다。(可斷其休咎也) 冲戰和好의 勢를 자세이 論하고 (於是詳論戰冲和

好之勢) 適從의 機의 勝負를 얻으면 (而得勝負適從之機) 休咎가 눈앞에 了然하게 보일 것이다.

(則休咎了然在自)

[解說] 富貴는 비록 格局에서 定하여지는 것이나 窮通하건데 實은 運途에 메여있는 것이다.

소위 命 좋은 것이 運 좋은것만 못하다는 것이다.

가령 日主는 我身이며 局中의 喜神用神은 내가 쓰는 사람이다. 그리고 運途는 내가 臨하는

자리이므로 地支를 重하게 여긴다。 天干이 不背하지 않고 相生相扶하면 아름답다。 故로 一運은

十年을 보는 것이다。그러므로 上과 下를 끊어서 보지 않아야 한다。가령 上下를 끊어서 보면

은 [蓋頭、截脚]을 不論하고 吉凶이 증험되지 않는다 가령 木運으로 行함을 기뻐하면 甲寅

乙卯運으로 行함은 要하고 다음으로 甲辰、乙亥、壬寅、癸卯運을 要한다。

火運으로 行함은 喜하면 丙午丁未를 要하고 다음은 丙寅丁卯丙戌丁巳를 要한다。

土運으로 行함은 喜하면 戊午己未戊戌己巳를 要하고 다음은 戊辰己丑를 要한다。

金運으로 行함을 喜하면 庚申辛酉를 要하고 다음은 戊申己酉庚辰辛巳을 要한다。

水運으로 行함을 喜하면 壬子癸亥를 要하고 다음은 壬申癸酉辛亥庚子를 要한다。

相生이 된다면 天干이 地支를 生하여야 하며 地支는 天干을 生하지 않아야 하는 것이다。天

干이 地支를 生하면 蔭厚하고 地支가 天干을 生하면 氣가 洩된다。

蓋頭란 무엇을 말함인가? 가령 木運으로 向함이 기쁜데 庚寅辛卯 만나고 火運을 기뻐하는데

壬午癸巳를 말하며 土運을 기뻐하는데 甲戌 甲辰 乙丑 乙未을 만나고 金運을 기뻐하는데 丙申

丁酉를 만나고、水運을 기뻐하는데 戊子己亥를 만난 것이다。

[截脚]이란 무엇을 말함인가? 가령 木運을 기뻐하는데 甲申 乙酉 乙丑 乙巳를 만나며、

火運을 기뻐하는데 丙子 丁丑 丙申 丁酉 丁亥를 만나고、土運을 기뻐하는데 戊寅 己卯 戊子 己

酉 戊申을 만나고 金運을 기뻐하는데 庚午 辛亥 庚寅 辛卯 庚子를 만나며、水運을 기뻐하는데

壬寅 癸卯 壬午 癸未 壬戌 癸巳를 만난 것이다。

[蓋頭] 되면 運은 支가 重한 故로 吉凶이 半으로 減하여 截脚은 支에 干이 不載한즉 十年이

모두 不吉하다。

가령 木運으로 行함이 기쁜데 庚寅辛卯를 만나면, 金은 寅卯에 絕이 되어 根이 없는 것이다.

비록 十分의 凶이나 半으로 減한다.

가령 原局의 天干에 丙丁이 透露하였으면 能히 庚辛의 金을 制하니 또 半을 減한다. 或은

再次 太歲에서 丙丁을 만나면 凶이 없다.

寅卯가 본래 吉運이나 庚辛의 剋이 蓋頭하면 비록 十分의 吉이 있으나 역시 그 半을 減한다.

가령 原局의 地支에 申酉의 冲이 있으면 吉이 없을 뿐아니라 반대로 凶하다. 또 木運을 喜

하는데 甲申乙酉을 만나면 木은 申酉에 絕이 되지 소위 不載라 한다.

故로 甲乙의 運이 不吉하나 原局의 天干에 또 庚辛이 透하거나 或 太歲의 干頭에 庚辛을 만

나면 반드시 凶함을 의심할것 없다. 그래서 十年이 모두 凶하다.

가령 原局의 天干에 壬癸가 透하고 或 太歲의 干頭에 壬癸를 만나면 金을 洩하여 木을 生하

여 和平하니 凶이 없다. 故로 運이 吉을 만나도 吉이 나타나지 않고, 凶을 만나도 凶이 나타나

지 않는것은 蓋頭와 截脚에 기인한 탓이다.

太歲는 一年의 否泰를 主管하여, 가령 사람을 만난 것이다. 故로 天干이 重하나 地支도 같

이 보는 것이다.

비록 神의 生剋있는 것이나、 日主와 運途의 冲戰은 不可하다. 제일 凶한것은 天剋地冲한 것

이다.

歲運이 冲剋하여도 日主가 旺相하면 비록 凶하나 해롭지 않다. 日主가 休囚되면 반드시 凶

하다. 歲君이 日을 犯해도 이와같은 理論이다.

故로 太歲와는 당연히 和가 되어야하며 大運 하나만을 論함은 不可하다。

運은 木이 吉한데 歲運에서 木이 반대로 凶하면 모두 戰冲하여 不和한 연고이다。 이와같은

推理에 依하면 吉凶을 알수 있다。

498.

庚辰
丁亥
庚辰
丁丑

戊子
己丑
庚寅
辛卯
壬辰
癸巳
甲午

庚辰日元이 亥月에 生하고 天干에 丁火가 並透하였다。辰亥에 甲乙이 藏하여 서 족이 火가 用神이 된다。初運戊子己丑에는 晦火生金이라 願한 일을 이루지 못하였다。庚運 丙午年은 庚이 寅에 坐하여 截脚된다。天干의 丙丁이 一 庚을 敵한다。또 丙午年을 만나 庚金을 剋盡한다。進士에 올랐고 丁未運에 知 縣에 오르고 寅運에는 財物이 豊足하였다。辛卯運은 截脚되며 丁火가 回剋하 여 郡守에 올랐다。壬辰運은 水가 生이 되며 庫根이 된다。壬申年에 이르러 丙丁이 모두 傷하 여 不祿하였다。

499.

乙未
丙戌
戊子
庚辰
丁丑

丁亥
丙戌
乙酉
甲申
癸未
壬午
辛巳

庚辰日元이 子月에 生하나 未土가 子水를 破한다。天干의 木火가 모두 辰未에 서 餘氣를 얻어서 足이 木을 用하여 火를 生한다。 丙運에 入伴하였다。乙運 癸酉年에 癸가 戊와 合하여 火가 되고 酉는 丁火의 長生地이기 때문에 틀림없이 發展한다고 하였다。그러나 乙酉는 截脚된 木으로 木이 아닌 金이 實하다。癸酉年은 水가 金의 生을 만나고 多令에 있으니 戊와 合하여 火가 되지 못하고 丁火를 반드시 剋한다。酉는 火의 死이며 陰火의 長生의 說은 그릇된

坐寅午) 丙의 力量이 크면 (丙之力量大)、歲運에서 不降함을 얻지 않아도 (則歲運亦不得不降)

降하므로 역시 禍가 없다 (降之亦保無禍)。庚運에 丙年이면 (庚運丙年) 소위 歲가 運을 伐한

다 (謂之歲伐運)。日主의 喜神이 庚이라면 (日主喜庚)、戊己를 얻어 丙을 和하면 吉하나 (得

戊己以和丙者吉) 日主가 丙을 喜하면(日主喜丙) 運은 歲를 不降하여야 한다 (則運不降歲) 또

한 戊己를 用하여 丙을 洩하고 金을 助하는 것은 不可하다 (又不可用戊己洩丙助庚) 만약 庚이 寅

이나 午에 坐하면 (若庚坐寅午) 丙의 力量이 크면 (丙之力量大) 運이 스스로 歲를 降하니 (則

運自降歲) 역시 患이 없다 (亦保無患)。

[解說] [戰] 이란 剋을 말한다. 가령 丙運에 庚年이면 소위 運이 歲를 剋한 것이다. 日主

의 喜神이 庚이면 丙이 子나 辰에 坐함을 要하고 庚은 申이나 辰에 坐하고 또 局中에 戊己가

丙을 洩함을 要하고、壬癸가 있어 丙을 剋하면 吉하다.

가령 庚運에 丙年이면 소위 歲가 運을 剋하는 것이다. 日主의 喜神이 庚이라면 凶하고 喜神

이 丙이면 吉하다. 庚을 喜하면 庚은 甲이나 辰에 앉음을 要하고、丙은 子나 辰에 坐하고 또

局中에 水나 土의 制化을 만나면 吉하다. 이와반대면 반드시 凶하다. 丙을 喜할때도 이와같은

理論으로 推理하다。

502.

辛卯	癸巳
甲午	壬辰
丙辰	辛卯
丙辰	庚寅

丙火가 午月에 앉아서 旺刀이 當權하였다. 支가 全部 寅卯辰이니 土가 木에 따른다. 그래서 丙金이 辰土에 通하지 못한다. 初運 癸巳壬辰에 金이 生助를 만나 家業이 豊足하여 樂이 있었다. 辛卯運은 金이 截脚되어 刑喪破敗가 많았

庚寅
己丑
戊子

다。庚運의 丙寅年에 妻를 剋하였다。庚이 寅支에 截脚되고 丙寅歲가 運을 剋하며 庚이 寅에 絶이 되고、丙은 生이 된다、局中에 制化의 神이 없다。甲午月에 木이 火勢에 從하니 凶禍가 連이어 일어났으며 疾病으로 죽었다。

503.
辛卯　癸巳
　　　壬辰
甲午　辛卯
乙卯　庚寅
　　　己丑
乙酉　戊子

乙木이 午月에 生하고 酉가 日祿을 緊冲한다。月干의 甲木이 死에 臨하고 水가 없고 夏火가 當權하여 洩氣한다。傷官用劫이며 忌하는 것은 金이다。初運 壬辰癸巳에는 印이 나타나서 生扶하므로 平順하였으며 辛卯運의 辛酉年에 卯木을 冲去하여 刑喪剋破하였으며 庚運의 丙寅年은 忌神인 庚金을 丙火가 剋去하고 局中에 土水의 洩制가 없고 또 火가 生에 逢하고 金이 絶에 앉았다。入伴하여 미간의 찡그림을 펴기 시작하였다。

● 何爲冲
어떤것을 冲이라 하는가?

[原註] 가령 子大運에 午歲을 만나면 (如子運午年) 소위 運이 歲를 冲하는 것이다 (謂之運冲歲)。日主의 喜神이 子라면 子를 도와주을 要하는 것이며 (日主喜子則要助子) 年의 干頭에 午를 制하는 神을 만나야 한다 (又得年之干頭遇制午之神)。或 午의 무리가 많거나 (或午之黨多) 干頭에 戊나 甲을 만나는 것은 반드시 凶하다 (干頭遇戊甲字者必凶)。가령 午大運에 子年

運에 子午을 만나면 (如午運子年)、소위 歲가 運을 冲하는 것이다 (謂之歲冲運)。日主의 喜

神이 午이고 (日主喜午) 子의 무리가 많거나(而子之黨多) 干頭에 子를 도우면 반드시 凶하다。

(干頭助子者必凶) 日主의 喜神이 子이고 (日主喜子)、午의 무리가 적고 (而午之黨少) 干頭

에서 子를 도우면 반드시 吉하다 (干頭助子者必凶)。만약 午가 重하고 子가 輕하여도(若午重

子輕) 歲는 不降하니 역시 災殃이 없다 (則歲不降、亦無咎)。

[解說] 冲이란 破를 말한다。가령 子大運에 午를 만나면 運은 歲를 冲하는 것이다。

日主의 喜神이 子이면 干頭에 庚壬을 만나는 것을 要하며 午의 干頭에 甲丙을 만나면 역시

허물이 없다。

가령 子의 干頭에 丙戊를 만나고 午의 干頭에 庚壬을 만나면 역시 災殃이 있다。

日主의 喜神이 午라면 子의 干頭에 甲戊를 만나고 午의 干頭에 甲丙을 만나면 吉하고 가령

子의 干頭에 庚壬이 있고 午의 干頭에 甲丙이 있으면 凶하다。

가령 午運에 子年이면 소위 歲가 運을 冲하는 것이다。日主의 喜神이 午라면 午의 干頭에

丙戊를 만나는 것을 要하고 子의 干頭에 丙丁을 만나면 吉하다。가령 午의 干頭에 丙戊를 만

나고 子의 干頭에 庚壬을 만나면 반드시 凶하니 나머지도 이와같이 推理하라。

◉ 何爲和

어떤것이 利인가?

[原註] 가령 乙大運에 庚歲運과 庚大運에 乙歲運을 만나면 和가 되는 것이다 (如乙運庚年

庚運乙年則和) 日主의 喜神이 金이면 吉하고 (日主喜金則吉)、日主의 喜神이 木이면 不吉하다 (日主喜木則不吉)。子運에 丑歲運과 丑大運에 子歲運을 만나면 (子運丑年、丑運子年) 日主

의 喜神이 土면 吉하고 (日主喜土則吉)、喜神이 水이면 不吉하다 (喜水則不吉)。

[解說] 和는 合을 말한다。가령 乙運에 庚午만나고 庚運에 乙年을 만나 合이 되면 能히 化

가 되며 喜神이 金이 되면 吉하다。

合而不化하면 반대로 日主의 喜神이 我를 돌아보지 않으니 不吉하다。

日主의 喜神이 庚金일때는 金이 得地함을 要하고 乙木이 根이 없으면 合化되니 아름다운 것

이다。

만약 子丑의 合에 있어서 化가 아니되면 水는 剋하는 것이므로 喜神이 水인때는 반드시 不吉

하다。

◉ 何爲好

어떤것을 好라 하는가?

[原註] 가령 庚大運과 辛歲年과 辛大運에 庚歲年을 만나는 것과 申運과 酉年과 酉運과 申

年을 만난 것을 好라 한다 (如庚運辛年、辛運庚年、申運酉年、酉運申年則好)。日主가 陽을 喜

하면(日主喜陽) 庚과 申이 好하고 (則庚與申爲好)、陰을 喜하면 辛과 酉가 好가 된다 (喜陰

則辛與酉爲好)。이것이 모두 당연한 例이니 推理하라 (凡此皆宜例推)。

[解說] 好란 同類를 말한다。

가령 庚運에 申年과 辛運에 酉年을 眞好라 한다。支가 祿旺이라 自我의 本氣가 歸垣하는 것

이다。이것은 家室에 머무는 것과 같다。

가령 庚運에 辛年과 辛運과 庚年은 天干을 돕는 것으로 朋友가 幇扶하는것 같다。

먼저 旺運으로 通根함을 바라니 자연히 依持가 되어 好가 된다。勢力의 衰함을 보면 依持하

는 情이 없으니 好가 되지 않는다。

一、貞　元

◉ 造化起於元、亦止於貞、再肇貞元之會、胚胎嗣續之機

[原註] 三元에 모두 貞元이 있는 것이며 (三元皆有貞元、如以八字看) 가령 八字로써 본다

면 (如以八字看)、年을 元으로 하고 月을 亨으로 하고 日을 貞으로 한다 (以

年爲元、月爲亨、日爲利時爲貞)。年月이 喜한것은 前半世가 吉하고 (年月吉者 前半世吉) 日

時가 吉한것은 後半世가 吉하고 (日時吉者 後半世吉)、대운을 본다면 (以大運看) 처음 十五

年이 元이요 (以初十五年爲元)、다음 十五年이 亨이 되고 (次十五年爲亨)、가운데 十五年

이 利가 되고 (中十五年爲利)、後十五年이 貞이 된다 (後十五年爲貞)。元亨이 吉한 것은 前

半世가 吉하고 (元亨運吉者前半世吉) 利貞이 吉한 사람은 後半世가 吉하다 (利貞運吉者、後

半世吉) 이것은 모두 貞元의 道이다 (皆貞元之道)。그러나 貞元의 妙함이 있는것이니 (然有貞

元之妙存焉) 絶處逢生을 말할뿐 아니라 (非特絶處逢生) 北이 다하면 東이 온다는 뜻이다 (北

盡東來之意也) 사람의 壽命이 끝난 다음에 (至於人之壽終矣·而旣終之後) 運이 行하는 곳이

기쁜 곳이면(運之所行·果所喜者歟) 반드시 그집은 興하고 (則其家必興) 行運이 忌한 곳이 되

면 (果所忌者歟) 반드시 그집은 替하는 것이다 (則其家必替) 대개 父를 貞으로 하고 (蓋以父

爲貞) 子를 元으로 하는 것이니 (子爲元也) 貞의 아래서 元이 일어나는 妙함은 (貞下起元之妙)

生生不息의 기틀인 것이다 (生生不息之機)。 내가 이것을 論함은 (豫著此論) 사람의 身數나

알고저함이 아니고 (非欲人知考之年) 天下萬世에 보여 (而示天下萬世) 큰 세상의 징조를 증험

케 하는 것이니 (實所以驗奕世之北) 數를 알아도 (而知數之) 피하는 것은 不可하니 學者는

힘쓰기 바란다 (不可逃也學者勉之)。

[解說] 貞元의 理致는 河圖洛書의 뜻이다 · [河圖洛書]의 뜻이라 함은 先後天卦位의 易이

다。

先天의 卦는 乾은 南이며 坤은 北이다。故로 西北에는 山이 많아서 崑崙을 山의 祖宗이라 한

다。東南에 水가 많은것을 大海는 水가 歸宿하는 것이다。이로써 水는 山을 따라 나오며 山을

보면 또한 水는 그친다。

무릇 九河의 瀉地는 물이 넘쳐흘러 길게 흐르고 소리가 힘차게 勢가 至極하다。그 根源을 거

슬러 올라가면 모두 星宿에 있으며、五岳이 하늘에 높이 솟아 險峻한 刑勢가 至極하나 그 根

本은 崑崙에 있다。

사람에 있어서도 祖父가 있는것도 그러하며 아래로 내려가면서 派가 생겼으나 그 근본출저

는 一脈에 지나지 않는다。故로 一陰은 坤의 初에서 生하고 一陽은 乾의 始에서 生한다。그래

서 離는 日體이며 坎은 月體가 된다.

貞元의 理致는 원래 納甲에서 비롯되고 納甲의 象은 八卦에서 나온 것이다. 故로 父는 乾이요、母는 坤이며、震을 長男으로 하여 乾父의 體를 계승하고 坤母의 北를 이어 받는다.

太陰은 每月二十八日부터 다음달 初二日까지 달기운이 모두 없어지기 때문에 暗黑이 三分으로 一陽이 처음으로 生하여 震의 象이 되는 것이다. 震은 元의 징조가 된다. 初八日의 上强은 光明이 六分의 되는 兌의 象이 되는 것이고、兌는 亨의 理致와 같은 것이다. 十八日이 되면 달이 꽉차 있다가 三分이 이그러져 巽의 象이 되는 것이며 巽은 利와 같은 것이다. 이것이 貞元의 道인 循環의 理致로써 盛이 極에 達하면 衰하고 不幸이 至極하면 幸福이 오는 것은 이와 같은 뜻에 있는 것이다。

이 章의 취지를 보면 人生은 世上에 살아있을때만을 말한 것이 아니다。運이 吉하면 번창하고 運이 凶하면 敗亡하는 것을 말한 것으로 壽命이 다만 後에도 行運이 있는 것이니、그 運의 吉凶을 보고 그 子孫의 興替를 알수 있다。

사람이 臨終한 後 그 집안이 興旺한것은 身後의 運이 반드시 吉한 까닭이다。家衰가 敗한것은 身後의 運이 반드시 凶한 것이다。

이러한 論은 비록 造化가 定하여져 數를 避할수 없다는 것이다。사람의 자식으로 태어나 父母의 年齡과 가르침을 기록하지 않으면 옳치 않는 것이다。

만약 父母의 死後運이 吉하면 스스로 先祖의 業을 後孫에 이어줌이 옳으며、父母의 死後運이 凶하더라도 분수를 지키고 성실히 經營하면 造化를 晩回할수 있는 것이다。

-457-

만약 祖宗의 富貴가 學問에서 온것으로써 子孫이 富貴를 누린데 곧 學問을 버린다거나、祖宗의 家業이 勤儉한 가운데서 온것인데 子孫이 勤儉함을 잊어버린다면 뽕나무 줄기를 베어서 가래나무에다 接을 하여 말라죽지 않기를 기다리는 것과 비슷하고、渭河水를 濕州에 끌여들여 淸鮮하기를 기다리는 것과 같은 것이다。

附錄

一、한자와 숙어풀이

☆〔天道〕　識—알 식　欲—하고자할 욕　與—더불 여　顯—나타날 현　藏—감출 장

稟命 —타고난 命　悉—궁구할 실　載—실을 재　播—심을 파

☆〔地道〕　偏—치우칠 편 ·　剛—군셀 강　柔—연약할 유　賦—줄 부　緘—봉할 함

資—재물 자

☆〔人道〕　戴—떠받을 대　履—밟을 이　賊—도둑 적　張恒候 —張良　循—돌 순　環—둘릴 환

天覆地載 —하늘이 덮고 땅이 실어줌　續—이을 속　抑—누를 억　兮—어조사 혜　悖—거스릴 패　透—나타날 투　鱗—비늘 린

接—이을 접

祿—복록 녹　平正 —고르고 바름

☆〔知命〕　聾—귀먹을 농　聵—귀먹을 외　庶—뭇 서　窮—극진할 궁　妄—망녕될 망

談—말씀 담　鎖—사슬 쇄　鐵—쇠 철　蛇—뱀 사　殃—앙화 앙　休—아름다울 휴

咎—재앙 구 （休咎舍凶）　消—사라질 소　滅—멸할 멸　純—순전할 순

粹—순전할 수　棟—들보 동　梁—들보 양　刑—형벌 형　耗—감할 모　崑崙之水

可順而不可逆 —극왕한 水는 從해야지 逆하는 것은 不可하다.

〔理氣〕　豈—어찌 기　揚—떨칠 양　閤—닫을 합　闢—열 벽　盛—성할 성

淸—얕을 천　深—깊을 심　辨—분별할 변　擧—들 거　暴—나타날 폭　徒—무리 도

淵―못 (연)

☆ [配合]

推―가릴 (추)
仔―세밀 (자)
祥―상서 (상)
詳―자세할 (상)
禍―재화 (화)

專―오로지 (전)
去―갈 (거)
拱―손길잡을 (공)
懷―품을 (회)
胎―삼 (태)

有病得藥 ―病이 있을 때, 藥을 얻음.

☆ [天干]

精―가릴 (정)
秉―잡을 (병)
茂―성할 (무)
濟―건널 (제)
燈―등불 (등)

燭―촛불 (촉)
城―재 (성)
牆―담 (장)
園―동산 (원)
珠―구슬 (주)
露―이슬 (로)

側―불쌍할 (측)
隱―숨을 (은)
豪―호걸 (호)
俠―협기 (협)
慷―강개할 (강)

慨―물댈 (개)

慷慨 ―의롭지 못한 것을 보고 의기가 복받쳐 슬퍼하고 한탄함.

參天 ―공중에 높이 솟아 늘어섬.
宕―방탕할 (탕)
敷―베풀 (부)
愈―의심할 (유)

雄―웅장할 (웅)
壯―군셀 (장)
欺―속일 (기)
歸―돌아갈 (귀)
謾―속일 (만)

嫩―연약할 (눈)
潤―여월 (조)
菁―무 (정)
枝―가지 (기)
葉―잎 (엽)
傾―기울 (경)

陷―빠질 (함)
騎―말탈 (기)
藤―덩쿨 (등)
羅―무 (라)
跨―걸터앉을 (과)

刲―찌를 (규)
桐―계수나무 (동)
葩―꽃송이 (파)
嫁―벼 (가)
桂―계수나무 (계)

宰―잡을 (재)
斫―쪼갤 (작)
喬―큰나무 (교)
禾―나락 (화)
猛―날랜 (맹)

霜―서리 (상)
焚―살을 (분)
侮―업신여길 (모)
煆―불살릴 (하)
慈―사랑할 (자)

猖―미쳐뛸 (창)
灼―태울 (작)
卑―낮을 (비)
坼―찢길 (탁)
融―화할 (융)

昭―밝을 (소)
熯―말릴 (한)
嫡―정실 (적)
撫―어루만질 (무)
恤―근심할 (휼)

撫恤 ―불쌍히 여겨 물질을 주어 구제함.
敢―구태어 (감)
抗―항거할 (항)

讓 ― 사양 양
靜 ― 고요 정
厚 ― 두터울 후
端 ― 바를 단
蕭 ― 엄숙할 숙
樂 ― 즐길 락
晦 ― 그믐 회
嘗 ― 맛볼 상
斯 ― 이 사

焰 ― 불꽃 염
翕 ― 합할 흡
薄 ― 엷을 부
凝 ― 엉길 응
溫 ― 따뜻할 온
稷 ― 피 직
滯 ― 막힐 체
津 ― 나루 진
天津 ―一、별이름 二、중국에 있는 항구

弊 ― 혜질 폐
怕 ― 두려울 파
瑩 ― 밝을 영
贏 ― 풀 영
疊 ― 거듭 첩
隆 ― 성할 융
奔 ― 달아날 분
扶桑 ―동쪽의 해뜨는 곳

庸 ― 떳떳 용
陧 ― 막을 제
幇 ― 곁들 방
輸 ― 보낼 수
盈 ― 찰 영
埋 ― 묻을 매
九夏 ―九十日의 여름

旣 ― 이미 기
岸 ― 언덕 안
暖 ― 따뜻할 난
脆 ― 부스러지기쉬울 취
靈 ― 신령 영

否泰 ―不幸과 幸運
驗 ― 증험할 험
細 ― 가늘 세

☆ [地支]
速 ― 빠를 속
興 ― 일 흥
絶處逢生 ―궁한 곳에서 生을 만남、
肆 ― 방자할 사
逞 ― 구속받지 않을 영
棄 ― 버릴 기
棄印就財 ―印을 버리고 財를 취함。
佩 ― 찰 패

傲 ― 거만할 오
吐 ― 토할 토
英 ― 華也
穿 ― 통할 천
提 ― 들 제
綱 ― 벼리 강

流年 ―歲運
天門 ―一、하늘의 문 二、궁궐의 문
陰 ―그늘 음
枯 ―메마를 고

☆ [干支總論]
拔 ― 뽑힐 발
熄 ― 불끌 식
削 ― 깎을 삭
髮 ― 머리털 발
尤 ― 더욱 우

閑 ― 한가할 한
師 ― 스승 사
甚 ― 심할 심
郤 ― 성 극
留 ― 머무를 유
濁 ― 흐릴 탁

☆ [形象]
縣—고을 현
狂—미칠 광
炎—불꽃 염
稼—곡식심을 가

☆ 穡—곡식 색
補—도울 보
滿—찰 만
盤—서릴 반
緊—긴할 긴
貼—붙일 첩

☆ [方局(上)]
搭—붙을 탑
疵—병험 자

☆ 坦—평탄할 탄

☆ [方局(下)]
齊—모두 제
蔽—가릴 폐
猴—원숭이 후
鼠—쥐 서

☆ [八格]
謬—그릇 유
影—그림자 영
響—소리 향
繫—멜 계
拘—잡을 구

朝—아침 조
看—볼 간
執—잡을 집
散—흩을 산
添—더할 첨

飛—날 비
畵蛇添足 —뱀을 그리다 다리까지 그림.

☆ [體用]
俱—함께 구
阻—막을 저
審—살필 심
察—살필 찰

☆ 熬—볶을 오
索—홀로 삭
抑—누를 억
焦—멜 초
腎—콩팥 신
裏—안 리

☆ [精神]

☆ 表—겉 표
忽—문득 홀
値—만날 치
廣—넓을 광
廈—큰집 하

☆ [月令]
大關會 —사물의 깊은 이치를 이해하는 모임.

☆ [生時] 一刻 —十五分。
迥—빛날 형
倬—비등할 모
錯—어긋날 착
煉—쇠붙일 련

☆ [裏旺]
奧—깊을 오
顚—거주로 설 전
倒—거꾸러질 도

制土衛水 —土를 制하여 水를 지킴。

罷—마칠 파
爭官奪財 —官과 싸우고

財를 빼앗음。

☆ 〔中和〕 底—밑 (전)　怨—원망할 (원)　驕—방자할 (교)　怪—피이할 (피)

☆ 〔僥〕—요행　倖—요행 (행)　醫—술 (의)

☆ 〔源流〕　僧—중 (승)　發脈來龍 —맥이 발생하여 龍이 오는 것。

☆ 〔通關〕　邀—맞을 (요)　洞—깊을 (동)　關—막을 (관)　若—같을 (약)　交媾 —性交

〔織〕—짤 (직)　降—내릴 (항)　欲—하고자 할 (욕)　遂—따를 (수)　哉—어조사 (재)

推移 —점점 변함。　懸—매달 (현)　占—점령할 (점)

☆ 〔官殺〕　權衡 —사법권　緊—긴할 (긴)　貼—붙일 (첩)　蕩—클 (탕)

☆ 〔官〕　程—법 (정)

輝—빛날 (휘)

☆ 〔傷官〕　駕—임금탄 수레 (가)　馭—말부릴 (어)　聰—귀밝을 (총)　爲禍百瑞 —

百가지 재화의 실마리가 됨。　異路 —과거가 아닌 재물이나 기타 등으로 벼슬에

나아감。　寒儒 —一、 가난한 선비 二、 벼슬을 하지 못한 선비

돈으로 벼슬을 삼。　納粟出任 —

☆ 〔清氣〕　澄—맑을 (징)　稿—마를 (고)

☆ 〔濁氣〕　晨—새벽 (신)

☆ 〔眞神〕　紀—벼리 (기)

☆ 〔假神〕

常 —항상 (상)　瓶—클 (병)

參差 —높은 것과 낮은 것。　逆—머뭇거릴 (돈)　遭—머뭇거릴 (전)

☆〔剛柔〕濟 —건널〔제〕　蓋 —대개〔개〕　曷 —어찌〔갈〕　輸精 —자기나라 정세를 적에게 말함.

〔燥濕〕劇 —겁탈할〔겁〕　崑崙 —중국의 서방에 있는 최대의 靈山

〔燥濕〕彙 —벌레 휘

☆〔震兌〕奸究 —바깥도적　淞兵 —통솔하는 자가 없는 병사　內冠 —안도둑　先天 —하늘보다 먼저라는 뜻

說客 —능란한 말솜씨로 각지로 유세하는 사람.

으로 태어나면서 주어진 性格

☆〔坎離〕交媾 —合理的인 性交　暄 —날 따뜻할〔훤〕

☆〔夫妻〕宿 —잘〔숙〕　壞 —무너뜨릴〔괴〕　財來就我 —財가 와서 我를 就함.

☆〔子女〕肖 —본받을〔초〕　母多滅子 —母가 많으면 子는 滅함.　並透 —같이 나타남.

凍 —얼〔동〕　日增 —날마다 증가함.　不肖 —불효　替 —바뀔〔체〕

☆〔兄弟〕〔獨自主持〕 —自己만을 아는 것.　衆劫 —比劫의 무리

☆〔何知章〕儒冠 —벼슬못한 선비　入伴 —古代에 學舍을 伴宮이라 함.

餓 —굶을〔아〕　疊疊　財散人離 —재산은 없어지고 육친과 이별함.

還 —돌아올〔환〕　戮 —죽일〔육〕　弼 —도울〔필〕　敢 —구태어〔감〕　寬 —너그러울〔관〕

靡 —사치할〔미〕　淫靡無禮 —음란하고 사치를 좋아하고 禮가 없음.　倚 —의지할〔의〕　詭譎 —간사하게 남을 속임.

鄙 —더러울〔비〕　斲 —쪼갤〔착〕　鬱 —답답할〔울〕

愚 —어리석을〔우〕　昧 —어두울〔매〕　削 —깎을〔삭〕

☆〔女令章〕池 —못〔지〕　翁姑 —시부모　崢 —산높을〔쟁〕　嶸 —산높을〔영〕

潔—맑을 결

慣—익숙할 관
媚—아첨할 미
貪—탐할 탐
涸—물자를 학

鷄—닭 계
鶴—새 학
潔—맑을 결
歡—기쁠 환
榜—방목 방

鏡破釵分 —夫婦離別

紡—길쌈 방
織—짤 직

脆 ↓ 脃

釵—비녀 채

貌—모양 모

☆ 「小兒」
痲—감칠 (小兒食病) 감
痘—마마 두

☆ 「奮鬱」
謀—꾀 모
舒—펼 서
灰—재 회
奮—드나닐 분
沈—잠길 침

汪—깊고 넓을 왕
洋—큰바다물 양
方伯 —도지사
遙—멀 요

☆ 「恩怨」
却—물리칠 각
偸—도적질할 투
邂—우연히 만날 해
逅—우연히 만날 후

牽—이끌 견
尙—숭상할 상

☆ 「閑補」
摩—어찌 마
恣—방자할 자
適—갈 적
涯—물가 애
塞—막을 색
礙—그칠 애
策—꾀 책
闕—대궐 궐
仇—원수 구

裙—치마 군
絆—말올아맬 반

馳—달릴 추
羈—나그네 기

☆ 「從象」
毫—터럭 호
蟠—서릴 반
嫩—어릴 눈
煆—불살릴 하

煉—쇠불릴 연
曉—새벽 효
標—표시할 표

☆ 「化象」
還—돌아올 환

☆ 「假從」
幾—얼마 기
拔—뽑힐 발
拗—꺾을 요
遭—머뭇거릴 전

☆ 「假化」
華—모을 취

☆ 「順局」
閭—이문 려
亨—드릴 형

☆ [反局] 微—가늘 (미)
滲—스밀 (삼)
焚 ↓ 焘

☆ [戰局] 猶—似也　　專—오로지할 (전)
☆ [合局] 掩—거둘 (엄)　蔽—가릴 (폐)
☆ [母象] 恤—서로 애휼할 (휼)　瓜—외 (과)
☆ [子象] 諧—기롱지·걸이할 (해)　瓜—자질구레할 (질)
☆ [性情] 戾—어그러질 (려)　觸—받을 (촉)

☆ 激—빠를물 (격)　　明—밝을 (명)
☆ 衝—충동할 (충)　　淰—진흙 (어)
☆ 怯—多畏 (겁)　　軟—부드러울 (연)
　지나치게 많은 것　毅—군셀 (의)
懦—나약할 (유)　　銳—날카로울 (예)
　—外柔內剛
☆ 滋—부를 (자)　　豁—넓을 (활)

熾—불사를 (치)
乖—어그러질 (괴)　　　羞—부끄러울 (수)
淤塞 —차가운 흙　　　宕—방탕할 (탕)
綣 —화문놓을 (욕)　　凋—여윌 (조)
拗—꺾을 (요)　　　　奔—달아날 (분)
酌—짐작할 (작)　　　裁—심을 (재)
敧—짐작할 (짐)　　　燒—태울 (소)
遑—구속받지 않을 (영)
酊 —규칙이나 행사가
번욕
外圓內方

始勤終怠 —처음은 근면하고 나중에는 나태함.

[疾病] 解—풀 (해)
　　　 益—增助多進
潤—부를 (윤)　　　菁—부추꽃 (정)　　緩—더딜 (완)
堅—군셀 (견)　　　條—사무칠 (조)
實—열매 (실)　　　拱—손길잡을 (공)　游—놀 (유)
咎—재앙 (구)　　　涼—서늘할 (양)
痏—이지러질 (휴)　瘡—종기 (창)

七情 —喜怒愛樂哀惡欲

[出身] 逼—궁핍할 (핍)
邁—힘쓸 (매)
嶺—산이 높고 클 (외)
貼—붙일 (첩)

搜—찾을 ㉠

緝—기를 ㉡　鍾靈 —신통한 것의 모임。　榜—방목 ㉢

盡—극진할 ㉣　黃榜客 —칙령을 내리는 사람　天資 —타고난 자질

伏—엎드릴 ㉤　塵—먼지 ㉥　不起 太過와 不及　刀筆 —一、竹簡에 문자를

기록하는 붓과 그 죽간을 깎는 칼。　二、어렵게 工夫함。　曒—옥과 돌흰 ㉦

捐納 —돈으로 벼슬을 사는 것。　勳↓勛　臺閣 —一、漢代의 尙書의 존칭

二、정치를 행하는 관청。　獬—해태 ㉧　弃冠客 —도둑이 쓰는 관

弃—고깔 ㉨　獬豸 —소와 비슷하게 생긴 神獸　豸—無足蟲 ㉩

藩—울타리　凝—엉길 ㉪

☆ [歲運]　執—누구 ㉫　切—끊을 ㉬　苡—임할 ㉭

☆ [貞元]　胚—애밸 ㉮　星宿 —별이름　九河 —중국에 있는 九個의 호수

☆ 五岳 —중국에 있는 진산으로서 존중되는 다섯개의 山　勛—힘쓸 ㉯　上弦

초생달부터 보름달 사이의 반달。　俓—통할 ㉰

상호 유사한 명조(연구용)   一

8	37	120	23	8	22	36	8	403	4
丙	己	辛	戊	丙	丙	己	丙	癸	癸
子	亥	巳	午	子	子	亥	子	亥	酉
己	丙	甲	乙	己	己	丙	己	甲	甲
亥	子	午	卯	亥	亥	子	亥	子	子
乙	乙	癸	癸	乙	乙	乙	乙	壬	癸
丑	丑	卯	卯	亥	亥	丑	丑	申	亥
壬	壬	癸	癸	丙	丙	壬	壬	庚	辛
午	午	亥	亥	子	子	午	午	子	酉

丁	己	己		乙	辛		戊	辛		乙	癸		辛	戊
卯	巳	卯		未	未		寅	未		未	未		未	寅

丁	丁	庚		戊	辛		乙	辛		戊	乙		辛	乙
未	卯	午		寅	卯		卯	卯		寅	卯		卯	卯

庚	辛	辛		乙	乙		甲	乙		乙	甲		乙	甲
午	卯	卯		卯	未		辰	未		卯	戌		未	辰

己	乙	甲		庚	戊		辛	丁		庚	乙		戊	辛
卯	未	午		辰	寅		未	亥		辰	亥		寅	未

276	354	169		257	141		468	132		114	191	129		23	120

戊　己　戊　　丙　癸　　癸　戊　　己　丁　己　　戊　辛
戌　未　申　　辰　丑　　亥　子　　卯　卯　巳　　午　巳

己　辛　己　　庚　戊　　乙　甲　　庚　丁　丁　　乙　甲
未　未　未　　寅　午　　卯　寅　　午　未　卯　　卯　午

丙　丙　丙　　丙　丙　　戊　戊　　辛　癸　辛　　癸　癸
辰　戌　戌　　午　午　　午　午　　卯　午　卯　　卯　卯

戊　戊　己　　壬　壬　　甲　甲　　甲　己　乙　　癸　癸
戌　戌　丑　　辰　辰　　寅　寅　　午　卯　未　　亥　亥

448	203	206		22	204		（寒暖）	203		123	191		169	190		322	189

己　癸　己　　丙　壬　　己　癸　　己　丁　　戊　癸　　乙　乙
丑　酉　酉　　子　子　　酉　酉　　巳　卯　　申　亥　　未　亥

丙　甲　丙　　己　癸　　丙　甲　　丁　丁　　己　己　　庚　庚
子　子　子　　亥　亥　　子　子　　卯　未　　未　未　　辰　辰

辛　庚　庚　　乙　乙　　庚　庚　　辛　庚　　丙　丙　　戊　戊
酉　辰　辰　　亥　亥　　辰　辰　　卯　午　　戌　午　　辰　戌

壬　甲　甲　　丙　丙　　甲　甲　　己　己　　己　己　　丙　丁
辰　申　申　　子　子　　申　申　　未　卯　　丑　丑　　辰　巳

60	267		141	257		449	210		482	209		471	89	208		142	207
戊	乙		癸	丙		甲	丁		壬	丙		癸	己	癸		癸	丁
寅	未		丑	辰		戌	未		辰	辰		巳	巳	未		巳	丑
乙	戊		戊	庚		丙	壬		甲	辛		甲	庚	丁		戊	丙
卯	寅		午	寅		子	子		辰	丑		寅	午	巳		午	午
甲	乙		丙	丙		庚	庚		辛	庚		丙	丙	丙		丙	丙
辰	卯		午	午		子	戌		酉	辰		戌	午	午		午	午
辛	庚		壬	壬		丙	丙		丁	丙		庚	甲	癸		壬	壬
未	辰		辰	辰		戌	戌		酉	子		寅	午	巳		辰	辰

| 癸 辛 | 癸 甲 | 戊 壬 | 己 戊 戊 | 癸 辛 | 癸 癸 |
| 丑 丑 | 亥 申 | 申 申 | 未 申 戌 | 丑 丑 | 未 丑 |

| 乙 辛 | 甲 丙 | 庚 甲 | 辛 己 己 | 乙 辛 | 甲 甲 |
| 丑 丑 | 子 子 | 申 辰 | 未 未 未 | 丑 丑 | 寅 寅 |

| 癸 癸 | 壬 癸 | 壬 壬 | 丙 丙 丙 | 癸 癸 | 戊 戊 |
| 丑 酉 | 申 亥 | 申 申 | 戌 戌 辰 | 丑 酉 | 戌 戌 |

| 癸 癸 | 庚 癸 | 甲 戊 | 戊 己 戊 | 癸 癸 | 庚 庚 |
| 丑 丑 | 子 亥 | 辰 申 | 戌 丑 戌 | 丑 丑 | 申 申 |

123	345		446	343		379	342		409	333		188	33	322		3	320

己 癸　　庚 乙　　壬 丁　　壬 癸　　乙 庚 乙　　壬 庚
巳 亥　　辰 卯　　申 丑　　申 酉　　亥 辰 未　　辰 寅

丁 乙　　己 己　　壬 壬　　壬 癸　　庚 癸 庚　　壬 戊
卯 卯　　丑 卯　　寅 寅　　子 亥　　辰 未 辰　　寅 子

辛 己　　己 戊　　壬 丙　　庚 庚　　戊 乙 戊　　甲 甲
卯 未　　亥 辰　　申 申　　辰 申　　戌 未 辰　　寅 寅

己 丁　　壬 癸　　辛 壬　　丙 丁　　丁 癸 丙　　庚 丙
未 卯　　申 亥　　丑 辰　　子 亥　　巳 未 辰　　午 寅

戊	癸	己	癸	丙	丙	丁	壬	癸	戊	戊	己
申	亥	亥	未	寅	戌	丑	申	未	午	申	未
庚	庚	癸	癸	甲	甲	壬	壬	丁	丁	己	辛
申	申	酉	亥	午	午	寅	寅	巳	巳	未	未
壬	壬	壬	壬	丙	丙	丙	壬	丙	己	丙	丙
申	申	申	子	午	午	申	申	午	卯	戌	戌
甲	甲	戊	戊	己	己	壬	辛	癸	庚	己	戊
辰	辰	申	申	丑	丑	辰	丑	巳	午	丑	戌

210 449	206 448	233 445	268 433	411 420	340 442	402
丁 甲 未 戌	己 己 酉 丑	己 己 未 巳	癸 癸 丑 未	丙 壬 寅 戌	丙 丙 戌 寅	癸 亥
壬 丙 子 子	丙 丙 子 子	辛 辛 巳 未	甲 甲 寅 寅	甲 丙 午 午	甲 甲 午 午	甲 子
庚 庚 戌 子	庚 辛 辰 酉	戊 戊 戌 戌	戊 戊 戌 戌	丙 丙 午 寅	丙 丙 午 午	壬 申
丙 丙 戌 戌	甲 壬 申 辰	丁 己 巳 未	庚 庚 申 申	己 己 丑 丑	己 己 丑 丑	庚 子

492	480	475	478	405	476	410	475	132	468
壬	壬	戊	庚	癸	己	癸	戊	戊	癸
辰	子	午	午	未	亥	亥	申	子	亥
壬	甲	壬	丙	癸	癸	庚	庚	甲	乙
寅	辰	戌	戌	亥	酉	申	申	寅	卯
戊	戊	壬	乙	壬	壬	壬	壬	戊	戊
戌	戌	子	卯	子	申	申	申	午	午
丙	丙	乙	丁	戊	戊	甲	甲	甲	甲
辰	辰	巳	丑	申	申	辰	辰	寅	寅

209	498		482	492		209	482		208	481
丙辰	庚辰		壬子	壬辰		丙辰	壬辰		癸未	癸巳
辛丑	丁亥		甲辰	壬寅		辛丑	甲辰		丁巳	甲寅
庚辰	庚辰		戊戌	戊戌		庚辰	辛酉		丙午	丙戌
丙子	丁丑		丙辰	丙辰		丙子	丁酉		癸巳	庚寅

◼ 편 저 ◼

정 태 종

· 대한 불교문화 발전 진흥회 회장(前)

사주학의 비전

정통 적천수 실제와 상용 정가 28,000원

2014年 4月 10日 인쇄
2014年 4月 15日 발행

편 저 : 정 태 종
발행인 : 김 현 호
발행처 : 법문 북스
공급처 : 법률미디어

1⑤2-0⑤0
서울 구로구 경인로 54길 4
TEL : (대표) 2636-2911, FAX : 2636~3012
등록 : 1979년 8월 27일 제5-22호
Home : www.lawb.co.kr

▌ISBN 978-89-7535-283-6 93180
▌파본은 교환해 드립니다.
▌본서의 무단 전재·복제행위는 저작권법에 의거, 3년 이하의
  징역 또는 3,000만원 이하의 벌금에 처해집니다.s